L'école de la Dégustation

"Le vin réjouit le cœur des Hommes."

Psaume 104–15.

Directeur Hachette Pratique : Jean Arcache.
Édition : Catherine Montalbetti.
Secrétariat d'édition : Anne Le Meur.
Direction artistique et réalisation : GRAPH'M.

L'école de la Dégustation

PIERRE CASAMAYOR

HACHETTE

SOMMAIRE

Introduction

L'équation de la qualité

Table des pleines pages couleurs

Principes de la dégustation

Petite école des cépages

Petite école des terroirs

Ouverture sur le monde

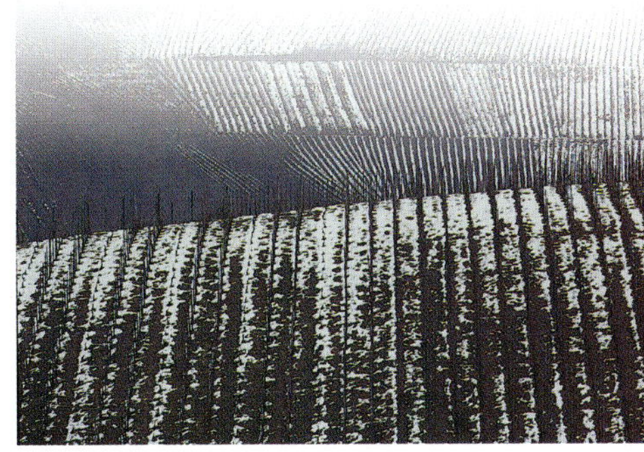

La dégustation des eaux-de-vie

Annexe

La dégustation ou l'éloge du plaisir

Le plaisir sensoriel

Le plaisir des sens est avant tout un plaisir de nature animale, qui relie une excitation physique à la satisfaction d'un besoin naturel, boire ou manger par exemple. Privé de plaisir gustatif, l'homme en oublierait-il de se nourrir ? Il y a longtemps que le vin a perdu son rôle de simple boisson et s'est écarté de sa vocation religieuse pour accéder au statut de produit gastronomique. Sans prétendre que le vin soit essentiel à la survie de l'humanité et bien qu'on lui attribue, à tort ou à raison, des vertus thérapeutiques, il est légitime de souligner son apport de plaisirs sensoriels et son caractère euphorisant qui aident ceux qui en usent à voir la vie sous des jours plus aimables. Ceux qui en abusent, en revanche, obtiennent le résultat inverse, en altérant leur santé et l'acuité de leurs sens. Un alcoolique est plus sensible à la satisfaction de son besoin qu'au plaisir gustatif qu'il en retire.

La pratique de la dégustation, que l'on peut opposer à l'acte de boire, est faite de mesure : elle enseigne à privilégier la qualité sur la quantité. Parce qu'elle stimule tous les sens – l'ouïe, la vue, l'odorat, le goût et le toucher –, elle ouvre la voie à l'hédonisme.

Le plaisir de l'analyse

Ce plaisir pourrait rester strictement sensoriel si l'homme ne possédait cette faculté de mémoire et s'il ne recevait une éducation culturelle. La dégustation revêt en prime l'intérêt de l'analyse. Plaisir d'identifier un arôme, plaisir de débusquer une saveur cachée parmi tant d'autres, plaisir d'associations avec d'autres domaines sensoriels ou culturels, plaisir de la reconnaissance d'un style de vin, plaisir de l'identification d'un millésime, plaisir suprême qui fait passer de la sphère sensorielle à celle de l'esprit. Dès lors, il est possible de procéder à des comparaisons avec les références que l'on puise dans sa bibliothèque virtuelle, enrichie par son passé de dégustateur et ses multiples expériences sur les vins du monde. La dégustation est un voyage dans le temps et dans l'espace pour le prix de quelques gouttes de vin.

Le plaisir de l'expression

Le néophyte peut parfois se demander si le simple plaisir gustatif ne se suffit pas à lui-même et si l'effort de description de ses sensations ne vient pas en ternir l'éclat. À quoi bon tous ces commentaires savants alors qu'il suffirait de dire que ce vin est bon, qu'il me plaît ou, au contraire, qu'il me rebute ?

Il en est de la dégustation comme de l'explication d'une poésie ou de la critique d'un tableau. Certes, l'impression d'ensemble peut suffire dans un premier temps. Mais qui n'a pas découvert un monde insoupçonné lorsque, dans un musée, les commentaires d'un guide pédagogue ont éclairé un tableau pour aller au-delà des évidences ? Qui n'a pas été fasciné par l'explication d'une œuvre littéraire, qui fait entrer le lecteur dans les arcanes de l'écriture ?

Le plaisir est décuplé par la connaissance. La dégustation commentée est le prolongement culturel du vin, à l'origine simple produit agricole. Un verre de vin raconte une histoire, traduit une technique, révèle les tâtonnements d'un homme ou son génie ; il rappelle le temps passé, évoque un paysage. Exprimer ses sensations est l'aboutissement du plaisir de la dégustation, le plaisir littéraire en quelque sorte, celui qui transforme chaque verre de vin en une fête sensuelle.

Cet ouvrage propose un apprentissage. Après avoir découvert les principaux facteurs qui influent sur la qualité du vin, l'amateur sera initié aux techniques de la dégustation grâce à des conseils pratiques et à des exercices d'application. Des exemples et des comparaisons pédagogiques illustreront la dégustation des vins et eaux-de-vie, par cépage et par terroir.

L'équation de la qualité

Quels sont les facteurs objectifs de la qualité ? Quelle est la différence entre un bon vin et un grand vin ? La question peut sembler superflue tant la qualité et le rang des domaines prestigieux semblent évidents, indiscutables. À bien y réfléchir, le vin est le seul produit issu d'une technique agricole qui se prête à tous les discours, qui enflamme l'imagination. Il a donné lieu à tant de classements qu'il en a perdu son caractère alimentaire pour acquérir le statut de sujet culturel. Après avoir oublié ses origines mystiques et religieuses pour devenir la boisson de l'ancienne sphère latine, après avoir été considéré par Louis Pasteur comme "la plus hygiénique des boissons", le vin est devenu l'objet d'un culte.

Qu'il soit issu de siècles de lents progrès, de l'accumulation patiente des traditions du Vieux Continent ou de l'éclosion rapide des techniques modernes appliquées aux vignobles du Nouveau Monde, un vin de grande qualité, reconnu comme tel, procède-t-il d'une recette éprouvée, utilisable par n'importe quel œnologue en tout lieu de la planète ? Peut-on dégager une équation qui recèle les secrets de la qualité d'un vin de Bordeaux, de Bourgogne ou de Champagne et la résoudre à Pékin ou à Dallas ?

Les progrès de l'œnologie permettent d'élaborer de bons vins en tout point de la planète capable de porter la vigne. Sans défaut, issu de cépages qui répondent au goût international, plutôt axé sur l'expression variétale, pimenté de quelques épices boisées, le bon vin commercial répond à une équation somme toute assez simple et qui peut se résoudre à l'aide d'une bonne technologie et avec l'appui d'une politique de marketing offensive.

C'est lorsque l'on veut exprimer une origine ou un terroir que la transposition devient difficile. Expliquer la race, détailler l'élégance, trouver le mot qui traduira le goût particulier d'un grand vin s'apprend avec un peu d'expérience. De cet apprentissage naît une évidence : les grands vins n'existent que s'ils reflètent l'originalité de leur terre de naissance. Le droit du sol en quelque sorte, appliqué à la viticulture. Essayer de reproduire cette originalité en un autre point du globe se résume à faire une photocopie ! Même si cette copie peut sembler de prime abord plus brillante que le modèle et peut séduire un dégustateur distrait ou débutant, elle ne vaudra jamais l'original.

Aux origines du goût

LA TERRE NOURRICIÈRE, LA VIGNE DISPENSATRICE DE BAIES CONCENTRÉES ET L'HOMME GARDIEN DU TEMPLE. TELS SONT LES TERMES DE L'ÉQUATION DE LA QUALITÉ. MAIS IL RESTE DE NOMBREUSES INCONNUES À DÉCOUVRIR POUR LA RÉSOUDRE ET RÉVÉLER LE SUBTIL ÉQUILIBRE DU VIN.

Le sol, l'altitude, la déclivité, le climat sont autant de facteurs déterminants de la notion de terroir.
Les vieilles vignes noueuses produisent une charge modeste de raisins concentrés.

Le terroir est l'association d'un sol, lui-même surmontant un sous-sol, et d'un microclimat. Lorsqu'on établit la liste des vignobles de grands vins – graves du Médoc, argiles de Pomerol, arènes granitiques de la Côte-Rôtie, sols volcaniques de Californie, calcaires marneux de Bourgogne, calcaires à astéries de Saint-Émilion, craie de Champagne –, on est tenté de nier d'emblée toute prééminence d'un type de sol, du moins dans sa constitution chimique. Il en va de même des sous-sols, puisque l'on relève autant d'argiles ou de schistes que de marnes ou de granites, de roches sédimentaires, métamorphiques ou éruptives. Tout type de sol peut porter son grand vin, même un sol hydromorphe comme celui de Petrus qui, à première vue, devrait plutôt être consacré aux cultures fourragères qu'à la vigne.

La signature du terroir

Pourtant, on raconte qu'au Moyen Âge, les moines cisterciens goûtaient la terre de Bourgogne pour déceler les meilleurs terroirs. De fait, si le type de sol ne semble pas déterminer la qualité du vin, il lui imprime bel et bien son caractère. La Bourgogne en est la meilleure démonstration. Dans cette région, le sol change presque à chaque pas ; il est issu d'une géologie complexe, parfois bouleversée par les hommes. C'est sa nature qui est à l'origine des différences entre les vins du grand cru montrachet et ceux de chevalier-montrachet, situé plus haut sur le coteau, ou ceux de bâtard-montrachet, plus bas. Plus importante est la structure du sol et essentielles sont ses qualités hydriques. La vigne déteste avoir les pieds dans l'eau, elle s'y "enrhume" et restitue rageusement l'excès hydrique dans le raisin, qui s'en trouve délavé. La faculté que possède un sol d'éliminer l'eau dépend de deux facteurs – sa porosité et sa topographie –, lesquels peuvent jouer ensemble ou séparément.

Dans les sols graveleux, l'eau percole naturellement jusqu'à la première couche imperméable rencontrée et les racines de la vigne s'y enfoncent en profondeur. Dans ces sols maigres, la vigne compense la pauvreté du sol par le volume colonisé. Dans des sols argileux ou plus riches en humus, les racines s'enfoncent moins profondément, mais l'alimentation de la plante est équivalente. En règle générale, un sol pauvre rend la vigne riche, et les meilleurs vins sont issus de terrains sur lesquels rien d'autre ne saurait fructifier. Toutefois, il ne faut pas oublier qu'un facteur limitatif comme les teneurs en acides, en potassium et en calcaire actif peut empêcher la

vigne de profiter au maximum des éléments contenus dans le sol, en particulier de l'azote (dans d'autres circonstances, ce corps simple N rend la vigne excessivement vigoureuse et les rendements deviennent trop élevés pour élaborer un vin de qualité). Les fumures doivent être très limitées ; le vigneron qui a la chance de posséder un grand terroir doit le maintenir en état de manque raisonné constant. Sur un même domaine, la parcellisation fait apparaître divers types de sols, chaque parcelle étant traitée différemment pour préserver son originalité et pour que l'ensemble garde une complexité caractéristique des terroirs de grands crus.

Le climat, facteur de finesse

Si l'habitat climatique de la vigne se trouve entre le trente-cinquième et le cinquantième parallèle, avec une limite orientale imposée par les grands froids dévastateurs de l'hiver continental, les zones de qualité sont plus restreintes. On comprend ainsi aisément que les variations microclimatiques, même infimes, peuvent être d'une extrême importance. Il n'est pour s'en convaincre que de souligner en Bourgogne, en Alsace ou dans les coteaux rhénans, l'intérêt porté à l'exposition des parcelles, à leur situation à flanc de coteau, à la force du vent. Même en Médoc, la Gironde influe sur la régulation thermique du microclimat. Influence à laquelle la nature du sol n'est pas étrangère par son pouvoir calorifique ou réverbérant.

Parfois, des îlots microclimatiques constituent des zones viticoles d'extrême qualité. Vega Sicilia, au cœur de l'Espagne torride, en est l'illustration : situé à 600 m d'altitude, ce vignoble jouit de conditions de fraîcheur insolites dans la péninsule Ibérique ; ses vins développent une élégance qui fait parfois défaut aux appellations voisines. La même remarque s'applique aux pentes nord de château Simone, en Provence. Les

Californiens ont parfaitement saisi l'influence du climat ; le travail le plus remarquable effectué par les chercheurs de l'université de Californie, à Davis, fut le découpage de la zone en catégories de climats, chacun se prêtant à l'exploitation d'un cépage donné. Il leur reste à présent à classer les terroirs, ce qui n'est pas une mince affaire.

L'âge de la vigne

Indépendamment de l'identité du cépage, les vignes âgées donnent des rendements modestes, donc des raisins concentrés. La profondeur d'enracinement est essentielle, car le secret d'une matière première équilibrée réside dans une alimentation régulière en eau.

Dans les sols pauvres et filtrants des Graves ou du Médoc, la vigne plonge ses racines de plus en plus profondément à mesure qu'elle vieillit. Son alimentation en eau suit ainsi le schéma idéal. Trop de pluies et le sol évacue l'eau, soit par percolation, soit par ruissellement le long de la pente. Les racines profondes sont à l'abri des orages. Pas assez de précipitations et les racines captent l'eau qui remonte de la nappe phréatique par effet de mèche. Encore faut-il que le sous-sol soit bien drainé pour qu'il n'y ait pas accumulation d'eau et asphyxie des racines profondes. Les racines des jeunes vignes, trop près de la surface, sont, quant à elles, inondées quand il pleut et assoiffées quand il fait sec.

Le schéma de qualité médocain justifie la position des grands crus sur les croupes de graves, en bordure de la Gironde ou des petits cours d'eau affluents, les jalles, qui permettent un bon drainage des eaux. Croupes graveleuses plantées de vieilles vignes : l'équation se préciserait elle ? Il est remarquable de constater que le fameux classement des médoc de 1855, établi sur des critères de notoriété et de prix, a promu tous les domaines implantés sur les

meilleures croupes. N'en déplaise aux dépités non classés et qui aimeraient bien le devenir, il n'y a plus de croupes libres ! Hasard ou géniale prémonition des courtiers de l'époque ?

Mais allons à Petrus pour inverser les données. Ici, le sol est argileux à 100 %, donc non filtrant. L'argile se comporte comme une éponge et, de ce fait, les racines y pénètrent moins profondément. Lors de pluies orageuses, la pente naturelle du vignoble (nous sommes ici au point culminant de l'appellation) évacue l'eau en excès par ruissellement ; très peu d'eau de pluie pénètre dans les couches inférieures. Qu'une période de sécheresse se déclare et la grande capacité de rétention hydrique de l'argile permet de répondre aux besoins de la vigne.

Le volume de sol colonisé par les racines est certes bien différent selon la nature des sols – élevé en terrain filtrant, plus réduit en terrain argileux ou argilo-calcaire –, mais la quantité de substances nutritives mises à leur disposition est à peu près équivalente : seule la densité de plantation est susceptible de limiter l'alimentation des ceps.

Les terroirs viticoles n'ont pas échappé à une volonté bien humaine de corriger la nature. Que ce soit à la Romanée-Conti, au XVIIIe siècle, où le prince fit amener des tombereaux de terre des Hautes-Côtes pour reconstituer les sols érodés, à Ausone, au siècle dernier, où les femmes de vignerons remontaient la terre du bas dans des paniers d'osier, ou bien encore en Médoc, au XVIIe siècle, où l'on assécha les zones marécageuses pour relier les îlots graveleux qui allaient devenir les sites les plus prestigieux du monde du vin, l'homme a sans cesse modelé le sol à son gré. Si les apports de fumures ont pu affecter la qualité et conduire à la surproduction, les opérations de drainage ont en revanche optimisé les conditions naturelles. Ainsi, les travaux de cette nature réalisés à Latour et à Yquem ont été l'un des facteurs déterminants dans l'émergence de ces grands crus. Même à flanc de côte, comme à Saint-Émilion où des sources résurgentes font naître des mouillères néfastes, le drainage s'impose parfois.

Sur son exploitation, le vigneron sait quelle parcelle produit, millésime après millésime, le meilleur vin. Les dégustations d'assemblage donnent toujours le même verdict : les vieilles vignes plantées sur sols hydrorégulateurs engendrent les plus belles cuvées. Ces conditions permettent d'énoncer une autre caractéristique du grand terroir : celui-ci gomme les aléas des millésimes pluvieux (non pas ceux des millésimes trop froids). Un grand cru se reconnaît à sa régularité et à sa faculté de réussir les petites années.

Le cépage, l'identité de la vigne

S'il n'est pas tout, comme l'ont cru pendant longtemps les vignerons californiens ou australiens, le choix du cépage reste une étape décisive lors de l'implantation d'un vignoble. Il relève de la responsabilité du viticulteur, qui doit parfois se conformer à la réglementation en vigueur dans son aire viticole.

Forts d'une expérience remontant à plus de deux mille ans, les Européens ont pu observer quels cépages étaient les mieux adaptés à un type de climat et de sol donné. À chaque plant de vigne son sol idéal, sur lequel il trouvera l'expression la plus pure de son profil aromatique et gustatif : le chardonnay sur calcaires et marnes, le cabernet-sauvignon sur graves, le merlot sur argiles, le pinot sur marnes et calcaires, le gamay, la syrah ou le viognier sur granites, le grenache sur schistes.

Par ailleurs, les vignerons ont constaté que chaque cépage acquérait son caractère le plus fin à la limite septentrionale de sa culture. Car si le raisin doit mûrir convenablement, la maturation doit être assez lente pour que les arômes synthétisés ne soient pas brûlés par un excès de chaleur. Le cabernet-sauvignon cultivé sous le soleil du Languedoc revêt bien des qualités, en particulier un fruité mûr et profond, mais il n'atteindra que rarement la finesse et l'élégance des vignes cultivées à Pauillac.

Parallèlement, la notion même de millésime intervient. Certaines années, le cabernet-sauvignon ne mûrit pas bien à Pauillac et ne peut offrir qu'un petit millésime à consommer rapidement, en attendant les vins des meilleures années qui demandent à vieillir en cave avant d'être dégustés. N'oublions pas, enfin, qu'au cours des âges l'encépagement a changé et que la crise phylloxérique a bouleversé et surtout simplifié les collections locales. Au XIXe siècle, le Médoc était déjà fournisseur de grands vins, issus de cépages qui ont aujourd'hui presque disparu. Le merlot n'est apparu que sur le tard. En revanche, la nature du sol est restée la même. Aussi convient-il de relativiser l'importance du cépage dans la réputation d'un vin de qualité.

Sélection massale ou clonale ?

Autrefois, on replantait soit par provignage, ou marcottage, soit par sélection massale. Dans le premier cas, on enterrait un rameau d'une vigne dans le sol et on le laissait prendre racine, ce qui permettait de remplacer des ceps manquants. Dans le second cas, on sélectionnait au sein du vignoble les vignes jugées les plus aptes à pérenniser les qualités de la parcelle (bonne fructification, maturation précoce, etc.) et l'on en prélevait des boutures.

Depuis les années cinquante, la sélection des plants s'effectue à partir de clones, c'est-à-dire d'individus génétiquement sélectionnés et multipliés afin de fournir un matériel végétal sain et identique. On parle dans ce cas de sélection clonale. Cette démarche a bien souvent répondu à des critères de production ou de résistance aux maladies plutôt qu'à un souci de qualité. Ainsi, certains clones de pinot noir, qui ont envahi jusqu'aux plus grands crus de Bourgogne, ont donné de petits vins du fait de porte-greffes trop vigoureux, alimentés par des fumures excessives et favorisant des rendements pléthoriques. En outre, la culture d'un nombre limité d'individus se traduit dans le vin par une moindre complexité et constitue une perte irrémédiable du patrimoine végétal d'une région. Fort heureusement, les grands crus ont réagi. En Bordelais, le château Haut-Brion a commencé un travail remarquable, suivi par tous les domaines renommés qui redécouvrent la sélection massale et replantent, non pas le clone X, Y ou Z, mais le cabernet de Mouton-Rothschild ou le merlot de Petrus.

Une culture respectueuse

Il ne suffit pas de posséder un grand terroir, il faut le respecter et permettre à la vigne d'en exprimer le caractère.

- Une densité de plantation trop faible empêche les pieds de vignes d'entrer en compétition ; les vins manquent de concentration, même si le rendement semble raisonnable. Il faudrait parler de rendement par pied de vigne et non par hectare.
- Des fumures excessives rendent la vigne trop vigoureuse : le raisin produit alors un vin dilué, manquant de personnalité. La même observation vaut pour la taille. Le vigneron soucieux d'exprimer les gènes du terroir dans son vin recherchera l'équilibre entre vigueur de la plante et concentration du raisin. La pratique de l'éclaircissage avant les vendanges n'est souvent qu'un constat d'échec : il est préférable de tailler convenablement la vigne en hiver. Il vaut mieux faire de la prévention des naissances que des avortements !
- Un désherbage chimique détruit toute la vie du sol et empêche la micro-faune d'effectuer son travail. Par ailleurs, il conduit la vigne à développer des racines superficielles : celles-ci sont directement exposées aux aléas climatiques et la plante ne parvient pas à s'enraciner au plus profond du terroir.
- Les traitements contre les maladies ou la pourriture risquent d'anéantir toute flore levurienne naturelle et de laisser des résidus qui se retrouveront dans le vin. Une lutte raisonnée, voire biologique, est plus respectueuse du milieu.

En symbiose avec la vigne, l'homme permet au terroir de se révéler. Plantation, greffage, taille ou liage rythment le calendrier du vigneron.

L'homme de l'art

Un vinificateur de grand cru utilise la science pour révéler le caractère du terroir. Un vin de qualité répond à des critères définis, valables pour toutes cuvées ; il est le résultat de choix judicieux, tant en matière de viticulture que de vinification. En revanche, un grand vin est unique : il ne ressemble ni à ses voisins ni à ses pairs. Le vigneron ou l'œnologue s'apparentent à des metteurs en scène au service d'un texte. Contrairement à quelques tentatives relevant du marketing, la star n'est pas le *winemaker*, mais le vin. Même le baron de Rothschild s'effaçait devant Mouton, Jean-Pierre Moueix devant Petrus, le marquis de Laguiche devant le montrachet. Néanmoins, l'homme fait la réputation du vin à un moment donné, en soulignant les qualités intrinsèques d'un terroir et d'un cépage.

La tentation est grande d'appliquer les leçons des diverses écoles de vinification à un terroir, au risque de le trahir. Les vins blancs, tous préfermentés, vinifiés sous bois avec la même souche de levure, bâtonnés sur lies, ont une fâcheuse tendance à se ressembler d'un bout à l'autre de la planète. Il en va de même des vinifications en rouge trop extractives, qui gomment la finesse, et de l'usage excessif du bois neuf : certains dégustateurs n'hésitent pas à chercher l'origine des barriques, parlant parfois, non sans humour, d'appellation d'origine Seguin-Moreau, Demptos et François Frères !

Sans tomber dans la vénération figée des “usages locaux, loyaux et constants” consacrés par la réglementation des AOC, l'interprétation intelligente de la tradition semble une bonne ligne de conduite, pour autant qu'elle ne ferme pas la porte à l'innovation. La filtration par osmose inverse est bien expérimentée à Léoville-Las Cases et la cryoextraction à Yquem.

Quelques facteurs universels de l'équation

• La matière première doit être d'une qualité optimale, car la vraie personnalité d'un vin naît avant tout de la vigne. Au nouveau propriétaire d'un premier grand cru classé du Médoc qui demandait au plus célèbre des œnologues, Émile Peynaud, d'élaborer le meilleur vin du monde, celui-ci répondit : “Donnez-moi le meilleur raisin du monde et… j'essaierai”. À cette époque, les œnologues de l'ancienne école distinguaient viticulture et vinification, ce qui n'est fort heureusement plus le cas depuis le début des années quatre-vingt-dix.

• L'expression du terroir entre aussi dans la notion de qualité. Les méthodes de culture doivent être au service de l'environnement : labours, traitements raisonnés, rendements modestes.

• Le mode de récolte et de transport est censé protéger les baies, celles-ci devant arriver au chai ni écrasées ni oxydées.

• L'égrappage, le foulage ou le pressurage évitent de triturer les grains. Mouton-Rothschild revient même à l'égrappage manuel sur des claies de bois, comme au siècle dernier.

• Les vinifications extraient ce qu'il y a de meilleur au cœur du raisin, en privilégiant l'élégance sur la puissance à tout prix. Les méthodes sont différentes d'un bout à l'autre du monde, mais la règle est partout la même. On peut bien pratiquer des macérations à chaud sur des crus rustiques pour les parer d'une concentration massive, ces vins ne seront jamais nobles.

• L'élevage affine le vin sans l'écraser sous le poids du chêne merrain. Bien peu de matières premières sont aptes à supporter les apports tanniques et

aromatiques du bois. L'idéal dans un vin élevé en fût est de ne plus sentir le bois à sa maturité. Tout doit être fondu dans un ensemble complexe.

• Sélectionner le meilleur d'une récolte sur un domaine, marier les diverses cuves pour que l'ensemble soit supérieur à chaque vin pris séparément est sûrement le secret qui préside à l'élaboration d'une grande cuvée. Le propriétaire élimine parfois une partie importante de sa production, ce qui représente un sacrifice financier indéniable. Ce désir de qualité ne doit cependant pas pousser la démarche à l'extrême. Il serait facile et ridicule de sélectionner, par exemple, un "Super Château Margaux", 5 000 bouteilles géniales et confidentielles pour quelques amateurs fortunés. Les 250 000 bouteilles de Château Margaux produites en moyenne par an ont, quant à elles, une réalité commerciale et sont 250 000 fragments d'un grand vin à la disposition de chacun.

Les maîtres mots de la dégustation

Pour prétendre à une qualité optimale, il faut à tous les stades apporter les ferments de la complexité. Celle de la matière première provient de l'assemblage des cépages plantés sur des parcelles différentes et, quand il s'agit d'un vin monocépage, de la variété des individus présents sur le domaine. L'utilisation de la levure indigène est, elle aussi, source de caractères multiples. Même l'élevage peut apporter sa pierre à l'édifice, en mariant diverses origines de bois. L'équilibre du vin, ensuite, réside dans la finesse du fruit et la texture soyeuse des tanins. Une grande cuvée réussit toujours le miracle d'associer une matière concentrée avec l'élégance, une sève impérieuse, avec cette sensation gustative et tactile que l'on pourrait nommer le fondu.

Enfin, la longueur en bouche fait l'ultime différence entre le monde des bons vins et celui des grands. Un grand vin est toujours un vin long.

Le potentiel de garde détermine également la valeur d'une cuvée. Il n'y a pas de grand vin, blanc ou rouge, qui ne soit capable d'aligner une collection de millésimes de légende dans une dégustation verticale. Ajoutons à cela l'unicité évoquée plus haut et peut-être pourrons-nous mieux cerner l'équation du grand vin. Ces multiples paramètres présentent entre eux un fragile équilibre qui peut parfois être rompu par des erreurs humaines. C'est ainsi que des vins pourtant issus de terroirs d'exception sombrent, en attendant qu'un vigneron talentueux ravive leur flamme. Les vignerons italiens qui cultivent aujourd'hui la vigne à Falerne savent-ils que leur modeste vin fut le plus célèbre du monde antique ? "Souviens-toi de Falerne", une maxime à graver au frontispice de tous les chais !

Quelques termes de l'équation de la qualité : méthode de culture raisonnée, respectueuse de l'environnement, vendanges triées, vinification à cœur, élevage maîtrisé.

Les tournois du monde moderne

On ne compte plus les dégustations où se goûtent à l'aveugle – on pourrait dire à l'aveuglette –, tous pays ou appellations confondus, des vins de réelle qualité et des prétendants au titre parés d'atours tape-à-l'œil. Or, lorsque l'on sait que dans une série de dégustations, le plus grand goûteur est tenté de donner la prime à la concentration extrême, au fruité intense, à l'alcool élevé, aux tanins marqués, bref à l'excès sur l'équilibre, on comprend que les grands vins soient souvent battus dans ce genre de manifestations médiatiques ou promotionnelles. Tel vin l'a remporté sur Mouton, tel autre a surpassé Petrus, un troisième a fait oublier Yquem. Pourtant, remettez ces vins sur une table, avec les mêmes jurés qui ont rendu en toute bonne foi ce verdict révolutionnaire, et observez quels vins sont bus. Immanquablement, une gorgée suffit des nouveaux promus, tandis que les grands classiques sont avalés avec un naturel stupéfiant. Les vins à concours étonnent et rassasient au premier verre, les grands vins, ô miracle, se boivent. N'est-ce pas là leur vocation première ? Ne serait-ce pas la seule équation qui mettrait la vérité en lumière ?

La composition du vin

GRÂCE AUX MÉTHODES MODERNES DE L'ANALYSE CHIMIQUE ET BIOCHIMIQUE, LES CHERCHEURS DÉCOUVRENT SANS CESSE DANS LE VIN DE NOUVEAUX COMPOSÉS. TOUTEFOIS, LE PRODUIT DE LA VIGNE EST ENCORE LOIN D'AVOIR DÉLIVRÉ TOUS SES SECRETS.

Les composés que l'on peut isoler dans le vin sont responsables de sa saveur. La dégustation consiste à les identifier par les sens, en partant de la description de la couleur, des arômes et de l'équilibre d'un vin. En ce sens, elle s'oppose à l'analyse chimique qui s'attache à expliquer le goût à partir des substances. Ce sont là deux approches différentes mais complémentaires : le dégustateur doit connaître la composition du vin pour être précis, le chimiste a besoin du dégustateur pour pallier l'insuffisance de ses appareils.

L'eau

Selon le titre alcoométrique, entre 80 et 90 % du vin sont composés d'une eau d'origine végétale.

Les alcools

L'alcool éthylique, issu de la transformation des sucres par les levures, représente entre 8 et 20 % selon le type de produit. On peut trouver à très faibles doses de l'alcool méthylique qui provient des matières pectiques du raisin. La proportion peut être plus élevée dans des cépages hybrides, fort heureusement en voie de disparition en Europe. Le glycérol, tri-alcool en provenance des sucres, est plus ou moins présent. Les alcools sont responsables de la sensation de chaleur et participent, avec les sucres, au moelleux, au gras et à la viscosité du vin.

Les acides

Ils sont soit contenus dans le raisin (acide tartrique, malique, citrique ou gluconique), soit issus de la fermentation (acide lactique, succinique ou acétique). L'acidité totale varie de 2 à 7 g/l (exprimée en acide sulfurique). Elle influe sur la couleur et la brillance du vin. En outre, certains acides possèdent un arôme spécifique. Ils sont surtout à l'origine de la saveur acide, qui est l'un des goûts élémentaires, en augmentant et en fluidifiant la salive.

Les polyphénols ou composés phénoliques

Presque absente dans les vins blancs, cette famille caractérise les vins rouges et peut se diviser en deux grands groupes.

- Les matières colorantes : flavonoïdes qui colorent en jaune et anthocyanes (de 200 à 500 mg/l) qui donnent la couleur rouge.
- Les tanins (de 1 à 3 g/l) qui peuvent provenir des pellicules de raisins et des pépins ou de l'apport du bois de la barrique. Au cours du vieillissement, ils se combinent aux anthocyanes (la couleur se stabilise) et se condensent (leur astringence diminue). Ils sont responsables de la couleur des vins et surtout de leur structure. Ils apportent une sensation tactile : l'astringence perceptible au niveau des muqueuses. Ils coagulent la salive et peuvent induire une sensation de sécheresse en bouche. À trop forte dose, ils créent une sensation amère.

Les sucres

Nombreux et présents dans tous les types de vin, ils ne doivent pas dépasser 2 g/l dans un vin sec, mais peuvent atteindre 300 g/l dans un vin liquoreux. Ce sont les glucose, fructose, arabinose ou xylose. Ils participent à la notion de viscosité du vin, aux larmes, et donnent la saveur élémentaire sucrée. Le gras et le moelleux du vin proviennent de la somme sucre-alcool.

Les substances salées

Certains ions, présents à très faibles doses, pourraient amener un goût salé si l'alcool et le sucre ne venaient les masquer. Potassium, sodium, chlorures, sulfates et tartrates sont décelables dans le vin.

Ces substances sont responsables des arômes du vin, que l'on distinguera par voie nasale ou rétro-nasale, mais il ne faut pas oublier qu'elles ne se présentent jamais seules. La combinaison et la juxtaposition de plusieurs de ces arômes influent sur la palette aromatique. Certains s'annihilent, d'autres se renforcent. D'autres encore se marient pour produire un arôme nouveau. Démonstration éclatante de la supériorité des substances naturelles sur la chimie de synthèse !

La qualité du vin est liée à la composition du raisin. Au cours de la maturation, les baies se chargent en sucre et en composés aromatiques, tandis que leur teneur en acidité diminue.

Le gaz carbonique

Dissous dans le vin, il peut varier en quantité. On commence à le percevoir vers 500 ou 600 mg/l : il apporte alors une sensation tactile de picotement sur la langue. Au dessus de 1 000 mg/l, il provoque une perle visible. Il participe à la fraîcheur du vin, l'acide carbonique venant accentuer la sensation acide. Il sert aussi de vecteur d'arômes car il renforce leur intensité.

Les substances aromatiques

Elles constituent la richesse et la complexité du vin. Elles sont si nombreuses que les méthodes de chromatographie les plus récentes identifient constamment de nouveaux arômes. On relève des familles chimiques très différentes dont la volatilité les classe dans la catégorie aromatique. Alcools, aldéhydes, esters, acides gras, terpènes, même présents à doses infinitésimales, sont chacun responsables d'une odeur comparable à celle que l'on peut trouver dans la nature. Par exemple, l'acétate d'isoamyle, que l'on rencontre dans les vins issus de macération carbonique, apporte la note de bonbon anglais, l'alcool phényléthylique celle de rose, la glycyrrhyzine celle de réglisse, l'aldéhyde cinnamique celle de cannelle. La liste est infinie.

Principes de la dégustation

Le principe de toute dégustation repose sur un mécanisme simple. Nos "outils" de perception, l'œil, le nez et la bouche, captent des sensations ; celles-ci sont transmises au cerveau qui se charge de les analyser, de les reconnaître et de les mémoriser, en les comparant avec les informations stockées dans notre mémoire. Vient enfin l'expression de la sensation par un vocabulaire approprié, acquis au cours de l'éducation de chacun et de l'expérience. Par exemple, la couleur rouge est une donnée mémorisée depuis la plus tendre enfance. Il suffit que l'œil soit stimulé par une radiation rouge pour que l'identification soit immédiate. Il n'en va pas de même des odeurs. Notre sens de l'olfaction n'est pas éduqué avec la même application, surtout dans notre monde moderne désodorisé à l'extrême ; la mémorisation est, en ce sens, plus difficile. À chacun d'exercer et d'enrichir sa mémoire olfactive en prenant soin, chaque jour, de respirer le monde. Les "outils" naturels ne sont pas des machines irréprochables et les informations qu'ils transmettent au cerveau peuvent être erronées ou approximatives. Chaque personne possède des seuils de sensation. Tel dégustateur sera plus sensible au sucre, un autre à l'amer, un dernier percevra l'odeur de rose à dose infinitésimale alors que son voisin aura besoin d'une concentration supérieure. Certains professionnels sont très sensibles au soufre et d'autres à l'acidité volatile : leurs commentaires peuvent en être affectés. En outre, ces seuils ne sont pas constants, ils sont modifiés par l'état de santé, par les habitudes alimentaires ou par l'entraînement. Le cerveau peut interpréter les données qu'il reçoit en fonction de l'éducation et des habitudes culturelles du sujet. Un dégustateur bourguignon jugera les vins blancs secs allemands trop sucrés et, inversement, un Bavarois considérera un chablis trop acide ! Il y donc une grande part de subjectivité dans l'analyse. C'est la raison pour laquelle l'apprenti dégustateur doit respecter un certain nombre de principes. Avant tout, il ouvrira sa connaissance à tous les types de vins afin de sortir du cadre de ses habitudes, puis fera abstraction de ses préférences personnelles pour juger un vin sur ses qualités intrinsèques.

Un mot pour chaque sensation

L'EXPRESSION DES SENSATIONS PAR UN VOCABULAIRE APPROPRIÉ EST L'UNE DES PHASES LES PLUS DIFFICILES DE LA DÉGUSTATION, CELLE QUI EXIGE UN LONG APPRENTISSAGE ET LA PLUS GRANDE RIGUEUR. L'IMPUISSANCE DES MOTS À DÉFINIR UNE SENSATION EST BIEN SOUVENT DÉSESPÉRANTE. ELLE EST LIÉE À LA DIFFICULTÉ D'IDENTIFIER UNE PERCEPTION D'UNE PART, À LA PAUVRETÉ DU VOCABULAIRE DU GOÛT D'AUTRE PART.

Le dégustateur traduit ce qu'il ressent en recherchant des modèles de comparaison dans son environnement. Quelle que soit sa langue, il procède par analogie, c'est-à-dire par association d'une sensation à une réalité matérielle, vérifiable par son interlocuteur. Le but d'une dégustation est aussi de communiquer à l'autre ses impressions. Par exemple, lorsque l'on dit qu'un vin est rond, le mot rond ne relève pas du champ sémantique du goût. Il a été emprunté à la terminologie de la géométrie. La liste de ces analogies est longue. Les références à la forme, à l'ossature, à l'architecture ou au corps humain sont courantes pour rendre compte de la matière du vin. Même la description aromatique fait appel à des analogies. Lorsqu'il dit qu'un vin dévoile un arôme de rose, le dégustateur compare une des composantes du nez du vin à son souvenir de l'odeur de rose.

Un vocabulaire précis et universel

Cette pratique de l'analogie ne doit cependant pas conduire à des excès. On se souvient de la littérature bachique des années passées et de ses multiples allusions au corps féminin (le corsage ou la cuisse du vin) qui palliaient l'ignorance par la polissonnerie. Il ne faudrait pas non plus adopter un jargon de Précieuses. Décrire un vin ne relève pas de l'ésotérisme ! Étudier l'évolution de la couleur d'un vin avec l'âge en la comparant avec les changements de teinte d'une rose dans un vase est une analogie de portée universelle. Chacun comprend que la rose se fane peu à peu, et que sa teinte passe du rouge vif à l'ocre et au brun. Il importe que les mots fassent écho à une réalité connue de tous et qu'ils puissent être partagés : une perception doit être traduite par un terme précis, usité par l'ensemble des dégustateurs. On parlera alors de "termes classiques", fonds commun de la dégustation universelle, ceux qui figurent sur les fiches de dégustation axées sur le vocabulaire. Néanmoins, chaque dégustateur est libre d'enrichir son vocabulaire et d'attribuer à ses écrits un style personnel.

Souvent, l'intensité d'une sensation est perçue d'une manière différente selon les dégustateurs, ce qui se traduit par des commentaires à connotations positives ou négatives. Par exemple, le même vin assez acide pourra être qualifié de frais ou de nerveux par un goûteur laudatif et de vert ou de pointu par un autre plus critique.
Le vocabulaire diffère selon le type de dégustation : qu'elle soit technique et l'on sera plus critique en soulignant les défauts, commerciale et l'on célèbrera le produit, journalistique et l'on s'attachera à vulgariser les commentaires, ou tout simplement hédoniste et l'on privilégiera le côté imagé.

Un vocabulaire adapté au vin dégusté

La règle est simple : à vin modeste, commentaire court et sans fioritures ; à vin complexe, commentaire détaillé jusqu'à une description complète et à la définition du style. Le commentaire doit donc être à la hauteur du vin, mais il peut arriver qu'un très grand vin se refuse à toute analyse sémantique, tant les éléments sont fondus et indissociables. Le commentaire devient alors laconique et se résume à quelques mots : grand, parfait, indescriptible !

Peut-on se passer du vocabulaire ?

Une dégustation technique peut se réduire à un exercice de positionnement de chaque sensation sur un axe. Si l'on veut noter l'acidité d'un vin il suffira de procéder à une cotation, de 1 à 10 par exemple, sur l'axe acide. Le vin sera noté A6. De même pour l'axe tannique, T4, ou l'axe moelleux, M2. On peut appliquer cette méthode à tous les éléments du vin et résumer un commentaire par une série de notations. Toutefois, non seulement cette démarche fait abstraction de toutes les nuances, mais aussi se détourne du plaisir de la littérature au profit d'une pseudo-précision. Tel un simple bulletin d'analyse chimique, un vocabulaire réduit à quelques termes codifiés ne permet pas de distinguer un bon vin d'un grand cru. Seuls les mots, dans leur diversité, en sont capables.

Un environnemen

Les dégustations professionnelles se déroulent dans des salles où la température, l'hygrométrie et surtout la lumière sont contrôlées. Les postes de dégustation sont individuels et isolés les uns des autres, chacun équipé d'une source lumineuse et d'un crachoir. Pour l'amateur, les conditions ne sont pas toujours idéales, qu'il goûte dans la pénombre et l'environnement odorant d'une cave ou sous les lumières tamisées d'un restaurant, entouré des odeurs de cuisine. C'est chez lui ou dans son club de dégustation que l'apprenti dégustateur pourra réunir les éléments favorables.

Un dégustateur en forme est un dégustateur qui a faim !

Le choix de l'heure de la dégustation est essentiel. Les sens sont d'autant plus en éveil que se rapproche le moment du repas. Ils sont d'autant plus endormis que le sujet est en train de manger ou, pire, de digérer. On préférera donc déguster entre 10 h et 12 h ou entre 18 h et 20 h et l'on évitera surtout de s'exercer après un repas, un café ou un havane ! Cet instant doit être réservé à la dégustation des eaux-de-vie, dont la force sera tempérée par l'affaiblissement des réponses sensorielles.

On peut cependant grignoter pendant une dégustation, ne serait-ce que pour gommer les sensations tannique ou acide qui peuvent s'accumuler lorsque plusieurs vins se succèdent, mais l'on se contentera de petits morceaux de pain, à l'exclusion de tout amuse-gueule, olives ou fromage dont la présence sert souvent à masquer les défauts du vin. Une carafe d'eau sera mise à disposition des dégustateurs. Toutefois, il est d'usage de garder sa bouche avinée pour goûter la même série de vins. Enfin, le dégustateur sera en bon état de santé : rhume, grippe, embarras gastrique ou, tout simplement, fatigue nuisent à l'appréciation. Il devra goûter un nombre d'échantillons raisonnable afin de garder son acuité.

LA DÉGUSTATION N'EST NI UN CÉRÉMONIAL NI UNE PRATIQUE RÉSERVÉE AUX SEULS INITIÉS, MAIS ELLE DOIT OBÉIR À QUELQUES RÈGLES DE BON SENS. CET EXERCICE EXIGEANT DEMANDE ATTENTION, CONCENTRATION ET ABSTRACTION DES INFLUENCES EXTÉRIEURES. IL FAUT POUR CELA QUE LES SENS DU DÉGUSTATEUR SOIENT AIGUISÉS ET EN ALERTE.

Quelques règles simples pour déguster chez soi

- La pièce doit être claire, si possible ouverte à la lumière naturelle. Si la dégustation se déroule le soir, on utilisera des éclairages dits "lumière du jour".
- La table sur laquelle sont posés les verres sera recouverte d'une nappe blanche. À défaut, une feuille de papier blanc sera placée devant chaque convive.
- Une bougie pourrait être allumée pour juger de la transparence, mais son odeur peut être gênante. On lui préférera une petite lampe de chevet munie d'une ampoule de faible puissance.
- La température sera celle des pièces du siècle dernier, lorsque le mot "chambrer", c'est-à-dire mettre à température de la pièce, faisait référence à quelque 18-20 °C.
- On évitera bien entendu toutes les odeurs parasites – fumée, bouquet de fleurs, corbeille de fruits – et l'on fermera la porte de la cuisine. Les eaux de toilette, masculines ou féminines, sont à proscrire afin de ne pas déranger son voisin. Les dégustatrices éviteront par ailleurs le rouge à lèvres.
- Sans imposer un silence monacal, l'organisateur de

Des verres adaptés à la dégustation, un tire-bouchon, un récipient servant de crachoir, une nappe blanche et des bouteilles bien choisies. À droite, les verres Impitoyables mettent en évidence le moindre défaut des échantillons dégustés.

favorable à la dégustation

la dégustation veillera à ce que rien ne perturbe la concentration des convives.

• Les bouteilles auront été entreposées depuis la veille dans la pièce de dégustation. Les vins jeunes pourront être relevés et débouchés une heure avant la dégustation. Les vieilles bouteilles seront remontées de la cave dans la position exacte qu'elles y occupaient, sans les tourner ni les relever (ce détail est important pour les vieux vins dont le dépôt se colle sur le bas du verre). Elles seront débouchées sur panier, sans les remuer. Si le dépôt (visible en regardant une source lumineuse à travers le verre) est trop important, la décantation s'impose.

• Des crachoirs (des pots en plastique feront tout aussi bien l'affaire que des seaux à champagne) seront mis à disposition en nombre suffisant, afin que les dégustateurs gardent la tête froide. Les vins pourront bien entendu être bus au cours du repas qui suivra ; il est toujours passionnant de comparer ses impressions sur un vin dégusté seul et en accompagnement d'un plat.

• La forme des verres est essentielle. Le verre à pied est obligatoire, pour que la main qui le tient soit le plus loin possible du nez et pour ne pas gêner la perception du vin par les odeurs de la peau. La main ne doit pas chauffer le vin. On tiendra donc le verre par son socle. Un bon verre à dégustation répond à plusieurs critères : il sera fin et transparent pour apprécier les nuances de couleur. Il sera en forme de tulipe ou ovoïde pour mieux retenir les arômes, mais il conservera une bonne surface d'échange entre le vin et l'air. Il permettra d'agiter facilement le vin grâce à une cheminée assez haute.

La reconnaissance des odeurs

Dans des verres opaques, le dégustateur place différents jus de fruits (pomme, abricot, orange, banane). Il s'agit de les reconnaître simplement à l'odeur, sans se laisser influencer par la couleur. L'exercice, répété plusieurs fois, prouve qu'il existe un temps de latence entre deux sensations : il faut laisser le nez se reposer quelques secondes avant de passer au verre suivant.

Le verre normalisé AFNOR, dit INAO, est le plus utilisé. On en trouve de nombreuses variantes, mais certains dégustateurs le jugent trop petit. D'autres verres ont été étudiés pour la dégustation, chacun présentant une forme particulière, adaptée à la dégustation d'un vin blanc, d'un vin rouge jeune ou vieux, d'un vin effervescent ou d'une eau-de-vie. Citons les Œnologues, les Impitoyables et la série de chez Riedel. Certains modèles concentrent tellement les arômes qu'ils agissent comme de véritables alambics et font ressortir autant les défauts que les qualités d'une palette aromatique. On les réservera à des dégustations plus techniques. Plusieurs verres seront à la disposition de chaque dégustateur. Le verre sera rempli au tiers pour un bon dégagement olfactif. On bannira l'usage du taste-vin, qui ne permet d'apprécier ni la couleur ni les arômes.

• Les verres seront lavés à l'eau légèrement savonneuse. Ils devront être exempts d'odeurs de savon ou de lessive, de placard ou de chiffon. Ils seront rincés longtemps à l'eau claire et suspendus la tête en bas dans un local aéré. Avant toute dégustation, les participants humeront leur verre et l'avineront avec le premier vin de la série.

D'un verre à l'autre

Le dégustateur verse le même vin, de préférence assez aromatique, un vin blanc de sauvignon par exemple, dans des récipients ou verres de formes différentes : un taste-vin, un verre à bière, un verre à moutarde, une coupe de champagne, un verre ballon, un verre en tulipe, un verre Impitoyable. La perception aromatique n'est pas la même. On fera cette expérience verre immobile et après agitation.

Les exercices de base

Il est plus aisé d'apprendre le B.A.-BA avec des solutions simples qui permettent d'étudier un seul facteur à la fois. S'il s'agit d'une phase quelque peu ingrate de l'apprentissage, l'amateur trouvera plus tard sa récompense : une parfaite maîtrise des notions de base. Le dégustateur chevronné a lui aussi intérêt à revenir de temps en temps à ces tests pour recentrer ses sensations.

Les arômes

La reconnaissance des arômes est l'exercice le plus difficile. Il fait appel à la mémoire du dégustateur, à sa culture olfactive en quelque sorte. Cette culture peut s'enrichir par une gymnastique simple.

• L'apprentissage des odeurs

Ce sont des exercices quotidiens qui demandent au débutant une attention à toutes les odeurs de son environnement : rue, jardin, cuisine, marché, etc. Cet apprentissage sera facilité par l'utilisation d'arômes synthétiques, isolés pour la dégustation. Un premier exercice consiste à classer ces arômes dans les différentes séries – florale, fruitée, balsamique, empyreumatique, etc. – afin de bien comprendre les caractéristiques communes à chaque famille aromatique.

• La reconnaissance des odeurs

En sentant ces arômes à l'aveugle, le dégustateur tentera de les identifier. Il débutera en travaillant par série : il sentira tout le groupe fruité par exemple, en essayant, à l'intérieur du groupe, de nommer chaque fruit. Il passera ensuite à la reconnaissance d'un arôme choisi au hasard : d'abord la famille aromatique, ensuite l'arôme en particulier. La multiplication de ces séances de reconnaissance est indispensable pour acquérir une bonne maîtrise de l'odorat.

Les saveurs

Il s'agit d'identifier les saveurs élémentaires en goûtant des solutions simples. L'exercice se déroule en deux temps. On comparera toujours avec un verre d'eau pure.

LE DÉBUTANT A SOUVENT DU MAL À TROUVER SES REPÈRES ET À IDENTIFIER LES SENSATIONS ÉLÉMENTAIRES. LA DÉGUSTATION DES VINS LE PLONGE DANS UN MILIEU COMPLEXE OÙ IL RISQUE DE SE PERDRE ET DE SE DÉCOURAGER S'IL NE POSSÈDE PAS QUELQUES RUDIMENTS.

• L'identification

On préparera dans chaque cas des solutions moyennement concentrées.

Goût salé. Préparer une solution de 2 g/l de sel de cuisine.

Goût acide. Mélanger 1 g/l d'acide tartrique ou le jus d'un demi-citron.

Goût sucré. Mélanger 5 g/l de sucre.

Goût amer. Mélanger 2 mg/l de sulfate de quinine (la quinine se trouve en pharmacie).

Les solutions seront goûtées à l'aveugle. On pourra répéter le test en variant l'ordre des verres.

• La perception des seuils

Pour une saveur, le salé par exemple, on préparera des solutions de concentration croissante : 0,2 – 0,4 – 0,7 – 1,5 – 3 g/l. Dans l'ignorance de la saveur en question, on goûtera les verres dans l'ordre. Il faut noter le verre pour lequel on perçoit une sensation (seuil de perception), puis le verre pour lequel on identifie la sensation (seuil de reconnaissance). Cet exercice réalisé avec un groupe d'amis fera ressortir la grande différence de sensibilité à une saveur d'un individu à l'autre.

Goût acide : 0,06 – 0,12 – 0,25 – 0,5 – 1 g/l d'acide tartrique.

Goût sucré : 1 – 2 – 4 – 6 – 8 g/l de saccharose.

Goût amer : 0,6 – 1,2 – 2 – 2,5 – 4 – 5 – 6 mg/l de sulfate de quinine.

• L'alliance des saveurs

On pourra facilement étudier comment deux saveurs se renforcent ou se combattent.

Sucre et acide. Comparer une solution acide à 1 g/l et la même solution additionnée de 6 g de sucre. La sensation acide de la seconde est diminuée.

Amer et acide. Comparer la solution acide avec la même solution additionnée de 4 mg de sulfate de quinine. La sensation acide est renforcée.

Dans le chai du château Dillon, vingt et une sculptures de nez en bronze, verre soufflé, marbre et chêne, créées par Erik Dietman.

La chaleur alcoolique

Rien n'est plus facile à étudier. Il suffit de préparer des solutions d'eau et d'alcool neutre de pharmacie en concentrations croissantes : de 8 à 20 % par exemple. On notera la sensation de chaleur et le moelleux, le sucré apporté par l'alcool.

Le moelleux

Le moelleux est la somme des sensations apportées par le sucre, l'alcool et le glycérol. On travaillera en plusieurs phases.

- Comparer d'abord de l'eau pure et une solution de 10 g/l de glycérine. On notera la différence de gras et de viscosité en bouche, ainsi que la sensation sucrée amenée par le glycérol.
- Ajouter ensuite 15 % d'alcool : le moelleux est augmenté.
- Ajouter enfin 10 g de sucre : la sensation moelleuse est à son maximum.

L'astringence

L'astringence est perceptible dans de nombreux aliments : feuilles d'artichaut, aubergines, certaines poires ou prunes, châtaignes crues qui "tirent" les gencives. On préparera une solution avec 0,5 g/l de tanins œnologiques (ces tanins se trouvent en pharmacie). On notera l'impression de dessèchement de la bouche et de structure de la solution. Avec une concentration de 1 g/l, on percevra la sensation amère due aux tanins.

Renforcement de l'acidité par les tanins. Si l'on reprend la solution acide, additionnée de 0,5 g/l de tanins, on s'aperçoit que la sensation acide est renforcée.

Influence de la température. On goûtera les solutions acides, tanniques, acide + tanins à température normale, puis à 10 °C et à 30 °C. On pourra classer les solutions par ordre d'acidité et de perception tannique.

Exercices sur des vins

Les mêmes séries d'exercices seront répétées avec du vin, de préférence ordinaire. Le principe consiste à ajouter à un verre de vin des composés exogènes et à comparer le résultat au vin pur témoin. On pourra ainsi reconnaître les diverses influences.

Influence de l'acidité

- Un vin blanc sec moyennement acide.
- Le même vin avec 1 g/l d'acide tartrique supplémentaire. On notera l'augmentation de la sensation acide, de la verdeur.

Le même exercice avec un vin rouge renforcera l'astringence du second vin.

Influence du sucre

- Un vin blanc sec (2 g/l de sucre).
- Le même vin avec 8 g/l de sucre. On notera l'augmentation du moelleux et la diminution de l'acidité.

La même exercice avec un vin rouge diminuera l'astringence du second vin.

Influence de l'alcool

- Un vin rouge à 11 % vol.
- Le même vin porté à 14 % vol. par ajout d'alcool neutre. On notera la chaleur excessive.

Influence des tanins

- Un vin rouge léger.
- Le même vin avec 0,5 g de tanins œnologiques. On notera l'astringence et le renforcement de l'acidité.

Influence du glycérol

- Un vin blanc sec.
- Le même vin avec 10 g/l de glycérol. On notera l'augmentation de la sensation sucrée et de la rondeur.

Ajout d'un composé aromatique

La possibilité d'exercices est infinie. Le jeu consiste à ajouter un arôme à un vin, en faible quantité de préférence, et à différencier les deux échantillons dans un premier temps, à reconnaître l'arôme en question ensuite.

Définir les buts de la dégustation

LES PROFESSIONNELS ATTRIBUENT À CHACUNE DE LEUR DÉGUSTATION UNE VOCATION SPÉCIFIQUE, À LAQUELLE RÉPONDENT DIVERSES MÉTHODES D'ÉVALUATION - NOTATIONS ET STATISTIQUES NOTAMMENT. L'AMATEUR PEUT S'INSPIRER DE CETTE DÉMARCHE POUR ORGANISER SES PROPRES SÉANCES.

On distingue deux types de dégustations professionnelles. La dégustation technique évalue l'influence des modes de vinification et de l'élevage sur le goût du vin. Dans ce cas, l'analyse sensorielle peut ne s'intéresser qu'à quelques éléments ou demander une étude complète. Œnologues, maîtres de chais, vignerons réalisent des dégustations techniques tout au long de l'année. Une dégustation technique particulière préside à l'assemblage des cuvées : c'est la dégustation d'assemblage. En Bordelais, il s'agit de sélectionner sur des critères qualitatifs et commerciaux les composants qui feront le grand vin. À Porto, à Cognac ou en Champagne, les assembleurs cherchent à retrouver le goût constant de la marque. Ils peuvent travailler en assemblage positif, en sélectionnant ce qu'il y a de meilleur, ou négatif, en éliminant ce qui ne convient pas. La dégustation de classement ou de concours classe les vins selon leur qualité, à des fins de communication commerciale ou journalistique. De nombreux concours officiels, guides des vins et magazines spécialisés organisent de tels exercices. C'est également un excellent jeu de société.

Différencier deux vins

Certaines techniques de production (filtration, vendanges mécaniques ou vendanges manuelles) peuvent modifier les caractères organoleptiques d'un vin. Aussi les professionnels réalisent-ils des tests pour mieux juger des conséquences de ces pratiques sur la qualité des produits.

La dégustation par paire

On compare deux échantillons présentés dans un ordre aléatoire. On détermine dans un premier temps si les échantillons sont identiques ou si une différence est perceptible. Dans un deuxième temps, on tente d'identifier cette différence.

La dégustation triangulaire

On propose trois verres à la dégustation : deux contiennent le même échantillon, le troisième est différent. Les verres sont présentés dans un ordre aléatoire. Il s'agit de déterminer quel est celui qui présente une différence. On déguste les verres un à un, sans revenir en arrière. Les résultats sont interprétés grâce à une table statistique.

Classer une série de vin

L'objectif est d'établir une hiérarchie. Il est souhaitable de ne comparer que des vins comparables, au sein d'une même appellation, à la rigueur d'une région. Les dégustateurs ont ainsi en tête un schéma précis du profil idéal du vin. On voit cependant de plus en plus fleurir des dégustations où tous les styles sont mélangés, ce qui se traduit parfois par des résultats curieux. Ces concours ne sont pas innocents et le palmarès doit être interprété avec prudence.

Méthode des rangs

Il s'agit pour chaque juré de classer les vins dans un ordre de préférence, sans les noter. On analyse les résultats de la manière suivante : pour un échantillon donné on multiplie son rang (1, 2, 3, etc.) par le nombre de fois qu'il est cité à ce rang (un vin cité quatre fois à la troisième place obtient la note 12) et l'on fait la somme des notes. L'échantillon qui a le plus faible nombre de points est classé en tête.

Méthodes avec notation

• **L'échelle cardinale.** La méthode est simple en première analyse. Elle consiste à attribuer une note à chaque vin. Cette note peut être décomposée en fonction des différentes phases de l'analyse – l'œil, le nez, la bouche. On peut lui adjoindre une note d'harmonie, voire de conformité au type étudié. La somme de toutes les notes donne une note finale au vin. On peut également noter directement la qualité du vin par une note globale. L'échelle cardinale présente plusieurs inconvénients. La multiplication des notes intermédiaires lissent la note finale et les différences entre les vins sont parfois ténues. Il faut donc attribuer un coefficient à chaque étape. Une bonne ventilation des coefficients est essentielle : la vue, par exemple, ne doit pas être gratifiée d'une influence plus importante que le goût. De plus, un vin qui a un défaut aromatique ne devrait pas voir sa note rattrapée par une bonne couleur : il doit avoir une note globale basse. Si l'on attribue directement une note globale, on peut être tenté de faire intervenir des aspects préférentiels de la dégustation, variables d'un juré à l'autre. Cette méthode globale demande une grande expérience et un sens développé de la synthèse.

La note totale peut s'évaluer sur 10 ou sur 20, parfois sur 100 dans les pays anglo-saxons. Il est bien illusoire de faire la différence entre un vin noté 90 et un autre 91. De plus, la note sur 100 conduit souvent à ne juger les vins qu'entre 80 et 100. Chaque échelle a ses partisans, mais il convient pour chacune d'étaler les notes le plus possible pour que les différences soient significatives.

Un jury attribue une note à un échantillon en faisant la moyenne des notes individuelles. Or, les sensations diverses qui composent la dégustation ne suivent pas des lois arithmétiques (on estime que lorsque la concentration d'un composé est multipliée par quatre, la sensation est seulement doublée). La moyenne fausse donc le résultat. D'autant que cette opération resserre les notes et que les résultats varient parfois à la virgule près. On peut s'affranchir de ces écueils en éliminant dans un jury les notes extrêmes, les plus basses ou les plus hautes. Par exemple, si pour dix jurés, on obtient neuf notes qui se cantonnent entre 12 et 14 et une note à 18, on

Séance de dégustation à l'aveugle.

éliminera le 18. Au risque de passer à coté d'un vin dont le génie a échappé à la majorité ! *A contrario,* un seul dégustateur pourra déceler un défaut invisible aux autres. Faut-il éliminer sa note sous prétexte d'acuité supérieure ? Dans ce cas, la discussion qui suit une dégustation silencieuse permet d'harmoniser les jugements.

• **La notation ordinale.** Les caractères des vins sont notés sur une échelle inversée, en général à sept niveaux, qui va de 1 (excellent) à 7 (mauvais), en passant par bon, convenable, moyen, médiocre, inférieur. La note globale suivra la même loi, sans qu'elle soit issue d'une moyenne.

Technique de l'analyse visuelle :

Dans le film *L'Aile ou la Cuisse*, Louis de Funès incarne un critique gastronomique qui, frappé d'agueusie, réussit avec succès une dégustation en se servant du seul sens qui reste à sa disposition : la vue. Sans aller jusqu'à identifier un cru par simple examen visuel, l'observation d'un vin est riche d'enseignements : son âge, sa concentration, sa finesse ou son état de conservation transparaissent au premier coup d'œil.
Il est parfois bien difficile de distinguer, les yeux bandés, un vin rouge léger d'un rosé, ou même d'un vin blanc gras et opulent ! *A contrario*, une belle couleur limpide et éclatante pour un vin blanc prédispose à une attitude laudative. Si une robe sombre et profonde pour un vin rouge oriente le dégustateur vers une perception de densité, une intensité trop faible l'incitera à une sévérité qui influencera son analyse olfactive et gustative.

LA VUE EST LE PREMIER CONTACT DU DÉGUSTATEUR AVEC LE VIN, LA PREMIÈRE IMPRESSION, LA PREMIÈRE APPÉTENCE. LA SEULE VUE D'UN VERRE DE VIN PRÉDISPOSE AU JUGEMENT. IL N'EST POUR S'EN CONVAINCRE QUE DE DÉGUSTER DANS DES VERRES OPAQUES OU LES YEUX BANDÉS.

La limpidité

On note la limpidité d'un vin par observation latérale du verre. Celui-ci sera éclairé soit par la lumière naturelle, soit par une source artificielle.

Intensité, transparence, brillance, limpidité, fluidité. L'analyse visuelle permet d'obtenir le maximum de renseignements sur la qualité du vin.

Tout comme un rayon de soleil qui filtre au travers d'une persienne fait apparaître les poussières en suspension dans l'air, la source de lumière met en évidence les particules dans le vin. Ce phénomène, appelé effet Tyndall, est plus perceptible encore lorsque le verre est placé sur un fond noir. Apparaissent alors les troubles du vin, perles de gaz, filaments, voltigeurs ou flocons. Si le trouble se présente comme une masse nuageuse ou laiteuse, il s'agit d'éléments colloïdaux.
On note la limpidité du vin par un vocabulaire qui peut aller de bourbeux (pour des vins qui viennent d'être fraîchement décuvés) à cristallin, en passant par opaque, trouble, voilé, flou, laiteux, opalescent, transparent, limpide. Un vin trouble ne se goûte jamais bien, il paraît rustique et rugueux, sans aucune finesse.

La brillance

La brillance, c'est l'éclat du vin, sa faculté de renvoyer la lumière, de chatoyer comme une pierre précieuse. On observera cette qualité en regardant le disque, à la lumière naturelle et sur fond blanc. La brillance est très importante pour les vins blancs qui doivent présenter un éclat parfait. On dira que le vin est mat à chatoyant, en passant par terne, net, lumineux, éclatant, brillant, étincelant.

La couleur

La couleur s'apprécie à partir de deux facteurs bien distincts : l'intensité et la teinte. L'intensité colorante d'un vin est due à sa richesse en pigments colorants (anthocyanes ou flavones). Elle dépend, bien entendu, de l'épaisseur de vin traversée par la lumière. Aussi, faudra-t-il observer l'intensité colorante dans les mêmes verres, remplis à la même hauteur et avec la même source de lumière. L'observation se fait en général au-dessus du verre, en inclinant celui-ci pour régler la hauteur du liquide, et à la lumière du jour qui frappe le verre de face. L'intensité se déclinera d'incolore à intense, avec des étapes intermédiaires : vin pâle, clair, élevé, foncé, soutenu, profond, dense. Mais il faut ajuster son appréciation en fonction du type de vin. En effet, on n'attend pas la même intensité colorante d'un beaujolais que d'un hermitage.
Quant à la teinte, on distinguera la teinte principale de celle des reflets, que l'on peut observer soit lorsque le vin est en train de couler de la bouteille, soit sur les bords du disque. En général, la teinte d'un vin est définie par analogie. Analogies avec des fleurs (rose, pivoine), des fruits (groseille, cerise, cassis), des

la première impression

Premiers exercices sur la couleur

Notre sens visuel est en général bien éduqué et la reconnaissance des couleurs ne pose que peu de problèmes au dégustateur dès lors qu'il dispose d'une gamme de référence.

1. Pour juger de l'intensité, on préparera plusieurs verres d'eau plus ou moins colorés avec de l'encre bleue ou rouge. Le test consiste à ranger les verres par ordre croissant d'intensité colorante.
2. On pourra se procurer la palette de couleurs d'un nuancier utilisée pour la peinture et essayer de retrouver la teinte d'un vin particulier par essais successifs.
3. La viscosité s'apprécie facilement. Préparer deux verres, l'un d'eau pure, l'autre d'eau additionnée d'alcool (20 %) et de glycérine (10 g/l). Observer les larmes sur la paroi du verre et l'aspect du liquide lorsqu'on le verse dans un autre verre.

pierres précieuses (grenat, rubis). Ces analogies ne peuvent être que très générales : il existe une infinité de variétés de cerise et un bijoutier peut vous présenter des grenats de teintes très diverses !

Les vins blancs : une déclinaison de jaunes

Si le fond général de la couleur des vins blancs est jaune, on distingue deux autres teintes qui se superposent : le vert et le marron. La première apparaît sur des vins jeunes, la seconde sur des vins vieux. On pourra donc décliner une gamme allant de jaune pâle à bouillon de châtaigne (teinte peu souhaitable !), en passant par jaune vert, jaune citron (vins jeunes), jaune paille, jaune doré, bouton doré, bouton d'or, topaze, vieil or (vins vieux ou liquoreux), miel, roux, fauve, cuivré, ambré, brun, acajou (vins très vieux, cassés ou oxydés).

Les vins rosés : toute une gamme...

La teinte d'un vin rosé varie en fonction du cépage, des traditions locales ou de son âge. Pour un côtes-de-provence, un rosé orangé traduit une certaine jeunesse ; pour un bergerac, la même couleur sera un signe d'évolution. Un rosé de pressurage est très clair, un rosé de macération plus intense. Pour s'en tenir à la simple observation chromatique, nous sommes ici dans une transition entre jaune et rouge, avec des composantes bleues (pour les vins jeunes ou à base de syrah ou de tannat) ou marron (pour les vins plus âgés ou riches en grenache, par exemple). La teinte ira donc de gris pâle à brun, en passant par rose-violet, pivoine, cerise, framboise, vieux rose, fraise, rose orangé, abricot, orangé, saumon, brique, pelure d'oignon.

Vocabulaire ou mesure scientifique ?

La phase visuelle dans la dégustation est la seule qui puisse être parfaitement mesurée par des appareils scientifiques. La limpidité est vérifiée à l'aide d'un néphélomètre ou d'un turbidimètre ; l'intensité et la teinte sont définies par des spectromètres qui analysent la composition spectrale de la lumière transmise après avoir traversé le vin. On peut qualifier la teinte par ses coordonnées dans le triangle international des couleurs (employé par les industries de peinture, en photographie, dans la télévision couleur). Il est également possible d'attribuer des indices formulés à partir des mesures d'intensité à diverses longueurs d'onde. Malheureusement, il n'existe pas de nuanciers pour les vins comme il en existe pour les peintures ou les teintures. Pour simplifier les observations et s'affranchir des imprécisions du vocabulaire, on note parfois ses impressions par une lettre (R pour rubis, C pour cerise, B pour bleu, P pour paille, etc.) que l'on complète par un chiffre de 1 à 10 indiquant l'intensité : par exemple, un vin rouge de teinte rubis à reflets violacés sera noté R6, V3.

DU JAUNE AU BRUN

Les nuances de la robe ont toujours une signification liée à l'âge du vin ou à son état de conservation.

COULEUR	NUANCE DE LA ROBE	DÉDUCTION
BLANC	Presque incolore	Très jeune, très protégé de l'oxydation Vinification moderne en cuve
	Jaune très clair à reflets verts	Jeune à très jeune Vinifié et élevé en cuve
	Jaune paille, jaune or	Maturité Peut-être élevé dans le bois
	Or cuivre, or bronze	Déjà vieux
	Ambré à noir	Oxydé, trop vieux
ROSÉ	Blanc taché, œil de perdrix, reflets rosés	Rosé de pressurage et vin gris jeune
	Rose saumon à rouge très clair franc	Rosé jeune et fruité à boire
	Rose avec nuance jaune à pelure d'oignon	Commence à être vieux pour son type
ROUGE	Violacé	Très jeune Bonne teinte des gamays de primeur et des beaujolais nouveaux (6 mois à 18 mois)
	Rouge pur (cerise)	Ni jeune ni évolué L'apogée pour les vins qui ne sont ni de primeur ni de garde (2 à 3 ans)
	Rouge à frange orangée	Maturité de vin de petite garde Début de vieillissement (3 à 7 ans)
	Rouge-brun à brun	Seuls les grands vins atteignent leur apogée vêtus de cette robe (pour les autres, il est trop tard)

Trucs et astuces

Pour mieux apprécier l'intensité colorante d'un vin rouge, le dégustateur promènera la pointe d'un crayon derrière son verre, de haut en bas, et regardera son image à travers le disque.

Il pourra ainsi juger de l'affaiblissement de son image. En utilisant le même verre, le même crayon et avec un peu d'expérience, il aura un point de repère reproductible pour apprécier l'intensité.

Pour plus de rigueur, le dégustateur pourra, dans une dégustation comparative, composer sa propre gamme de verres avec des intensités croissantes en s'y référant pour chaque échantillon.

DU CLAIR AU FONCÉ

Dans chaque teinte, l'intensité – faible, moyenne ou forte – en dit long sur la qualité du vin. Elle parle à la fois de l'histoire du raisin, du processus de vinification et de l'avenir du vin.

COULEUR	CAUSES	DÉDUCTION
Robe trop claire	Manque d'extraction Année pluvieuse Rendement excessif Vignes jeunes Raisins insuffisamment mûrs Raisins pourris Cuvaison trop courte Fermentation à basse température	Vins légers de faible garde Vins de petit millésime
Robe foncée	Bonne extraction Rendement faible Vieilles vignes Vinification réussie	Bons ou grands vins Bel avenir

Du rouge, toujours du rouge...

La gamme des teintes à dominante rouge dans les vins est due à l'évolution des anthocyanes. Dans un vin jeune, ces pigments sont à l'état libre et présentent une composante bleu intense. Celle-ci vient, en se combinant au rouge, apporter des nuances violacées. Avec l'âge, les anthocyanes s'allient aux tanins pour donner une composante jaune. L'ensemble se colore alors en tirant vers le marron. On pourra donc qualifier la teinte d'un vin rouge de bleuté à brun, en passant par violacé, grenat, pourpre, rubis (vins jeunes), vermillon, cerise (vins matures), orangé, fauve, tuilé, acajou (vins vieux), brique, roux (vins très vieux). De la même manière, la frange du disque sera notée sur sa teinte. On dira par exemple d'un vin que sa teinte est rubis à frange orangée.

Le gras du vin

On a cru pendant longtemps que le gras du vin, à l'origine des "larmes" ou "jambes" qui coulent plus ou moins lentement le long du verre, était dû à sa richesse en glycérol. Ce n'est pas tout à fait exact : c'est surtout la teneur en alcool qui tend à modifier la tension superficielle du liquide et donc à former des gouttes de vin sur le verre qui, en retombant, forment des "larmes". Des larmes abondantes qui coulent lentement sont un signe de richesse alcoolique.
La viscosité s'apprécie en observant attentivement le vin qui coule de la bouteille. Le liquide paraîtra de fluide à visqueux, en passant par coulant, épais, gras, glycériné.

L'éveil de l'odorat : ce sens volupteux

LE BOUQUET D'UN VIN EST UN PLAISIR DONT LES SECRETS SONT BIEN GARDÉS PAR LE NEZ DE L'HOMME. CAR, MALGRÉ TOUTE LA TECHNIQUE DÉVELOPPÉE EN MATIÈRE D'ANALYSE DES ARÔMES, IL N'EXISTE AUJOURD'HUI ENCORE AUCUN APPAREIL DE MESURE CAPABLE DE RIVALISER, MÊME DE LOIN, AVEC NOTRE ODORAT.

L'appréciation olfactive d'un vin repose sur une somme de sensations, appelée "le nez du vin".

Dès la naissance, nous apprenons à voir, à entendre, à toucher, à goûter, mais aucune initiation ne semble améliorer et raffiner notre odorat. On peut dire que ce sens se développe tout seul, sans que des exercices viennent le stimuler ou le discipliner. Ainsi, il évolue de façon différente selon les individus, d'où des sensibilités et des capacités d'attention olfactive variables d'une personne à l'autre.

Un sens endormi

Très développé à la naissance, l'odorat reste sensible pendant l'enfance : un enfant se trompe rarement lorsque, au retour de l'école, il cherche à deviner le plat qui est en train de mijoter à la cuisine. Mais la sensibilité olfactive décroît vraisemblablement avec l'âge. Le manque d'attention et d'exercice, ainsi que la généralisation des étiquettes sur les produits contribuent grandement à cette faiblesse. L'amateur de vin sera amené à réveiller ce sens endormi par la vigilance, l'entraînement et le travail de mémorisation.

Le tableau des arômes (p. 37) permet d'identifier les grandes familles d'odeurs : végétale, boisée, florale, épicée, fruitée, etc. On peut ajouter les arômes empyreumatiques qui évoquent le brûlé, la fumée ou le grillé (pain grillé, café torréfié, bois brûlé).

La physiologie de l'odorat

L'œil, le nez et la bouche sont sollicités lors d'une dégustation, mais, dans ce trio, l'odorat joue indiscutablement le rôle le plus important.

Dans le tableau des sens brossé par Diderot, la vue apparaît comme le plus superficiel, l'ouïe comme le plus orgueilleux, le goût comme le plus inconstant, le toucher comme le plus profond et le nez comme le plus voluptueux.

Pour saisir cette volupté qui s'offre à lui, le nez possède un outil d'une exceptionnelle puissance et finesse : le bulbe olfactif. Celui-ci, regroupant les centres de l'olfaction, se situe dans la zone antéro-inférieure du cerveau. Les cellules spécialisées dans la perception des odeurs se trouvent, quant à elles, tout en haut des fosses nasales et sont reliées au bulbe par le nerf olfactif qui traverse l'os ethmoïdal (voir schéma ci-dessus).

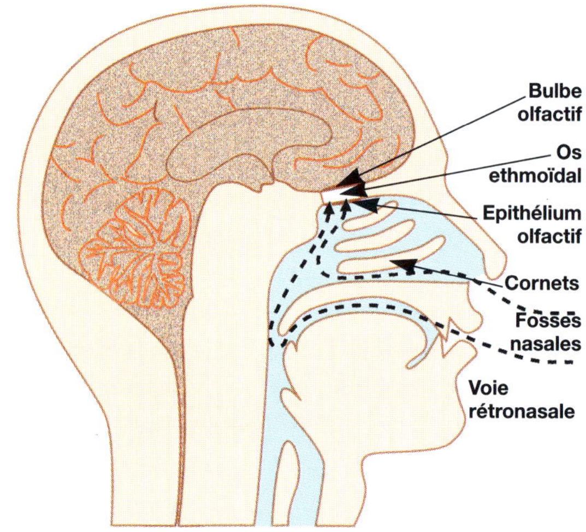

Deux façons de sentir le vin

Le siège de l'odorat peut être activé par deux voies :

- la voie directe, celle que l'on exploite quand on hume (on aspire pour sentir) ;
- la voie rétronasale qui utilise le passage reliant le palais aux fosses nasales.

Simplicité n'est pas vertu

Un bon vin possède un bouquet complexe et intense.
Les vins "sans prétention" se signalent par un petit arôme, une odeur faible et monocorde, que l'on peut décrire en un seul mot.
Au contraire, le vocabulaire semble trop pauvre face au bouquet ample et profond, constamment renouvelé, d'un grand vin.

On emploie parfois le mot "odeur" pour désigner les sensations recueillies par voie directe, et le mot "arôme" pour la perception obtenue par voie rétronasale, autrement dit par rétro-olfaction. Cette dernière correspond aux sensations olfactives perçues en même temps que les saveurs alors que le vin est en bouche. Comme la muqueuse sensible a une surface réduite, difficilement accessible aux corps odorants, on accroît la perception par des inspirations répétées, censées augmenter le volume d'air en circulation.

Les composants aromatiques du bouquet s'expriment selon leur volatilité, qui dépend de la température. Dans le verre, la température du vin se situe entre 10 °C et 20 °C : le nez perçoit des odeurs. Dans la bouche, la température atteint 30 °C et plus : on détecte alors des arômes par voie rétronasale. Les spécialistes de l'olfaction estiment que le tandem récepteurs-cerveau serait capable de distinguer 400 000 odeurs, à des doses infinitésimales, le millionième de milligramme par litre d'air !

Humer, inspirer, expirer...

L'appréciation olfactive d'un vin, qui succède à l'examen visuel, repose sur une somme de sensations que les experts appellent "le nez du vin". Elle se déroule en trois étapes.

• **Première étape.** Humer le vin qui vient d'être versé dans le verre (rempli au tiers), en tenant celui-ci immobile par la base de son pied pour éloigner au maximum les odeurs de la peau. Ce "premier nez" met parfois en évidence des arômes subtils mais fugaces.

• **Deuxième étape.** Faire tournoyer le vin dans le verre. Respirer à nouveau ("deuxième nez") les odeurs développées grâce à l'aération et à l'oxydation.

• **Troisième étape.** Agiter le vin dans le verre en cassant sa surface. Les arômes les moins volatils seront ainsi débusqués. On laissera ensuite le vin se reposer dans le verre. On constatera ainsi une évolution des constituants aromatiques. Cette approche relève du perfectionnisme mais elle est indispensable pour la dégustation des grands vins, dont les arômes peuvent varier pendant plusieurs minutes.

L'importance de la voie rétronasale

Lorsque l'on est fortement enrhumé, on perd le goût des aliments. Cet état met en évidence le rôle de la voie rétronasale dans la perception des arômes. On peut faire la même constatation en demandant à un ami de se pincer fortement le nez, puis de mettre en bouche un peu de jus d'ananas qu'on lui aura préparé dans une tasse (pour qu'il ne puisse pas percevoir son aspect). Il aura la plus grande difficulté à identifier le fruit en question. Dès qu'il relâchera le nez, l'air recommencera à y circuler et il reconnaîtra immédiatement l'ananas.

Le bouquet

La palette aromatique d'un vin comporte des centaines de constituants aromatiques volatils. On distingue :

- les arômes primaires, issus du cépage et caractéristiques de la variété (muscat, sauvignon, etc.) ;
- les arômes secondaires, qui résultent de la fermentation alcoolique et qui dépendent de la souche de levure et des conditions de vinification ;
- le bouquet, appelé parfois "arôme tertiaire", qui résulte de l'évolution des arômes au cours du vieillissement.

Les experts insistent souvent sur la température à laquelle le vin doit être servi, car celle-ci est susceptible de modifier la perception du bouquet. Ainsi, un vin présenté trop froid (en dessous de 8 °C) ne peut pas exprimer son bouquet ; trop chaud (au-dessus de 18 °C), il perd rapidement les parfums très volatils et risque d'exprimer des composés aromatiques lourds anormaux.

Technique de la dégustation olfactive

Aucun mystère dans tout cela, aucun don du ciel. Tout le monde possède un nez ; il suffit d'apprendre à s'en servir. Différentes odeurs accompagnent la vie du vin, depuis le raisin primitif jusqu'au vin vieux qui a passé plusieurs années dans sa prison de verre. Il faut distinguer deux types de senteurs.

• **Les arômes :** ce sont les arômes primaires, issus du cépage, véritables signatures variétales du raisin, et les arômes secondaires, issus de la fermentation, des levures, de l'alcool.

• **Le bouquet :** il se développe pendant l'élevage du vin en cuve ou en fût, puis pendant sa garde en bouteille. On peut trouver des bouquets à caractère oxydatif ou de réduction. On parle aussi d'arômes tertiaires ou de fumet lorsque le vin a atteint un âge respectable.

La perception des arômes par un dégustateur chevronné et disert est un exercice qui fascine toujours le profane. Comment peut-on distinguer autant d'odeurs dans un simple verre, mettre autant de mots sur autant de sensations, capter et expliquer toute la subtilité d'un vin ?

Le vin, c'est avant tout du raisin

Chaque cépage porte sa signature aromatique, plus ou moins intense selon la variété. On distingue les cépages dits "aromatiques", c'est-à-dire ceux qui s'expriment avec puissance et qui se reconnaissent facilement, des cépages plus discrets qui demandent plus d'attention. Dans la première catégorie, les cépages de la famille des muscats représentent le paroxysme aromatique. Mais le gewurztraminer ou le sauvignon, dans les vins blancs, ainsi que le cabernet-sauvignon ou la syrah, dans les vins rouges, portent en eux des gènes aromatiques facilement identifiables. Ces arômes primaires peuvent être très différents pour un même cépage en fonction du lieu géographique de culture, du climat, du terroir et de l'état de maturité. Un cabernet-sauvignon n'a pas le même profil aromatique selon qu'il est cultivé en Médoc ou en Languedoc. Dans le premier cas, il développera des arômes de poivron, de fumée, de feuille de cassis ou de cassis mûr en fonction de son état de maturité ; dans le second cas, des arômes de fruits à l'eau-de-vie et de réglisse viendront se superposer à un fond de fruits noirs.

L'exemple le plus frappant est bien celui du riesling qui exprime des qualités très variables selon les sols, avec des arômes qui vont de la grande délicatesse florale aux senteurs plus lourdes de naphte ou de truffe. Quant à l'influence de la maturité, il suffit pour s'en convaincre de goûter un vin de sauvignon peu mature, où les arômes de buis, de pipi de chat s'imposent parfois avec violence, et un vin de raisins bien mûrs où les fruits à chair blanche et le musc apportent de la noblesse et de la race. Grande démonstration de l'influence du terroir sur le caractère d'un vin, ces phénomènes relativisent l'intérêt des vins dits "de cépage" pour un véritable amateur.

Le vin, c'est du raisin fermenté

Le pur jus de raisin est peu aromatique. Les arômes sont parfois à l'état latent, sous forme de précurseurs, tapis dans la pellicule de la baie. Les techniques de macération pelliculaire visent à extraire le maximum de ces précurseurs d'arômes pour renforcer le potentiel aromatique des vins. La transformation du sucre en alcool va libérer ces arômes et les rendre éclatants : le fruit ne se révèle qu'à la fermentation. L'agent de cette transformation, la levure, ne se contente pas de produire de l'alcool et du gaz carbonique. Elle donne naissance à une grande variété de produits secondaires, grâce aux enzymes qui entrent en jeu dans les réactions. Ces

Le pinot noir.

Le gamay.

Le riesling.

Le chenin blanc.

Le fruit se révèle pendant la fermentation du moût.

Lorsque le vin est élevé en fût, il subit une lente oxydation, notamment au moment des soutirages. Le bois dans lequel il est logé transmet des composés particulièrement odorants.

Après la mise en bouteilles, le vin, protégé de l'air par le bouchon de liège, évolue. Ses arômes s'affinent, mûrissent.

différentes substances complètent les senteurs initiales du fruit par des arômes secondaires. Ces arômes dépendent de la nature de la levure, de la température à laquelle est conduite la fermentation, et des aliments de la levure. Les arômes de froment ou de mie de pain viennent enrichir la note vineuse issue de la fermentation. À cet égard, l'utilisation de levures "sélectionnées" permet à coup sûr d'orienter les arômes, mais prive le vin d'une complexité qu'il aurait pu acquérir en fermentant avec ses levures indigènes : celles du vignoble ou de la cave. La fermentation malolactique transmet elle aussi sa cohorte d'arômes. Le fruité initial s'en trouve modifié : des notes beurrées et lactées se combinent alors aux arômes primaires et renforcent la complexité.

Le vin, c'est du raisin fermenté et élevé

Une fois la totalité des sucres transformés en alcool, du moins pour les vins secs, le vin entame une période d'élevage plus ou moins longue. On distinguera l'élevage, qui s'effectue en cuve ou en fût, du vieillissement, qui a lieu en bouteille. Pendant l'élevage, le vin se trouve en milieu oxydatif ménagé ; il est protégé par l'adjonction modérée d'anhydride sulfureux. Au cours de cette phase, les arômes primaires et surtout fermentaires s'atténuent, le vin se défait de son caractère "jeune", les notes fruitées perdent de leur puissance originelle mais deviennent plus complexes et acquièrent une palette plus riche. Selon que le vin est élevé en cuve ou en fût de chêne, le profil aromatique du bouquet diffère. Si la cuve garde d'autant plus de fruit que le vin est protégé des oxydations violentes, le fût produit non seulement une lente oxydation (au moment des soutirages et par la bonde, très peu à travers les pores du bois), mais il transmet aussi les composés très odorants du chêne brûlé de la barrique. Selon l'art du maître de chai et la constitution initiale du vin, cet apport boisé sera plus ou moins harmonieux. On dit que le vin doit mériter sa barrique. Certains apprentis devraient méditer cet adage. Vient ensuite le passage du vin en bouteille, hermétiquement protégé de l'air par le bouchon de liège. Le vin entame alors sa vie à l'état de réduction. Se développent des arômes de cuir, de viande, voire de gibier, avec des notes parfois complexes de champignon, de fumée, de torréfaction. Tous ces éléments évoluent avec l'âge. Ils vont se marier de mieux en mieux, s'imbriquer les uns dans les autres. Le vin connaît diverses phases, chacune exprimant son profil aromatique. C'est un être vivant : il naît, s'élève, mûrit avant de décliner et de mourir, tout comme l'homme passe sa vie à se cultiver avant de transmettre le témoin.

L'évolution d'un vin se traduit dans la palette aromatique qui décline notes fruitées, florales, végétales, épicées ou encore boisées. Le dégustateur étudie le nez du vin en procédant par analogie.

Le bouquet vit dans le verre

Lorsque l'on déguste un vin, en particulier un vin vieux, les arômes ne sont pas figés dans le verre. Passant d'un milieu réducteur dans sa bouteille à une ambiance oxygénée dans le verre, le vin voit ses composés aromatiques évoluer plus ou moins rapidement. Si, au tout début, quelques arômes de réduction peuvent se manifester (fumé, viandé, par exemple), ils disparaissent à la première aération.

De même, les différentes familles aromatiques ne se manifestent pas en même temps. Il est donc très instructif et passionnant de laisser le vin "vivre sa vie", de revenir sur son nez et de suivre son discours aromatique. L'usage du vin à table est ainsi incomparable : le temps du repas permet au vin d'exprimer toutes ses facettes et sa complexité.

Des mots pour le dire

Le but de toute dégustation consiste à évaluer une sensation et à trouver le mot juste pour la traduire. La sensation olfactive est la plus facile à exprimer : on procède par analogie avec toute la gamme de fleurs, fruits, épices et autres substances aromatiques que l'on rencontre dans la nature et que l'on a gardées dans un coin de sa mémoire depuis sa plus tendre enfance. Reste à faire resurgir l'information… Seul un exercice assidu de la mémoire olfactive permet de réussir ce genre d'analyse.

• La première sensation notable, et la plus facile à commenter, est l'intensité aromatique. Suivant la puissance des senteurs qui se dégagent du verre, on qualifie l'intensité de faible à développée, en passant par les adjectifs neutre, fade, discret, fermé, aromatique, ouvert, expressif, fort ou intense.

• On note ensuite la franchise du nez, c'est-à-dire la netteté, l'absence de défauts. Le nez sera noté de douteux à pur, en passant par altéré, net, franc, sain et sincère.

• Une notion plus subjective et dont la reconnaissance demande plus d'expérience consiste à noter l'harmonie des senteurs : le vin sera désagréable à complexe, en passant par commun, simple, fin, séveux, élégant, raffiné, harmonieux et racé. On peut réserver cette notation pour la fin de la dégustation olfactive, comme une synthèse.

• Vient enfin l'exercice le plus spectaculaire, l'identification des nuances aromatiques. On procède en identifiant directement une odeur : la framboise, la rose ou la vanille, par exemple. Dans ce cas, l'analogie s'impose dans l'instant, sans y réfléchir. On dira que le vin sent la cerise ou la réglisse. En revanche, si aucun arôme précis ne vient à l'esprit, on notera simplement ses impressions en les regroupant par famille ou série aromatique.

Pour distinguer arômes et bouquet, il suffit de classer les différentes gammes aromatiques :

• pour les arômes primaires ou variétaux, les principales gammes sont les séries florale, fruitée, végétale, minérale ou, parfois, épicée ;

• pour les arômes fermentaires, issus des levures, de

la transformation du sucre en alcool ou de la fermentation malolactique, ce sont les séries fermentaire, lactée et amylique, sans oublier les notes alcooleuses qui viennent se superposer à l'ensemble ;

• pour les arômes d'élevage, ou bouquet, les gammes se multiplient : séries florale, fruitée, miel-confiserie, boisée et balsamique, empyreumatique, épicée, animale, végétale et chimique.

Au fil du temps, les arômes d'un vin passent des composantes primaires et fermentaires au bouquet, mais des états intermédiaires se manifestent aussi. Un vin qui a réussi à garder un peu de son fruité originel tout en évoluant au fil du temps, lors de son élevage et de son vieillissement, a de grandes chances de devenir une belle bouteille.

Le fond de verre

Une fois le verre vidé, l'histoire ne s'arrête pas. La dernière goutte qui se tapit au fond du verre a encore son mot à dire. Le faible volume de liquide mis en contact avec l'air est un facteur intense d'oxygénation.

Le vin révèle alors une palette d'arômes. Les notes trop végétales, trop boisées, ainsi que le caractère volatil se manifestent impitoyablement. Sa résistance à l'oxydation, donc sa capacité de garde, se dévoilera ensuite. En chauffant le verre d'une main et en le bouchant de l'autre, comme on le ferait avec un vieux cognac ou un vieil armagnac, on pourra présager le devenir du vin au vieillissement, lire l'avenir du vin au fond du verre !

SÉRIES AROMATIQUES ET ARÔMES

Arômes primaires ou variétaux

Vins blancs

Série florale	Acacia, aubépine, œillet, chèvrefeuille, jacinthe, jasmin, iris, fleur d'oranger, rose, lilas, genêt, tilleul
Série végétale	Foin coupé, herbe, fougère, buis, pipi de chat, tisane, lierre, thé Notes végétales aromatiques : anis, menthe, fenouil, etc.
Série fruitée	Pomme, pêche blanche ou jaune, poire, agrumes, citron, pamplemousse, abricot, coing, ananas, mangue, fruits exotiques divers, banane, amande fraîche
Série minérale	Pierre à fusil, craie, iode, silex, naphte ou pétrole

Vins rouges

Série florale	Violette, rose, pivoine, fleurs séchées, rose fanée
Série végétale	Poivron vert, humus, bourgeon de cassis
Série fruitée	Fruits rouges et noirs (groseille, cerise, fraise, framboise, cassis, mûre, myrtille, griotte), banane, bonbon anglais, etc.
Série épicée	Poivre, thym, laurier, garrigue

Arômes fermentaires

Vins blancs et vins rouges

Série fermentaire	Levure, mie de pain, brioche, biscuit
Série lactée	Lait, beurre frais, fondu ou noisette, yaourt
Série amylique	Banane, bonbon anglais, vernis à ongles

Arômes d'élevage

Vins blancs

Série florale	Fleurs séchées, camomille, bruyère
Série fruitée	Fruits secs : noisette, noix, amande sèche, abricot sec
Série miel-confiserie	Miel, praline, pâte d'amande, cake, etc.
Série boisée et balsamique	Chêne, bois neuf, balsa, pin, cèdre, vanille, etc.

Vins rouges

Série fruitée	Fruits rouges compotés, pruneau, fruits noirs, prune, cerise noire
Série empyreumatique	Cacao, pain grillé, pain d'épice, café, tabac, caramel
Série boisée et balsamique	Bois neuf, chêne, pin, eucalyptus, bois fumé, bois brûlé, etc.
Série épicée	Vanille, cannelle, poivre, clou de girofle, réglisse, Zan, goudron
Série animale	Jus de viande, cuir, fourrure, gibier, venaison, ventre de lièvre
Série végétale	Sous-bois, champignon, truffe
Série chimique	Solvant, vernis

Technique de la dégustation en bouche

Traditionnellement, on distingue quatre saveurs élémentaires : le sucré, le salé, l'acide et l'amer. Cette théorie est à présent jugée trop simplificatrice, mais elle reste commode à des fins pédagogiques. Ce que l'on appelle dans la langue française le goût est en réalité une somme complexe de plusieurs sensations. Somme et non juxtaposition, chacune d'entre elles pouvant interférer avec l'autre dans des synergies, en se renforçant ou en s'annihilant.

Les Anglo-Saxons ont un vocable plus adapté, *flavor*, que l'on pourrait traduire par flaveur et qui rend bien compte de la diversité des paramètres.

> METTRE UN VIN EN BOUCHE, C'EST AVANT TOUT APPRÉCIER UNE SYNTHÈSE DE SAVEURS. MAIS C'EST AUSSI PERCEVOIR UNE STRUCTURE ÉQUILIBRÉE, DISTINGUER L'ATTAQUE, LE MILIEU DE BOUCHE ET LA FINALE, SENTIR LES GOÛTS ÉLÉMENTAIRES, LES TANINS OU LA CHALEUR ALCOOLIQUE. C'EST LE CŒUR DE L'ART DE LA DÉGUSTATION.

Les sensations du goût

• Les quatre saveurs élémentaires

Elles sont perçues par une zone spécifique de la langue. Le sucré est perceptible à la pointe de la langue, le salé sur les côtés antérieurs, l'acide sur les côtés postérieurs et l'amer au fond arrière. L'amertume n'est souvent décelée qu'en avalant le vin, lorsque le liquide passe sur l'arrière de la langue. Le dégustateur fait tourner le vin dans sa bouche afin d'irriguer les différentes papilles et d'analyser l'équilibre du vin.

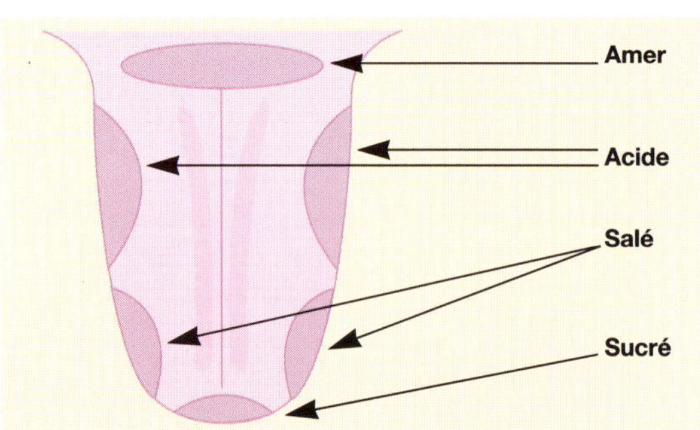

La langue et les saveurs élémentaires

• La sensation olfactive

Elle est perçue par voie rétronasale. Portés à température de la bouche, les arômes se développent avec plus d'intensité que par voie directe ; les composés les moins volatils se dégagent alors. Ces "arômes de bouche" sont très importants : bien plus que les simplissimes arômes fondamentaux, ils sont la signature du goût. Leur description reprend les diverses séries aromatiques. On peut exacerber ces flaveurs en aspirant de l'air au travers du vin en bouche – un exercice à réserver à la pure dégustation et non à la table, sous peine de voir ses hôtes froncer le sourcil !

• La sensation tactile

Lors de la dégustation d'un vin rouge, la perception des tanins (et plus précisément de leur astringence) donne une indication sur le grain, la trame, la texture du vin. Cette sensation est directement liée à la fluidité et à la viscosité de la salive : trop de tanins sèchent la bouche.

• La sensation thermique

Elle est fonction de la température du vin. Elle peut cependant être provoquée par la richesse en alcool qui si elle est excessive, rend le vin chaud, voire brûlant.

L'équilibre

Il est souvent beaucoup plus aisé de définir en quoi un vin est déséquilibré que le contraire : les tanins abondants d'un vin rouge peuvent masquer le fruité ; une acidité faible efface les arômes d'un vin blanc ; un vin trop sucré apparaît doux mais terne ; un vin très aromatique n'est pas agréable s'il ne possède pas une structure suffisante en bouche. En conséquence, l'équilibre d'un vin est fonction des rapports entre les différents constituants chimiques qui le composent.

L'équilibre d'un vin dépend de son architecture, de sa charpente, à tel point que l'on pourrait comparer le vigneron à un compagnon-bâtisseur.

• L'équilibre des saveurs

Le vin contient des corps sucrés, des acides, des tanins, différents sels. Dans la bouche, ces divers éléments se juxtaposent, mais surtout s'additionnent, se renforcent mutuellement ou au contraire s'opposent et se neutralisent.

L'harmonie d'un vin résulte essentiellement de l'équilibre entre les goûts sucrés d'une part, acides et amers d'autre part. Cela vaut pour tous les vins, y compris les vins secs, car l'alcool a lui aussi une saveur très nettement douce et sucrée.

Le sucre s'équilibre avec l'acide. Si l'on acidifie une boisson sucrée, on diminue l'impression sucrée. C'est pourquoi on ajoute de l'acide citrique dans certains jus de fruits naturellement trop doux. À l'inverse, le sucre diminue l'acidité trop agressive d'un aliment naturellement acide. Ainsi ajoute-t-on du sucre au citron pressé ou dans une salade de fruits.

De la même manière, sucre et amertume peuvent s'équilibrer. Par exemple, on sucre fortement les apéritifs à base de gentiane ou les vermouths qui comportent du quinquina. Nous vérifions aussi chaque jour cette loi en sucrant notre café ou notre thé, naturellement très amers. Cet usage illustre bien le fait que l'équilibre d'une boisson est inhérent à la boisson elle-même, mais aussi que les seuils de sensibilité diffèrent selon les consommateurs. Certains amateurs ne sucrent pas leur café et ce n'est pas uniquement pour garder la ligne !

Le sucre a également une influence sur les tanins du vin en retardant de quelques secondes la perception de l'astringence et de l'amertume au moment de la mise en bouche.

• L'équilibre entre saveurs et arômes

Ce deuxième type d'équilibre est le plus important pour le dégustateur. Le cerveau analyse les saveurs perçues par la bouche et les arômes reçus par le nez, puis en fait la synthèse. Il existe là encore des interférences, responsables de l'équilibre entre saveurs et arômes.

Synergies et interactions

Les différentes composantes du vin peuvent s'allier ou se combattre.

• Les alliances

L'alcool accentue la sensation sucrée. L'acidité et l'astringence se renforcent. L'amertume et l'astringence relèvent la sensation acide. Même remarque pour le goût salé.

• Les combats

Le sucré combat toujours l'acide. Le sucré annihile l'amertume et le salé. Le sucré atténue l'astringence des tanins.

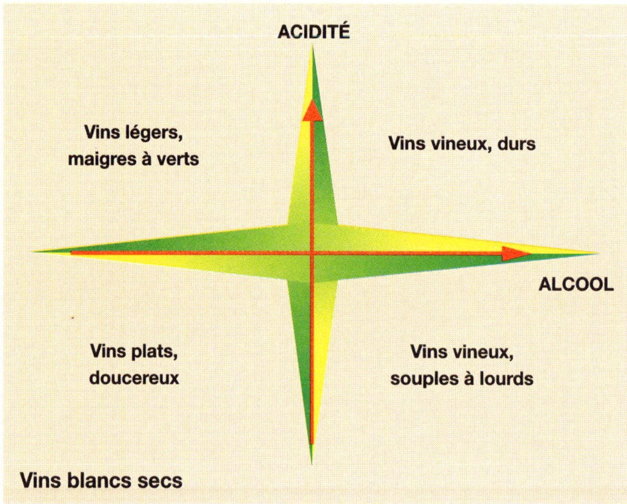

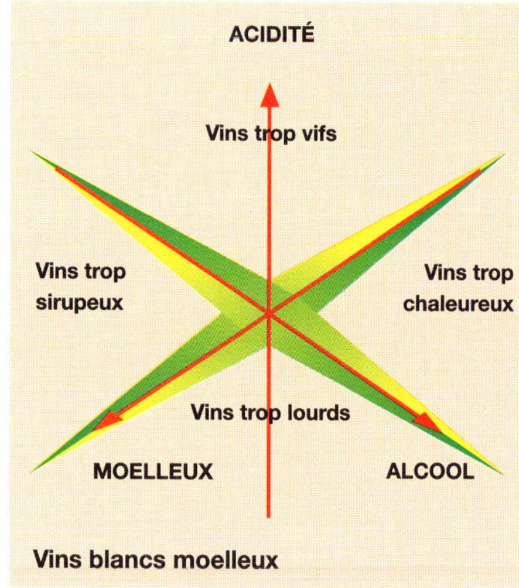

L'équilibre des vins blancs

• Vins blancs secs

L'équilibre d'un vin blanc sec est le plus facile à appréhender, car il ne comporte que deux éléments : l'acidité et l'alcool (lequel participe à une sensation moelleuse, voire sucrée). On peut inscrire ces sensations sur deux axes perpendiculaires. Le vin est représenté par un point sur le graphique. S'il est situé à la croisée des deux axes, il est équilibré.

Il faut cependant nuancer cette approche trop analytique en se référant toujours au style de vin dégusté. On ne jugera pas de la même façon le caractère acide d'un jurançon sec et celui d'un meursault.

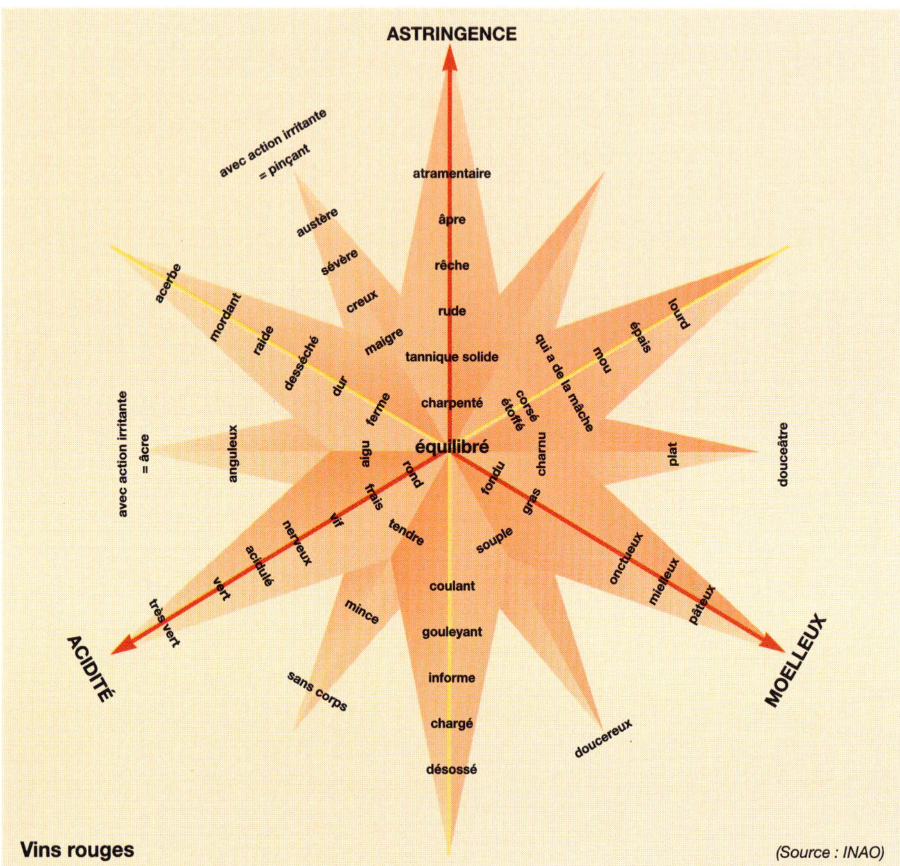

Dans le premier cas, l'acidité fait partie du style du vin ; dans le second cas, il s'agit d'un défaut. Il faut donc toujours apprécier un vin par rapport à des critères de typicité. On n'oubliera pas en outre qu'il existe plusieurs types d'acides dans le vin : l'acide tartrique, par exemple, donne une sensation assez dure, alors que l'acide malique est plus vert. Quant à l'acide acétique, qui présente un goût aigre, il est franchement indésirable.

• Vins blancs moelleux

La présence de sucres résiduels dans le vin vient modifier les équilibres. La somme des sensations alcooliques et sucrées domine parfois la sensation acide. On peut démontrer que plus le vin est riche en sucre, plus son degré alcoolique doit être élevé afin de rester harmonieux et de ne pas tomber dans des notes pâteuses ou doucereuses.

Pourtant, certains vins liquoreux allemands présentent peu d'alcool et une richesse en sucre considérables. C'est leur forte acidité qui les rend légers, presque aériens, dans un équilibre qui étonne toujours le dégustateur français. De même, un jurançon ou un coteaux-du-layon sera toujours plus nerveux qu'un sauternes et, par là-même, plus facile à consommer. Enfin, la puissance aromatique peut équilibrer un vin par ailleurs mal jugé sur la seule analyse de ses composantes.

L'équilibre des vins rouges

Un vin rouge présente trois axes d'équilibre : l'acidité et le moelleux comme pour les vins blancs, plus un axe astringent dû à sa force tannique. Principalement apporté par son degré alcoolique, le moelleux du vin rouge vient équilibrer la somme de l'acidité et de l'astringence.

Par exemple, à degré égal, un vin peu tannique (comme un primeur) peut supporter une acidité plus importante qu'un vin riche en tanins. Un vin dont l'acidité est importante doit être équilibré par un degré alcoolique élevé ; un vin très tannique par une acidité relativement basse et une force alcoolique puissante. *A contrario*, point n'est besoin de beaucoup d'alcool pour équilibrer un vin peu acide et peu tannique. Ces quelques remarques permettent de comprendre les bienfaits et les méfaits de la chaptalisation : très utile pour équilibrer un vin tannique (cabernet-sauvignon), cette pratique est illusoire sur une vendange trop verte (elle n'efface pas le caractère végétal) et néfaste pour un vin léger comme le beaujolais.

L'équilibre aromatique

Commenter un vin sur ses seuls axes fondamentaux est un acte réducteur. La qualité aromatique de bouche participe à l'équilibre et au plaisir. Le dégustateur examinera toujours la balance entre deux grandes composantes aromatiques : le fruité et… le reste. Le fruité fait partie des arômes primaires apportés par le cépage et modifiés par la fermentation. Les autres familles aromatiques, selon leur importance et leur nature, vont combattre cette impression fruitée (un vin trop tannique va ainsi étouffer son fruit) ou bien s'y allier dans une synergie parfois durable. Certains grands vins réussissent le prodige de rester fruités tout au long de leur vie, avec une évolution dans la gamme : ils passent en général du fruit blanc ou rouge aux fruits cuits, aux fruits à noyau ou au pruneau sec. Ils ont, en outre, la capacité étonnante d'inventer des sensations fruitées inconnues dans la nature, jusqu'à leur crépuscule.

Des mots pour le dire

Si un dégustateur professionnel peut exprimer sa sensation par une note chiffrée pour chaque axe de l'équilibre, de 1 à 12 par exemple, le dégustateur soucieux de transmettre ses impressions associera un mot à chaque degré de l'échelle (voir schémas). Lorsque le vin est porté en bouche, il vit dans le palais et anime une dégustation qui peut se prolonger même après ingestion. Des petits vins linéaires et courts aux grandes bouteilles amples qui font la queue de paon, les scénarios sont très divers.

• **L'attaque**

D'entrée de jeu, le vin impose une première impression. Il convient de la qualifier : de fausse, fuyante à franche, nette, ample, aromatique, intense. On pourra appliquer à l'attaque les termes relatifs à la structure.

De l'attaque à la finale

1re étape

Mettre en bouche une petite quantité de vin. Aspirer un filet d'air afin de permettre au vin déjà échauffé de libérer ses aômes dans la cavité buccale. Le goût sucré, toujours agréable, se fera sentir en premier, pendant les deux ou trois secondes qui correspondent à "l'attaque" lors d'une dégustation.

2e étape

Remuer le vin dans la bouche. Il évolue pendant une douzaine de secondes. On percevra en même temps la température du liquide, sa viscosité, son éventuelle teneur en gaz carbonique et son astringence. Les sensations deviennent par conséquent plus complexes et révèlent des rapports permettant d'apprécier l'harmonie et le volume du vin.

3e étape

La "fin de bouche", ou "finale", – toujours dominée par le goût des tanins lorsque l'on déguste un vin rouge – dit tout sur la structure du vin, qui doit s'affirmer sans être agressive ou trop rugueuse. L'air chargé des vapeurs de vin qui se trouvent dans la cavité buccale signe "l'arôme de bouche". Si on déguste un grand vin, les sensations durent bien après avoir avalé la petite gorgée d'essai : on dit alors que le vin a une "persistance" appréciable, ou bien qu'il est "long en bouche". Cette longueur, mesurée en caudalies (secondes), sert à établir la hiérarchie des vins.

L'âge du vin

Comme tout être vivant qui naît et qui meurt, le vin a un âge. Il peut ne pas faire son âge, être en avance ou vieilli prématurément. À chaque stade correspond un terme qui qualifie son évolution.

- **Stade 1 :** bourru, jeune, nouveau, jeunet, primeur.
- **Stade 2 :** à point, en pleine forme, qui doit attendre, qui a de l'avenir, à son apogée.
- **Stade 3 :** dépouillé, mâché, rassis, fatigué, vieux, vieillot, chenu, décrépi, fini, usé, sénile, claqué, décharné, desséché ou madérisé.

Il ne faut pas oublier, cependant, que l'on peut rencontrer des jeunes gens qui n'ont rien à dire et des vieillards qui ont encore de superbes histoires à raconter !

• Le milieu de bouche

C'est la dégustation proprement dite. Il est commode de procéder par analogie. Le vin peut être comparé à des formes géométriques ou, mieux, à un être humain. Ne parle-t-on pas du corps d'un vin ?

– Analogies avec des formes géométriques : on essaie de décrire la forme que prend le vin dans la bouche. On ira de plat, aplati, filiforme, creux, anguleux, pointu, tordu à droit, longiligne, rectiligne, carré, sphérique, rond.

– Analogies avec le squelette : il s'agit d'analyser la structure du vin. Celui-ci sera qualifié de désossé, squelettique, petit, fluet, mince, faible, gringalet, étriqué, ténu. Présente-t-il plus de structure, il deviendra aérien, léger, svelte, franc, large, structuré, étoffé, soutenu, solide, carré, trapu, corpulent, robuste, charpenté, osseux. Impose-t-il trop de structure, il semblera massif, énorme ou grossier.

Sur ce squelette est accroché la chair, la substance du vin : on passera de décharné, vide, creux, maigre, grêle, desséché à tendre, coulant, suave, ample, plein, rond, charnu, qui a du fond, de la moelle, de la sève, de la matière, dense, consistant, enveloppé, gras, volumineux, compact.

Cette matière se présente avec une certaine fluidité. On pourra qualifier le vin d'aqueux, léger, coulant, gouleyant, filant, souple, fondant, puis passer à gommé, épais, lourd, huileux, pâteux, visqueux.

• La finale

Après ingestion du vin, ou rejet pour une dégustation pure, les impressions gustatives continuent à se manifester dans la bouche. On qualifiera la finale de brève, courte, fugace, abrupte, puis de développée, rémanente, longue, épanouie, qui a du retour, de l'allonge, pour finir avec la célèbre queue de paon qui occupe la bouche pendant longtemps. On a pris l'habitude de noter en caudalies (secondes) le temps pendant lequel le vin continue de stimuler les récepteurs sensibles aux arômes. Ce phénomène signe à coup sûr les grands vins.

• La conclusion

On essaiera de qualifier dans une note synthétique l'harmonie, l'équilibre, le style d'ensemble, ce qui n'est pas une mince affaire. De grossier, rustique, fermé, muet, petit, simplet, dissocié, sévère pour des vins franchement désagréables, on ira vers des qualificatifs tels que paysan, pastoral, jeune, frais, primeur, friand, franc, droit, ouvert, développé, achevé, épanoui, complet, tonique, viril, vigoureux, mûr, gras, charnu, opulent, rôti, profond, structuré, concentré, qui a du cachet, racé, élégant, grand, en passant par subtil, élégant, séveux, équilibré, harmonieux, complexe, riche, capiteux ou vigoureux pour des vins louables. Les termes sont dans ce cas aussi nombreux que les occasions de déguster !

Masculin ou féminin ? Une question angélique

Il est parfois commode et fort amusant d'essayer de ranger un vin dans une catégorie. On parlera ainsi de vins à caractère masculin ou féminin, selon leur force ou leur grâce, leur virilité ou leur délicatesse.

Si un "homme" bien élevé peut être charmant, sincère, distingué, séduisant, flatteur, typé, franc, viril, solide ou délicieusement rustique, il peut vite devenir lourd, épais, massif ou franchement grossier. En revanche, le caractère féminin ne s'exprime que par des louanges. On parlera alors de vin caressant, aimable, souple, transparent, fin, tendre, soyeux, velouté, satiné, en dentelles, évanescent, affriolant, délicat, élégant, qui a de la classe, gracieux ou exquis. Tout un programme !

UN MOT SUR CHAQUE SENSATION

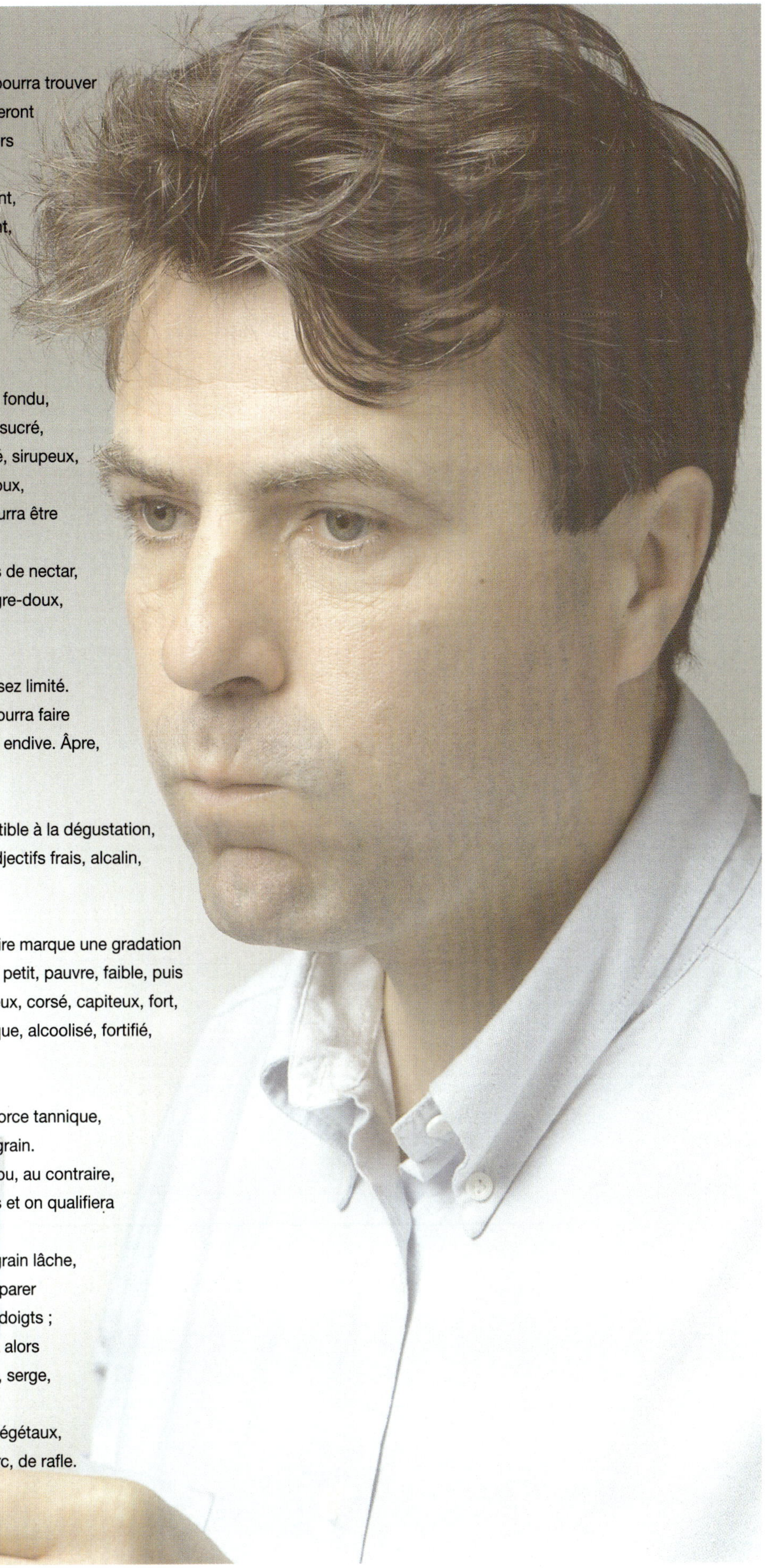

VOCABULAIRE DE L'ACIDITÉ. Du plus au moins acide, on pourra trouver un très grand nombre de vocables. Plat, mou, flasque désigneront des vins qui manquent d'acidité. Les mots glissent ensuite vers tendre, frais, nerveux, rafraîchissant, vif, nerveux, vigoureux. Puis, on passera à vert, cru, pointu, maigre, maigrelet, mordant, aigre, dur, acerbe, acéré, agressif, anguleux, coupant, grinçant, piquant, raide, ferme, sec, sévère pour des vins trop acides. L'acidité volatile, qui est un défaut flagrant, sera exprimée par les adjectifs acéteux, acétique, acescent, âcre, aigre, aigrelet, altéré, fiévreux, bisaigre, piqué, piquant, vinaigré.

VOCABULAIRE DU SUCRÉ. On passera de souple, coulant, fondu, tendre, velouté, assoupli, fondant, gouleyant, crémeux, gras, sucré, suave, mûr, miellé, onctueux à douciné, douceâtre, pommadé, sirupeux, mou, flasque ou lourd. Le type de vin, sec, brut, demi-sec, doux, moelleux, liquoreux viendra influencer le choix du mot qui pourra être laudatif ou péjoratif.
Dans le cas des vinifications spéciales, on utilisera les termes de nectar, surmûri, goût de paille, passerillé, botrytisé, mais aussi de aigre-doux, édulcoré.

VOCABULAIRE DE L'AMERTUME. Le vocabulaire est ici assez limité. L'adjectif amer est l'unique qualificatif, mais le dégustateur pourra faire référence à des plantes : sauge, gentiane, amande, chicorée, endive. Âpre, goût de bière, de bitter indiquent une amertume importante.

VOCABULAIRE DU SALÉ. Le goût salé est rarement perceptible à la dégustation, sauf dans les xérès finos ou manzanillas. On emploiera les adjectifs frais, alcalin, salé, marin et l'expression goût de lessive.

VOCABULAIRE DE LA FORCE ALCOOLIQUE. Le vocabulaire marque une gradation du moins au plus alcoolisé : froid, aqueux, plat, lavé, mouillé, petit, pauvre, faible, puis on passera à léger, équilibré, vineux, chaud, puissant, généreux, corsé, capiteux, fort, spiritueux. Un déséquilibre se traduira par les termes alcoolique, alcoolisé, fortifié, viné, brûlant, qui a du feu.

VOCABULAIRE DES TANINS. On distinguera d'une part la force tannique, d'autre part la qualité des tanins, en particulier la finesse du grain.
- Force tannique : creux, informe, sans charpente, amorphe ou, au contraire, charpenté, bien bâti, fondu, solide, savoureux. Trop de tanins et on qualifiera le vin de sec, dur, astringent, rude, agressif, rustique, chargé.
- Finesse tannique : à grain fin, fondu, serré, à gros grain, à grain lâche, qui a de la mâche, râpeux, rugueux, grossier. On pourra comparer le grain des tanins à celui d'un tissu que l'on frotte entre ses doigts ; il s'agit dans les deux cas d'une sensation tactile : on parlera alors de soie, organdi, satin, taffetas, velours, cotonnade, lin, laine, serge, toile de jute.
- Qualité aromatique des tanins : on qualifiera les tanins de végétaux, métalliques, mûrs, savoureux, boisés, vanillés, à goût de marc, de rafle.

La persistance aromatique

Dans toutes les phases de la dégustation – à l'œil, au nez et en bouche – le vin est bien présent physiquement, bien campé face aux sens du dégustateur. Il est devant les yeux, sous le nez ou dans le palais. *A contrario*, la longueur en bouche s'apprécie lorsque le vin a été avalé ou simplement craché, c'est-à-dire lorsqu'il n'existe plus. Il s'agit en quelque sorte d'une appréciation du fantôme du vin ou, pourquoi pas, de son âme. Une attention particulière à cette dernière impression permet d'isoler ce qui différencie le vin des autres produits alimentaires : son pouvoir d'expression évanescent, son caractère intrinsèque, sa signature.
"Un soir l'âme du vin dansait dans les bouteilles", écrivait Baudelaire. L'âme du vin nous apparaît-elle après que le rideau de la pièce est retombé, comme un ultime salut de cabotin ?

L'APPRÉCIATION DE LA PERSISTANCE AROMATIQUE, OU LONGUEUR EN BOUCHE, EST LA PARTIE LA PLUS DIFFICILE DE LA DÉGUSTATION. SEULE UNE LONGUE PRATIQUE PEUT CONDUIRE LE NÉOPHYTE VERS LA MAÎTRISE DE CE POINT D'ORGUE ESSENTIEL À LA HIÉRARCHIE DES VINS.

La longueur en bouche, que l'on peut également nommer persistance, rémanence, fin de bouche ou finale, est la somme de plusieurs sensations. Pour simplifier nous parlerons de persistance aromatique intense – la PAI – et de longueur structurelle, ou arrière-goût.
La persistance aromatique intense est le prolongement des sensations aromatiques perçues lors de la dégustation en bouche. Ce sont vraisemblablement les arômes les plus lourds et les moins volatils qui vont prendre le dessus, les plus légers s'évanouissant en premier. Plus le vin est riche en arômes de bouche, plus il est dense et séveux, plus il va tapisser les muqueuses du palais et donc prolonger l'excitation de nos sens. C'est pourquoi cette notation est si importante : elle permet de relier directement une mesure sensorielle à la qualité d'un vin.

Les arômes dans le temps

Avant d'avaler un vin, et après avoir noté son équilibre, il faut imprégner sa mémoire de sa palette aromatique et fixer son attention sur l'arôme le plus intense. Après ingestion ou rejet, le dégustateur doit suivre cet arôme, sans se laisser perturber par d'autres sensations, et déterminer le moment où il disparaît : le temps écoulé entre la disparition physique du vin et la disparition de l'arôme correspond à la persistance aromatique intense, dont la mesure peut se noter en caudalies (de *caudal*, queue), c'est-à-dire en secondes. Préférez les tables où le maître de maison propose des vins qui dépassent les cinq caudalies !
Tout cela serait fort simple si ne se plaquaient sur cette perception aromatique intense d'autres sensations qui viennent perturber et parfois masquer cette dernière. Pour bien comprendre, il suffit de goûter un vinaigre ordinaire. Quelques gouttes suffiront. L'acidité grinçante, très importante en bouche, reste dans le palais longtemps après rejet du liquide. Il s'agit là d'une longueur qui ne concerne que l'acidité, sans perception agréable d'arômes. On parlera alors de longueur structurelle ou d'arrière-goût. Cette longueur cesse lorsque la salivation redevient normale.
Pour le vin, la sensation procurée par l'acidité, la chaleur alcoolique, la puissance astringente des tanins, l'amertume, voire la richesse en sucre, peut perdurer en bouche sans que cela soit pris en compte dans la notion de qualité. Ces impressions se prolongent d'ailleurs plus longtemps que la PAI et peuvent induire le dégustateur inattentif en erreur. Des vins trop alcoo-

Les vins liquoreux comme le sauternes ou le vin jaune se caractérisent par une grande persistance en bouche.

Comment s'exercer ?

Les exercices destinés à faire progresser le dégustateur font intervenir la méthode de la comparaison. On pourra comparer un vin blanc (vin de table) ordinaire et un vin d'AOC (en prenant un cépage très aromatique comme le sauvignon à Sancerre). La différence est évidente, la longueur du vin de table est proche de zéro, celle du sancerre peut aller de cinq à huit caudalies, selon sa qualité.

En rouge, un vin de table aura une longueur qui ne dépassera pas les deux caudalies. On pourra faire la différence entre longueur structurelle et longueur aromatique en dégustant un vin très tannique – un madiran jeune par exemple – et un cru bourgeois du Médoc du même millésime. Le madiran imprégnera la bouche de sa force tannique et sa longueur aromatique sera difficile à percevoir. Il se rattrapera plus tard, après un vieillissement, lorsque ses tanins auront pris un caractère plus aimable. Le cru bourgeois, au même âge, avec des tanins plus soyeux, laissera apparaître une longueur aromatique axée sur les fruits rouges et les épices. L'étape suivante consistera à déguster le même cru bourgeois parallèlement à un premier ou à un bon second cru classé. Si la longueur aromatique pourra être de même nature, son importance, en caudalies, sera à l'avantage du cru classé. Sauf cru bourgeois exceptionnel (quelques-uns surpassent bien des crus classés), ou cru classé "raté" (il y en a parfois, hélas), la hiérarchie sera respectée.

leux ou trop tanniques, dont les excès envahissent la bouche pour longtemps, ne doivent pas être pris pour des vins "longs". Ils accèdent à cette qualité grâce à leur seule faculté aromatique. La qualité des tanins, pour un vin rouge, est ici essentielle. Des tanins mûrs donneront une saveur persistante agréable qui peut venir renforcer la persistance aromatique. Des tanins verts, amers, végétaux ou trop boisés viendront l'annihiler. En bref, un vin déséquilibré en bouche ne pourra jamais accéder au rang de la longueur car ce déséquilibre vient masquer sa persistance aromatique.

L'art de la description

Parler de la longueur d'un vin ne doit pas se limiter à une simple mesure, fût-elle en caudalies. Un vin court donnera lieu à des qualificatifs et expressions tels que bref, court, fugace, abrupt, qui tourne court, qui n'a pas de suite. Un vin plus long sera qualifié de développé, rémanent, puis deviendra épanoui, long, persistant ; il aura du retour, de l'allonge. C'est un vin qui n'en finit pas, qui fait la queue de paon. Si la longueur structurelle ne gêne pas la dégustation, on parlera de vin qui finit franc, net. Si elle persiste trop, on parlera de finale acide, tannique ou alcooleuse.
Après avoir détaillé les arômes de bouche, il faut bien entendu préciser quels sont ceux qui se prolongent en finale. On parlera d'un vin qui finit sur les épices, sur le fruit noir ou sur des notes grillées, par exemple. La dernière expression, la queue de paon, ne doit s'appliquer que dans les cas exceptionnels où le nombre de caudalies dépasse douze. Les grands sauternes, le vin jaune du Jura, le montrachet, en blanc, les plus beaux crus classés de Bordeaux ou les grands crus bourguignons, en rouge, peuvent parfois faire la roue dans la bouche.

La "queue de paon", expression imagée employée par les dégustateurs pour définir une longueur en bouche remarquable.

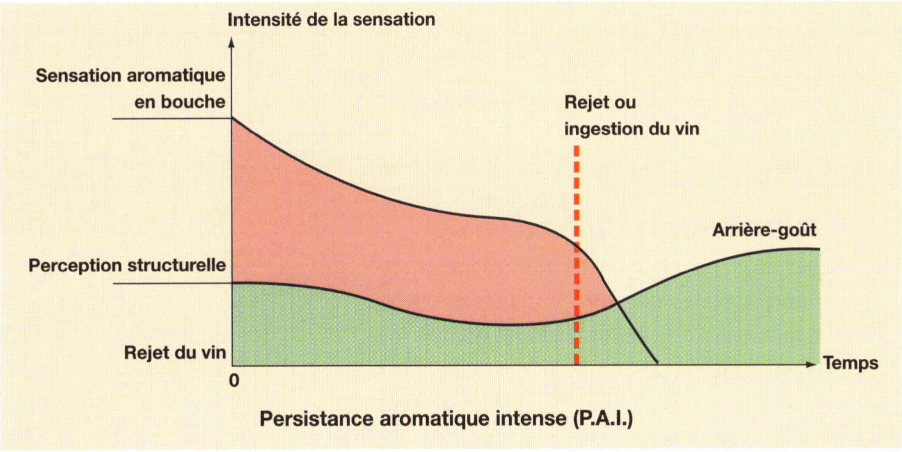

Exercer sa mémoire

La vie quotidienne est l'occasion d'un enrichissement constant et d'une remise à jour permanente de sa mémoire. En saisissant chaque occasion de sentir une fleur, un fruit, que ce soit chez le marchand de primeurs, chez le fleuriste, dans un jardin, lors d'une promenade, dans une cuisine, en imprégnant quelques secondes ses sens de cet arôme dans toute sa pureté, sans aucune interférence avec un autre composant, on grave ou regrave sa fiche d'identité qui ne manquera pas de resurgir lors d'une dégustation. Toutes les séries aromatiques peuvent se prêter à cet exercice. Les épiceries orientales sont une véritable aubaine pour un amateur d'odeurs épicées ; une promenade en forêt imprègne la mémoire de la série végétale. Des collections d'arômes synthétiques permettent également d'affiner ses sens.

Rêver le vin

Les yeux fermés, il est aisé d'imaginer que la couleur bleue est devant soi. Le dégustateur peut tout aussi bien penser au parfum de la rose. Issu de la mémoire, cet arôme s'impose aux sens dans une sorte de dégustation virtuelle, premier pas vers la reconnaissance des vins. La mémoire du goût se développe de la même façon, en intégrant par exemple la sensation d'astringence des tanins ou le moelleux de la sensation sucrée.

Le deuxième stade consiste à se concentrer sur la dégustation d'un vin précis, un bordeaux rouge de la rive gauche par exemple. La mémoire fournit un schéma aux sens en éveil afin que la réalité de ce bordeaux apparaisse. Plus tard, on comparera ce schéma au vin que l'on tente de reconnaître.

Un dégustateur averti peut ainsi sortir de sa "bibliothèque" des modèles qui correspondent à ses souvenirs et s'y référer pour juger du vin qu'on lui propose. Cette "bibliothèque", hélas, n'est pas immuable et certains volumes peuvent s'effacer si l'on ne les ouvre pas régulièrement. Il faut donc rafraîchir le plus souvent possible son stock de références, en revenant en toute humilité aux exercices les plus simples.

Honnêteté et confiance en soi

Les arômes et les goûts doivent être réellement ressentis et non suggérés par une connaissance théorique (un meursault doit sentir le tilleul, donc ce vin sent le tilleul !) ou par le commentaire d'un voisin qui clame que le vin dégage tel ou tel arôme. Le pouvoir de suggestion, parfois déterminant si un dégustateur de fort caractère ou de grande réputation exprime son point de vue, ne doit pas aller à l'encontre de votre libre arbitre ; il n'est nullement déshonorant de dire dans une dégustation collective : "Non, je ne sens pas cet arôme de réglisse dont vous me parlez". Car qui peut affirmer sans pédanterie qu'il a entièrement raison ? La dégustation est une grande école d'humilité. Il est donc conseillé de déguster à l'aveugle (étiquette cachée) et en silence pour éviter toute influence.

IL EN EST DE L'APPRENTISSAGE DES ARÔMES ET DES GOÛTS COMME DE TOUTE CONNAISSANCE : ON NE PEUT RECONNAÎTRE QUE CE QUE L'ON CONNAÎT. IL FAUT DONC ENRICHIR SA MÉMOIRE À TOUTE OCCASION ET S'EXERCER À Y RETROUVER LES SENSATIONS ENREGISTRÉES AU FIL DES EXPÉRIENCES.

Mémoriser par comparaison

L'apprentissage de la dégustation, comme toute initiation, doit être progressive. Le débutant situera d'abord sa sensation sur l'échelle graduée de chaque axe, l'axe de l'acidité, du moelleux et de la force alcoolique et l'axe tannique. Après avoir répété les exercices de base, qui ne font varier qu'un seul facteur à la fois, il est temps de passer à la vraie dégustation.

La méthode développée dans cet ouvrage procède par comparaisons. Les exercices consistent dans un premier temps à déguster des vins qui présentent des qualités opposées, parfois aux deux extrêmes des axes, et à se concentrer sur ces différences. Un vin très acide sera opposé à un vin qui manque de nerf, un vin tannique à un vin très souple ; le débutant pourra ainsi mémoriser ces deux extrêmes. Par exemple, l'axe acide sera mis en évidence par la comparaison entre un jurançon sec et un vin blanc de Provence, l'axe tannique par la comparaison entre un beaujolais et un saint-estèphe.

L'apprentissage se poursuivra avec des vins de cépage pur afin d'en dégager et d'en mémoriser les caractéristiques. Cépage aromatique comparé à un cépage neutre, cépage léger et délicat contre cépage puissant et structuré, cépage peu coloré et cépage d'encre, avec pour chacun la définition de son profil aromatique et gustatif que l'élève essaiera de ranger dans sa bibliothèque virtuelle. Celui-ci pourra alors aborder la partie la plus passionnante de la dégustation, l'étude comparative des diverses influences du terroir, des expressions dues aux sols, au climat et au microclimat, le tout interprété et révélé par la "patte" du vigneron. Une vie ne lui suffira pas pour épuiser le sujet !

"Je hume à longs traits le vin du souvenir", ***disait Baudelaire. Les odeurs font surgir de la mémoire des émotions et des images liées au vécu du dégustateur.***

Les vins blancs : ur

La dégustation des vins blancs est d'une approche relativement aisée. L'équilibre ne dépend que de deux facteurs : l'acide et le complexe alcool-moelleux.

Une teinte lumineuse

Un vin blanc se doit d'être limpide et éclatant. Clair et transparent, il laisse impitoyablement paraître toute impureté, voile ou colloïde. On jugera donc très facilement de sa limpidité, par éclairage latéral, et on le qualifiera de bourbeux à cristallin, en passant par trouble, voilé, flou, opalescent, transparent, limpide ou brillant. Parfois, un léger dégagement de gaz carbonique se traduit par une perle plus ou moins fine. Le disque doit être exempt de particules qui surnagent, mais il doit surtout présenter de l'éclat. On dira alors que le vin est lumineux, éclatant, brillant, étincelant ou chatoyant. *A contrario*, une absence d'éclat se traduira par les adjectifs terne ou mat. L'intensité colorante est très variable dans les vins blancs ; elle dépend des cépages, mais surtout des modes de pressurage et de vinification. Un vin blanc sec très pâle, presque incolore, provient souvent d'une vinification technologique. Un vin à la robe plus soutenue peut être issu d'une fermentation en barrique. Cette intensité sera jugée non pas dans l'absolu mais par rapport au type de vin dégusté : un graves doit être pâle, un meursault plus soutenu. La teinte des vins blancs peut aller de l'incolore au marron. Toute une gamme à composante majeure jaune. Au début de sa vie, une légère composante bleue donne des reflets verts au vin blanc. On observera des couleurs jaune citron, jaune-vert, jaune paille. Ces reflets sont très visibles dès le versement du vin ou sur les bords du disque. À mesure que son âge avance, une composante marron lui donne des notes dorées : bouton d'or, topaze ou vieil or. Lorsque la composante marron prend le dessus, vers la fin de la vie du vin, on trouvera des teintes rousses, ambrées, brunes ou acajou qui sont un signe de madérisation avancée. Les vins liquoreux prennent, dès leur jeunesse, une teinte déjà dorée qui fonce avec l'âge, avec des reflets cuivrés : une vieille bouteille de Château d'Yquem peut prendre une couleur ambrée, voire caramel sans qu'aucune connotation péjorative n'ose se glisser sous la plume du commentateur.

IL N'EST PAS ÉTONNANT QUE LES NOUVEAUX CONSOMMATEURS DE VIN COMMENCENT PAR APPRÉCIER LES VINS BLANCS, ET NOTAMMENT LES VINS DOUX. LA PURETÉ CRISTALLINE D'UNE ROBE, L'ÉLÉGANCE D'UNE FRAGRANCE, LA DÉLICIEUSE FRAÎCHEUR D'UNE ATTAQUE, LA SUAVITÉ D'UNE LIQUEUR OU L'ÉQUILIBRE D'UNE FINALE SONT AUTANT DE RÉCOMPENSES.

Du jaune paille très clair, les vins blancs évoluent vers une teinte dorée chaleureuse au vieillissement.

équilibre simple à percevoir

Une profusion d'arômes

On attend d'un vin blanc qu'il soit avant tout aromatique. On notera donc l'intensité du nez : de faible à intense, de discret à développé, de modéré à bouqueté. Un nez expressif indique à la fois une belle intensité et une palette aromatique complexe.
La finesse, l'harmonie et la complexité des arômes seront étudiées lors d'une approche générale. Vient ensuite l'analyse olfactive proprement dite, celle qui identifie les odeurs ou, à défaut, les familles d'odeurs.

De la vivacité au moelleux

La dégustation d'un vin blanc s'analyse suivant deux axes : l'acidité et la sensation moelleuse. L'acidité apporte la fraîcheur et rend le vin désaltérant. Le gaz carbonique présent dans le vin vient renforcer cette sensation, avec parfois un picotement sur la langue lorsque le vin est perlé, perlant, moustillant. On dira qu'un vin est vif, nerveux ou frais. Mais l'acidité ne doit pas être trop prononcée, au risque de le rendre trop vert, dur, mordant ou même grinçant, voire raide. À l'opposé, un manque d'acidité le fera paraître plat, mou ou flasque, sans relief. Les professionnels feront la différence entre l'acide tartrique et l'acide malique, plus vert. Les vins blancs qui effectuent leur fermentation malolactique perdent de l'acidité et le côté grinçant de l'acide malique, mais leur gamme aromatique s'en trouve modifiée (citons les bourgognes blancs, les vins suisses, certains champagnes). Pour un vin sec, le moelleux est représenté par l'alcool, le glycérol et quelques très rares sucres résiduels. Pour un vin moelleux ou, *a fortiori*, pour un liquoreux, il faudra prendre en compte le sucre non fermenté qui vient s'ajouter à l'axe alcoolique. Le vin sera qualifié d'aimable, souple, tendre, fondant, gras, suave, onctueux ou miellé si cette liqueur s'équilibre avec l'acidité. Qu'elle l'emporte et le vin sera doucereux, pommadé, sirupeux, mou ou lourd. Tout est affaire d'équilibre entre deux tendances qui s'opposent. Cet équilibre doit se juger dès l'attaque, puis lors du développement du vin, enfin à la finale ; il ne serait rien sans une richesse aromatique, perçue par voie rétronasale et révélée par la température du vin qui s'élève dans le palais. Là encore, le type de vin dégusté impose un équilibre modèle : on ne recherchera pas la même acidité dans un vin blanc de côtes-du-rhône que dans un jurançon. La notion même de vin sec varie selon les pays. Si en France la quantité de sucre résiduel est très basse, moins de 2 g/l, en Allemagne, un vin dit "sec" en renferme beaucoup plus. Cette richesse en sucre masque une acidité très importante : ce vin paraîtra acidulé. La longueur d'un vin blanc est plus facile à percevoir que celle d'un vin rouge, car elle n'est pas masquée par la sensation tannique. Aussi, après avoir avalé le vin, suffit-il de fermer les yeux et de le laisser "vivre" dans le palais. Une dégustation virtuelle en quelque sorte ! Cette existence "post-ingestion" est la plus belle récompense que peut offrir le vin au dégustateur, comme pour le remercier de lui avoir accordé son attention.

SÉRIES AROMATIQUES DES VINS BLANCS

SÉRIES AROMATIQUES	ARÔMES	VINS
Végétale	• Herbe fraîche, foin, feuille verte • Infusion, tisane, feuille morte • Buis, lierre, fougère • Thé, tabac • Sous-bois, champignons	• Vins jeunes, récoltés tôt, chenin • Chardonnay • Sauvignon, • Vins élevés sous bois • Vins vieux
Végétaux aromatiques	• Menthe, thym, anis, fenouil, truffe	• Rolle, clairette, vins du sud de la France
Florale	• Acacia, églantine, chèvrefeuille • Violette, iris, aubépine, rose, bruyère, genêt	• Chardonnay • Cépages aromatiques, riesling, gewurztraminer, viognier
Fruitée		
- fruits à chair blanche	• Pomme, pêche, poire • Melon, abricot	• Mauzac, marsanne, sémillon • Vins liquoreux, muscat
- agrumes	• Pamplemousse, citron, orange, écorces d'agrumes, cédrat	• Sauvignon, vins liquoreux
- fruits exotiques	• Litchi, ananas, mangue • Coing	• Manseng, sauvignon • Chenin, liquoreux
- fruits secs	• Noix, noisette, amande	• Vieux chardonnay, marsanne, vins du Jura
Épicée	• Cannelle, vanille, girofle	• Vins élevés en barrique
Boisée et balsamique	• Chêne, balsa, cèdre, pin, résine, eucalyptus	• Vins élevés en barrique
Empyreumatique	• Fumé, grillé, tabac, caramel	• Vins élevés en barrique, liquoreux
Minérale	• Pierre à fusil, naphte, mine de crayon	• Sauvignon, riesling
Fermentaire	• Levure, mie de pain, brioche, beurre, yaourt, bonbon anglais, vernis	• Vins élevés sur lie, champagne, fermentation malolactique récente, vins technologiques
Chimique	• Soufre • Alcool, œuf pourri • Iode	• Trop de SO_2 • Réduction • Manzanilla
Miel-confiserie	• Miel, praline, pâte d'amande, Cire d'abeille, encaustique	• Vins moelleux, liquoreux, vins vieux

Les vins blancs : l'approche par exercices

CET EXERCICE CONSISTE À SITUER SES APPRÉCIATIONS SUR LA SENSATION ACIDE. LE DÉBUTANT POURRA AINSI GRADUER L'AXE DE L'ACIDITÉ À PARTIR DE SES DEUX EXTRÊMES, AVEC UN VIN TRÈS VIF ET UN VIN CHAUD ET GRAS.

L'aire d'appellation jurançon sec se situe sur le piémont pyrénéen, au sud de Pau. Le vin a connu son heure de gloire sous Henri IV qui, dit-on, en tirait sa vigueur légendaire. Les pentes sont abruptes, les vignes taillées en hauteur pour échapper aux gelées. Les cépages destinés à l'élaboration des vins secs sont le gros manseng, variété très aromatique et à forte acidité, et le courbu, plus neutre et moins vif, qui vient tempérer la fougue du premier. Le petit manseng est plutôt réservé aux liquoreux. Dans cette dégustation, on pourra remplacer le jurançon par un vin sec de la Loire à base de chenin.

Plus connue pour ses rosés, la vaste aire d'appellation des côtes-de-provence produit également des vins blancs secs. Les cépages sont ceux du croissant méditerranéen : l'ugni blanc, assez neutre et relativement vif ; la clairette qui peut donner des arômes fins, avec peu d'acidité ; le bourboulenc, chaud et généreux ; et surtout le rolle, expressif et délicat, qui apporte sa noblesse. En fonction des expositions et des microclimats, ces vins seront plus ou moins généreux et bénéficieront d'expressions aromatiques d'autant plus fines que la maturation n'aura pas été trop hâtive.

Achat et préparation des bouteilles

Il faut impérativement acheter les deux bouteilles dans le millésime le plus récent, afin de profiter de la fraîcheur et du fruité primaire des vins. On demandera conseil à son caviste pour acheter un vin élevé en cuve et non en barrique, qui révélera le caractère intrinsèque des cépages sans les apports du chêne. Les vins seront dégustés à la température de 12-13 °C. Ils seront débouchés au dernier moment.

Tout est dans la nuance

- Le jurançon sec, dans sa jeunesse, présente une note parfois intense qui se distingue par ses nuances paille ou dorées, avec des reflets verts qui ourlent le disque.
- Le côtes-de-provence est, pour sa part, franchement paille, avec des reflets dorés.

Des corbeilles de fruits

- Le jurançon sec est toujours très aromatique. La première impression, verre immobile, se caractérise par les fruits exotiques, particularité essentielle du cépage gros manseng. Toute une gamme se décline : de l'ananas, plus ou moins mûr, au litchi, à la mangue,

Le vignoble de Jurançon, sur le piémont pyrénéen, au sud de Pau.

Les styles atlantique et méditerranéen

Les vins blancs du sud de la France peuvent être classés en deux grands groupes climatiques. Les vins qui regardent à l'ouest – bordeaux blancs secs, graves, duras, gaillac, irouléguy ou jurançon – et ceux qui sont issus du Languedoc, de la Provence ou de la vallée du Rhône méridionale. Côté Atlantique, le climat se caractérise par des températures douces, avec peu d'écarts, et par une pluviométrie importante, ce qui offre aux cépages blancs la possibilité d'exprimer leur puissance et leur complexité aromatique mais qui, en contrepartie, favorise une acidité élevée. Côté Méditerranée, le climat chaud et sec n'est pas propice à la finesse mais donne des vins riches et gras, en général peu acides. (Certaines pentes exposées au nord, à Palette par exemple, parviennent à compenser cet excès de chaleur.) Deux styles radicalement opposés qui se prêtent à une démonstration didactique idéale pour le débutant.

Le côtes-de-provence, un vin couleur paille, gras, aux notes méditerranéennes de fenouil.

ou même au pamplemousse. Un deuxième coup de nez fait parfois apparaître une note de fruit à chair blanche, comme la pêche ou la poire. En agitant fortement le verre on débusque quelques accents épicés. Une bonne maturité se traduit par des accents fruités, une vendange moins mature par des notes citronnées.

• Le côtes-de-provence présente un nez moins intense, plus alangui. Il dévoile des notes florales en première impression, rehaussées par des arômes de fenouil qui caractérisent les vins blancs sudistes. Après agitation, le deuxième coup de nez révèle du fruit mûr, du miel, quelques épices et parfois une note chaude et généreuse. En cassant la surface du vin, on discerne des touches d'abricot et d'amande fraîche qui apportent beaucoup de subtilité.

Aux deux extrémités de l'axe acide

• Le jurançon sec s'impose immédiatement par sa colonne vertébrale acide. C'est, à cet égard, un modèle du genre. Vif, très nerveux, avec une grande fraîcheur, ce vin ne s'équilibre qu'en combinant cette verdeur à une grande puissance aromatique. C'est là le secret du jurançon. Toute la gamme fruitée vient égayer la dégustation. Elle se prolonge en bouche par une finale très en relief, dont la persistance adoucit la sensation de vivacité. Nous sommes là au bout de l'échelle des vins acides, il convient d'en mémoriser l'importance.

• *A contrario*, le côtes-de-provence s'impose en bouche par sa rondeur. Une rondeur appuyée par une richesse alcoolique parfois importante, un gras et un volume qui adoucit, "arrondit les angles" et fait paraître ce vin dense, parfois un peu mou. Les arômes de fenouil et d'amande sont parfaitement mis en valeur par le réchauffement du vin dans la bouche et la finale vient confirmer cette sensation aromatique. Il s'agit d'un vin tout en amabilité, avec une faiblesse acide qui permet au dégustateur de situer le début de l'échelle.

De l'importance de la température

Si on a pris la précaution de se procurer plusieurs bouteilles de chaque vin, on pourra faire une expérience qui démontrera le rôle de la température de dégustation. Dans la première partie de l'exercice, les deux vins ont été goûtés à même température.

Il convient de comparer à présent le jurançon porté à la température de la pièce (de 18 à 20 °C) et le côtes-de-provence laissé frais (à 14 °C). Le jurançon laissera apparaître un nez moins fin et des composantes herbacées se développeront. Si le vin présente le moindre défaut, celui-ci sera impitoyablement révélé par une température élevée. L'acidité sera perçue plus intensément et deviendra déséquilibrée.

Si on réalise l'expérience inverse, avec le côtes-de-provence à 18 °C et le jurançon à 14 °C, c'est le déséquilibre alcooleux du premier qui se dévoilera, renforcé par le gras et les sensations moelleuses. Néanmoins, les arômes du côtes-de-provence sembleront plus puissants. Une troisième expérience consiste à "frapper" les deux bouteilles, vers 6-8 °C. Les deux vins seront alors anesthésiés ; les arômes sembleront bloqués, la bouche se resserrera et ne se prêtera plus à l'analyse. Il sera alors bien difficile de déterminer si les vins ont des qualités ou des défauts. La tradition qui veut que les vins blancs se boivent frais et non glacés est donc bien fondée.

Les vins blancs secs jeunes

Les vins blancs peuvent être élaborés pour être consommés jeunes, sur leurs arômes primaires, variétaux ou fermentaires, ou bien pour vieillir longtemps en bouteille. Les techniques de vinification sont ainsi adaptées à la vocation du vin.

Le cépage

Certains cépages, comme le muscat, le sauvignon, le riesling ou le gewurztraminer, produisent des raisins au fort potentiel aromatique. Dans ce cas, une simple vinification classique suffit à exprimer la puissance des senteurs variétales. D'autres cépages, comme le chardonnay ou la marsanne, sont moins riches en arômes variétaux, mais leur pellicule délivre de nombreux précurseurs d'arômes. Ils ne dévoileront leur potentiel qu'après fermentation et élevage. Ce sont souvent ces cépages qui produisent des vins blancs de longue garde. Enfin, d'autres, plus neutres, ne peuvent compter que sur des pratiques technologiques pour donner des vins dont le seul mérite réside dans leurs caractéristiques fermentaires. L'ugni blanc est l'exemple type de ces variétés peu dotées par la nature mais qui, aidées par la main de l'homme, peuvent produire des bouteilles gracieuses et rafraîchissantes, même si elles manquent de personnalité.

LES VINS BLANCS JEUNES OFFRENT UNE SOURCE DE PLAISIR DES SENS. LE FRUITÉ, LA FRAÎCHEUR ET L'ÉQUILIBRE ENTRE MOELLEUX ET ACIDITÉ SONT LES POINTS FORTS D'UNE DÉGUSTATION, SOMME TOUTE, TRÈS HÉDONISTE.

La maturité des raisins à la vendange

La maturité des raisins blancs détermine le type aromatique du vin. La maturité physiologique est atteinte lorsque les sucres ne migrent plus vers la baie et lorsque les acides ont suffisamment diminué. Les arômes ont alors perdu leur caractère végétal et parviennent à leur potentiel, tandis que les pellicules mûres libèrent des précurseurs d'arômes. Un raisin récolté avant maturité possède des caractères très variétaux, avec des notes herbacées. Il ne donnera que des vins à boire jeunes, sur leur fraîcheur. Le même raisin récolté mûr aura des arômes plus fruités et développera, après vinification, des nuances plus complexes. En cas de surmaturité, les arômes "brûlent" et disparaissent pour laisser place aux caractéristiques du passerillage. Nous avons déjà cité les variations aromatiques du sauvignon. Récolté trop tôt (mais la date de la récolte est parfois imposée par le climat), il donne des vins aux effluves très herbacés avec des notes de buis ou de pipi de chat. Récolté mûr, il lègue de délicieux arômes de pêche blanche et d'épices douces. Récolté surmûri, il perd totalement son identité.

Le chardonnay est certainement le roi des cépages blancs. Ne donne-t-il pas le célèbre montrachet ?

L'ugni blanc est un cépage abondant en Italie, en Australie et au Portugal. En France, on le trouve en Charente et dans le Sud-Ouest ou, comme ici, à Bandol.

En France, le gewurztraminer n'est implanté qu'en Alsace.

Les modes de vinification

Que l'on élabore un vin blanc destiné à une consommation rapide ou un vin de garde, le raisin doit être ramassé soigneusement, puis transporté jusqu'au pressoir sans être écrasé, pressuré le plus doucement possible et débourbé. Cependant, les opérations de vinification connaissent quelques variations en fonction du vin à produire. Nous ne parlerons ici que des vins blancs élevés en cuve, la barrique étant plutôt réservée à l'élaboration de vins de garde.

- **Le levurage.** Rares sont les vins blancs élaborés avec leurs levures indigènes, ce que l'on peut regretter. On distingue les levures dites "aromatiques", qui renforcent les caractères du vin, et les levures plus neutres qui respectent la matière première.
- **La température de vinification.** Conduite très basse, la vinification favorise la prééminence des arômes des levures, ce qui crée une palette aromatique dominée par la famille fermentaire et amylique. Vinifiés à température plus élevée, les raisins expriment les qualités propres du cépage et donnent un vin plus véridique, quoique peut-être moins commercial.
- **La fermentation malolactique.** Elle est généralement évitée lorsque l'on souhaite préserver les caractères de jeunesse d'un vin. En revanche, il faut la provoquer pour obtenir un véritable bouquet au vieillissement.

L'élevage

Lorsque l'on garde un vin blanc sur ses lies, sans soutirage, jusqu'à la mise en bouteilles, on s'attache à préserver les arômes primaires du fruit et sa fraîcheur, tout en maintenant dans le vin un taux de gaz carbonique qui participe à la sensation de nervosité. De plus, la lie est un milieu réducteur qui protège le vin de l'oxydation.

Un petit reflet vert

Un vin blanc jeune a en général une couleur pâle. Néanmoins, la mode influence le vinificateur et l'on a pu voir apparaître des vins aussi incolores que de l'eau. Aujourd'hui, on assiste à un juste retour au bon sens, avec des robes de couleur paille, dont le reflet vert plus ou moins prononcé est la signature des vins blancs jeunes.

Une palette fraîche

On retrouve dans la palette aromatique les grandes familles que sont les séries végétale, florale (acacia, chèvrefeuille, rose, œillet, fleurs des champs, genêt, fleur de tilleul, citronnelle, jasmin), fruitée – avec une dominante de fruits blancs (pomme, poire, pêche blanche, abricot, coing) –, fermentaire (banane, levures, bonbon anglais, mie de pain, brioche) pour les vins technologiques, et, à un moindre degré, épicée.
Dans la série végétale, on relève les arômes d'herbe fraîche, de foin coupé, de fougère, de bourgeon de cassis et de buis. Certains vins peuvent exprimer des senteurs de plantes infusées, comme le tilleul et la verveine, ou de plantes aromatiques, comme l'anis, la lavande et le fenouil.

De l'acidité et du relief

On distingue deux sortes de vins blancs selon leur équilibre. Certains tendent vers une acidité assez prononcée ; ce sont souvent des vins issus des régions septentrionales. Leur fraîcheur naturelle fait ressortir leur fruité. Leur finale est très désaltérante. Les vinificateurs rétablissent parfois l'harmonie en gardant quelques sucres résiduels, comme en Alsace, ou en procédant à une fermentation malolactique, comme en Bourgogne.
Les vins des régions méridionales pèchent parfois par manque d'acidité et leur équilibre s'en ressent. Plus mous, moins désaltérants, ils valent néanmoins par leur gras et leur volume en bouche. Ce sont des vins bâtis pour les plats épicés de leur région d'origine et non des vins de soif. Lorsqu'ils sont soumis à un élevage sur lies, ils peuvent laisser percevoir en bouche un peu de gaz carbonique qui vient compenser ce manque de relief.

La macération pelliculaire

Les précurseurs d'arômes se trouvent tapis dans la pellicule du raisin. Un contact plus ou moins prolongé du jus avec les peaux avant le début de la fermentation va libérer ces précurseurs et donc renforcer le potentiel aromatique du raisin. Il s'agit de fouler légèrement les baies et de les laisser macérer à froid pendant quelques heures. Cette opération ne doit pas durer trop longtemps sous peine d'enrichir le jus en matières tanniques. Bien conduite, la macération pelliculaire peut donner de l'expression à des raisins qui en sont dépourvus, mais elle peut aussi accuser les défauts de ceux qui savaient les cacher. À utiliser donc avec prudence et art.

Le caractère floral dans

La première connaissance d'un arôme fleuri dans la vie du vin commence par celui de la fleur de vigne. Discret, délicat, il s'exprime avec beaucoup de finesse et de subtilité ; il s'apparente à celui de bien des fleurs sauvages, celles que l'on rencontre au bord d'un talus ou à l'orée d'un bois.

De la fleur de vigne aux essences rares

Ce parfum qu'il faut débusquer en se penchant sur les ceps peut cependant envahir tout un vignoble au moment de la floraison. Rien d'étonnant donc que certains vins blancs puissent s'inspirer de cette senteur originelle. Viennent ensuite s'ajouter les arômes issus de la peau du raisin, qui, selon les cépages, libère ses diverses essences aromatiques. Celles qui expriment des nuances florales sont souvent majoritaires dans les vins blancs secs.

On peut d'ailleurs, tout comme pour le caractère fruité, établir un parallèle entre la qualité aromatique, ou la richesse de la palette, et l'avancement de la maturité. Un raisin vert exprime des arômes très végétaux, des notes de feuille ou d'herbe fraîchement coupée. Le vin qui en serait issu serait fortement marqué par cette connotation aromatique "verte" qui, associée à la verdeur de bouche, traduirait un manque de maturation ou une récolte prématurée. Si le raisin mûrit un peu plus, les premiers signes d'odeurs florales apparaissent. Le vin acquiert une gamme aromatique plus complexe et gagne en finesse. Attendons encore et la série fruitée (fruits blancs dans ce cas) complète le tableau. La plus grande complexité est obtenue lorsque le raisin arrive à sa maturité aromatique, instant d'équilibre parfois fugace qu'il faut saisir au bon moment, car une maturation prolongée ferait courir le risque d'un "brûlage" des arômes et de leur disparition. C'est bien souvent le cas dans les régions méridionales où les vignerons sont amenés à récolter très tôt leurs cépages blancs pour préserver leurs arômes du soleil ardent. Le cépage sauvignon illustre bien ce propos. Cueilli avant complète maturité, il n'exprime qu'une gamme aromatique végétale : buis, feuille de cassis, sureau, sauge. Ramassé à maturité, il offre une superbe complexité où les fleurs comme le chèvrefeuille et l'acacia se mêlent aux fruits blancs (pêche de vigne, poire ou pomme mûre).

Un vin blanc peut parler avec le langage des fleurs. Selon son caractère, il exprimera certaines variétés plutôt que d'autres, avec une disposition particulière pour tel ou tel discours. À croire que l'on pourrait offrir une bouteille de vin blanc à sa belle pour lui signifier ses sentiments.

LA PALETTE AROMATIQUE D'UN VIN BLANC SEC S'APPARENTE SOUVENT À CELLE D'UN BOUQUET DE FLEURS. DES HUMBLES FLEURS DES CHAMPS AU LYS ARISTOCRATIQUE, EN PASSANT PAR LA ROSE OU LE JASMIN, DES FLEURS FRAÎCHES AUX FLEURS SÉCHÉES, LE LANGAGE DU DÉGUSTATEUR REJOINT SOUVENT CELUI DE L'HORTICULTEUR.

Au mois de juin, la vigne se pare de discrètes corolles de fleurs, présage du volume mais aussi de la qualité de la future vendange.

La légèreté : les fleurs des champs

Modestes pâquerettes, délicats boutons d'or, fleurs de bords de talus ou de haies, liserons, crocus de printemps, jonquilles éphémères, la gamme des fleurs sauvages est presque infinie. On la trouvera dans des vins très jeunes, un peu simples, avec une notion de fraîcheur et de légèreté, une note "naturelle" qui rend ces vins particulièrement désaltérants. Citons les vins de macabeu, de rolle, de clairette, de grenache blanc, de viognier, d'aligoté et de sylvaner. Il faut aussi faire mention des fleurs des landes comme le genêt ou la bruyère, avec des parfums plus lourds et puissants que l'on rencontre dans des cépages comme le chardonnay ou la marsanne. Enfin, les fleurs sauvages de garrigue, très présentes dans les vins blancs méridionaux (rolle, clairette, bourboulenc), sont à la frontière des parfums des plantes aromatiques, comme le fenouil ou la lavande.

L'élégance : les fleurs blanches

Ce sont les fleurs les plus délicates, dont les fragrances intenses savent toujours rester élégantes : acacia, chèvrefeuille, aubépine, fleurs d'arbres fruitiers – pêcher, pommier, cerisier –, œillet. Cette large gamme caractérise les vins blancs fins et racés. On rencontre de tels effluves dans les vins issus des cépages chardonnay, roussanne, sauvignon, sémillon, viognier ou riesling, entre autres. Ces arômes sont le plus souvent associés à des notes fruitées intenses, comme si le vin déclinait la palette complète, de la fleur au fruit, pour en réaliser la synthèse.

L'exotisme : les fleurs d'agrumes

La fleur d'oranger ou la citronnelle ne sont pas des arômes dominants, sauf dans le cépage muscat, mais elles servent de catalyseurs et soulignent telle ou telle autre senteur. Tout comme en cuisine les agents de sapidité renforcent les saveurs, il existe des synergies entre les arômes. Une touche de citronnelle renforce la vivacité et donne beaucoup de légèreté au nez d'un vin blanc. Une note de fleur d'oranger lui confère du volume et de l'allonge. Les deux apportent une délicieuse touche exotique à un riesling, un pinot gris ou un rolle.

les vins blancs secs

Subtil parfum du cerisier en fleur qui vient empreindre le bouquet des grands vins blancs.

La puissance : la rose, le lys, le sureau

Certaines fleurs développent des parfums entêtants qui dominent la gamme aromatique. La rose, très perceptible dans les vins de muscat ou de gewurztraminer, en est le meilleur exemple. Certes, la liste des variétés de roses est infinie et leurs parfums peuvent être multiples, mais il existe une dominante commune qui permet de définir l'arôme de rose. Assez lourd, puissant, celui-ci fait parfois penser à des notes un peu artificielles, tant il a été utilisé en parfumerie ou en cosmétique. Dans un vin, il impose une sensation de plénitude, voire de lourdeur. Le lys ou le sureau sont également présents dans la gamme des cépages très aromatiques, principalement les cépages terpéniques comme le riesling ou le pinot gris, le gewurztraminer ou le muscat. Il est d'ailleurs possible, mais répréhensible, de "muscater" un vin en y faisant infuser des fleurs de sureau !

L'erreur : le géranium

Si le géranium s'exprime naturellement dans les vins issus de gewurztraminer, il n'apparaît ailleurs que comme une erreur œnologique. L'excès d'acide sorbique, utilisé pour protéger les vins blancs, provoque des déviations aromatiques qui s'apparentent à l'odeur de géranium. Celle-ci n'est pas particulièrement agréable.

À la frontière avec les vins rouges : la violette, le jasmin et l'iris

Certaines fleurs hésitent entre vins blancs et vins rouges. La violette en est le meilleur exemple. Le mauzac de Gaillac peut exprimer ce parfum, associé à la pomme mûre ; le viognier en est coutumier, certains vins blancs de Savoie également. Cependant, les vins rouges issus de syrah et de cabernet franc, tout comme ceux de négrette et encore plus d'auxerrois, voire de pinot noir, savent aussi mettre la modeste violette à leur menu. Il semble que dans ce cas le terroir soit déterminant. Le jasmin ou l'iris peuvent eux aussi se rencontrer dans un jurançon et dans un côte-de-nuits-villages rouge ou un cru du Beaujolais. Arômes frontières, arômes trompeurs, mais arômes d'une extrême finesse, souvent en synergie avec des fruits rouges comme le cassis ou la framboise.

Les fleurs séchées : ainsi va la vie du vin blanc

Dans la nature, les fleurs ne vivent que l'espace d'une saison ; de même le vin fleuri finit par se faner. Si celui-ci est de petite constitution, sans grande matière et d'une palette aromatique initiale plutôt simple, il achèvera sa vie en perdant ce qui faisait son charme juvénile. En revanche, s'il a tout ce qu'il faut pour affronter les années de garde (puissance alcoolique, acidité, concentration), cette palette florale pourra évoluer favorablement. Elle entrera dans les séries de fleurs séchées, d'arômes d'infusion, de tisane, dont la gamme peut être très étendue. Apparaîtront les notes de tilleul dans le chardonnay, de rose fanée dans le sémillon ou le riesling, de verveine dans la marsanne, de tabac dans le viognier, de fleurs séchées multiples dans le chenin.

Les vins blancs de garde

LES VINS BLANCS QUI PEUVENT AFFRONTER LA GARDE NE SONT PAS LÉGION, MAIS LORSQU'ILS ONT LA FORCE ET L'ÉQUILIBRE NÉCESSAIRES, ILS DONNENT LIEU À DES DÉGUSTATIONS PARFOIS SURPRENANTES : LEURS QUALITÉS INITIALES SEMBLENT S'ÊTRE FONDUES DANS LE TEMPS.

Dépourvu de tanins, un vin blanc se trouve désarmé face aux menaces de l'oxydation et aux divers outrages que le temps ne manque pas de mettre sur sa route. Pour affronter l'épreuve de la garde, il ne peut compter que sur la force et la densité de sa matière première et, surtout, sur son acidité, seul caractère capable de bloquer toute velléité bactérienne.
L'ingéniosité de l'homme étant sans limites, les vignerons ont mis au point au cours des âges une technique d'enrichissement tannique des vins blancs, tout simplement en les élevant en barrique. L'apport des tanins du bois vient combler l'éventuelle faiblesse tannique du vin. Au cours de cet élevage bien particulier, le vin blanc subit une légère phase oxydative. Il est ensuite remis dans un milieu réducteur, la bouteille, où il entame sa vie de vin de garde.

Vers des teintes dorées

La robe d'un vin blanc évolue assez rapidement avec l'âge. Les reflets verts de sa jeunesse disparaissent peu à peu pour laisser place à une composante dorée. Toute la gamme des couleurs or est déclinée au cours du temps. De l'or pâle au vieil or, avec des reflets qui peuvent se cuivrer. Lorsque la composante brune, voire grise, domine, le vin se plombe et amorce son déclin. L'expression "bouillon de châtaignes" citée dans la littérature de la dégustation prend ici une signification toute particulière, celle de la mort prochaine du vin.

Une note de cire

Les arômes primaires du vin blanc cèdent peu à peu la place au bouquet, les caractères variétaux s'estompent, ainsi que les arômes issus de la fermentation, pour céder la place à des arômes d'évolution. Il est d'ailleurs intéressant de constater que les arômes évoluent dans leur série comme dans leur nature. Par exemple, un arôme de rose, dans le gewurztraminer, évolue vers la rose fanée, puis vers les fleurs séchées. Un arôme d'abricot passe du jeune fruit frais à l'abricot mûr, puis à l'abricot sec. Mais le point commun de tous les vins blancs évolués est bien la note de cire, qui peut aller jusqu'à l'encaustique et qui apparaît quels que soient les arômes initiaux.
D'abord axée sur des notes miellées puis évoluant vers la cire d'abeille, cette constante accompagne la vie du vin blanc vieux, avant que ne se manifestent les premiers arômes d'oxydation prononcée, de rancio et enfin les nuances de vernis, ces dernières annonçant la fin proche du vin. Fort heureusement, avant d'en arriver à cette extrémité, le vin vieux peut développer toute sa complexité. La série végétale se fixe sur des notes d'herbes sèches, de tabac, d'infusion, de feuilles mortes. La série fruitée s'oriente vers les fruits secs, la banane sèche, la noix, la noisette, l'amande grillée. La série épicée est très présente, avec des notes de cannelle, de vanille, de muscade, d'ambre et de musc. Elle peut prendre parfois des accents de truffe, ultime récompense d'une dégustation mémorable.

Une acidité fondue

Très bien constitués au départ, avec de la puissance, de la concentration et de la vivacité, les vins fondent leurs diverses composantes au cours du temps. Ils doivent toujours faire preuve d'un bon équilibre entre leur caractère moelleux et leur acidité. Généralement, les vins les plus acides dans leur jeunesse parviennent à apaiser cette nervosité avec les années. Toutefois, dans certains cas, le vin devient plus acide encore et se décharne : il a atteint ses limites de longévité.

De même, les arômes d'oxydation doivent rester discrets et s'intégrer aux autres éléments aromatiques du vin. Un vin blanc âgé vit donc sur la corde raide ; son équilibre peut basculer dans un sens ou un autre à la moindre alerte.

Quelques exemples de vins blancs secs aptes à la garde

- **Marsanne et roussanne.** Les vins blancs de l'Hermitage comptent parmi les vins français qui savent traverser le temps avec le plus de vigueur. Et pourtant, les conditions édictées plus haut ne sont pas toutes remplies. Ces vins vieillissent bien non pas grâce à leur acidité – qui est assez basse –, mais grâce à leur force et à leur concentration. Les vins de marsanne, épicés et miellés au départ, avec du gras et de la chair, prennent une belle complexité, axée sur la gamme des fruits secs, alliés à des notes précoces de cire et à beaucoup d'épices.
- **Riesling.** À la fois vifs et tendres, les vins de riesling savent vieillir avec élégance. Leur équilibre reste intact pendant très longtemps, avec une faculté à fondre acidité et sucres résiduels dans une belle harmonie. Floraux et épicés au départ, les arômes s'orientent ensuite sur la célèbre note de pétrole qui ne doit pas être considérée comme un défaut. Au contraire, cette nuance, soutenue par des arômes épicés et des notes de cire, est d'une grande originalité et marque le caractère minéral de ces vins de grande classe.
- **Chenin.** Les vins issus du chenin, en particulier les savennières, sont peut-être les plus aptes à une très longue garde. Bien soutenus par leur acidité (parfois déséquilibrée dans leur jeunesse), ils traversent les âges sans prendre une ride. Peu aromatiques au départ, ils expriment au fil du temps des arômes de fleurs séchées, de tisane, de fruits secs et de miel dans des palettes très délicates. Toujours vifs, mais non dénués de fondu, ce sont des vins virils, d'une grande personnalité.
- **Chardonnay.** Les grands vins blancs de Bourgogne vieillissent avec grâce. Vinifiés et élevés en barrique, enrichis de leurs lies et des arômes du bois, ils ont assez de force et de sève pour résister au temps. Ils prennent alors d'inimitables arômes de fruits secs, d'amande, de noisette, de fleurs fanées et d'infusion (tilleul ou verveine). Les notes miellées apparaissent ensuite pour arrondir et adoucir une palette aromatique parmi les plus racées. À ce stade, le vin paraît éternel, tant l'équilibre s'approche de la perfection.

La vinification en barrique

Les grands vins blancs ont tous adopté la méthode bourguignonne. Les jus issus du pressoir sont débourbés jusqu'à atteindre un degré de turbidité convenable, mis à fermenter en barrique, parfois après un départ obtenu en cuve.

La température de fermentation se stabilise naturellement autour de 22 °C dans ces petits récipients. Après la fin de la fermentation alcoolique, le vin reste sur ses lies, sans soutirage. Périodiquement, les lies sont remises en suspension par le bâtonnage, afin de nourrir le vin et de le faire profiter des propriétés réductrices du milieu riche en levures. Cette protection peut durer jusqu'à leur autolyse complète. Le vin est alors soutiré, puis remis en barrique pour poursuivre son élevage, ou bien mis en bouteilles. Cette méthode donne des vins gras et puissants, dont le boisé est bien mieux fondu qu'après un simple élevage sous bois.

Si l'on conserve les bouteilles avec soin, dans une cave isolée, protégée des vibrations et disposant d'une température basse et constante, ces vins peuvent survivre au dégustateur.

- **Viognier.** En goûtant un viognier de prime jeunesse, sur ses arômes et sa délicatesse, on peut se demander si ce type de vin est apte à un vieillissement prolongé. Il suffit de déguster un vieux château-grillet pour s'en convaincre. Peu vif au départ, d'une structure gracile, le vin de viognier se révèle étonnamment résistant et développe une palette harmonieuse de fruits secs et de cire, d'épices et de tabac. La bouche reste longtemps ronde et charnue.
- **Sauvignon et sémillon.** Dans les vins blancs secs des Graves, le couple sauvignon-sémillon fonctionne à merveille. Si le sauvignon laisse parler son exubérance de jeunesse, le sémillon sait prendre le relais lorsque l'impétuosité de son compagnon s'émousse avec le temps. Arrivent alors ses inimitables notes miellées, épicées qui se fondent avec le fruit du sauvignon. Ces vins peuvent atteindre un âge canonique, tout en gardant leur équilibre et leur race.

Les vins rouges : un équilibre à trois axes

L'observation de l'intensité colorante et de la teinte d'un vin rouge est déjà riche d'enseignements. On détermine d'emblée la jeunesse du vin, sa concentration et son gras, simplement par observation visuelle. Après avoir jugé de la brillance et de la limpidité du vin, on examine le disque, avec une vue plongeante sur le verre. La surface du vin doit être brillante, exempte de particules flottantes. Les bords du disque sont très instructifs : c'est à cet endroit que l'on peut repérer les nuances qui se superposent à la teinte générale, en particulier les premiers signes d'évolution.

L'intensité

Par examen latéral, la couleur d'un vin rouge s'apprécie tout d'abord en fonction de son intensité. On pourra la qualifier de faible à intense, en passant par légère, claire, soutenue, foncée, profonde. On prendra garde de bien juger de l'intensité colorante d'un vin rouge en fonction du type de produit. Par exemple, un vin jeune de syrah ou de cabernet-sauvignon à faible intensité colorante indiquera une vendange délayée par des pluies et de hauts rendements, ainsi que de très courtes cuvaisons. C'est un défaut flagrant. Au contraire, la même intensité pour un pinot noir ou un gamay sera considérée comme parfaitement normale.

C'EST LE PLUS COMPLET, LE PLUS PASSIONNANT ET LE PLUS DIFFICILE DES EXERCICES. MAIS LA JOIE DE DÉBUSQUER UN ARÔME CACHÉ DANS UN VERRE DE VIN ROUGE, DE QUALIFIER LA FORME DU CORPS ET LA VOLUPTÉ DE LA CHAIR, DE PARLER DU VELOUTÉ DES TANINS MÉRITE BIEN QUE L'ON APPRENNE À SUIVRE QUELQUES ÉTAPES.

Une déclinaison de rouges

On jugera ensuite de la teinte, si possible en éclairant le vin avec une source lumineuse placée derrière le verre. Les vins rouges jeunes ont des teintes violacées avec une nette composante bleue. Celle-ci décline avec le temps jusqu'à disparaître pour être progressivement remplacée par une composante jaune. On passera alors de teintes violet, grenat, pourpre, rubis, vermillon, à des nuances brique,

Au vieillissement, les vins rouges passent d'une teinte violacée au grenat, avant de prendre des nuances brique.

SÉRIES AROMATIQUES DES VINS ROUGES

SÉRIES AROMATIQUES	ARÔMES	VINS
Végétale	• Bourgeon de cassis • Poivron • Tabac • Champignons • Truffe	• Syrah, fer-servadou • Cabernets • Vins élevés en barrique • Vins plus âgés • Pomerol, cahors
Florale	• Rose, violette, pivoine	• Vins jeunes, pinot, gamay, cot
Fruitée	• Fruits rouges • Fruits noirs	• Vins jeunes • Vins récoltés très mûrs, vins des régions méridionales, syrah, tannat, mourvèdre
	• Fruits à noyau (prune, abricot, cerise)	• Vins plus évolués, pinot
	• Fruits secs (noix, amande)	• Indique un début d'oxydation
Épicée*	• Cannelle, vanille	• Vins élevés en barrique
Boisée*	• Chêne, balsa, eucalyptus	• Vins élevés en barrique
Empyreumatique*	• Cacao, pain grillé	• Tannat, grenache, mourvèdre
Animale**	• Jus de viande, cuir, gibier, venaison	• Vins évolués, grenache, mourvèdre

** Ces trois séries se trouvent dans des vins élevés en barrique ou issus de la syrah, des cabernets et du merlot très mûrs, du mourvèdre, du tannat.*
*** Cette série peut disparaître à l'aération. Il s'agit alors d'une réduction passagère. Si le côté venaison est trop prononcé, il s'agit d'un défaut.*

orange, tuilées, acajou, rousses et même brunes qui indiquent un vin dont l'âge est avancé ou qui a été conservé dans de mauvaises conditions. On examinera enfin les larmes du vin qui coulent sur le verre. Selon leur importance et leur viscosité, on pourra juger si un vin est riche en alcool, en glycérol et en sucre résiduel, trois éléments qui entrent dans le gras et le moelleux du vin.

Les arômes

Après avoir perçu les arômes les plus volatils, c'est-à-dire les plus évidents, on agite le vin dans un mouvement rotatif pour oxyder et débusquer les arômes qui pourraient rester tapis derrière les premiers. L'intensité aromatique est la première impression à étudier. On pourra la qualifier par un vocabulaire idoine, de faible à intense, en passant par discret, aromatique, expressif, bouqueté, développé. Un vin est fermé si les arômes ne s'expriment qu'avec retenue. De très grands vins rouges passent par cette phase ingrate et seule l'analyse en bouche permet de déterminer si ce n'est qu'une faiblesse passagère.
La deuxième impression déterminera la finesse, l'harmonie et la complexité de la sensation aromatique. Le nez sera alors qualifié d'ordinaire à raffiné en passant par simple, fin, subtil, élégant, racé. Ensuite, on procédera à l'analyse des différentes composantes aromatiques. On notera enfin l'évolution du nez au cours du temps en revenant sur les verres à la fin de la dégustation. Un grand vin peut libérer sa complexité pendant plusieurs heures.

La matière

Les vins rouges doivent être analysés suivant trois axes : l'acidité, la sensation moelleuse et les tanins. On jugera de l'attaque, première impression en bouche que l'on qualifiera de fuyante à franche, puis du développement en bouche et enfin de la finale. À ces trois stades, le vin rouge peut être comparé à une structure, une charpente plus ou moins bien bâtie. C'est le squelette du vin. On pourra le qualifier de fluet à énorme, en passant par mince, étroit, svelte, léger, étoffé, corpulent, robuste, charpenté, massif. Sur ce squelette s'accroche une chair, une consistance. C'est la matière du vin. Cette matière développe des arômes de bouche perçus par voie rétronasale. Ces derniers peuvent être différents de ceux identifiés par voie directe car le vin, dans la bouche, est porté à quelque 30 °C et libère ses substances les moins volatiles.
Il faudra, à chaque stade, analyser l'équilibre entre la sensation acide (acide tartrique dans les vins rouges), la sensation moelleuse (alcool et glycérol principalement, les sucres résiduels étant en général très faibles dans un vin rouge) et surtout la sensation tannique. Cette dernière est perçue de façon tactile, par la langue et les gencives. C'est une composante astringente dont la faiblesse comme l'excès sont des défauts, mais dont la qualité est un signe de grandeur pour un vin rouge. On jugera d'abord de la force tannique, en qualifiant le vin de creux à âpre en passant par lisse, fondu, charpenté, qui a de la mâche (qui semble pouvoir être mâché), dur, ferme, rugueux, mais on appréciera surtout la qualité du grain tannique en parlant alors de grain soyeux, velouté, gros, rêche, sec ou grossier. On peut trouver une force tannique assez faible mais avec un grain sec, ou, *a contrario*, une force tannique imposante avec un grain très fin. La maturité du raisin (on parle alors de maturité phénolique), la bonne conduite des extractions pendant les vinifications, les élevages longs dans des bois de qualité sont favorables à ces impressions veloutées.
La longueur, sensation aromatique qui persiste en bouche après que l'on a avalé ou craché le vin, sera le point d'orgue de la dégustation. Il ne faut pas confondre longueur "structurelle", qui est la persistance de sensations acides ou tanniques (et qui n'est pas un signe de qualité), avec la "persistance aromatique intense" qui, seule, signe les très grands vins. On notera la durée de cette sensation en secondes ou en caudalies. S'il s'agit de la partie la plus difficile de la dégustation, la plus longue à acquérir, ce n'en est pas moins une composante hédonistique essentielle.

Les vins rouges : l'approche par exercices

COMMENT DISTINGUER UN VIN ROUGE FRAIS ET LÉGER DE SON PAIR TANNIQUE, DRAPÉ EN ARÔMES DE FRUITS NOIRS ? LA MEILLEURE SOLUTION RESTE LA DÉGUSTATION COMPARATIVE. PLAISIR ET INITIATION, CE VOYAGE EN TANDEM AU PAYS DES CÉPAGES PERMET D'ENGRANGER DES CONNAISSANCES ET DES SENSATIONS QUI VOUS RAPPROCHENT DE L'ÂME DU VIN.

Il vaut mieux que ces exercices débutent par la comparaison des extrêmes, car cela permet de mémoriser les deux bouts des échelles de notation. La dégustation de vins très différents s'avère utile aux débutants, qui peuvent acquérir des repères clairs dans leurs sensations visuelles, olfactives et structurelles.

le gamay et le cabernet-sauvignon

Le gamay est un cépage précoce qui peut être cultivé dans des vignobles septentrionaux ou d'altitude. Les sols granitiques, comme ceux du nord du Beaujolais, lui conviennent bien. Ce plant donne des vins très aromatiques, peu colorés, souvent issus de macérations semi-carboniques et de vinifications de grains entiers. Lorsqu'ils ne sont pas trop chaptalisés, les vins dévoilent un corps léger, une agréable fraîcheur et une grande puissance aromatique. On dégustera un beaujolais-villages pour réaliser cet exercice, ou, à defaut, un gamay de Touraine, de Savoie ou bien un gaillac primeur.
Le cabernet-sauvignon est un cépage tardif, cultivé partout dans le monde. Cependant, les meilleures productions s'obtiennent à la limite nord de son aire de culture, notamment en Médoc. Ce plant donne des vins très colorés, avec du fruit noir (mûre, cassis), une remarquable structure tannique, astringente dans leur jeunesse. À Saint-Estèphe, il est souvent associé au merlot et au cabernet franc. On pourra remplacer le saint-estèphe de cette dégustation par un premières-côtes-de-bordeaux ou un graves.

Achat et préparation des bouteilles

On privilégiera les millésimes récents et l'on gardera les bouteilles en cave pendant une semaine au moins avant la dégustation. La bouteille de beaujolais, présentée à 14-15 °C, sera débouchée au dernier moment. Celle de saint-estèphe, servie à 17-18 °C, pourra être débouchée une heure à l'avance. On en décantera la moitié en carafe.
L'exercice ayant un but pédagogique, on le réalisera à bouteilles découvertes. Même les spécialistes se méfient de trop de mystères. Lors d'une dégustation dite "à l'aveugle", on cache seulement les indices (étiquette, bouchon, etc.) qui identifient un producteur,

Le gamay noir à jus blanc règne en maître sur les vignobles du Beaujolais, que ce soit sur les terrains acides du nord ou sédimentaires du sud. À Saint-Estèphe, le château Montrose produit des vins colorés, équilibrés et de longue garde à partir du cabernet-sauvignon, du cabernet franc et du merlot.

mais l'on cite l'appellation et même le millésime, car, pour bien juger d'un vin, il faut l'apprécier en fonction des canons du genre. Les dégustations "à l'aveuglette" (sans rien connaître des vins dégustés) peuvent déboucher sur des aberrations : un pinot noir goûté dans une série de bourgognes sera jugé sur ses qualités propres, mais, dans une série de bordeaux, on le trouvera trop peu coloré, peu puissant ou peu tannique.

Légèreté ou profondeur

• Le beaujolais a une robe légère, avec une teinte cerise vive et fraîche. Quelques reflets pourpres, voire violacés, viennent parfois ourler la surface du vin.

• Le saint-estèphe se distingue par sa couleur intense, presque sombre, avec une dominante rubis et une frange pourpre, signes de jeunesse.

Exubérance ou réserve

• Le beaujolais présente un premier nez très intense, fait de fruits rouges, jeunes et vifs : framboise surtout, mais aussi cerise, fraise, griotte, groseille. Des vinifications à basse température, utilisant certains types de levures, peuvent apporter des arômes de banane. Le deuxième nez fait souvent ressortir une composante florale (iris ou violette). Si le vin a été trop chaptalisé, les arômes sont écrasés par une dominante alcooleuse qui masque toute finesse.

• Le nez du saint-estèphe est nettement plus discret et même fermé. Les fruits rouges ou noirs (cerise, cassis) sont associés aux arômes issus de l'élevage en barrique (cèdre, vanille, épices). Sur des raisins moins mûrs, on peut déceler des nuances de poivron. La décantation souligne le côté fruité et augmente l'intensité aromatique.

Souplesse ou charpente

• Le beaujolais attaque en souplesse. La structure est légère, coulante, même chaleureuse. La finale, vive et fraîche, ne donne presque pas de sensation tannique. Les arômes sont intenses, à dominante fruitée. La sensation aromatique persiste quelques secondes, en rappelant les composantes du nez.

• Le saint-estèphe impose d'emblée sa structure. On sent de la matière et surtout une charpente tannique. Goûter les tanins en faisant rouler le vin devant les gencives. L'astringence est importante, mais il faut surtout observer le "grain" des tanins : à grain fin, vin de classe ; à grain plus gros, vin rustique. Essayer de distinguer les tanins issus du raisin de ceux, plus épicés, amenés par la barrique. On peut comparer cette sensation tactile au toucher d'un tissu : soie pour le grain fin, toile de lin pour les vins plus rustiques. La persistance aromatique, intense, privilégie le fruit et les épices. Le vin décanté gagne en harmonie : il présente des tanins plus fondus et un fruité plus intense.

Les vins rouges jeunes

TOUT FRAIS SORTI DE CUVE OU DE BARRIQUE, UN VIN ROUGE JEUNE EST À LA FOIS MARQUÉ PAR SON FRUITÉ JUVÉNILE ET PAR L'IMPÉTUOSITÉ DE SES TANINS. SELON QU'IL A ÉTÉ BÂTI POUR UNE CONSOMMATION RAPIDE OU POUR LA GARDE, IL DONNE LE PLAISIR IMMMÉDIAT D'UNE GOURMANDISE OU UNE PROMESSE D'AVENIR.

Les divers caractères des vins jeunes sont fortement imprimés par leur mode de vinification. Égrappage, foulage, fermentation alcoolique sont autant d'étapes décisives.

L'égrappage

Cette opération consiste à séparer complètement ou partiellement les baies de la rafle. Les tanins de la rafle étant en général plus herbacés que ceux du raisin, l'élimination de cette partie de la grappe donnera des vins plus souples et moins verts. Les cépages plus légers en tanins comme le pinot noir peuvent gagner à conserver une certaine proportion de rafles. Dans certaines régions, les vinificateurs ne procèdent donc pas à l'égrappage de la vendange.

Le foulage

Cette opération consiste à éclater les baies de raisin ou à libérer le jus et à le mettre en contact avec les pellicules. Partielle ou totale, elle devra être conduite avec délicatesse pour ne pas briser les pellicules et les pépins. Dans le cas d'une macération carbonique, la vendange ne sera pas foulée.

La fermentation alcoolique

On distingue deux facteurs déterminants pour le style de vin.

- **La température**

Si elle est volontairement maintenue assez basse, c'est le fruité du vin qui est privilégié. Les vins de style primeur ou "de printemps" sont vinifiés à basse température. À température plus élevée, ce sont les anthocyanes (pigments responsables de la couleur) et les tanins (polyphénols responsables de la structure) qui sont extraits en quantité. Le vinificateur obtient ainsi des vins de garde.

- **L'intensité et la durée de l'extraction**

Les éléments constitutifs de la structure du vin se trouvant dans la pellicule et les pépins du raisin, l'extraction consiste à mettre en contact jus et parties solides. Les remontages (en Bordelais) consistent à arroser le chapeau de marc avec le jus repris au bas de la cuve. Le pigeage (en Bourgogne) consiste à enfoncer le chapeau dans le jus, autrefois avec les pieds, désormais avec des vérins. De la fréquence des remontages ou du pigeage dépend la concentration du vin en tanins. On peut aussi trouver des systèmes de chapeau "immergé", maintenu dans le jus par des claies. Enfin, la durée de cuvaison, qui peut aller de quelques jours pour un vin de style léger à trois semaines pour un grand vin de garde, permet une extraction plus ou moins intense des matières tanniques.

Vin de goutte ou vin de presse

À l'écoulage de la cuve, on recueille le vin de goutte, la partie liquide, et l'on déverse le marc dans un pressoir. On en tire le vin de presse, plus coloré, plus chargé en tanins, plus agressif. Suivant la qualité de ce vin de presse et la volonté du vinificateur de corser plus ou moins son vin, une certaine proportion sera ajoutée dans le vin de goutte.

On le voit, les décisions du vinificateur qui vont conduire à l'élaboration d'un vin léger ou d'un vin de garde sont nombreuses. En règle générale, le vin de consommation rapide sera mis sur le marché dès la fin des fermentations malolactiques, tandis que le vin de garde bénéficiera d'une période d'élevage, en cuve ou sous bois, avant d'être mis en bouteilles.

Une composante bleue

Un vin jeune doit être limpide et brillant. Mais son intensité colorante est très variable d'une appellation à l'autre. Du rouge léger d'un beaujolais nouveau à

e plaisir immédiat

Émile Peynaud et l'éraflage

Le célèbre vinificateur bordelais avait coutume de démontrer les bienfaits de l'éraflage total, notamment à ses stagiaires bourguignons. Il réalisait alors l'expérience suivante : il ramassait quelques rafles à la sortie de l'égrappoir et les mettait à macérer dans un seau d'eau pendant une nuit. Le lendemain, il conviait ses étudiants à déguster le breuvage : tout en trouvant la décoction parfaitement imbuvable, les malheureux apprentis n'osaient lui avouer que les rafles du cabernet-sauvignon ne sont pas celles du pinot noir !

la robe sombre d'un jeune côte-rôtie, la gamme est infinie. L'intensité n'est donc pas un critère de jeunesse. En revanche, la teinte ne peut mentir. Dans un vin rouge jeune, la composante bleue, voire violette, est toujours dominante. Selon les cépages qui entrent dans l'assemblage du vin, les teintes peuvent être cerise, groseille, framboise, et aller jusqu'aux nuances pourpres, cassis, grenat, violettes, encre. Le disque ne comporte en général aucun signe d'évolution, sauf en cas de vieillissement prématuré. C'est dans cette frange que la composante bleue est la plus perceptible.

Lors de la fermentation, le mélange de la pulpe, des pépins et des pellicules forme le chapeau, ou marc, au-dessus de la cuve.

En haut, tapis de tri de la vendange au château Clarke.

Arômes primaires et secondaires

• Dans un vin jeune, les arômes variétaux sont encore à l'honneur, alliés aux arômes fermentaires. Suivant le type de vin, se manifeste en premier la série florale ou la série fruitée. Les senteurs de pivoine, de violette, de rose se mêlent à celles de fruits rouges comme la groseille, la cerise, la fraise, la framboise, la griotte, le cassis, la mûre ou la myrtille. La macération carbonique développe ce genre d'arômes très fruités, avec en prime quelques arômes amyliques comme le bonbon anglais ou la banane. Ces derniers sont renforcés par l'utilisation de levures sélectionnées, dites aromatiques, ce qui donne des vins très fragrants, "de mouchoir", à consommer légèrement rafraîchis pour profiter de l'expression juvénile de leur palette aromatique.

• Un vin rouge jeune destiné à une longue garde présente des arômes fort différents. L'intensité aromatique peut être faible, voire masquée. On dit que le vin est fermé, qu'il entre dans une phase d'austérité dont il ne sortira qu'au bout d'un long tunnel. Loin d'être un défaut, cette phase fait partie de la vie du vin. Hélas, bien souvent, le vin est consommé à ce moment défavorable et l'on peut passer à côté d'une belle bouteille par défaut de patience. La gamme aromatique est parfois enrichie de notes épicées, balsamiques, réglissées ou poivrées. Les vins rouges de garde étant bien souvent élevés en barrique, les arômes de bois, de vanille, de cèdre, de pain grillé se superposent à l'ensemble.

De l'amabilité en bouche

• Un vin jeune léger en bouche est bâti sur le fruit et la souplesse. Mais un vin léger ne veut pas dire vin fluide. L'attaque doit être franche, le caractère fruité doit s'imposer d'emblée. L'équilibre doit privilégier la fraîcheur et la matière mûre, avec une force alcoolique qui reste discrète – ce qui n'est pas toujours le cas dans bien des vins de primeur. Mieux vaut un beaujolais à 11 °C, frais, vif et sincère, qu'un autre surchaptalisé, lourd, chaud et déséquilibré. Les tanins doivent être mûrs, souples et déjà fondus. Dans certains styles de vins, une certaine "mâche" qui apporte un élément de franche rusticité est tout à fait délicieuse.

• Les vins de garde dégustés jeunes laissent parler leur structure tannique, avec une matière dense, du fruit, mais surtout une architecture imposante, parfois sévère. Il faut les oublier pour mieux les redécouvrir quelques années plus tard.

Le caractère fruit

La sensation fruitée dans un vin résulte à la fois d'une perception aromatique, celle qui identifie un fruit particulier, et d'un équilibre en bouche entre la suavité et l'acidité du vin. Un vin peu vif évoque un fruit qui a perdu de sa fraîcheur et de son éclat. Le même vin, issu du même cépage et vinifié de la même manière, mais avec une acidité plus élevée, laisse paraître un fruité plus jeune, plus fringant. Autre facteur très important, la maturité. Pour s'en convaincre, il suffit de croquer un grain de raisin à divers stades de son mûrissement. Au fur et à mesure que le grain de raisin mûrit, la sensation fruitée s'affirme, avec un mariage sucre-acide de plus en plus harmonieux et surtout une complexité aromatique qui va croissante. Mais si on laisse passer un certain stade, le fruité semble lourd, perd de sa race et s'oriente vers des notes de "bletti". Le vin issu de ces raisins suit exactement la même loi. Voilà pourquoi le meilleur indice de maturité pour un vigneron réside dans l'exercice de la dégustation des raisins.

LE VIN EST ISSU D'UN FRUIT, IL NE FAUT JAMAIS OUBLIER CETTE ÉVIDENCE. CETTE BAIE DE RAISIN POSSÈDE UN CARACTÈRE PROPRE, VARIABLE EN FONCTION DU CÉPAGE, DE SA CONCENTRATION OU DE SA MATURITÉ. L'ART DU VINIFICATEUR CONSISTE À EN TIRER LA QUINTESSENCE. LE VIN EXPRIMERA ALORS UN FRUIT PARFOIS BIEN ÉLOIGNÉ DE SES ORIGINES.

Les fruits rouges

À raisin rouge, caractère de fruits rouges. La gamme de petits fruits est assez étendue mais cette note "fruit rouge" est toujours associée à un vin jeune, quels que soient le cépage et l'origine. Ce sont en général des arômes primaires, variétaux ; cette série sert de pivot à tout vin qui sort de la cuve. On distinguera cependant la nature du fruit rouge.

• La framboise est l'arôme le plus répandu. On le trouve dans des cépages comme le pinot noir, le cabernet franc lorsqu'il est bien mûr, la syrah, le cinsault, et surtout dans le gamay vinifié par macération carbonique. Même le carignan issu de cette méthode présente des arômes de framboise prononcés.

• La fraise est plus rare et indique souvent une maturité plus avancée. Certains vins vieux, en plein épanouissement, peuvent présenter ce caractère. On pourra faire la différence entre fraise et fraise des bois, cette dernière étant plus fine et plus aromatique.

• La groseille, en revanche, n'est pas un signe de grande maturité et se rencontre parfois dans des vins rouges qui ont manqué de soleil.

• La cerise se décline en une large gamme. De la cerise bigarreau, savoureuse et vive, à la petite cerise noire que l'on peut ranger dans la catégorie "fruits noirs", en passant par la burlat, la guigne ou la griotte, les différences sont importantes. Un arôme de cerise est souvent associé à la senteur de noyau ; aussi peut-on le classer dans la catégorie "fruits à noyau", au même titre que la pêche, l'abricot ou la prune. Si la cerise rouge s'exprime à merveille dans un vin d'AOC morgon, la griotte est évidente dans un chambertin ou un volnay. Lorsque la perception d'un fruit rouge en particulier n'est pas évidente, on regroupe ces arômes sous le terme plus général de "petits fruits rouges".

Les fruits noirs

La senteur de fruits noirs est associée soit au caractère bien particulier d'un cépage, soit à une grande maturité. Curieusement, cette note est également présente dans les vins issus de cépages tanniques.

• Le cassis est le fruit noir le plus souvent identifié par les dégustateurs. Des vins aussi différents que ceux de pinot, de cabernet-sauvignon, de syrah, ou encore de fer-servadou cultivé à Marcillac (dont l'expression est exacerbée) présentent des arômes de cassis. Certains vins dont les nuances sont plus fréquemment orientées vers les fruits rouges basculent vers le cassis lorsqu'ils sont issus de vendanges plus mûres.

• La mûre est plus rare, mais elle est bien typée à Madiran, dans les vins où le tannat est arrivé à bonne maturité et récolté à petits rendements, en Savoie, dans la mondeuse – qui peut ressembler au tannat par certains aspects – et dans des syrahs plutôt sudistes. Sous son aspect confiture de mûres, on peut la rencontrer dans des régions ensoleillées, dans le mourvèdre du bandol ou dans un corbières de bonne facture.

• Les petites baies sauvages, comme la myrtille et les airelles, signent des vins plus rustiques ou manquant de maturité.

Les fruits cuits

Au fur et à mesure de l'évolution du vin, le fruit passe du stade frais au stade confituré. On parle alors de fruits compotés, cuits ou franchement confiturés. Ces arômes apparaissent dans les vins de garde, au bout de quelques années, mais les régions du sud peuvent produire des vins jeunes qui possèdent déjà ces caractères. Les coteaux-du-languedoc, les minervois, les côtes-du-roussillon ou les côtes-de-provence rouges révèlent souvent ces arômes de compote. Le fruit de la vigne est déjà "brûlé" sur son cep et donne ces notes qui sont à la limite de la série empyreumatique. Et lorsque le cépage dominant est le grenache, sensible aux

dans les vins rouges

Le fruit du vigneron

Jean Jouffreau, propriétaire du célèbre clos de Gamot à Cahors et qui doit à présent présider à quelque vigne du Seigneur, avait un jour donné une belle leçon de modestie à un aréopage de dégustateurs venus goûter quelques millésimes de son cru. Comme il est d'usage, chacun y allait de son commentaire, chacun de sa science, avec maints assauts de rhétorique, alors que le maître des lieux écoutait les exégèses sur son vin avec l'air matois du paysan auquel un touriste citadin veut apprendre à labourer. Après avoir entendu sans broncher que son vin sentait la framboise écrasée au pilon, la petite cerise confite au sucre vanillé ou la fraise des bois un petit matin de septembre, il prit la parole et dit : "Mes chers amis, et si mon vin sentait tout simplement le raisin ?".

évolutions rapides, cette impression se trouve renforcée. On distinguera donc toute la gamme de fruits – framboise, cassis ou cerise – en précisant framboises en compote ou confiture de cerises.

Les fruits confits

Le fruit confit est une étape dans l'évolution du vin, souvent entre le stade fruit frais et fruit cuit, mais cette note peut également indiquer un grand millésime ensoleillé. Les grands pomerol des années 1982, 1985, 1989 ou 1990 ont presque tous eu ces notes de pâte de fruits ou de fruits confits, avec des connotations pâtissières évidentes dès leur prime jeunesse. On peut associer à cette notion de confit, celle de raisin sec, passerillé ou de Corinthe qui est rare dans les vins rouges et se trouve plutôt dans les blancs liquoreux.

Les fruits secs

C'est en général la dernière étape du vin. On distingue cependant les fruits secs qui apparaissent à l'apogée de la qualité d'un grand vin rouge de garde, comme la figue sèche ou la noisette, des notes moins nobles qui indiquent une oxydation, comme le pruneau ou la noix.

Les fruits à noyau

On regroupe sous cette rubrique des fruits comme la cerise, la prune, la prunelle, la mirabelle, la pêche ou l'abricot. Seuls les deux premiers sont présents dans les vins rouges, les autres s'exprimant plutôt dans les vins blancs. L'arôme de prune est assez rare, mais quelques vins du Midi – certains VDN – peuvent présenter cette note.

Les fruits exotiques et les agrumes

Les vins rouges ne sont que peu concernés par cette série qui comprend le litchi, le fruit de la passion, la papaye et autre goyave plutôt présents dans les vins blancs. Toutefois, l'arôme de banane constitue une exception. Celui-ci signe les vins primeurs, en général issus du gamay, vinifiés en macération carbonique, avec des levures aromatiques. Très à la mode, il est présent dans les beaujolais nouveaux, dans les gaillac ou les touraine primeurs, dans les vins rosés technologiques. Il s'agit d'un arôme fermentaire qui n'a rien à voir avec le cépage. Les arômes d'agrumes, de citron, d'orange, de pamplemousse ne se trouvent pas dans les vins rouges.

Les vins rouges âgés

L'ANALYSE DES CARACTÈRES GUSTATIFS D'UN VIN ROUGE BÂTI POUR LA GARDE ET PARVENU À MATURITÉ EST TOUJOURS UNE RÉVÉLATION. ÉPANOUISSEMENT DU BOUQUET, TANINS VELOUTÉS, HARMONIE GÉNÉRALE SONT LA RÉCOMPENSE D'UNE GRANDE PATIENCE. IL FAUT LAISSER AU VIN LE TEMPS DE SE PARER DE SES PLUS BEAUX ATOURS.

De sa jeunesse à sa maturité, un vin rouge laisse deviner son âge par l'intensité de sa robe.

Certes, à la naissance du vin, certaines qualités peuvent indiquer une bonne aptitude au vieillissement : tanins, acidité ou structure. Cependant, rien ne remplace l'expérience du dégustateur. Il faut avant tout bien connaître l'appellation, le cru ou la propriété afin de disposer de toutes les indications nécessaires sur le potentiel de garde des vins.

Suivre l'évolution du vin

Si l'on désire apprécier un vin à son goût, il est bon d'en acheter toujours deux caisses du même millésime. La première permettra, en ouvrant une bouteille tous les ans, voire tous les deux ans pour les vins de très longue garde, de suivre l'évolution de son achat. Lorsque l'on estimera que le vin a atteint son apogée, la deuxième caisse sera à disposition pour livrer son plaisir, sans retenue. On pourra ainsi suivre l'évolution de la couleur, des arômes et du goût des vins de sa cave. Si l'apprenti a l'âme généreuse, il invitera ses amis à des séances de travail, lesquels lui rendront la pareille, et tous multiplieront les occasions de déguster.

La vie du vin

Un vin rouge élaboré pour la garde traverse des phases diverses. Très ouvert dans sa prime jeunesse, en particulier lorsqu'il est goûté au chai, dans sa barrique ou dans sa cuve, il subit ce que les anciens appelaient la maladie de la bouteille. Ses arômes s'éteignent, sa chair se flétrit, se mâche ; il ne reste que sa structure pour rappeler ses qualités d'antan. Après quelques mois, le vin recouvre toute sa santé et laisse parler sa personnalité de jeune homme. Il est fruité, fringant, avec toutes les caractéristiques d'un vin rouge jeune. Après un an ou deux, suivant les cas, le vin se referme, se replie sur lui-même pour une longue période de réflexion. La dégustation d'un vin dans cet état peut être désespérante : on a souvent l'impression de se trouver devant une porte cadenassée dont on aurait perdu la clé. Ce sésame ne sera rendu qu'avec le temps. La porte ouverte laissera alors entrevoir le vrai visage du vin.

L'évolution de la teinte

Au départ orientée vers les nuances fortement teintées de bleu (violet, pourpre), la couleur du vin perd progressivement cette tonalité pour s'orienter vers des nuances plus orangées, car les anthocyanes, pigments responsables de la couleur du vin rouge, se combinent aux tanins. D'une part, l'intensité colorante diminue, le vin devenant de plus en plus clair ; d'autre part, la teinte passe de rubis à vermillon, puis se fait cerise, tuilée, brique, pelure d'oignon, avant d'atteindre la note acajou qui caractérise les vins vieux dans leur plus belle expression chromatique. Dès lors, la robe, qui évolue vers des notes brunes, marron, bouillon de châtaigne, indique que le vin est définitivement entré dans sa phase de déclin.

Un bouquet complexe

La grande caractéristique des arômes d'un vin vieux est leur complexité. À ce stade s'est développé un bouquet. Les séries aromatiques se sont parfois si bien imbriquées les unes dans les autres qu'il peut être délicat d'en distinguer les composants. Avant d'en arriver à cet enchevêtrement, les arômes sont progressivement influencés par la phase de réduction que le vin subit dès qu'il est mis en bouteilles. On trouvera d'abord toute la série empyreumatique

'éloge de la complexité

(réglisse, goudron, fumé, notes torréfiées, cacao, café), puis la série animale, très caractéristique de l'évolution d'un vin en bouteille, qui commence par le cuir, les notes viandées, avant d'atteindre les odeurs de gibier et de finir par des notes parfois violentes de venaison. Il arrive que cette phase gibier s'atténue avec l'âge et que le vin revienne à des notes fruitées. Les séries balsamiques et boisées, nées d'un élevage sous bois, se fondent progressivement dans le vin et ne se laissent deviner qu'au travers d'un mariage harmonieux. Dans le cas contraire, le vin a très probablement été surboisé dès sa naissance et mourra ainsi. Parfois, le vin évolue vers des arômes de champignon, de sous-bois et d'humus, qui doivent rester discrets. Toutefois, la truffe est fort agréable lorsqu'elle se montre généreuse.

Des tanins lissés par le temps

Comme aime à le dire avec malice Henri Duboscq du château Haut-Marbuzet : "Le temps se charge d'amabiliser les virilités les plus excessives". Si la structure d'un vin rouge de garde peut paraître agressive dans sa prime jeunesse, c'est pour mieux affronter le temps. Les tanins agressifs et astringents, les charpentes massives, l'acidité qui vient durcir l'ensemble ont des chances de se fondre et de se lisser au cours des années. Ce n'est pourtant pas toujours le cas : des vins très tanniques ou rustiques peuvent s'effondrer d'un seul coup sans avoir vu leur structure prendre quelque élégance. On dit alors que le vin est "mort debout".

La qualité du grain des tanins importe dès le départ. Une grande force tannique dans laquelle le grain tactile se montre déjà fin est un signe qui ne trompe pas : le vin sera capable d'atteindre une grande harmonie. Ces tanins vont peu à peu se condenser et perdre leur caractère asséchant ; le grain se polit encore davantage, comme si le temps passait le vin au papier verre. Souplesse, velours, finesse apparaissent alors. Le vin est entré dans sa phase optimale pour un temps plus ou moins long. Puis, cette structure s'amaigrit progressivement, laissant percevoir plus intensément l'acidité, l'alcool et la sécheresse. Les éléments autrefois mariés et fondus se dissocient. Le vin est alors à la fin de sa vie.

Le vin vieux sait inventer le fruit

La série fruitée est particulièrement fournie dans la palette aromatique d'un vin rouge jeune. Elle fait toujours référence à un fruit qui existe dans la nature : fruits rouges comme la cerise, la fraise, la framboise, la groseille ; fruits noirs comme le cassis, la mûre, la myrtille. Plus tard, apparaissent des fruits à noyau comme la prune, puis des fruits secs comme le pruneau et la figue. En revanche, lorsqu'un vin de garde a atteint sa maturité, son caractère fruité, parfois encore très marqué, ne peut être relié à aucune réminiscence naturelle. Le vin semble avoir inventé de toutes pièces un fruit qui n'existe pas. Miracle des lentes réactions qui s'opèrent dans une bouteille tapie au fond d'une cave obscure. Miracle d'une complexité qui ne peut s'exprimer par un simple vocable.

Les caractères animal, épicé

SI LE CARACTÈRE FRUITÉ S'IMPOSE DANS LES VINS ROUGES JEUNES, DES NOTES PLUS COMPLEXES APPARAISSENT AU FIL DU TEMPS. ELLES SONT ISSUES D'UNE ALCHIMIE LENTE ET OBSCURE QUI S'OPÈRE DANS LA BOUTEILLE, UNE SORTE DE "CUISINE" QUI PEUT DONNER DES VINS VIANDÉS, GRILLÉS ET ÉPICÉS.

Les caractères à dominante animale apparaissent dans le vin lorsque celui-ci se trouve à l'état de réduction. Si ces arômes sont persistants et résistent à une aération ou à une décantation, ils font partie de la signature aromatique du vin. Ils se développent avec l'âge d'une façon non uniforme. Le meilleur exemple de ces variations peut se trouver à Châteauneuf-du-Pape. Le grenache, épaulé par la syrah et le mourvèdre, a une destinée "en dents de scie". D'abord très fruité, le vin passe par une phase animale parfois excessive. Un peu de patience et le vin retrouvera un caractère fruité, associé aux notes viandées et épicées qui ont su "s'amabiliser".

Les notes animales

L'arôme de cuir indique le début de la formation du bouquet. D'abord discret, il peut s'imposer avec force dans les vins rouges vieux où sa présence est une qualité. Un vieux saint-estèphe ou un vieux chambertin, pourtant aux antipodes l'un de l'autre, peuvent exprimer le même arôme de cuir : un signe d'aristocratie en quelque sorte. Arôme de cuir peut être précisé par "cuir de Russie", terme très employé dans la littérature d'autrefois, mais la référence est de nos jours assez floue et désuète. Tout comme la pierre à fusil pour les vins blancs, le cuir de Russie fait partie des souvenirs aromatiques d'un monde révolu ! En revanche, les arômes de fourrure, très racés, sont faciles à mémoriser. Ceux de chien mouillé, quant à eux, n'ont aucune connotation positive.

Les arômes de viande fraîche et, surtout, de jus de viande apportent beaucoup de sapidité au vin car, en général, ils se retrouvent en bouche. On décèle ces notes dans des vins bien élevés, élaborés à partir de matières mûres et concentrées. Viennent ensuite des nuances plus violentes. Celles-ci ne laissent jamais indifférents les dégustateurs qui, à cette occasion, laissent exprimer leurs préférences. L'arôme de sueur peut apparaître dans les vins rouges vieux : il n'est supportable qu'à doses homéopathiques ! Au contraire, les notes de gibier peuvent rassembler tous les suffrages. Certains amateurs de ces arômes de carnier ou de civet rangent les vins qui les expriment dans la catégorie des "vins de chasse". Les exemples sont nombreux : les grands châteauneuf-du-pape, les bandol, les hermitage, les pomerol, les pauillac, les madiran, les fitou possèdent une force aromatique qui peut rebuter certains et enthousiasmer les autres. Le mourvèdre est peut-être le cépage qui développe le plus rapidement ces caractères de chasse. On peut d'ailleurs faire un parallèle entre les cépages les plus tanniques – cabernet-sauvignon, syrah, tannat, mourvèdre – et

et grillé dans les vins rouges

Le gibier est un arôme tertiaire qui apparaît au moment où le vin commence à brunir et subit une réaction de réduction.

l'apparition de ce bouquet fortement animal au terme d'une longue garde. Les sols argileux ont tendance à développer ce caractère d'une manière plus intense que les sols graveleux.

En revanche, les excès sont condamnables et indiquent que le vin est vraiment trop réduit. Lorsqu'on en arrive aux notes de ventre de lièvre, tripe de volaille, renard faisandé, on peut se poser des questions sur l'état du vin ou sur ses tares originelles. Toutefois, bu sur un lièvre à la royale, le même vin joue sa partition avec succès. La même remarque vaut pour les arômes d'ambre, de musc ou de civette, très utilisés en parfumerie, très violents lorsqu'ils sont isolés, mais qui servent d'agents de sapidité lorsqu'ils sont discrets. Il en est donc des caractères animaux comme de tous les autres. Seuls, ils peuvent rebuter et le vin paraît déséquilibré. À doses plus légères et surtout intégrés dans une gamme aromatique où les autres familles font entendre leur voix, ils participent à la complexité du vin.

Les notes grillées et épicées

La grande complexité des vins rouges apparaît lorsque les arômes viandés semblent cuisinés. On entre alors dans les séries empyreumatique et épicée. Les notes de grillé peuvent avoir plusieurs origines : la maturité de la vendange n'y est pas étrangère, mais ce sont surtout les tanins qui développent ces arômes (tanins du raisin et tanins de la barrique). Les premiers signes apparaissent sous forme de fumée, viande fumée et fumée de tabac. Viennent ensuite des notes franchement rôties, cuites, grillées. L'arôme de pain grillé est le plus caractéristique ; il indique le plus souvent l'emploi d'une barrique à chauffe poussée, mais on peut trouver celui de viande grillée ou rôtie, association de caramel et de notes brûlées. Ces arômes apparaisent dans les grands vins rouges élevés sous bois, âpres, forts d'un potentiel de garde de plusieurs années. Les notes de goudron, de bois brûlé se manifestent souvent dans les vins rouges méridionaux à base de syrah et de mourvèdre. Sévères si elles s'expriment seules, elles participent à la typicité de ces vins si elles sont associées au fruit noir et au gibier. Enfin, raffinement suprême, les notes de torréfaction du genre café, cacao, chocolat donnent beaucoup de sève et de race à des vins vieux. Très présents dans les VDN banyuls ou maury, ces arômes signent aussi les vins secs issus de vendanges mûres, brûlées par le soleil, les cépages grenache ou syrah. Le merlot à Pomerol peut parfois se joindre au club des vins chocolatés.

Le tour de moulin à poivre sur un plat peut révéler toutes ses fragrances. La série épicée égaye les notes viandées et grillées du vin rouge. Tout d'abord, la vanille, issue de l'élevage sous bois, imposante dans les vins jeunes, se fait de plus en plus discrète. Des arômes comme la cannelle, la muscade, le clou de girofle prennent le relais. Certains vins méridionaux sont fortement marqués par des plantes aromatiques qui tiennent lieu d'épices : thym, laurier, origan, sarriette, romarin, généralement réunis sous le vocable "garrigue", aromatisent l'ensemble de ces vins. Le poivre et la réglisse, très présents dans les vins de syrah, caractérisent les crus de grande race et de grands terroirs. La truffe, à la frontière entre le monde végétal et les épices, indique de nobles origines. Elle apparaît dans les très vieux vins des appellations pomerol, cahors, bandol, par exemple.

Terminons par l'accompagnement irremplaçable du gibier cuisiné : le fruit. Tout comme un chevreuil ne peut se passer de confiture d'airelles, un grand vin giboyeux ne se conçoit que s'il a su garder son fruit. Fruits rouges très mûrs pour les vins septentrionaux, fruits noirs pour les vins plus sudistes, l'association avec les notes de gibier et de grillé relève de la haute gastronomie.

Les vins rosés : le charme aromatique

Bien des rosés ne méritent souvent que leur seau à glace. Toutefois, il existe dans les diverses appellations d'origine des vins qui imposent un style et une réelle personnalité.

Vins de pressurage ou de saignée ?

Pour une meilleure compréhension de ces vins, il n'est pas inutile de définir leur mode d'élaboration. Il existe deux procédés de vinification en rosé, chacun donnant des profils de dégustation différents. Contrairement à une idée répandue, un vin rosé n'est pas le mélange d'un vin rouge et d'un vin blanc. Une telle pratique est d'ailleurs interdite par la loi, sauf pour l'élaboration du champagne rosé.

• Un rosé peut être obtenu par pressurage d'un raisin à peau rouge ou rose. La couleur se concentre dans les pellicules ; par conséquent, la teinte du jus qui s'écoule après pressurage est très légère. Après vinification du moût comme pour un vin blanc, le vinificateur tire ce que l'on appelle un vin gris. Les caractéristiques gustatives d'un rosé de pressurage sont très proches de celles d'un vin blanc.

• On peut également procéder par saignée. Les raisins sont vinifiés comme pour élaborer un vin rouge, du moins au tout début du processus. Lorsque le vinificateur estime que la couleur du jus a atteint l'intensité désirée, il "saigne" la cuve, c'est-à-dire sépare le jus des parties solides (pellicules, pépins, etc.). Le jus ainsi obtenu continue sa fermentation à l'instar d'un vin blanc. La couleur finale est alors plus intense, selon le type de l'appellation. Le rosé de saignée possède une certaine richesse tannique ; il paraît plus vineux que le rosé de pressurage.

Pour les deux types, le jus est généralement vinifié à basse température ; des levures aromatiques développent le potentiel fruité du produit final. Entrent dans cette catégorie les vins rosés dit "d'une nuit".

LE VIN ROSÉ SE DÉGUSTE-T-IL ? SOUVENT BU PAR PUR PLAISIR, AUTOUR D'UN REPAS CHAMPÊTRE, SUR UN PLAT DE CHARCUTERIES OU TOUT SIMPLEMENT À L'OMBRE D'UNE TONNELLE, CE VIN NI ROUGE NI BLANC SAIT PARFOIS ÉTONNER.

Le plaisir est déjà dans la couleur

La robe d'un vin rosé participe à l'éveil des papilles du dégustateur tout autant que ses arômes ou son goût. C'est dire l'importance qu'il faut accorder à son examen.

On observera tout d'abord l'intensité qui doit correspondre au type. Une intensité trop faible peut être un défaut dans une appellation ou bien une qualité dans une autre. Une intensité trop élevée, qui se rapprocherait de celle d'un vin rouge léger, peut induire

Si le vin rosé est souvent ignoré des puristes, l'amateur peut se laisser séduire, dans certaines appellations, par une fraîcheur bienvenue et une belle palette d'arômes.

SÉRIES AROMATIQUES DES VINS ROSÉS

SÉRIES AROMATIQUES	ARÔMES	VINS
Végétale	• Feuille de cassis, poivron	• Rosés de cabernet
Florale	• Fleur d'oranger, aubépine, fleur de pêcher, fleur de vigne, pivoine, rose, tilleul, iris, violette, œillet, bruyère, genêt, fleurs séchées	• Rosés de négrette, pinot noir
Fruitée	• Cerise, groseille, cassis	• Rosés de pinot noir
	• Fraise, framboise	• Rosés de cabernet, tannat, cinsault, grolleau
	• Abricot, pêche, poire, pomme	• Rosés de grenache
	• Figue fraîche	• Rosés de grenache
	• Agrumes (pamplemousse, mandarine, orange)	• Rosés technologiques
	• Fruits exotiques (litchi, ananas, banane)	• Rosés technologiques
	• Amande fraîche	• Rosés technologiques
Fermentaire	• Levure	• Rosés technologiques
	• Bonbon anglais	• Rosés technologiques
Épicée	• Poivre	• Rosés de syrah, mourvèdre

le consommateur en erreur. Il existe des produits intermédiaires, d'intensité colorante à mi-chemin entre rosé et rouge. Ce sont les clairets du Bordelais et les pinots noirs d'Alsace.
Outre la brillance et la limpidité qui seront notées comme celles d'un vin blanc, le dégustateur s'attachera à définir la teinte. Toute une gamme de roses se décline avec plus ou moins de composante bleue d'une part, marron d'autre part. On pourra ainsi passer de gris pâle à rose pâle, rose franc, pivoine, cerise, framboise, fraise, vieux rose, rose orangé, abricot, saumon, brique, roux, pelure d'oignon. Un rosé de gamay sera plutôt cerise, un rosé de cabernet framboise et un rosé de carignan présentera des tons plus orangés.

Un nez flatteur

Un vin rosé se doit d'être aromatique. Tout son charme réside dans sa palette de senteurs, son caractère floral ou fruité, malgré sa relative simplicité. On trouvera la gamme des arômes floraux, fruités, végétaux, fermentaires ou amyliques.
Se manifesteront plus rarement les séries boisée (un rosé élevé en barrique reste une exception), épicée (sauf pour les vins rosés de syrah qui peuvent présenter des notes poivrées), balsamique ou animale.
Dans les vins rosés plus évolués, les arômes se rapprochent du bouquet des vins rouges, avec des notes empyreumatiques. Puis se développent des notes cuites ou confiturées, des arômes de sous-bois ou de viande qui indiquent que le vin n'est pas loin du terme de sa vie.

La température idéale

Le vin rosé sera dégusté à une température rafraîchie (entre 10 et 13 °C). Il faut flatter le vin et non casser ses arômes. Un vin rosé bu glacé – ce qui est, hélas, trop souvent le cas – perd tout son fruité, sa fragrance et son équilibre. Il serait dommage de ne pouvoir apprécier à leur juste valeur un tavel, un rosé-des-riceys ou un marsannay rosé.

De la vivacité du fruité

Un vin rosé doit être rafraîchissant. Son équilibre sera jugé selon son caractère vif et acide, sa composante moelleuse, son gras et sa force vineuse qui peut intégrer sa puissance alcoolique et la présence ou non de tanins.
On jugera de la qualité de l'attaque qui doit être franche et aromatique : le vin doit parler dès son entrée en bouche. Un bon rosé occupe ensuite le palais par son développement.
La composante acide sera perceptible mais équilibrée. Un vin rosé qui manque d'acidité paraît plat et lourd ; son côté alcoolisé ressort avec vulgarité. En revanche, un vin rosé trop acide semble vert et grinçant. Cette juste acidité – ou bien nervosité pour rester dans le registre laudatif – met en valeur le caractère fruité du vin et lui donne toute son appétence.

La teneur en gaz carbonique vient parfois renforcer la nervosité, mais elle ne doit pas être trop perceptible sous peine de faire basculer le vin dans la catégorie des frisants, si prisés des Suisses et des Italiens.
La qualité aromatique en bouche fait l'agrément du vin rosé. On notera son intensité et sa persistance.
La relative puissance tannique du vin lui donne son corps. Celui-ci ne doit être ni trop lourd, ni trop charpenté. Il déterminera d'ailleurs l'usage gastronomique du vin : léger et bâti sur sa qualité aromatique, le rosé sera plus particulièrement destiné à l'apéritif ou à des buffets froids. Offre-t-il plus de tanins et de structure et il accompagnera tout un repas.

Les vins rosés : l'approche par exercices

Les vins rosés sont souvent produits dans les régions touristiques, sous la demande pressante des vacanciers qui souhaitent consommer une boisson rafraîchissante. Si cette adaptation viticole a quelquefois enfanté des produits plus commerciaux qu'originaux, on peut trouver au Pays basque d'une part, près de la Côte gardoise d'autre part, deux vins qui n'ont pas à rosir de leurs origines.

L'UN TOURNÉ VERS L'ATLANTIQUE, L'AUTRE VERS LA MÉDITERRANÉE, L'IROULÉGUY ET LE TAVEL ILLUSTRENT LES GRANDES LIGNES D'ANALYSE DES VINS ROSÉS.

Derniers vestiges d'un grand vignoble basque

Sur le versant français de l'extrême ouest des Pyrénées, Irouléguy fait partie du patrimoine du Pays basque. Côté espagnol, il se prolonge dans le micro-vignoble de Txacoli. Cultivé sur des terrasses abruptes, à flanc de montagne, c'est un vignoble pittoresque qui associe la couleur rouge de ses sols au vert des ceps de vigne. Le climat y est très atlantique, avec des hivers doux, des étés dont la chaleur n'est jamais brûlante et une pluviométrie importante. Les cépages cabernet franc, tannat et cabernet-sauvignon y produisent des vins rosés et rouges. Le courbu ainsi que les gros et petit mansengs font de plus rares vins blancs. On pourra opter pour un rosé du Béarn, un rosé de Bergerac ou un bordeaux rosé en remplacement de l'irouléguy dans cet exercice.

Deux vignobles authentiques : Tavel (à droite), exclusivement consacré au vin rosé ; Irouléguy, grand vignoble basque remontant au XIe siècle.

Tavel, le rosé de Louis XIV

Tavel est réputé être le premier rosé de France : l'appellation ne produit que ce type de vin. La renommée du rosé de Tavel est établie depuis fort longtemps. Louis XIV en faisait servir à Versailles. Nous sommes ici au sud des Côtes du Rhône, sur la rive droite du fleuve, en face de Châteauneuf-du-Pape. Sur des sols de cailloux roulés, de sables et d'alluvions argileuses, ce vignoble sudiste se caractérise par des vignes taillées en gobelet et un climat méditerranéen. Hivers doux, étés torrides, périodes de sécheresse, toutes les conditions sont ici réunies pour produire des vins ensoleillés. Les cépages sont nombreux : grenache et cinsault principalement, complétés par la syrah et le mourvèdre. Un lirac, un rosé de Provence, un corbières ou un coteaux-du-languedoc pourront être dégustés à la place du tavel.

Achat et préparation des bouteilles

On choisira les deux bouteilles chez son caviste dans un millésime récent pour profiter de leur fraîcheur et de leur fruité intact. On prendra garde de ne pas les déguster trop froides. Un seau rempli de glace (à la température de 0 °C) peut détruire les arômes du vin et ne se justifie que dans le cas où quelques défauts seraient à masquer ! On ajustera donc la température de ces deux vins aux alentours de 14 °C. Un léger passage au réfrigérateur suffira, suivi d'un seau à glace rempli d'eau fraîche maintenue à température par quelques rares glaçons qui doivent fondre rapidement. Les bouteilles seront débouchées au dernier moment.

Nuances cerise ou orange

• Le rosé d'Irouléguy présente en général une teinte assez soutenue, vive et brillante, avec des nuances de cerise. Une composante bleue, issue du cépage tannat, vient donner des notes pourpres qui confèrent une impression de jeunesse et de fraîcheur.

• Le rosé de Tavel porte traditionnellement une robe à nuances orangées. Le grenache n'est pas étranger à cette note d'évolution qui peut aller parfois jusqu'à la pelure d'oignon. Si des vins à l'ancienne

correspondent encore à ce type, on assiste à une évolution vers des couleurs plus modernes, avec des notes d'un rouge plus vif (fraise ou petite cerise). Dans tous les cas, la robe offre de l'éclat et une belle brillance.

Délicatesse ou puissance

• Le nez du rosé d'Irouléguy est tourné vers les petits fruits rouges, dont le cabernet franc n'est pas avare. Dans sa jeunesse, le vin propose également des arômes floraux très délicats, avec des notes d'aubépine, de violette ou de jasmin. Certaines vinifications peuvent apporter quelques accents amyliques, de bonbon anglais ou de banane. Si le premier coup de nez est très intense, vif et fragrant, le deuxième laisse apparaître les épices du tannat, les arômes de fruits noirs et notamment de mûre. Une dernière agitation du verre permet de débusquer des notes poivrées.

• Les arômes du tavel sont d'une tout autre nature. Intense, grasse, aux notes chaleureuses, la première impression signe un terroir sudiste. La qualité fruitée de ce rosé s'exprime dans des notes de belle maturité : fruits rouges, fraise écrasée, cerise noire, pêche de vigne, ainsi que fleurs blanches ou violette si la syrah est présente. Un deuxième coup de nez fera apparaître le côté pierre à fusil et épicé qui signe ce vin rosé de caractère. Si les cépages syrah et mourvèdre sont présents dans l'assemblage, le tavel sera poivré, avec des notes de clou de girofle, de cannelle ou de coriandre. En cassant la surface du vin, des notes plus chaleureuses, cuites, de cassonade se dévoileront.

Fraîcheur ou rondeur

• Le rosé d'Irouléguy est bâti sur sa fraîcheur. L'équilibre en bouche associe une vivacité importante, bien balancée par un fruité intense, avec une petite note tannique qui vient structurer l'ensemble. Il s'agit d'un vin rosé très sensible à l'état de maturité de la vendange, un rosé de climatologie en quelque sorte. Un millésime froid et pluvieux donnera un vin dans lequel les caractères végétaux du cabernet franc se traduiront par des nuances de poivron vert, d'une verdeur parfois intense. Si le raisin a bénéficié d'un été chaud et d'un automne sec, le vin gagnera en rondeur, en souplesse et en maturité de fruit. Le millésime 1995 est, à cet égard, un modèle du genre ; il possède une ampleur et un gras parfaitement équilibrés par un fruité mûr.

• Le tavel est bâti sur sa rondeur. La bouche est souple, ample, et bénéficie d'une sève imposante. Si une générosité importante peut parfois le déséquilibrer vers un côté trop chaud, son fruité intense et ses épices viennent tempérer la chaleur toute méditerranéenne de ce vin de la vallée du Rhône méridionale. C'est un rosé tout en courbes, sans angles ni aspérités, un rosé voluptueux qui ne peut que séduire le dégustateur.

Si dans une première dégustation, les deux vins ont été portés à la même température, on pourra recommencer l'expérience en maintenant l'irouléguy à 14 °C, mais en refroidissant le tavel vers 11 ou 12 °C. Le tavel paraîtra plus vif car le froid gomme le côté chaleureux du vin.

Le vin rosé et le SO_2

Le vin rosé a parfois mauvaise réputation : il est accusé de donner des maux de tête qui font regretter sa consommation. Cet inconvénient vient en général d'un excès de SO_2 ajouté pour protéger le vin de l'oxydation lorsque celui-ci a une constitution trop faible ou lorsqu'il est issu de vendanges altérées ou de vinifications approximatives. Ce défaut est souvent masqué par un service à basse température et peut, dans ces conditions, passer inaperçu. Le SO_2 s'identifie au nez par son odeur soufrée caractéristique et en bouche par un picotement de l'arrière-gorge. Les bons vignerons savent élaborer des vins rosés avec des taux de SO_2 faibles et donc parfaitement digestes.

Après la dégustation, le repas

On préférera l'irouléguy rosé sur une tranche de jambon de Bayonne simplement poêlée et accompagnée d'une piperade basque. Le tavel accompagnera avec brio une rascasse cuite au four sur un tian de tomates et de courgettes, à moins qu'on ne le réserve aux charcuteries de la montagne cévenole.

Les vins liquoreux

Il faut environ 17 g de sucre dans un moût de raisin pour obtenir un degré d'alcool après fermentation. Un moût destiné à élaborer un vin sec contient environ 200 g de sucre. En revanche, les vins moelleux et liquoreux doivent bénéficier d'une matière première plus riche, obtenue par surmaturation. Une partie du sucre contenu dans les baies de raisin sera transformée en alcool, tandis qu'une certaine proportion restera dans le vin à l'état résiduel. La surmaturation consiste à concentrer le jus de raisin en augmentant sa richesse en sucre. Les manières d'obtenir ces concentrations, qui peuvent aller jusqu'à 350 ou 400 g de sucre, sont diverses et font l'objet de véritables écoles.

Botrytis ou passerillage ?

Le viticulteur laisse parfois se manifester, dans des conditions climatiques favorisées par les microclimats locaux, un champignon : le *Botrytis cinerea*. Sur des cépages à peau épaisse, comme le sémillon ou le chenin, ce micro-organisme développe son mycélium, perfore la pellicule et permet l'évaporation de l'eau. Les grains rôtissent, se flétrissent, perdent leur acidité et s'enrichissent en sucre ainsi qu'en arômes bien particuliers. Les vendanges s'effectuent par tries successives, au fur et à mesure que s'étend cette pourriture "noble" dans le vignoble. Qu'il vienne à pleuvoir sur une période prolongée et la noblesse du *Botrytis* se transformera en cette vulgaire pourriture grise tant redoutée des vignerons ! Un exercice d'équilibriste donc, qui ne réussit que lorsque le millésime offre une succession de matins brumeux et d'après-midi ensoleillées.

L'autre méthode de concentration du jus est le dessèchement de la baie : le passerillage. Celui-ci peut s'obtenir sur souche, dans des régions où le climat d'automne est réputé pour sa sécheresse, comme dans le Jurançon. Il n'est pas rare que l'on puisse attendre jusqu'aux premières gelées, en novembre ou même fin décembre, pour récolter des raisins presque secs. Dans le Jura ou dans l'aire de l'Hermitage, le passerillage s'effectue sur des claies, après

C'EST EN DÉGUSTANT DES VINS LIQUOREUX QUE L'ON COMPREND TOUT LE SENS DE L'EXPRESSION "L'OR DU VIN". AVEC UNE ROBE RAYONNANTE, UN NEZ SUBTILEMENT FLORAL OU DÉLICIEUSEMENT FRUITÉ ET EXOTIQUE, UNE BOUCHE DE VELOURS, CES NECTARS ISSUS DE LA POURRITURE NOBLE OU DU PASSERILLAGE DES RAISINS SEMBLENT ÉTERNELS.

La planète Botrytis

Si l'on trace un arc qui part du sud de Bordeaux, passe par Monbazillac, le Val de Loire, l'Alsace, continue par la vignoble rhénan, puis s'enfonce dans l'Europe centrale en Autriche, en Bulgarie et en Hongrie, on aura dessiné sur la carte le noble territoire du *Botrytis cinerea*. À la dégustation, on peut reconnaître un vin qui a subi les assauts de ce champignon encore mystérieux. Les arômes d'un vin botrytisé mêlent l'abricot, les épices très douces, le pain et la praline. Si le *Botrytis* ne s'est pas développé dans de bonnes conditions, on peut déceler quelques déviations aromatiques comme des senteurs d'iode et de champignon ou des notes d'humus. S'il n'est pas apparu, dans une année trop sèche par exemple, le vin perdra en complexité mais gagnera en notes riches, confiturées ou miellées.

la récolte des grappes les plus mûres et les plus saines. Autrefois étendu sur un lit de paille, de nos jours suspendu à des fils, le raisin sèche dans un local bien ventilé. Ces “vins de paille” sont en général très riches en sucre et offrent une palette aromatique bien différente de celle des vins botrytisés.

Particulièrement riches en sucre et en alcool, les vins liquoreux présentent une robe profonde et intense, déclinant toute la gamme de l'or.

Une robe dorée

La robe d'un vin liquoreux est plus intense et plus profonde que celle d'un vin sec. La première impression qui se dégage dès le versement du vin dans le verre est celle d'une viscosité importante. Le vin forme des larmes abondantes sur les bords du verre. La teinte perd ensuite les reflets verts qui caractérisent la plupart des vins blancs secs jeunes. Ici, c'est la composante dorée qui domine, dans une large gamme qui peut aller de l'or pâle au vieil or, en passant par le jaune doré ou le bouton d'or. Au vieillissement, les vins liquoreux commencent par se cuivrer, avant de passer par des teintes ambrées, rousses, fauves, brunes et même acajou dans les bouteilles du siècle dernier.

Des arômes gourmands

Au nez, la dominante de la très complexe palette aromatique est la famille fruitée, avec des notes d'une grande maturité. Sur les liquoreux jeunes, des notes florales comme la fleur d'oranger peuvent être fréquentes, mais le plus souvent ce sont les agrumes sous la forme de zestes confits qui dominent. Viennent ensuite les séries de fruits exotiques (litchi, mangue, ananas), de fruits à noyau (abricot, pêche jaune), de fruits confits (pâte de coings, angélique). Certains cépages producteurs de sélection de grains nobles d'Alsace, comme le fameux pinot gris ou le gewurztraminer, apporteront leurs notes épicées. Se superposent enfin les séries empyreumatique (grillé, caramel), épicée (vanille, cannelle et parfois anis), complétées par les nuances de confiserie (miel, praline, pâte d'amandes). Les vieux liquoreux évoluent vers des notes d'encaustique, associés à des arômes d'épices très développés et à des nuances élégantes de rancio.

Une bouche sensuelle

L'équilibre d'un vin liquoreux se note souvent en équivalent alcool. Un liquoreux d'équilibre 14-4 présente une richesse alcoolique de 14 % vol. et une teneur en sucre résiduel équivalente à 4 degrés d'alcool, soit 70 g de sucre. L'exercice est délicat pour le vinificateur : trop d'alcool et le vin paraîtra brûlant ; trop de sucre résiduel et le vin sera lourd et pâteux. Fort heureusement, l'acidité équilibre l'ensemble. Plus un vin liquoreux sera acide, plus il paraîtra léger et harmonieux. La grande richesse en sucre des vins liquoreux allemands semble presque aérienne grâce à une belle acidité (inconcevable dans un vin sec) et à des degrés alcooliques très modestes. Un barsac se distingue souvent d'un sauternes par une vivacité plus importante, un jurançon ou un quarts-de-chaume paraîtra moins liquoreux et plus facile à consommer grâce à l'acidité élevée du petit manseng et du chenin. Quoi qu'il en soit, la bouche d'un liquoreux se juge aussi sur sa complexité aromatique et sur son onctuosité : cette sensation tactile qui s'apparente au velours vient tapisser les papilles.

Une finale en queue de paon

Complexes, concentrés et puissants, les vins liquoreux ont tous les atouts pour habiter pleinement la bouche, dont la longueur est impressionnante. Ce sont à coup sûr les vins les plus longs ; seuls les grands vins jaunes – étoile ou château-chalon – peuvent rivaliser avec un grand sauternes, un jurançon, un tokay de Hongrie ou une sélection de grains nobles. Les puissants arômes s'installent au palais comme des conquérants. Ils occupent l'espace et règnent en maîtres sur une finale qui peut, dans certains cas, faire la queue de paon, sorte d'apothéose théâtrale d'une dégustation d'anthologie.

Les vins liquoreux

Cet exercice consiste à relever les différences entre un vin liquoreux botrytisé, un vin de passerillage sur souche et un vin de passerillage sur claies. Bien entendu, les cépages, les sols et l'environnement climatique qui sont à l'origine de ces trois vins ne sont pas les mêmes et influent sur leur profil gustatif.

Se servir du climat ou s'en abstraire ?

• À Sauternes, appellation prestigieuse située au sud de la Gironde, sur des collines au relief assez marqué, des sols argilo-calcaires et croupes de graves, la proximité de la Garonne et la présence du Ciron, ruisseau affluent, induisent un microclimat qui favorise l'évolution du *Botrytis cinerea* vers la noblesse. Dans de bonnes conditions (matins brumeux et après-midi ensoleillées), la vendange est concentrée par le champignon, d'une manière hétérogène. Ce qui oblige à récolter par tries successives les grappes les plus rôties de sémillon, sauvignon ou muscadelle. On choisira pour la dégustation un vin d'une année botrytisée. Les millésimes 1988, 1989 et 1990 correspondent bien à ce schéma : ils offrent une richesse remarquable. Il faut attendre 1994 pour retrouver un millésime de qualité. (On pourra aussi opter pour un barsac de ces mêmes années.)

• Jurançon est une appellation du piémont pyrénéen qui bénéficie d'un microclimat particulier. Contrairement au Sauternais, c'est ici le dessèchement des baies sous le soleil qui est favorisé. Les régimes de vent de sud-ouest qui s'établissent en automne provoquent un effet de foehn qui accélère l'évaporation et concentre la vendange. Plusieurs tries vont conduire au pressoir un raisin riche et très concentré. Le cépage petit manseng, aux petits grains et à la pellicule épaisse, supporte bien ce flétrissement. Pour cet exercice, on achètera un vin liquoreux dans une cuvée petit manseng. Le millésime 1990 est superbe ; 1994 et 1995 sont de bon niveau.

• Le vin de paille est issu du vignoble du Jura planté des cépages savagnin, poulsard, trousseau, contrairement au vin jaune qui provient du seul savagnin. Le climat prémontagnard ne permet ni le développement de la pourriture noble, ni un passerillage sur souche. Les plus belles grappes récoltées à grande maturité sont mises à sécher à l'abri, sur des claies dans un grenier bien aéré pendant deux ou trois mois. Les raisins perdent ainsi leur eau et le sucre se concentre. Ces raisins "secs", pressés fortement pour en extraire un rare jus, seront fermentés pour donner ce vin de paille qui se moque des conditions climatiques. On privilégiera un vin d'une année récente. Les vignerons n'élaborant ce vin que dans les années qui le méritent, le choix du millésime est déjà résolu.

TOUT L'ART DU DÉGUSTATEUR AVERTI EST DE RETROUVER LES ORIGINES DES VINS LIQUOREUX QU'IL OBSERVE ET GOÛTE.
QUE LE BOTRYTIS VIENNE ANOBLIR LA VENDANGE OU QUE LE VIGNERON LAISSE SÉCHER SON RAISIN POUR EN CONCENTRER LE SUCRE, C'EST LA DÉLICATE UNION DE LA NATURE ET DE L'HOMME QUI CRÉE LA MAGIE DE CES VINS.

Achat et préparation des bouteilles

Le caviste sera de bon conseil dans le choix des bouteilles les plus représentatives. Cet exercice demande un certain investissement, mais rien n'empêche de se grouper pour procéder à une dégustation. Les bouteilles seront rafraîchies à 12 ou 13 °C et débouchées au dernier moment.

Une déclinaison d'or

• Le sauternes jeune présente une robe intense, une belle teinte paille doré.

• Le jurançon a une couleur presque semblable, peut-être plus dorée.

• Le vin de paille est franchement vieil or, avec des notes ambrées et une intensité colorante très soutenue. Le gras du vin est plus intense que celui du sauternes et du jurançon.

Un nez opulent

• Le sauternes présente une palette intense. Verre immobile, le nez est déjà très montant et le deuxième coup de nez est une véritable explosion. On distingue d'abord une impression de surmaturité, de fruits rôtis, confits. Le *Botrytis* se caractérise par des arômes d'abricot très mûr, d'épices, de poivre. Des notes florales (fleur d'oranger, acacia), des odeurs de zestes d'agrumes, mais aussi de fruits secs complètent la gamme. Viennent ensuite des sensations miellées et confites. On peut parfois distinguer un peu d'acidité volatile induite naturellement par le *Botrytis*, mais, ici, ce serait plutôt une qualité.

• Le jurançon présente une tout autre palette. Les fruits exotiques très mûrs s'imposent au nez. D'une grande puisance aromatique, même sur verre immobile, le vin exhale des notes de fruits blettis. La pêche, la mangue, l'ananas se mêlent harmonieusement. Un arôme très original, celui de la nèfle, est une signature qui permet de reconnaître d'emblée un jurançon dans une dégustation à l'aveugle. Apparaissent ensuite des arômes de miel, de cire d'abeille, de pain d'épice, de noisette, de pralin, alliés à des notes épicées.

• Le vin de paille est orienté vers des nuances confiturées. La pâte de coings, le pruneau sec, les zestes

'approche par exercices

d'agrumes confits, la cire et les épices douces composent un tableau très gourmand, opulent, qui s'impose au nez avec une belle puissance.

Un maître mot : la richesse

• Le sauternes, riche et gras, révèle une liqueur imposante et un corps très dense ; il s'affirme par sa puissance et sa sève. Sa suavité et son gras harmonisent une bouche concentrée. La finale est opulente et témoigne de la complexité aromatique du vin ; elle se prolonge parfois très longtemps en laissant la bouche imprégnée de ses senteurs.

• Le jurançon révèle un équilibre parfait entre liqueur et vivacité. La richesse en sucre semble plus aérienne, plus délicate que celle du sauternes, car la forte acidité du vin vient la rafraîchir. Cette fraîcheur rend le vin tendu et nerveux, ce qui met en valeur sa complexité aromatique. Le sucre ne masque en rien les côtés floraux, fruits exotiques et épicés qui se dégagent en arômes de bouche. L'onctuosité est différente de celle du sauternes ; le vin semble plus fringant, volubile et démonstratif. En outre, la finale marquée par cette vivacité se distingue par son élégance. Parfois aussi longue que celle d'un vin botrytisé, la fin de bouche d'un grand jurançon est éblouissante. Confite, miellée, elle fait la part belle à toute une gamme de fruits rôtis et épicés.

• Le vin de paille propose une bouche d'une richesse inouïe, dont le gras, la chair et la liqueur n'appartiennent qu'à lui. Ample, avec une sucrosité imposante, c'est un vin de caresse doté d'une matière veloutée, d'une puissance aromatique imprégnante. Toute la gamme des confitures, pâtes de fruits, épices rares, miel et pain d'épice se décline, soutenue par des notes de cire. La finale est douce, lissée, avec une belle rémanence. Se manifeste alors le côté confit, miellé et raisin de Corinthe de ce vin d'exception. Très persistant, le vin de paille peut faire la queue de paon dans la bouche.

Implantée de part et d'autre du Ciron, l'aire d'appellation sauternes produit les plus célèbres vins liquoreux du monde. Le jurançon, que Colette comparait à "un prince enflammé, impérieux", est issu de raisins passerillés au soleil, tandis que le vin de paille du Jura résulte d'un passerillage sur claies.

Les vins effervescents

"Un soir, l'âme du vin dansait dans les bouteilles". Aucun vin ne saurait livrer mieux son âme qu'un vin effervescent à celui qui lui accorde son attention. Tour à tour corps et esprit, puissance et grâce, c'est un vin de gaieté ou de souvenirs, de célébrations ou de dîners à deux, c'est un vin qui se goûte avec la tête et qui se boit avec le cœur.

Le vin s'écoute !

Les vins effervescents sont les seuls à faire appel au sens de l'ouïe. Le dégagement gazeux s'écoute verre près de l'oreille, comme un murmure, comme si le vin essayait de livrer un secret. On n'en tirera aucune considération qualitative, mais on pourra qualifier le vin de retenu, timide, volubile, poétique ou disert. On écoutera sa musique avant son entrée en scène, comme l'ouverture d'un opéra.

Les indices de la mousse

À l'instar d'un vin tranquille, un vin effervescent se juge d'après son intensité colorante, sa teinte, ses reflets, sa brillance et sa transparence. S'ajoutent cependant des notations relatives à la mousse et aux bulles. Le dégagement gazeux dépend de deux facteurs.

• **La pression du gaz dans le vin :** elle est fonction de l'élaboration même du vin effervescent, mais elle est également liée à la température de service. Plus un vin est froid, plus il peut dissoudre de gaz carbonique et moins il dégage de pression au-dessus du liquide.

• **La constitution du vin :** la richesse en corps tensioactifs (protéines par exemple) favorise l'abondance et la stabilité de la mousse. Ces caractéristiques se notent d'une manière qualitative. On parlera de mousse peu, assez, trop abondante, fugace ou persistante, et l'on jugera de sa bonne tenue dans le temps. Lorsque la mousse primaire a disparu, il reste un mince cordon de bulles autour du vin, au contact du verre. On étudiera l'importance de ce cordon, la surface qu'il occupe, sa persistance (liquide au repos et après agitation du verre). On examinera ensuite les bulles qui s'échappent du liquide, en relevant leur nombre et leur taille. La taille des bulles est un des éléments clés qui permettent de hiérarchiser *de visu* la qualité d'un vin effervescent. On pourra ensuite repérer les sites d'apparition des bulles dans la masse du vin, leur position (dans le vin ou contre le verre) et leur vitesse de renouvellement. L'examen visuel d'un vin effervescent est déjà un exercice complexe.

UN PETIT CHUCHOTEMENT DANS LE VERRE. UN LONG CORDON DE FINES BULLES QUI MONTE À LA SURFACE. LE VIN EFFERVESCENT CONVIE LE DÉGUSTATEUR À L'ÉCOUTER, À LE REGARDER ET À LE SENTIR. TOUS LES SENS SONT SOLLICITÉS.

Le gaz : un vecteur aromatique

Les arômes des vins effervescents sont propulsés hors du verre par le gaz carbonique. La première impression est souvent un picotement des muqueuses

e goût des bulles

nasales, envahies par le gaz. Il faut donc éloigner son verre et laisser monter les flaveurs lentement. On se contentera d'ailleurs du premier coup de nez, l'agitation du verre ne faisant qu'exacerber le dégagement de CO_2. Les arômes des vins effervescents peuvent se classer en primaires, secondaires ou tertiaires de façon encore plus nette que pour les vins tranquilles.

Les cépages qui entrent dans leur élaboration empreignent les arômes variétaux de leurs caractéristiques. Le chardonnay apporte ses arômes de tilleul, de fruits blancs et d'agrumes. Le mauzac lègue ses accents de pomme et d'épices, le chenin ses arômes de foin coupé. Le pinot noir fait chanter ses notes de cerise, de violette ou de pivoine.

Les vins issus de méthodes traditionnelles sont marqués par l'autolyse des levures, lors de la seconde fermentation qui vient enrichir la gamme avec toute une palette : de la levure au pain grillé, en passant par la mie de pain, la brioche, le cake ou le beurre frais. La finesse de cette composante indique une prise de mousse lente et de qualité. Enfin, le vieillissement du vin oriente les arômes vers des notes de miel, de cire, de fruits à noyau (pêche par exemple), accompagnés d'accents épicés, voire boisés dans les rares cas où le vin est encore élaboré en fût. En fonction des assemblages, des âges et de l'origine des vins, l'éventail des arômes s'élargit.

De l'importance du verre

Le verre de dégustation influe sur la qualité du dégagement gazeux, ce qui rend l'observation de la mousse encore plus difficile. Sa forme (en tulipe ou évasée), l'état de sa surface (lisse ou rayée), sa propreté risquent de perturber toute observation sérieuse.

On peut s'en convaincre aisément en regardant plusieurs verres sur une même table, remplis avec le même vin. Aucun n'offre le même dégagement gazeux. Pour pallier cet inconvénient, il convient d'utiliser toujours le même verre – une flûte de préférence.

Le goût des bulles

Les bulles ont-elles un goût ? Autant discuter sur le sexe des anges ! Reste que le vin effervescent se goûte d'une manière particulière. On évitera, par exemple, de faire tourner le vin dans sa bouche car le gaz carbonique viendrait anesthésier toute réponse des papilles. La première impression résulte d'ailleurs de l'abondance et de la finesse du gaz en bouche. On pourra qualifier le vin d'envahissant ou de discret, de fin ou de grossier. La bouche s'analyse ensuite comme celle d'un vin tranquille, sur son équilibre : équilibre entre les axes acide, moelleux et tannique (des tanins sont présents dans un vin blanc issu de raisins noirs ou dans un vin rosé). L'acidité doit être rafraîchissante, mais point trop coupante. Le vin sera qualifié de mou à vert, en passant par souple, frais, vif ou nerveux. On jugera ensuite de son corps et de sa vinosité. Un vin issu de blanc de blancs, c'est-à-dire du pressurage de raisins blancs, aura une structure légère, aérienne, en dentelles. Si des raisins noirs entrent dans sa composition, il prendra du corps, du charnu, de la charpente et de la richesse.

L'axe des sensations moelleuses est le plus délicat à noter car il dépend du type de vin effervescent. En effet, le vinificateur ajoute une solution sucrée avant la mise en bouteilles : la liqueur d'expédition. Suivant la quantité ajoutée, il obtient un brut zéro ou un brut de brut (sans liqueur), un brut, un demi-sec ou un doux. Il faut beaucoup d'expérience pour juger du bon dosage d'un vin effervescent. Pour les bruts, le sucre doit participer à l'équilibre du vin ; il doit notamment tempérer une acidité qui pourrait s'avérer agressive, mais il ne doit pas s'imposer. On parlera alors d'un vin bien dosé, équilibré, harmonieux ou trop dosé, douciné, pommadé.

Les arômes de bouche seront notés sur leur intensité, leur finesse et leur nature. Puis, on se concentrera sur leur persistance : cette sensation évanescente qui habite la bouche alors que le vin est déjà avalé ou recraché.

Vin de fête, le champagne s'écoute, se regarde et se goûte. Les cuvées spéciales sont logées dans de belles bouteilles souvent reconnaissables. Aussi les sert-on au verre dans les dégustations à l'aveugle.

Les vins effervescents

CHAMPAGNE !
OU PLUTÔT CHAMPAGNES !
CAR LA CÉLÈBRE RÉGION
SAIT VARIER LES PLAISIRS.
NÉANMOINS, L'AMATEUR
DE VINS EFFERVESCENTS
NE SAURAIT SE CONTENTER
D'UNE DÉGUSTATION
TOUTE CHAMPENOISE,
ALORS QUE D'AUTRES AIRES
PROPOSENT DES CRÉMANTS ET
DES MOUSSEUX CARESSANTS.

Curnonski s'est un jour fâché avec Léon Daudet, qui avait déclaré préférer le gaillac au champagne. La dégustation proposée illustre bien l'adage qui veut que les goûts et les couleurs soient parfois affaires personnelles et qu'il est parfaitement illusoire de vouloir comparer des vins qui n'ont pas la même vocation.

Champagne blanc de blancs et champagne d'assemblage

L'exercice débutera par la dégustation de deux champagnes, l'un issu de raisins blancs, l'autre riche en raisins noirs. Le caviste apportera une aide précieuse dans le choix de ces deux bouteilles, car si la mention "blanc de blancs" pour le premier est bien présente sur l'étiquette, une connaissance des habitudes de telle ou telle marque s'impose pour le second. On choisira dans l'un et l'autre cas un champagne brut sans année. La dégustation se déroulera de manière comparative, avec deux verres côte à côte. On pourra mettre les deux bouteilles dans un grand seau à glace, mais on ne les servira pas trop froides, sous peine d'inhiber leurs qualités aromatiques.

Robe discrète ou étincelante

À l'œil, la différence est très nette. Si le blanc de blancs présente une robe paille claire qui met bien en valeur sa composante jaune, le champagne issu de raisins noirs a une couleur en général plus intense, avec des nuances qui tirent vers des notes dorées.

Fleurs, fruits, brioche

• Le premier champagne livre des notes de fleurs, de fruits à chair blanche comme la pêche, d'agrumes comme le pamplemousse, de tilleul, de verveine, parfois de feuille de thé, d'iris, d'herbe fraîche.

• Le second est marqué par les fruits rouges, la noisette, mais aussi par la violette, la pivoine, la réglisse, les épices et les fruits à noyau. Toutefois, les deux bouteilles ont en commun la série aromatique issue de la seconde fermentation : mie de pain, brioche, beurre frais, cake ou pain grillé.

Élégance ou plénitude

• Le blanc de blancs se distingue par une grande délicatesse. Très aromatique, d'une structure légère, il est tout en finesse, en grâce aérienne et en suavité. L'équilibre entre son acidité, un peu citronnée, et son moelleux penche toujours vers le côté rafraîchissant qui lui donne nerf et fringance. Ce champagne est un vin de fête, d'apéritif.

• Vineux, avec des accents corsés, le champagne d'assemblage est plus sensuel que charmeur. Son équilibre est enrichi par l'axe des tanins ; la sensation de plénitude et de volume s'en trouve bien évidemment renforcée. Montrant du charnu, de la charpente, de l'étoffe, ce champagne sera plutôt réservé à la table, en accompagnement d'un poisson en sauce légère ou d'une volaille à la crème, voire d'une côte de veau en cocotte.

Un gaillac, méthode gaillacoise

Bien avant que dom Pérignon ne codifie la méthode champenoise, on appréciait déjà les bulles dans quelques régions de France. Que ce soit à Die avec sa clairette célèbre depuis le Moyen Âge, à Limoux avec la blanquette ancestrale ou à Gaillac, les vins mousseux pétillaient dans les verres alors que le champagne n'était qu'un vin rouge, certes apprécié à la cour de France, mais qui n'avait pas encore rencontré sa mousse.

Le gaillac mousseux n'est pas facile à trouver en dehors de son aire de production. Néanmoins, un bon caviste indiquera à l'amateur les producteurs qui maintiennent cette tradition gourmande. Tout comme à Limoux, le cépage qui entre dans la composition du gaillac mousseux méthode gaillacoise est principalement le mauzac : c'est en mousseux et en moelleux que ce cépage réalise tout son potentiel.

Une mousse persistante

La mousse est d'emblée différente de celle d'une méthode champenoise. Moins abondante, elle présente une bulle plus grosse mais persistante. Toutefois, la grande variabilité d'une bouteille à l'autre peut parfois infirmer ces impressions.

Les raisins de Champagne

Les cépages utilisés dans l'élaboration du champagne sont rouges et blancs : pinot meunier et pinot noir en rouge, plus particulièrement cultivés dans la vallée de la Marne et la Montagne de Reims ; chardonnay en blanc sur la bien nommée Côte des Blancs. Tous ces raisins sont doucement pressés, afin d'en extraire un jus plus ou moins blanc. Les jus issus des deux pinots présentent quelques tanins, alors que celui qui coule d'une vendange de chardonnay en est dépourvu. Dans le premier cas, les vins de base seront plus corsés, vineux et puissants ; dans le deuxième cas, ils se montreront plus délicats, légers et marqués par les arômes d'un seul cépage. Si les vins sont assemblés entre blancs et noirs, tout l'art de la maison de champagne consistera à trouver l'équilibre "maison" entre ces deux qualités. Toutefois, on peut élaborer une cuvée de champagne avec le seul chardonnay : l'étiquette portera alors la mention "blanc de blancs".

l’approche par exercices

> **La méthode ancestrale**
>
> Dans cette méthode qui nous vient du fond des âges, le gaz carbonique présent dans la bouteille est le résultat d’une seule fermentation. Cette pratique est née de l’observation des anciens vignerons. Lorsque le vin fermentait en fin de saison, les premiers froids pouvaient ralentir le processus et même l’arrêter. Si le vin était mis en bouteilles à ce moment, les premières douceurs printanières réveillaient les levures et le vin reprenait sa fermentation. Emprisonné, le gaz carbonique produisait alors de la mousse, mais il restait toujours un peu de sucre naturel du raisin non fermenté. Très irrégulière, cette méthode donnait aussi bien des bouteilles peu mousseuses que des flacons explosifs ! Réussie, elle créait et crée toujours de petites merveilles. À présent, l’arrêt de fermentation est obtenu en éliminant les levures du vin par filtrations successives. Il est rare d’obtenir des vins totalement bruts par cette méthode.

Le mauzac redécouvert

Les arômes mettent à l’honneur ce cépage oublié. Avec des senteurs de pomme mûre, de poire William, de brioche au four, de cake aux fruits confits, la palette aromatique est entièrement tournée vers des notes de pâtisserie, de fruits mûrs, avec une notion qui s’impose au nez et à l’esprit : le naturel. C'est le fruit cueilli sur l’arbre que l'on sent, avec la fougue de ses arômes.

Un plaisir gourmand

Ce vin est une caresse. La suavité naturelle du mauzac, cépage peu acide, ses arômes de bouche qui renforcent encore la sensation fruitée, le sucre résiduel (un sucre naturel qui ne provient que du seul raisin) font de ce mousseux une véritable gourmandise, sans prétention à la grandeur, certes, mais avec l’ambition de donner du plaisir. Un vin de tonnelle, un vin de pétanque, un vin qui nous fait retrouver les goûts oubliés dont nous parlent les anciens, une dégustation d’archéologue en quelque sorte.

Sur des sols crayeux sont implantés les trois grands cépages champenois : chardonnay, pinot noir, pinot meunier. À partir du seul chardonnay, les champenois produisent des blancs de blancs. Un blanc de noirs est issu des deux cépages noirs ou, plus rarement, d’un seul.
À Gaillac (ci-contre), des cépages anciens comme le mauzac s’expriment sur des sols molassiques, calcaires et argilo-calcaires bien exposés.

Les vins doux naturels

Les vins doux naturels sont une spécialité bien française ou, plutôt, bien méridionale. Il faut dire que leur "inventeur", au XIIIe siècle, était le recteur de l'Université de Montpellier, Arnaud de Villeneuve. Leur dégustation nous fait remonter à cette époque d'échanges culturels où les savants de Cordoue, de Salerne ou de Pavie échangeaient leurs secrets.

Un vin doux naturel est un vin muté, c'est-à-dire dont la fermentation a été arrêtée afin d'augmenter la richesse alcoolique. L'équilibre habituel des vins secs ou même liquoreux est bien loin de celui des vins doux naturels. Sur un VDN jeune, ce qui frappe d'emblée c'est l'alliance alcool-sucres résiduels qui marque une dégustation parfois déroutante pour un palais non exercé. Si la palette aromatique est assez riche, la note alcooleuse, toujours présente, sera fondue et ne se distinguera que par son apport à la richesse d'ensemble. En revanche, si cette note est dominante, le nez sera lourd et chaud. Même remarque en bouche. Un bon VDN doit intégrer sa richesse alcoolique dans une matière capable de l'équilibrer. Pour cela, la dose de sucre est d'une grande importance. Pas assez de sucre et le produit sera brûlant. Trop de sucre et il deviendra lourd et pâteux. L'équilibre est délicat, mais lorsqu'il est réussi le VDN sait faire accepter sa richesse. Sa grande force aromatique, sa concentration et sa complexité effacent ce que l'alcool et le sucre restant peuvent avoir de dominant.

Élevage oxydatif ou à l'abri de l'air ?

Il faut distinguer deux méthodes d'élevage qui influencent le caractère des vins.

• La plus courante consiste à élever les VDN, surtout les rouges, dans des fûts en vidange, au contact de l'air. Parfois, ces fûts sont disposés à l'extérieur de la cave. Dans certains cas, les vins sont mis dans des bonbonnes de verre exposées au soleil. Ils prennent alors rapidement des accents évolués, oxydés, de type rancio. Leur couleur vire vers des teintes ambrées, en perdant de l'intensité ; leurs arômes tirent sur les fruits secs, les notes de torréfaction (café, cacao) et les épices orientales. La bouche devient complexe et l'équilibre s'affine. Les VDN sont alors de merveilleux compagnons sur des fromages persillés ou des desserts au chocolat.

• L'autre méthode se rapproche de celle utilisée pour la production de porto vintage : le vin est élevé comme un vin rouge sec, en fût, ouillé, à l'abri de l'air. Mis en bouteilles, il vieillira en milieu réducteur. Cette technique donne des produits très colorés, avec des arômes de fruits mûrs, de cassis, d'épices et de goudron. Jeunes, ces vins doux naturels s'harmonisent avec les desserts aux fruits rouges. Ils gardent une belle force tannique. Appelés rimage ou vintage, ce sont de superbes vins de gibier.

Le mutage ou comment la force vient au VDN

Le mutage a pour but d'arrêter la fermentation et d'augmenter la richesse alcoolique du vin. Dans le cas des vins doux naturels, il s'effectue à l'aide d'alcool vinique neutre à 96 % vol., ajouté au moût lorsqu'il atteint environ 6 % vol. On conserve ainsi une grande partie des sucres naturels du raisin. Pour l'obtention des VDN blancs ou rosés comme les rivesaltes ou les muscats, la vinification débute d'une manière classique, avec séparation des pellicules et du jus. Le mutage s'effectue sur les jus. Depuis peu, quelques macérations pelliculaires voient le jour et même des macérations et des mutages sur jus et pellicules, ce qui donne des produits concentrés et aromatiques. Pour les VDN rouges, il existe deux manières de muter : après écoulage sur les jus, ce qui donnera des produits assez légers ; directement sur marc, suivi d'une longue macération. Cette macération en milieu riche en alcool extrait beaucoup de matières colorantes et tanniques. Plus onéreuse car elle occasionne des pertes en alcool, elle donne des VDN riches et destinés à une longue garde.

Dégustation des VDN blancs

Les rivesaltes blancs ou ambrés

Le cépage macabeu domine, allié au grenache blanc et à la malvoisie. Embouteillés très tôt, les vins présentent des robes pâles. Leurs arômes fins et délicats privilégient les notes florales : acacia, genêt, fenouil, badiane, avec quelques touches miellées ou de cire d'abeille. Élevés en foudre, ils prennent des teintes plus soutenues, dorées et cuivrées, des notes aromatiques plus évoluées comme la noisette, l'amande, les agrumes confits et parfois des nuances de torréfaction.

Les muscats

• À base des deux cépages muscat d'Alexandrie et muscat à petits grains, les muscats-de-rivesaltes ont des teintes or pâle, des arômes de fruits exotiques, de zestes d'agrumes, de melon, de menthe ou de citron. Ils sont équilibrés, légers, fringants et dévoilent une grande puissance aromatique.

• Le muscat-de-saint-jean-de-minervois est peut-être le plus fin de tous. Très floral, avec des notes d'acacia, de lys, de chèvrefeuille, il complète sa gamme aromatique par des nuances d'agrumes très fines. Son équilibre en bouche est toujours d'une grande délicatesse.

• Le muscat-de-frontignan, élaboré avec le cépage muscat à petits grains, est riche, onctueux, avec des arômes d'agrumes, de melon bien mûr et de miel. Son équilibre est plus riche, et sa finale très sucrée.

• Les muscats-de-mireval et de lunel sont très voisins, avec des notes de raisins surmûris.

Ces trois muscats doivent présenter 125 g/l de sucre au minimum, alors que dans les rivesaltes 100 g/l suffisent. Ces teneurs expliquent la différence d'équilibre entre ces appellations.

Élevés en fûts laissés en vidange ou en bonbonnes exposées au soleil, les vins doux naturels livrent leur parure or pâle ou ambrée et leurs arômes opulents.

Mistelle, vin de liqueur ou vin doux naturel

- Si le mutage est effectué sur du moût de raisin frais, avant toute fermentation, avec l'eau-de-vie de vin ou de marc, on obtient une mistelle. Le pineau-des-charentes, le floc-de-gascogne, le macvin-du-jura, la carthagène, les ratafias de Champagne ou de Bourgogne entrent dans cette catégorie.
- Si le mutage est effectué sur un moût en cours de fermentation, on obtient un vin de liqueur. Le porto, le xérès, le madère sont mutés avec de l'eau-de-vie de vin, des *brandies* locaux ou importés.
- Les VDN sont mutés avec de l'alcool neutre et ne sont produits qu'à partir des cépages muscat, macabeu, malvoisie et grenache. Ils doivent titrer 14 degrés potentiels naturels et ne pas dépasser 30 hl/ha. Leur richesse finale doit être comprise entre 15 et 18 % vol.

Dégustation des VDN rouges

Rivesaltes

Élevés traditionnellement, ce sont des VDN à robe tuilée et aux arômes de café, de cacao, de figue ou de pruneau sec, de coing et de fruits confits. Ils font preuve d'un bon équilibre entre tanins, sucre et force alcoolique.

Maury

Avec du grenache presque pur sur des sols schisteux, l'AOC maury s'applique à des VDN riches et tanniques. Colorés, livrant des arômes de café, de chocolat, de cuir, d'épices et de réglisse, ces vins sont très équilibrés en bouche grâce à leur richesse et à leur charpente. On peut trouver des maury de style traditionnel, mais aussi des vintages aux délicieux arômes de fruits rouges.

Rasteau

Dans le département du Vaucluse, l'AOC rasteau désigne des VDN de grenache, aux arômes de fruits secs, de noix, de fruits confits, de pruneau et aux notes de torréfaction. Amples et chaleureux, ce sont de vins pleins et harmonieux, dont la charpente tannique peut être intense.

Banyuls

Aux portes de l'Espagne, banyuls est le VDN le plus célèbre. À base de grenache récolté sur des terroirs schisteux escarpés, les banyuls sont élaborés soit par méthode oxydative, soit en vintage. Dans le premier cas, ils prennent des teintes acajou, ambrées, avec des notes aromatiques de fruits secs, de torréfaction, de cuir, de cacao et d'épices. Très structurés en bouche, ce sont des VDN puissants qui peuvent vieillir indéfiniment en acquérant une rare complexité. En vintage, ils développent des arômes de cerises à l'eau-de-vie, de cassis, de réglisse. Leur force tannique a besoin de temps pour s'affiner.

Les vins jaunes : sous le

LES VINS JAUNES DU JURA SERAIENT, DIT-ON, RÉSERVÉS À LA TABLE D'AMATEURS AVERTIS. LEUR APPROCHE NÉCESSITE CERTES UNE COMPRÉHENSION PRÉALABLE, MAIS LE DÉGUSTATEUR, MÊME DÉBUTANT, NE PEUT MANQUER D'ÊTRE SÉDUIT PAR LEUR LONGUEUR EXCEPTIONNELLE.

Le voile de levures qui se forme à la surface des vins jaunes les protège de l'oxydation et leur donne le fameux "goût de jaune".

Les vins jaunes du Jura sont obtenus à partir d'un seul cépage, le savagnin ou naturé, vague cousin du traminer alsacien. On s'interroge sur ses origines, certains les situant en Hongrie, d'autres en Espagne. Les plus raisonnables pensent qu'il est issu d'une lambrusque de la région. Ce cépage a la particularité de "prendre le voile".

Une technique particulière

Les raisins, qui doivent titrer au moins 13 % vol., sont vinifiés en vin blanc de la manière la plus classique qui soit. La fermentation, lente et complète, donne un vin sec qui subit une fermentation malolactique. Le vin est alors transvasé en fûts de type bourguignon tenus en vidange, de manière à offrir une grande surface d'échange entre le vin et l'air.

Le vin serait très vite oxydé si un voile de levures ne venait s'interposer entre le liquide et l'air. Ce voile est formé de levures de type *Saccharomyces oviformis* ou *bayanus*. Il ne se développe que dans certaines conditions. L'usage de fûts ayant déjà servi à l'élaboration de vin jaune était autrefois la seule manière d'initier ce voile. On peut à présent inoculer des germes à partir de cultures de levures appropriées. Le vin reste dans sa barrique pendant au moins six ans, sans ouillage ni soutirage, avant d'être mis en bouteilles dans un récipient de forme trapue et de contenance spéciale (62 cl), le clavelin.

Un élevage acrobatique

Le vin jaune réussit l'exploit peu banal pour un vin blanc de tirer parti de l'oxydation sans en subir les inconvénients. Le voile de levures qui s'installe à sa surface a un double rôle. Il protège le vin du contact direct avec l'air et permet une très lente oxydation ménagée qui induit la formation de produits aromatiques. Ces levures forment en particulier de l'éthanal, responsable du célèbre "goût de jaune" qui signe ces bouteilles de prestige.

Les produits rejetés par les levures vont parfaire la complexité du vin. Ces levures doivent être assez puissantes et stimulées pour que soit annihilée l'activité bactérienne du milieu qui, elle, peut former de l'acidité volatile. Un exercice d'équilibriste, puisque l'on ne peut charger ces vins en SO_2, sous peine de détruire le voile levurien. La seule protection du vin réside dans son degré alcoolique. L'alternance des températures estivales et hivernales favorise un bon développement de ce voile, et l'on privilégiera des caves à humidité assez basse pour que l'évaporation se fasse au détriment de l'eau plutôt que de l'alcool. Le degré du vin jaune se renforce donc avec l'âge, mais le volume de vin diminue fortement dans une consume qui peut s'apparenter à la part des anges bien connue à Cognac ou en Armagnac.

Des teintes précieuses

Avec un tel élevage, on ne s'étonnera point d'observer des robes de vin vieux. Très dorée dès le départ, la couleur d'un vin jaune (jaune se rapporte au goût et non à la teinte) évolue vers des teintes ambrées, vieil or, presque cuivrées. La robe accroche la lumière comme aucune autre ; la clarification du vin en barrique pendant six ans n'est comparable à aucune filtration.

Une farandole de fruits secs

Les vins jaunes du Jura sont expansifs. L'expression aromatique est intense : le nez montant perdure dans le verre. Le premier nez évoque à coup sûr une dominante de noix vertes. Toute la gamme qui gravite autour de ce pivot est là pour renforcer la complexité : noix sèche, amande grillée, noisette, brou de noix, une farandole de fruits secs. Vient ensuite une palette axée sur des notes grillées et empyreumatiques : fumée, pain grillé, café fortement torréfié, parfois cacao, avec des touches de réglisse, voire de Zan. Les épices, enfin, soulignent et relèvent l'ensemble. Poivre, cannelle, écorce d'orange séchée, clou de girofle font penser à ces tiroirs que l'on ouvre dans une cuisine ancienne et qui sont imprégnés des parfums des épices rangées là par plusieurs générations de cuisinières.

De l'ampleur

La puissance et le volume s'imposent dès la mise en bouche. Ample, gras, avec à la fois de la force, de la structure et une grande expression aromatique, les vins jaunes ne peuvent laisser indifférents. Les dégustateurs, surtout lorsqu'ils ont une formation technique, ont un premier mouvement de rejet. Oxydé, inscrit la plume du futur œnologue sur sa fiche de dégustation normalisée ! Fort heureusement, lorsque vient le moment de noter la finale, tout le monde se rejoint. La richesse aromatique se décline pendant un incroyable nombre de caudalies, tant l'imprégnation du palais est intense. Les vins jaunes sont les plus longs du monde. Cela mérite que l'on réfléchisse sur ce style si particulier car ce sont à la fois des vins de haute expression et des vins de réflexion. N'est-ce point là la nature même des grands classiques ?

voile, la complexité

Des bouteilles centenaires

Lors de son élevage sous voile, le vin a pris l'habitude de cohabiter pacifiquement avec l'oxygène. Fort en alcool, riche en éthanal, il aborde sa vie en clavelin avec une grande sérénité. Le vin jaune est de très longue garde : certaines bouteilles passent le siècle sans prendre une ride, en atteignant une complexité inouïe. Même entamée, une bouteille de vin jaune garde ses qualités, et l'on peut profiter longtemps de ce vin qui a atteint une sorte de neutralité biologique.

Jura, Gaillac et Jerez : la planète du voile

Les vins jaunes du Jura se répartissent en quatre appellations : côtes-du-jura, appellation qui recouvre tout le territoire ; arbois, patrie de Pasteur ; l'étoile, petite appellation par sa production mais grande par sa réputation ; château-chalon qui produit, à partir de ses 63 ha, le vin jaune le plus célèbre.
On peut rencontrer dans le Sud-Ouest de la France quelques réminiscences de traditions aujourd'hui tombées en désuétude. À Gaillac, Robert Plageoles, vigneron archéologue, a remis à l'honneur une production de vin mauzac "sous voile" tout à fait originale.
En Hongrie, les tokay sont élevés en vidange dans de petites barriques. Avec les cépages furmint et hárslevelű, les vins botrytisés peuvent ou non prendre le voile et donner des vins à la fois liquoreux et à fort caractère oxydatif.
Mais c'est au sud de l'Andalousie que l'on rencontre le vin sous voile le plus célèbre : le xérès, de type fino, manzanilla ou amontillado, obtenu avec le cépage palomino qui donne sur ces sols crayeux un vin très sec, fortifié, élevé sous la *flor*, l'équivalent du voile jurassien. Ce qui laisse penser que des échanges culturels ont pu s'établir lorsque la Franche-Comté était possession de Charles Quint, empereur d'Espagne. Il n'y a aucun texte historique sur le sujet, mais la similitude des démarches est évidente.

Dans les caves du Jura, le vin de savagnin est élevé sous voile pendant six années et trois mois. (Ci-dessus, chai du château d'Arlay.)

L'oxydation et la réduction

EN AVOIR OU PAS ? DE L'OXYGÈNE BIEN SÛR. SELON QUE LE VIN EN EST TROP RICHE OU EN MANQUE, MIS EN CONTACT AVEC L'AIR OU TENU À L'ABRI, IL PRENDRA DES CARACTÉRISTIQUES BIEN PARTICULIÈRES. IL SERA OXYDÉ DANS LE PREMIER CAS, RÉDUIT DANS LE SECOND.

Pendant toute sa vie, le vin entretient avec l'oxygène des rapports plus ou moins harmonieux. Ce couple connaît des phases successives lors desquelles, tour à tour, chacun domine l'autre.

La vie du vin : une histoire d'oxygène

• Tout commence à la vendange, avec le transport des baies de raisin. Si celles-ci sont écrasées, le jus est en contact avec l'air et les premiers phénomènes d'oxydation se manifestent : les arômes des vins blancs perdent de leur fraîcheur, le fruité des vins rouges en est altéré. C'est pour cette raison qu'il importe de ramasser les raisins dans de petits récipients qui respectent l'intégrité de la vendange.
Il est possible de lutter contre cette oxydation en ajoutant de l'anhydride sulfureux (SO_2), antioxydant puissant. Dans le cas de vendanges plus ou moins atteintes par la pourriture, une enzyme sécrétée par le champignon accélère cette oxydation et le moût peut prendre immédiatement une couleur brune et des arômes de madérisation, voire de casse.
• Vient ensuite la vinification. Les levures ont besoin d'oxygène pour se développer et transformer le sucre en alcool. Le moût doit donc être aéré par des remontages successifs, notamment en début de fermentation. Lorsque la cinétique est établie, on peut arrêter l'aération. Après la phase fermentaire vient la macération pour les vins rouges ou la garde sur lies pour les vins blancs. À ce moment, les vins sont saturés en gaz carbonique qui protège le liquide contre l'oxydation. Dans les vins blancs, les lies de fermentation jouent également le rôle antioxydant, mais un séjour prolongé à leur contact risque d'introduire des goûts de réduction.
• Pendant la phase d'élevage, les vins blancs soutirés de leurs lies doivent être gardés à l'abri de l'air. En général, ils sont mis en bouteilles précocement, en ajustant la dose d'anhydride sulfureux pour conserver intacts leur fraîcheur et leurs arômes. Les vins rouges peuvent être élevés en cuve ou en récipient de bois (foudre et barrique) qui permet un lent apport d'oxygène. Parce que l'élevage doit affiner les tanins, une oxygénation ménagée est nécessaire. L'apport d'oxygène doit être mesuré et lent afin de polymériser les substances tanniques et de favoriser les mariages tanins-anthocyanes qui vont stabiliser la couleur.
• Après l'élevage vient la mise en bouteilles. À partir de ce moment, le vin se trouve dans un milieu réducteur, tenu à l'abri de l'air par le bouchon. La dose de SO_2, ajustée à ce moment précis, doit permettre au vin de continuer sa vie à l'abri de l'oxydation. Tout se joue à cet instant. Si le raisin a été correctement vendangé et si la vinification et l'élevage ont été bien conduits, le vin disposera d'une dose d'oxygène suffisante pour poursuivre sa vie. En présence d'une trop grande quantité d'oxygène, le vin évoluera rapidement, se fatiguera et madérisera. *A contrario*, un manque d'oxygène se traduira par des goûts de réduction passagers ou définitifs. Tout est donc question d'équilibre, cet équilibre subtil qui signe l'art du vinificateur.

L'oxydation ménagée des vins rouges en barrique favorise une lente maturation.

Caractéristiques visuelles

• L'oxydation de la teinte se traduit par un renforcement de la composante brune.
– Dans les vins blancs, la composante verte disparaît pour laisser place au doré, au vieil or, puis aux notes rousses, fauves, cuivrées, ambrées, brunes, acajou, bouillon de châtaignes. Cette gamme constitue le processus normal de vieillissement. Un vin est prématurément oxydé si la teinte brune augmente plus rapidement que celle des vins de la même appellation et du même âge. Une nuance fauve est normale pour un hermitage blanc de quinze ans, elle est suspecte pour le même vin de deux ans.
– Dans les vins rosés, la teinte évolue vers le vieux rose, le rose orangé, l'abricot, l'orangé, le saumon fumé, la brique, la pelure d'oignon et le brun. Il faut cependant être très prudent car, dans ce cas, le cépage

La décantation : une bouffée d'oxygène

La décantation a un rôle bénéfique : elle donne un "coup de fouet" à un vin qui vient de passer plusieurs années dans sa prison de verre. Dans le cas des vins jeunes, l'oxygène accélère l'évolution des arômes et les révèle. Dans le cas d'un vin parvenu à maturité, l'aération efface les notes de réduction qui pourraient apparaître à la première dégustation. Il suffit pour s'en convaincre de goûter un vin en plusieurs étapes. Si, au premier abord, un vin exhale des arômes de renfermé, des notes animales ou fumées, ces arômes auront disparu quelques minutes après le service. Une décantation préalable permettra de passer directement à la deuxième étape. En revanche, dans le cas de vins vieux, cette bouffée d'oxygène peut être fatale à un fragile équilibre.

est déterminant. Dans un rosé riche en grenache, par exemple, la teinte orangée se manifestera dès son jeune âge. Dans un rosé riche en syrah, la nuance bleutée dominera et persistera longtemps.

– Dans les vins rouges, la teinte passe de cerise à vermillon, puis aux notes orangées, fauves, tuilées, brique, acajou, rousses, brunes, marron. Dans tous les cas, la teinte annonçant l'oxydation est d'abord perceptible au niveau du disque, avant d'apparaître dans la masse du vin.

• La réduction présente des caractéristiques inverses. La teinte du vin garde sa composante verte ou bleue et évolue très lentement.

Caractéristiques olfactives et gustatives

La différence entre l'oxydation et la réduction devient éclatante dès que l'on approche son nez du verre de vin. La mise en bouche ne fera que confirmer les impressions du nez et le diagnostic est essentiellement de nature aromatique. On distinguera pour l'un et l'autre cas les symptômes d'un défaut passager et ceux d'une tare irréversible.

• L'oxydation, occasionnée par un soutirage en cours d'élevage par exemple ou d'un transvasement par pompage, donne lieu à un vin mâché ou fatigué. Il en va de même après une mise en bouteilles : c'est la célèbre maladie de la bouteille qui peut durer quelques mois. Les nouvelles techniques d'embouteillage sous gaz inerte réduisent sensiblement cet accident du vin. Dans tous les cas, ce sont les arômes d'aldéhydes qui signent l'oxydation du vin : pomme blette, fruits mâchés, amande, noix, disparition du caractère de fruit primaire.

Par le remontage, le vinificateur aère le moût pour favoriser l'action des levures.

En général, ces arômes de fatigue disparaissent lorsque le vin est à nouveau placé à l'abri de l'air. Si le vin en bouteille est laissé en vidange, le lendemain d'une dégustation par exemple, l'évaporation et l'oxydation se combinent et donnent un vin éventé : les arômes sont affaiblis et les premiers signes d'oxydation apparaissent. Enfin, la franche oxydation est irréversible. Arômes de cuit, de madère, d'apéritif, de confiture, de figue cuite, de solvant, de vernis, les signes sont nombreux.

Il faut souligner que certaines oxydations participent au type même du vin : le goût de jaune dans les vins du Jura, le goût de madère du vin du même nom, le rancio du xérès, du banyuls ou de l'armagnac sont des caractères recherchés dans la personnalité de ces produits.

• La réduction se caractérise par une palette radicalement différente. Les arômes animaux apparaissent en premier. Le cuir, le jus de viande, le champignon, la fumée, les notes de torréfaction se manifestent lorsque le vin a entamé sa vie en bouteille. Au départ agréables, ces caractères risquent de se transformer en arômes plus violents : gibier, ventre de lièvre, nuances faisandées, voire putrides. D'autres manifestations sont perceptibles en dehors du caractère animal : l'odeur de renfermé, de placard ou de tiroir dans les vins rouges, des odeurs métalliques dans les vins blancs, des substances issues de composés soufrés à l'état de sulfures (œuf pourri, mercaptans), des arômes alliacés comme l'oignon, l'ail, le poireau, ou encore des notes de croupi et de végétaux décomposés. Si les notes animales peuvent disparaître lors d'une aération du vin, les derniers symptômes sont en général irrémédiables.

Les défauts du vin

SI LES PROGRÈS DE L'ŒNOLOGIE MODERNE ONT PERMIS D'EFFACER LA PLUPART DES DÉFAUTS DES VINS JEUNES, ON PEUT ENCORE TROUVER SUR LE MARCHÉ DES VINS DÉFICIENTS, DONT LA CONSTITUTION PÈCHE PAR MANQUE D'ÉQUILIBRE. C'EST AVEC L'ÂGE ET LES CONDITIONS DE CONSERVATION QUE LES DÉFAUTS APPARAÎTRONT AU GRAND JOUR.

Au cours des trois étapes de la dégustation – l'œil, le nez, la bouche –, un vin révèle toute l'histoire de son élaboration et de sa vie en bouteille. Parfois, il a connu bien des tourments et en garde la trace.

Les défauts visuels

L'observation de la robe apporte un verdict impitoyable. La plupart des casses protéique, ferrique ou cuivrique qui détruisaient le fragile équilibre colloïdal du vin avec des précipités disgracieux ont certes aujourd'hui disparu, mais quelques défauts visuels de tout autre nature demeurent. Les défauts de limpidité, d'éclat, de brillance ne sont plus très fréquents. C'est aujourd'hui le manque d'intensité colorante qui prédomine, dû à des rendements excessifs, à des vendanges insuffisamment mûres ou à des vinifications précipitées, parfois par manque de cuves dans le chai lors d'une récolte abondante. La teinte, ensuite, permet de juger efficacement de l'évolution d'un vin. La constitution du vin et les conditions de sa conservation en bouteille peuvent parfois être mises en cause. Une cave trop chaude ou soumise à de grands écarts de température accélère le vieillissement du vin : la couleur est précocement tuilée.

Les défauts aromatiques

Les défauts qui affectent le nez sont plus courants. Ils peuvent certes provenir d'une matière première qui manque de maturité ou d'une altération de la vendange par la pourriture grise, mais ils sont induits le plus souvent par la vinification et l'élevage. L'acidité volatile qui, autrefois, empoisonnait jusqu'aux grands vins n'est plus qu'un mauvais souvenir et les vins piqués ont disparu. Les principaux défauts ont trait à l'oxygénation du vin : trop faible, le vin prend des arômes de réduction ; trop forte et ce sont les arômes d'oxydation qui s'imposent définitivement. Les mauvaises conditions d'élevage créent encore fréquemment des odeurs de moisi, de croupi, qu'il ne faut pas confondre avec les odeurs de bouchon. Depuis quelque temps, un nouveau défaut est apparu : certains produits de traitement des bois de charpente ou des palettes de stockage, des éthyles phénols en particulier, sont capables d'infester les chais et de contaminer les vins en bouteille. Le seul remède est de jeter les palettes ou de reconstruire le chai. Certains de ces défauts olfactifs peuvent être atténués par aération et décantation. D'autres, hélas, sont irrémédiables.

Les défauts gustatifs

On retrouvera en bouche les défauts perçus à l'analyse olfactive, les mêmes causes amenant les mêmes effets. Les défauts affectant le seul goût font basculer l'équilibre vers l'extrémité d'un axe gustatif. Un vin trop alcoolisé provient d'un raisin qui a peut-être dépassé son optimum de maturité ou, le plus souvent, d'une chaptalisation coupable. Un excès d'acidité vient en général d'une vendange trop verte. Un excès tannique est dû à un défaut de maturité du raisin, à une vinification trop extractive ou à un boisage disproportionné. *A contrario*, un vin peut manquer de chaleur, de nerf ou de structure, c'est-à-dire d'harmonie et d'équilibre.

L'absence de défaut est-elle une qualité ?

Le zéro défaut en matière de vin ne suffit pas à apporter la qualité, mais engendrerait plutôt, de manière paradoxale, l'ennui. Car, à trop vouloir enfermer le vin dans un cadre technologique, on risque de ne produire qu'un simple aliment sans âme. L'éradication des mauvais goûts, d'odeurs anormales ou de défauts d'équilibre est légitime et nécessaire, mais il ne faut pas que la purification décape le caractère.

DÉFAUTS	CAUSES
Troubles légers, laiteux, floconneux	Vin non stabilisé, mal filtré ou collé
Gros flocons	Casse protéique
Cristaux au fond de la bouteille ou contre le bouchon	Précipitation de tartrate de potassium
Dépôts pulvérulents	Précipitation de la matière colorante Filtration défectueuse
Voltigeurs	Impuretés
Poussières en suspension	Poussières de bouchon
Intensité colorante insuffisante	Vendange verte, cuvaison trop courte
Teinte trop évoluée pour l'âge du vin	Oxydation prématurée, manque de SO_2, mauvaise conservation
Trop de gaz, perle, mousse	Mauvais dégazage, reprise de la fermentation
Odeurs anormales :	
Éthanal, pomme verte	Vin éventé
Confiture, pomme cuite, madère	Vin oxydé, manque de SO_2
Vinaigre	Vin piqué, acidité volatile
Solvant, colle, vernis	Acétate d'éthyle
Renfermé	Défaut d'aération
Mercaptan, œuf pourri	Réduction du SO_2
Putréfaction	Réduction irrémédiable, bretanomyces
Beurre, arômes lactiques, yaourt	Altération bactérienne
Moisi	Mauvais état du logement vinaire, vieux bois, vendange pourrie
Bois sec, planche	Barrique de mauvaise qualité
Papier, carton	Mauvaise filtration, verre non rincé
Liège, bouchon	Bouchon défectueux, mauvaise ouverture de la bouteille
Écurie, suint	Contamination du vin par des produits de traitement des bois dans le chai
Soufre	Excès de SO_2
Vin trop alcoolisé, trop tannique, trop acide, trop amer, trop sucré, vin qui manque d'acidité, d'alcool, vin trop boisé, etc.	Déséquilibre induit par une matière première déficiente, des vinifications inadaptées ou de mauvais élevages
Arômes de bouche désagréables	Mêmes défauts aromatiques qu'au nez, avec les mêmes causes
Manque de longueur	Petit vin, manque de concentration

Les deux terreurs des sommeliers

Que le sommelier présente une bouteille cachant en son fond un dépôt et le client fronce les sourcils. Pourtant, ce n'est nullement du sucre, mais tout simplement des cristaux de tartre dans les vins jeunes, de la matière colorante et des tanins dans les vins âgés. Ces dépôts sont parfaitement normaux et naturels et n'altèrent en rien la dégustation si l'on prend soin de les éliminer par décantation. Au contraire, leur absence est inquiétante, car elle prouve que le vin a été traité pour les éviter.
En revanche, les arômes et goûts de bouchon traduisent un véritable problème que l'on ne découvre qu'à l'ouverture de la bouteille. Dus aux moisissures du liège ou aux produits de traitement des bouchons, ils s'apparentent aux goûts de moisi ou de vieille barrique. On pourra s'exercer à faire la différence entre le vrai goût du liège, ligneux et végétal, et le mauvais goût de bouchon, en sentant et suçant un bouchon sain et le bouchon défectueux. Aucun vin, même le plus prestigieux, n'est à l'abri d'un tel accident.

Petite école des cépages

L'approche du vin qui privilégie le cépage pur est la plus facile car elle repose sur une simple connaissance du profil variétal, sans intégrer la complexité que peut amener l'assemblage ou la notion de terroir. Ce n'est pas un hasard si le Nouveau Monde s'est dans un premier temps concentré sur la production de vins de cépage. Peut-on diviser les cépages en plants nobles et en individus secondaires, certains aptes à l'élaboration de grands vins, d'autres pas ? Assurément non. Chaque cépage, bien cultivé et vinifié avec art, peut trouver son profil de qualité. L'exemple du tannat à Madiran est éloquent. Il a suffi qu'un propriétaire décide de ne récolter son tannat qu'en dessous de 40 hl/ha, de le soumettre à des cuvaisons prolongées et de l'élever à la médocaine pour que l'on redécouvre ce cépage méprisé, qui, désormais, se permet de tutoyer les meilleurs vins dans des dégustations à l'aveugle. Chaque cépage, même le plus modeste, attendrait-il son Alain Brumont ? Jacques Raynaud a su magnifier le grenache à Château Rayas, Marcel Guigal la syrah en AOC côte-rôtie, et Alejandro Fernández le tempranillo à Ribera del Duero.

Il serait plus juste de parler de cépages mondialistes et d'autres plus casaniers. Le cabernet-sauvignon et le chardonnay ont fait le tour du monde. Leur culture sous tous les climats s'apparente à la recherche d'un modèle, bordelais pour l'un, bourguignon pour l'autre. En revanche, le pinot noir et le merlot ne connaissent pas les mêmes réussites, au grand dam des Californiens qui se consolent en cultivant d'excellents cabernets-sauvignons, mais qui n'ont pas encore songé à tirer la quintessence du zinfandel et à élaborer un vrai grand vin américain. Il existe du sémillon en Australie, mais il y fait pâle figure, de la syrah également, capable de produire un vin aussi extraordinaire que le Penfolds Grange. Les exercices proposés associent des vins de cépage qui présentent des qualités opposées, ce qui permet au dégustateur débutant de cerner les extrémités de l'échelle des sensations et de mémoriser les caractéristiques variétales du vin. Les vins étudiés ne sont identifiés que par leur appellation et le lecteur se reportera aux conseils d'achat pour affiner son choix. Il pourra trouver, bien entendu, des différences avec les commentaires proposés qui mettent en avant des caractères généraux.

Clairette et muscat : aux deux

La clairette est un vieux cépage blanc autorisé dans de nombreuses appellations de la vallée du Rhône méridionale, de la Provence et du Languedoc ; elle est particulièrement adaptée à ces terres sèches qu'elle a conquises dès le Moyen Âge. Pour découvrir ce cépage, on dégustera une clairette-du-languedoc et un palette blanc. Quant au muscat, il est cultivé dans l'ensemble de l'Hexagone. Il a élu son principal domicile dans la vallée du Rhône et dans le Roussillon, mais ne dédaigne pas le terroir alsacien. On analysera un muscat sec du Roussillon et un muscat-de-rivesaltes.

Achat et préparation des bouteilles

Les clairette-du-languedoc sont faciles à trouver, leur diffusion étant assez large. En revanche, le vin de palette est plus confidentiel. Si l'excellent Château Simone peut être déniché chez les bons cavistes, le Château Crémade, encore plus rare, doit être acheté à la propriété. Les muscats secs du Roussillon, étiquetés en vins de pays, sont de plus en plus répandus et l'achat d'une bouteille ne devrait poser aucun problème. Il en est de même du VDN muscat-de-rivesaltes. On choisira le dernier millésime mis en bouteilles, pour profiter de la fraîcheur aromatique et de la jeunesse des vins. La température de service sera identique, aux alentours de 12 °C.

Des robes pâles

Le muscat-de-rivesaltes mis à part, les robes de ces vins présentent des similitudes.

• La clairette-du-languedoc a une couleur jaune plutôt pâle, une belle brillance et de très légers reflets verts.

• Le vin de palette a un fond plus doré, de l'éclat et une intensité colorante plus importante.

• Le muscat sec du Roussillon est très pâle, presque incolore, avec un reflet vert intense qui lui donne une robe vive et très fraîche.

• Le muscat-de-rivesaltes a une robe or pâle, avec beaucoup de gras qui se traduit par des jambes abondantes sur le verre. La note verte a disparu au profit d'une nuance dorée plus ou moins marquée.

Une intensité croissante

• La clairette-du-languedoc est à la fois signée par son cépage et par son terroir. Les arômes déclinent toute la gamme des senteurs de garrigue, avec du fenouil et de l'anis. Celles-ci viennent égayer un fond de fruits à chair blanche (pêche ou pomme mûre). Apparaissent aussi des arômes d'agrumes, notamment de pamplemousse. Cette palette se manifeste dans des intensités moyennes, car la clairette-du-languedoc n'est pas un vin exubérant ; elle préfère la finesse et la délicatesse.

• Le vin blanc de palette a une tout autre dimension. La grande complexité est au rendez-vous. Le premier nez privilégie des composantes florales : l'acacia, le tilleul, mais aussi le genêt. Les fruits blancs s'affirment ensuite avec d'étonnants arômes de poire mûre, suivis par des fruits secs (noisette ou amande fraîche). Enfin, à l'agitation du verre, il n'est pas rare de débusquer du miel, de la praline et des épices douces. Bien entendu, l'anis et le fenouil viennent signer l'origine méridionale du vin.

• Le muscat sec du Roussillon possède des arômes fort différents. La force terpénique du muscat est très sensible. On reconnaît le cépage dès le premier nez. Fleurs lourdes, rose, géranium, fleur d'oranger, agrumes, zestes de citron, d'orange, de pamplemousse, melon. Tout est ici porté à son paroxysme. Ce nez, particulièrement entêtant, peut cependant être bâti sur la finesse.

• Le muscat-de-rivesaltes reprend le nez du muscat sec mais avec des notes de grande maturité. La

LES VIGNOBLES MÉRIDIONAUX SONT CAPABLES D'ENFANTER DES VINS BLANCS TRÈS DIFFÉRENTS LES UNS DES AUTRES. LE CÉPAGE CLAIRETTE DONNE DES VINS RONDS ET PUISSANTS, REFLETS D'UN CLIMAT CHAUD. LE CÉPAGE MUSCAT PRODUIT DES VINS FRAGRANTS, PARFOIS EXPLOSIFS.

Tout petit vignoble, aux portes d'Aix, l'AOC palette bénéficie d'un microclimat frais qui se traduit dans ses vins.

extrémités de la puissance aromatique

gamme des fleurs se décline avec des nuances plus riches. Les fruits sont mûrs et s'acheminent vers des notes de raisins confits, de melon surmûri, de pain d'épice, de figue, de miel, de fruits de la passion, parfois vivifiées par des accents mentholés ou réglissés. Une belle et grande palette que l'on peut découvrir très longtemps avant d'en avoir décelé toutes les composantes.

Une question d'équilibre

• La clairette-du-languedoc présente un équilibre très sudiste. Grasse et suave à l'attaque, la bouche se développe sur la rondeur, avec une matière légère et alanguie. Il est évident que l'acidité de ce vin est faible, ce qui fait ressortir la force alcoolique et le côté "chaud" de sa structure. En revanche, les arômes du nez se prolongent en bouche pour donner plus de relief à ce vin qui pourrait en manquer. Car la puissance aromatique l'emporte ici sur la notion d'équilibre. Les vins de clairette ont une tendance naturelle à l'oxydation. Aussi, présentent-ils parfois une bouche marquée par la pomme blette ou les fruits secs et les épices. Un style à l'ancienne qui ne manque pas d'originalité mais qui peut s'écarter des canons de l'œnologie moderne.

• Le vin de palette bénéficie d'un équilibre plus classique. Il faut préciser que la clairette de palette est cultivée sur des pentes exposées au nord, ce qui induit une maturation plus lente. Cette dégustation permet de mettre en évidence le rôle déterminant du microclimat au sein d'un climat général donné. Alors que la Provence est une région très chaude en été, certains terroirs peuvent rester à l'abri des excès de chaleur et donner des vins qui savent garder leur finesse et une expression délicate. La bouche du palette est certes riche, opulente, mais la fraîcheur n'est pas absente. Ample, généreux, avec beaucoup de gras, ce vin finit sur des notes strictes, bien équilibrées par une nervosité peu habituelle dans la production provençale. La gamme aromatique revient dans une finale complexe, longue et racée. Un grand vin de Provence qui fait parler sa différence.

• Le muscat sec du Roussillon est en général bâti sur une structure assez légère, imprégnée des arômes du cépage. Ce vin vaut souvent plus par son nez que par sa bouche, qui peut être envahissante. Mais lorsque le vigneron réussit à juguler la force de son muscat, de belles bouteilles vives et fraîches, délicatement muscatées, peuvent naître : elles seront très agréables à l'apéritif ou sur un plat qui "assassine" sans pitié tous les vins qu'on lui présente, comme les asperges.

La finale est parfois marquée par l'amertume. En revanche, la longueur aromatique ne manque pas de panache : elle reprend la riche palette du nez.

• Le muscat-de-rivesaltes ne joue pas dans la même catégorie. D'une part, il possède un côté fruit naturel, frais cueilli et tout juste pressé, avec sa richesse sucrée et son gras. D'autre part, il évolue vers des notes de fruit fermenté. L'équilibre est celui d'un vin doux naturel : une grande force alcoolique. Il ne faut pas oublier que ce vin est muté à l'alcool neutre. Les sucres résiduels savent se fondre dans la masse sans donner d'impression de lourdeur ou de finale pâteuse, et surtout sans étouffer les arômes délicats. D'ailleurs, Rivesaltes peut élaborer des VDN avec des taux de sucre inférieurs à ceux d'autres appellations, ce qui donne des produits plus légers, modernes, qui correspondent bien à l'attente des consommateurs d'aujourd'hui.

L'AOC muscat-de-rivesaltes désigne un vin doux naturel riche et fruité, issu du muscat à petits grains, aux arômes fins et délicats, ou du muscat d'Alexandrie.

Muscadet et gewurztraminer

Le cépage muscadet n'est autre que le melon de Bourgogne introduit dans le vignoble nantais après les terribles gelées de 1709, lorsque l'on vit "geler la mer". Ce cépage a pratiquement disparu de sa région d'origine et s'est acclimaté près de l'Océan alors qu'il était né sous des cieux plus continentaux. Moyennement aromatique, c'est un cépage précoce qui a réussi sa migration vers l'ouest. On dégustera un muscadet-de-sèvre-et-maine, d'abord seul puis en accompagnement d'une douzaine d'huîtres vertes de claire. Le gewurztraminer, au contraire, serait plutôt casanier. De la famille des savagnins (on retrouve la variété blanche dans le Jura), c'est une sélection du traminer, cépage originaire du Tyrol, reconnaissable à sa puissance aromatique. Cultivé en d'autres lieux, il n'atteint jamais la puissance et le caractère qu'il acquiert sur les coteaux alsaciens et notamment sur les sols argileux. Tout comme son voisin le riesling, le gewurztraminer exprime des nuances différentes en fonction des terroirs et des rendements. On goûtera un vin choisi en vendanges tardives ou, mieux encore, en sélection de grains nobles. Après une analyse organoleptique, on pourra servir le gewurztraminer sur deux fromages, munster et roquefort.

Achat et préparation des bouteilles

Ces deux bouteilles ne présentent aucun caractère de rareté, sauf peut-être le gewurztraminer sélection de grains nobles. Pour le muscadet, on choisira un cru de Sèvre-et-Maine élevé sur lies. Le muscadet gagnant peu à vieillir, on achètera un vin du dernier millésime. Le gewurztraminer devra être riche et concentré. Un grand cru offrira à la fois richesse et personnalité. On optera pour un millésime récent. Le muscadet sera servi à la température de 11-12 °C, le gewurztraminer plus frais, vers 9 °C. Les bouteilles seront débouchées au dernier moment.
La dégustation se déroulera en deux temps et pourra être prétexte à un repas entre amis. On goûtera tout d'abord les deux vins avant de passer à table, en guise d'apéritif. Ces crus se prêtent avec brio à cet exercice, chacun avec son style et ses atouts. Dans un premier temps, on évitera d'altérer la dégustation par des amuse-gueules salés ou sucrés afin de concentrer son attention sur le vin. Les "devoirs et exercices à la maison" étant terminés, rien n'empêche alors de grignoter quelques *tapas* à la française, des moules gratinées avec le muscadet, des tartelettes aux anchois avec le gewurztraminer, par exemple.

ON NE PEUT TROUVER CÉPAGES DONT LES CARACTÉRISTIQUES SOIENT AUTANT OPPOSÉES. L'UN PRÉSENTE LA LÉGÈRE INSOUCIANCE D'UN VIN BÂTI SUR LA GAIETÉ, L'AUTRE ENTONNE LES TROMPETTES D'AÏDA. L'UN ACCOMPAGNE UN REPAS DE FRUITS DE MER, L'AUTRE CLÔTURE LA RONDE DES PLATS EN LEUR IMPOSANT SA LOI.

Le muscadet, ou melon de Bourgogne, a donné son nom à quatre AOC du Pays nantais.

Des vins typés dès l'examen visuel

Si le muscadet est vêtu d'une robe pâle, claire, parfois presque incolore, avec quelques reflets verts et, deci-delà, des perles discrètes qui ourlent le disque, la teinte du gewurztraminer est soutenue, avec des nuances dorées relevées par une touche de vert dans sa jeunesse et parfois quelques notes roses très caractéristiques. Même différence si l'on observe les larmes du vin sur les verres. Le muscadet semble fluide et coulant, le vin d'Alsace s'accroche au verre avec une belle viscosité.

Discrétion ou exubérance

• Le muscadet présente une intensité aromatique moyenne. Le caractère dominant est orienté vers la série florale (fleurs blanches en particulier). Si certaines bouteilles s'en tiennent à cet aspect, d'autres offrent une palette beaucoup plus complexe : agrumes, pamplemousse, citron, notes anisées, fruits exotiques, pomme peuvent apparaître avec subtilité. On peut aussi trouver des notes muscatées sous-jacentes, ce qui a peut-être contribué au nom de ce cépage.
• Au contraire, le gewurztraminer éclate dès le premier nez. Puissant, voire entêtant, c'est un cépage extrêmement aromatique, dont le caractère terpénique est évident. L'opulence et la richesse du nez peuvent être un handicap surtout si l'on songe à marier ce vin avec un plat.
Les caractères épicés, les notes de poivre, de cannelle, de litchi, de mangue, parfois de géranium, de gardénia rappellent le cépage muscat. Les nuances de rose, de pivoine, de pêche jaune éclatent en fanfare. Si l'on a choisi une bouteille de vendanges tardives, les notes miellées, torréfiées, ainsi que les arômes de caramel et de pâtisserie adoucissent cet ensemble. Si l'on a opté pour une sélection de grains nobles, les caractères variétaux de ce cépage exubérant se fondent dans une dominante née du *Botrytis cinerea* : l'abricot, le pain d'épice, les fleurs séchées, les fruits secs, le pralin prennent alors le relais.

Style aérien ou généreux

• Le muscadet possède une bouche vive, légère, presque aérienne, marquée avant tout par une petite perle de gaz qui vient agacer les papilles. Vient ensuite la fraîcheur qui donne au vin un équilibre plutôt pointu et renforce ses qualités aromatiques. Rafraîchissant, désaltérant, le muscadet dévoile un milieu de corps assez rond, avec un joli fruit à chair

l'entrée et la fin d'un repas

blanche et quelquefois un goût de terroir qui apporte une petite touche amère en finale.

• Le gewurztraminer est bâti sur la richesse, richesse aromatique qui confirme l'analyse du nez, richesse de constitution avec une forte générosité et du gras. L'équilibre en bouche dépend de la catégorie choisie. Si le vin est assez sec, les arômes vont l'emporter, mais le vin peut laisser apparaître une amertume prononcée en finale, ce qui constitue un défaut. Là encore, la parenté avec le muscat se manifeste. Dans les catégories vendanges tardives ou sélection de grains nobles, le sucre résiduel permet d'effacer cette impression. Beaucoup de gras, de richesse, d'onctuosité signent ces bouteilles structurées, aux finales longues et rémanentes, qui déclinent toute la palette aromatique avant de faire une queue de paon fort séduisante.

Passons à table !

Les huîtres et le muscadet, un mariage joyeux. Si les huîtres, par leur saveur salée et surtout iodée, sont capables d'"assassiner" beaucoup de vins blancs, elles ont un faible certain pour ce vin récolté près de l'Océan. La vivacité, la légèreté, le perlant et les arômes floraux du muscadet résistent à la puissance de l'huître et donnent même un coup de fouet à ce mollusque savoureux. La pointe de jus de citron discrètement ajoutée à l'huître ira dans le même sens que les arômes du vin. On pourra finir la bouteille sur un poisson tout simplement grillé, avec du beurre fondu.

Arrivent les fromages que l'on a choisis particulièrement odorants. Le roquefort appelle le contraste. Salé, fort en goût, il demande un vin sucré qui ne se laisse pas impressionner. En vendanges tardives, le gewurztraminer a le profil idéal : il saura amadouer le côté salé et sa puissance aromatique est capable de tout affronter. S'il s'agit d'une sélection de grains nobles, on assistera au mariage de deux moisissures nobles, le *Penicillium roqueforti*, responsable des marbures vertes de ce fromage à pâte persillée, et le *Botrytis cinerea*. Quant au munster, c'est un ami de la famille. Puissant, d'une force aromatique surprenante, il joue à armes égales avec le vin et chacun trouve dans l'autre son faire-valoir. On reposera son palais de ces combats titanesques par une tarte alsacienne aux mirabelles qui terminera le repas sur des notes aimables et suaves, tout en évitant de tomber dans le pâteux grâce à l'acidité des fruits.

Invitation à la flânerie sur les bords de la Loire. La vigne tapisse les coteaux bien abrités et ensoleillés en une harmonieuse palette de couleurs.

Scène de vendanges à Riquewihr, dans les vignes conduites en hautain.

Sauvignon et chardonnay : des palettes

Cet exercice permet de distinguer les qualités respectives des vins provenant des deux cépages blancs les plus répandus sur la planète viticole : le sauvignon et le chardonnay. On goûtera deux vins de chaque cépage, chacun produit dans une région différente : un sancerre et un graves blanc issus du sauvignon, un chablis et un vin de pays du Languedoc issus du chardonnay.

Sancerre est une appellation du centre de la France, dont les sols très divers vont des calcaires durs ou tendres, aux cailloux à silex, en passant par des marnes. Le sauvignon développe sur ces sols des caractères tout aussi variés, en privilégiant les arômes de buis sur le premier type de terroir, de genêt ou d'acacia sur les silex, d'iris et de narcisse sur les marnes. C'est là l'adéquation parfaite d'un cépage à un type de sol.

Dans les Graves, on distingue deux aires. L'appellation pessac-léognan, aux portes de Bordeaux, représente la partie historique du vignoble de Bordeaux. Plus au sud, jusqu'à Langon, les graves s'étendent entre clairières et bords de Garonne. Ici dominent des croupes de graves quaternaires, des sols argilo-calcaires ou sablo-argileux. Le sauvignon y est associé au sémillon et, parfois, à la muscadelle.

Chablis est l'aire la plus septentrionale de la Bourgogne. Uniquement planté de chardonnay, le vignoble est très sensible aux gelées, mais les vins atteignent une rare finesse. Les sols calcaires du kimméridgien qui alternent avec des bancs marneux, riches en cailloux, constituent le terroir idéal pour ce cépage. Quatre appellations ont été délimitées : chablis grand cru, chablis premier cru, chablis et petit-chablis.

L'ADÉQUATION DU CÉPAGE AU TERROIR TROUVE INÉVITABLEMENT UN ÉCHO EN DÉGUSTATION. EN DÉCOUVRANT LES VINS ISSUS DE DEUX CÉPAGES BLANCS AUSSI CÉLÈBRES QUE LE SAUVIGNON ET LE CHARDONNAY, C'EST LE MARIAGE DU SOL, DU CLIMAT ET DE LA VIGNE QUI APPARAÎT DANS LE VERRE.

Le Languedoc, vaste croissant adossé au Massif central et orienté vers la Méditerranée, bénéficie d'AOC en plein essor. Toutefois, sont également élaborés des vins de pays monocépages : les chardonnays, issus des sols les plus calcaires, peuvent rivaliser en qualité avec les vins d'Australie, d'Afrique du Sud, du Chili ou de Californie.

Achat et préparation des bouteilles

On achètera les vins dans le millésime le plus récent, afin de profiter du fruité variétal des deux cépages. Mieux vaut éviter les cuvées trop boisées, marquées par l'élevage. Les bouteilles seront rafraîchies à 12-13 °C et débouchées au dernier moment. Les vins seront servis par paire, deux verres pour chaque cépage. On pourra ensuite effectuer une dégustation à l'aveugle, afin de s'exercer à reconnaître les cépages.

Des reflets verts

Les deux verres de sauvignon – sancerre et graves – présentent une robe pâle, paille clair, avec parfois des reflets verts. En revanche, les deux verres de chardonnay se distinguent assez nettement : robe pâle à reflets très verts pour le chablis ; couleur paille soutenue avec des notes dorées pour le chardonnay cultivé plus au sud ou outre-Atlantique. La robe des quatre vins doit être brillante, sans trouble.

Feuille de cassis ou pomme

• Le sancerre s'ouvre dans une véritable explosion aromatique. La feuille de cassis, la sauge, le genêt, le

aromatiques au reflet du terroir

buis, le sureau, l'iris viennent se mêler en une palette chatoyante. Le célèbre pipi de chat ne se rencontre que dans des vins issus de jeunes vignes ou de vendanges insuffisamment mûres. Suivant le type de sol, le sauvignon peut développer des arômes minéraux du type pierre à fusil.

• Le sauvignon impose toujours son profil dans les graves jeunes, le sémillon ne prenant le relais que trois ou quatre ans après la mise en bouteilles. Certes, ce cépage se reconnaît aisément avec ses notes de feuille de cassis, mais une plus grande maturité du raisin et des sols plus chauds induisent des arômes beaucoup plus fruités dans la région des Graves qu'en Val de Loire. Le pamplemousse, les fruits blancs, notamment la pêche et l'abricot, dominent.

• Le chablis dévoile des notes minérales, des touches de fleurs blanches, d'acacia, de chèvrefeuille, de fruits frais comme la pomme mûre, mais aussi de fruits secs, de noisette avec des nuances d'infusion (verveine et tilleul). Son nez est typique du chardonnay cultivé dans une région septentrionale.

• Le chardonnay du Languedoc présente un nez plus opulent, marqué par des notes de fruits très mûrs : pomme, banane, poire, avec des accents de tisane, en particulier de tilleul, qui signent ce cépage. Toutefois, un côté miellé indique que le terroir est ici très ensoleillé.

Nordistes et sudistes : un équilibre nuancé

• Le sancerre impose sa fraîcheur et sa vivacité. Il développe sa palette aromatique fruitée en bouche et en retour avec intensité. Frais et vigoureux, ce vin désaltérant affirme, dans les bons terroirs, son élégance grâce à la netteté de ses arômes. La qualité du millésime est ici essentielle : le raisin doit être suffisamment mûr pour éviter les notes herbacées et trop variétales.

• Le graves blanc présente un bel équilibre. À la fois gras et frais, il développe un fruité mûr, avec des notes de pomme et de poire. Le gras du vin provient souvent de l'assemblage avec le sémillon ; néanmoins, les purs sauvignons ont toujours du volume. La finale est fortement marquée par le terroir qui apporte ses accents minéraux et fumés.

• Le chablis est un vin à la fois tendre et vif. Subtil, léger, d'une belle présence aromatique, il associe la rondeur à une fraîcheur qui met en valeur son fruit. Élégant et racé, le chablis est lui aussi très sensible au millésime. Nous sommes ici presque à la limite septentrionale de la culture de la vigne et les moindres variations climatiques ont une influence sensible sur la maturité, ce qui confère la plus grande finesse, mais aussi une variabilité très importante d'une année sur l'autre.

• Le chardonnay du Languedoc est un vin ample, avec beaucoup de gras, une chaleur parfois importante et des notes très miellées en arrière-bouche. Onctueux, suave, charnu, il est marqué par le climat. Récolté avant surmaturité, il peut se distinguer par sa finesse et une belle ampleur aromatique.

On peut recommencer la dégustation en regroupant les deux vins "nordistes" face aux deux bouteilles "sudistes" afin de dégager la part du climat dans leurs caractères respectifs.

Le sauvignon.

Le chardonnay.

À gauche, deux terroirs de prédilection du sauvignon : les coteaux de Sancerre et les Graves (château Bel-Air).
Le chardonnay est maître en AOC chablis (ci-dessous, à gauche).
Dans le Languedoc (à droite), il est à l'origine d'excellents vins de pays.

Viognier et chenin : le

LE PREMIER CAMPE SUR LES RIVES DU RHÔNE, LE SECOND EST LE ROI DU VAL DE LOIRE, LES DEUX SONT DE GRANDS CÉPAGES BLANCS DE L'HEXAGONE VITICOLE. AUSSI DISSEMBLABLES QUE POSSIBLE, ILS ENGENDRENT DES VINS DE CARACTÈRE, L'UN AIMABLE ET SÉDUCTEUR, L'AUTRE FERME ET DROIT DANS SES BOTTES.

Célèbre dans les AOC condrieu et château-grillet, le viognier tente de conquérir d'autres terroirs de France et du monde. On le retrouve en Californie et en Australie. Le chenin, également appelé pineau de la Loire, a lui aussi gagné d'autres rives pour produire des blancs secs en Australie, en Nouvelle-Zélande, en Argentine et en Afrique du Sud.

On choisira un vin de condrieu (ou, en remplacement, un viognier du Languedoc). Cette appellation de la vallée du Rhône septentrionale est située en face de la ville de Vienne, sur les flancs des coteaux qui dominent le fleuve. Proche voisine de la Côte-Rôtie, vignoble rouge, elle ne produit que des vins blancs à base de viognier. Ce fut pendant longtemps le seul territoire de ce cépage, avant que la mode ne le répande un peu partout en France et dans le monde. Une viticulture extrême sur ces pentes abruptes donne ici des vins très concentrés, véritables expressions des qualités du viognier sur sols granitiques.

Le condrieu pourra être comparé au vouvray ou au savennières. Situé en Touraine, le terroir de Vouvray s'étend sur des sols calcaires riches en cailloux, bien exposés au sud. Le chenin s'y exprime de diverses manières – en vin sec, demi-sec ou moelleux selon le millésime –, avec des caractéristiques aromatiques bien particulières. Une bonne partie de la production donne lieu à l'élaboration de vins mousseux.

Sur le territoire de l'Anjou, la petite appellation savennières bénéficie d'un sol schisteux où le chenin donne des vins de grande garde. Les célèbres vignobles de la Roche-aux-Moines et de la Coulée-de-Serrant sont à classer parmi les grands terroirs de France.

Achat et préparation des bouteilles

Le condrieu, autrefois rarissime, est désormais plus facile à se procurer. Les bons producteurs ne manquent pas et le négoce local peut le mettre sur le marché. Les vins de pays issus du viognier sont de plus

sprinter et le coureur de fond

en plus répandus. Les vignerons du sud de la vallée du Rhône comme ceux du Languedoc sont à présent nombreux à adopter ce cépage. Quant au vouvray, on le trouve un peu partout. Le savennières est plus rare, et il faudra peut-être le commander. On choisira les deux vins dans le même millésime. Les bouteilles seront rafraîchies à 13-14 °C et débouchées au dernier moment.

La revanche du temps

Ces deux vins diamétralement opposés dans leur jeunesse n'ont pas les mêmes atouts pour affronter la garde. Si dans un vin rouge les tanins sont chargés de résister au temps, dans un vin blanc, seule l'acidité peut s'opposer à l'oxydation ou aux attaques bactériennes. Aussi, comprend-on facilement que le condrieu se trouve désarmé face au vouvray. Au bout de trois ou quatre ans, le vin de viognier perd sa fraîcheur aromatique, et le bouquet complexe qui faisait son charme commence à se faner. Une exception cependant, les vins de château-grillet, enclave au sein de condrieu. Assez fermés, voire austères dans leur jeunesse, ceux-ci ne se révèlent qu'au bout de quelques années. Question de terroir, question d'élevage.

Le viognier est le seul cépage autorisé en AOC condrieu et château-grillet. Son origine est vraisemblablement locale.

A contrario, les vins de chenin prennent leur revanche avec l'âge. Leur fermeté initiale se transforme en un atout précieux. Des bouquets secondaires d'une grande richesse apparaissent ; le côté floral persiste, bien protégé, mais s'accompagne de notes de miel, de fruits confits, d'angélique, de coing ou de cire d'abeille. Les vieux vouvray secs et les vieux savennières deviennent alors des vins de grande classe, dont la bouche s'est débarrassée de ses péchés de jeunesse, apurée de sa verdeur. Le mariage devient très équilibré, avec une race aromatique et une longueur souvent étonnantes. C'est la revanche des coureurs de fond sur les sprinters !

De l'éclat

• Le condrieu présente une robe très brillante, avec de l'éclat et une intensité moyenne. Il dévoile des tons or pâle et paille clair. Quelques reflets verts peuvent apparaître, mais ils restent assez discrets.

Le chenin, cépage apparu en Anjou au IXe siècle et cité par Rabelais.

• Le chenin de Vouvray ou de Savennières paraît tout aussi brillant, mais l'intensité peut être plus prononcée et les teintes sont parfois soutenues. La robe a un fond paille, et ses reflets verts ourlent le verre avec éclat.

De la délicatesse

• Le vin de viognier est un vin de mouchoir : il offre une palette d'une extrême complexité mais dans des intensités graciles, toujours élégantes et raffinées. On pourra déceler beaucoup d'arômes dans un condrieu mais la touche dominante est toujours l'abricot, voire la pêche blanche, du moins lorsque le millésime a été bien mûr. Le tabac blond, les épices douces, le pain d'épice, le miel viennent souvent donner la réplique aux fruits exotiques, à la poire, à la violette et à bien d'autres notes.

• Le vin de chenin semble davantage sur sa réserve. Mais que l'on ne s'y trompe pas : la race est au

rendez-vous. Ici dominent, avec beaucoup de délicatesse, des notes très florales. On pourra trouver des arômes d'herbe fraîchement coupée, de paille humide. Cependant, ce sont en général les fleurs sauvages qui donnent le ton. Acacia, chèvrefeuille, citronnelle s'associent à la pomme verte, au pamplemousse, à la verveine et à l'amande fraîche. Le miel apparaît sur des vendanges très mûres, de même que les fruits confits ou le coing (il s'agit alors de vouvray demi-secs ou moelleux).

De la suavité à la vivacité

• Le condrieu est un vin de velours. Attaque tout en rondeur et sur le pamplemousse, avec un développement vers la suavité. Grâce à la richesse alcoolique, une impression de moelleux vient tapisser la bouche et arrondir les angles de ce vin de charme. La finale est très aromatique et persistante (arômes fruités et épicés). Cette longueur signe un noble cépage né d'un grand terroir. Si l'on a choisi de déguster un vin de pays du Languedoc, on trouvera un équilibre en bouche encore plus chaleureux, avec des arômes plus simples et une longueur plus réduite.

• Le chenin est bâti sur une ligne vive. Ce qui frappe d'entrée de bouche, c'est sa vivacité, pour ne pas dire son acidité dominante. Une fraîcheur qu'il ne faut cependant pas confondre avec de la dureté, car elle est mariée à une matière riche et dense. Bien aromatique, la bouche prend des allures très fruitées, comme si cette vivacité en révélait les saveurs. En gastronomie, il est d'usage de relever une coupe de fraises d'un trait de citron pour en exprimer au mieux la sapidité : le chenin a retenu la leçon, il sait associer fraîcheur et matière. Cet équilibre peut surprendre un dégustateur. Il lui faudra porter son attention sur les qualités aromatiques de la finale qui se révèle fine et délicate, toujours marquée par des notes florales et citronnées.

L'AOC savennières-coulée-de-serrant, cru monopole de Nicolas Joly, couvre à peine 7 ha à flanc de coteau, plantés en chenin.

Riesling et marsanne

LES GRANDS VIGNOBLES HISTORIQUES SONT NÉS AU BORD DES VOIES FLUVIALES. LE RIESLING A ÉLU DOMICILE AU CENTRE DE L'EUROPE, LA MARSANNE DANS LES VIGNOBLES DE L'HERMITAGE ET DE CHÂTEAUNEUF-DU-PAPE. ET CHACUN DE PRÉSENTER UN VISAGE BIEN PARTICULIER. LE VIN PRENDRAIT-IL LES REFLETS DU FLEUVE ?

Sur les terrasses de granite de l'Hermitage, la marsanne atteint une maturité optimale pour l'élaboration de vins charnus, de longue garde.

Le riesling a traversé les frontières pour être vinifié en Autriche, en Italie, en Europe de l'Est, sur les côtes ouest et est des États-Unis et aux antipodes. Quant à la marsanne, elle s'est étendue dans le Midi de la France et s'est installée dans l'État de Victoria, en Australie. En Suisse, dans le Valais, elle donne naissance à un Ermitage blanc. On dégustera un alsace-riesling jeune et alsace-riesling de cinq ans ; un hermitage blanc jeune et un hermitage blanc de dix ans.

Achat et préparation des bouteilles

On choisira les vins jeunes dans les millésimes 1995 ou 1996 ; le riesling plus âgé sera un 1990 ou un 1989, l'hermitage un 1988 ou un 1989. On les dégustera à une température de 12-13 °C pour ne pas casser leurs arômes particulièrement délicats. On pourra décanter les deux bouteilles plus âgées après avoir procédé à une première dégustation sans décantation. Les vins décantés présentent en général des expressions aromatiques plus intenses.

Capter la lumière

• L'alsace-riesling jeune possède une robe pâle à reflets vert clair. Brillant, ce vin capte la lumière.
• Après cinq ans, le riesling a légèrement évolué, mais la robe reste jeune et vive. La composante verte se pare d'un léger doré.
• L'hermitage blanc jeune est paille soutenu, à reflets or pâle. Brillante et limpide, cette robe d'apparat annonce la densité et la concentration du vin.
• Après dix ans, l'hermitage a pris des teintes franches et dorées, avec un reflet vieil or, voire cuivré, du plus bel effet.

Arômes minéraux ou miellés

• Le riesling prend des personnalités différentes selon le sol sur lequel il est cultivé. Jeune, il peut présenter une dominante florale très nette : fleurs blanches, fleurs sauvages… toute la délicatesse et la légèreté d'un bouquet des champs. La citronnelle vient parfois égayer et souligner ces fragrances élégantes. Des notes de fruits à chair blanche apparaissent parfois, mais ce sont les agrumes et le pamplemousse qui s'imposent. Dans un vin légèrement surmaturé se distinguent les fruits secs et les épices douces. De plus, des notes minérales (silex, mine de crayon) donnent de la rigueur à un nez particulièrement complexe.
• Après quelques années de bouteille, le riesling a orienté sa palette vers ces mêmes notes minérales. On parle souvent des arômes de pétrole du riesling, ce qui peut surprendre un dégustateur néophyte. Outre le fait que ce vocable n'est pas particulièrement laudatif, il semble bien trop réducteur pour exprimer la race et la complexité de la palette aromatique. Aussi parlera-t-on de naphte plutôt que de pétrole ; ce terme exprime mieux l'origine terrienne et minérale dudit arôme. La richesse en fruits secs et en miel, ainsi que les notes d'abricot, de pêche jaune et de citron confit épaulent cette puisssance *sui generis*. Les notes de fleurs fanées et les épices finales donnent la dernière touche à un nez qui ne peut laisser indifférent.
• Le nez de l'hermitage jeune est plus discret, voire retenu. Si quelques notes florales éclairent une palette qui se montre déjà complexe, il n'y a pas d'exubérance dans ces arômes de marsanne jeune. Mais avec un peu plus d'attention, le dégustateur décèlera le miel, l'acacia, le coing, l'abricot, les fruits secs comme la noisette qui se combinent à des épices délicates.

des vins au fil de l'eau

• Avec les années, l'intensité aromatique a pris une dimension à peine discernable dans l'hermitage blanc jeune. Le nez est puissant et fragrant dans cette bouteille de dix ans. Ce sont les arômes de miel et de cire d'abeille qui donnent le la. Puis, les fruits secs, la noix, la noisette, l'amande, l'abricot séché, la pâte de coings entrent en scène. La pomme cuite, les épices, une pointe réglissée donnent le point d'orgue. Un nez racé et dominateur.

Deux équilibres pour des vins de garde

• L'alsace-riesling présente de toute évidence une ligne acide. Vif, avec une belle matière aromatique qui explose en bouche, il laisse parler sa fraîcheur. Le vin dégusté peut présenter plus ou moins de sucres résiduels. Il faut alors noter l'équilibre entre ces sucres, qui donnent à la finale une onctuosité plus ou moins prononcée, et la nervosité qui constitue la colonne vertébrale. Cette note acidulée ne doit pas être trop marquée, car elle conditionne l'élégance du vin. Harmonieux, bien balancé, le riesling peut atteindre des sommets d'élégance et de race. Trop de sucres résiduels et il paraîtra pommadé ou douciné.

• Le riesling plus âgé a eu le temps de se fondre. Sa verdeur initiale, tempérée ou non par des sucres, est venue se lover au fond du verre. Elle soutient l'ensemble sans se faire remarquer : elle est là pour la garde et non pour l'agression. Très complexe, la palette aromatique confirme celle du nez, avec une succession de notes minérales, de fleurs séchées, de fruits exotiques, d'abricot et d'épices orientales. Un bouquet très séduisant qui vient souligner le grand équilibre de ce vin. La finale est imprégnante et fruitée, avec une longueur étonnante pour un vin blanc sec. Le riesling est un cépage qui sait vieillir avec grâce et vigueur.

• L'hermitage blanc est tout en amabilité et en densité. Attaque ronde et souple, beaucoup de gras en bouche, avec une texture charnue et étoffée, ce vin ne manque certes pas de volume. Sa puissance contenue indique une belle concentration et sa générosité est évidente. La chaleur du palais révèle des arômes qui semblaient discrets au nez. Ce sont les notes d'abricot, de pêche jaune, mais surtout de coing et d'épices qui prédominent. Ample et gras, ce vin finit sur des notes presque tanniques, avec parfois une pointe d'amertume propre à la marsanne. Cette amertume, si elle reste légère, renforce les notes de fruits secs, en particulier les accents amandés.

• Plus âgé, l'hermitage blanc est un monument. Très bien bâti, presque architecturé comme un vin rouge, avec de la carrure et du volume, ce vin est à la fois énorme et délicat. Grande chair en bouche, avec un gras qui tapisse le palais, une présence et une sève qui pourraient tromper un dégustateur aux yeux bandés, voilà un grand vin qui s'exprime dans toute sa maturité. La qualité aromatique de bouche est d'une grande richesse, avec des arômes dominants de fruits secs, de miel, d'encaustique, d'épices, auxquels s'ajoutent des notes de noisette et de pralin, soutenues par de l'abricot séché. La finale n'en finit pas de finir dans une palette d'une rare complexité qui signe un très grand vin blanc de longue garde.

En Alsace, le riesling bénéficie d'une longue période de maturation favorable à son expression aromatique.

Sylvaner et pinot gris

Le sylvaner, d'origine autrichienne, est très répandu en Europe centrale mais se plaît surtout sur les deux rives rhénanes. Il doit notamment son succès à sa grande productivité, qui peut devenir excessive si le vigneron n'y prend garde. De maturité tardive, il demande à être bien exposé et planté sur des sols chauds mais humides. Comme beaucoup de cépages généreux, la qualité des vins qu'il engendre est fortement influencée par les rendements. Aussi pourra-t-on trouver des sylvaners neutres et insipides comme – plus rarement il est vrai – d'étonnantes bouteilles concentrées et développant un réel caractère. Le sylvaner se rapproche alors des caractéristiques d'un riesling.

Le pinot gris est, pour sa part, originaire de Bourgogne, en dépit de la légende tenace qui le ferait naître en Hongrie, à la source du célèbre vin du Tokaj. Contrairement au sylvaner, c'est un cépage peu productif, parfois capricieux, et ses modestes rendements ont longtemps dissuadé les vignerons alsaciens de le développer. De floraison précoce, il est très sensible aux aléas climatiques. Sa maturation est lente et conditionne son taux d'acidité qui peut parfois s'effondrer. Son caractère s'en ressent : les vins sont gras et corsés, qu'ils soient secs ou surmûris. La meilleure expression du pinot gris reste les vendanges tardives.

Achat et préparation des bouteilles

On choisira un sylvaner dans le dernier millésime pour le déguster sur sa fraîcheur et son fruité originel. La grande diversité de qualité des sylvaners pose un problème lors de l'achat. Souvent considéré comme le bas de gamme des vins alsaciens, ce cépage est parfois conduit à de trop forts rendements. Dans ce cas, les bouteilles donnent une pâle idée des vraies qualités du sylvaner. Mieux vaut donc choisir de grands vignerons tels que Humbrecht, Faller, Hugel ou Trimbach, ou encore Ostertag et Schoffit qui possèdent de vieilles vignes de sylvaner.

On comparera la bouteille d'alsace-sylvaner à un alsace-pinot gris sec et à un alsace-pinot gris-vendanges tardives. Les bons vignerons ne manquent pas et leurs pinots gris comptent toujours parmi leurs bouteilles les plus soignées. L'amateur demandera conseil à son caviste pour acquérir les vins les plus concentrés et surtout les plus mûrs. Il privilégiera le dernier millésime embouteillé. Le vin devra contenir peu de sucres résiduels – péché mignon des vinifications alsaciennes – pour pouvoir être comparé au vin de vendanges tardives.

JUSQU'À LA RECONNAISSANCE DES GRANDS CRUS, L'APPELLATION ALSACE FUT L'UNE DES RARES EN FRANCE À METTRE EN AVANT DES NOMS DE CÉPAGES EN LIEU ET PLACE DES HABITUELLES DÉLIMITATIONS CADASTRALES. DE LA MODESTIE DU SYLVANER À L'OPULENCE DU PINOT GRIS, C'EST UNE ALSACE DE CONTRASTES QUI SE PRÉSENTE AU DÉGUSTATEUR.

Le pinot gris.

Le sylvaner.

Il faudra peut-être écorner son livret de Caisse d'épargne pour acheter ce dernier vin, mais le jeu en vaut la chandelle. On choisira le dernier grand millésime : 1995 ou, surtout, 1990. Un pinot gris récolté sur un grand cru qui lui est particulièrement favorable, comme Sonnenglanz, Mambourg, Schlossberg, Brand, Hengst, Pfersigberg, Steinert, Speigel ou Rangen, développera un caractère en relation étroite avec son terroir.

Le sylvaner sera rafraîchi à 12 °C, le tokay sec et les vendanges tardives à 14 °C à peine. Les bouteilles seront débouchées au dernier moment. On réalisera une expérience intéressante en décantant la moitié de la bouteille d'alsace-tokay-pinot gris sec qui y gagnera en expression aromatique.

Des teintes claires aux robes soutenues

- L'alsace-sylvaner est rarement très coloré. Sa robe paille clair est à peine teintée de vert ; on peut parfois distinguer une légère perle de gaz carbonique.
- L'alsace-tokay-pinot gris est vêtu d'une robe paille plus soutenu. Les larmes sont abondantes.
- Le pinot gris de vendanges tardives présente des nuances franchement dorées et une viscosité encore plus évidente.

De la discrétion à l'opulence

- Le nez du sylvaner est des plus discrets ; il faut donc débusquer les arômes en agitant le vin dans le verre. Le dégustateur persévérant sera récompensé par des notes fraîches et légères, très florales (acacia, fleurs blanches), avec parfois des accents citronnés ou végétaux (foin, herbe fraîche). Un sylvaner issu de vieilles vignes et bien mûr présente des arômes de fruits secs élégants et, dans le cas d'une surmaturation, des nuances de fruits confits.
- Le pinot gris sec n'explose pas au nez, mais on sent la richesse et la maturité de ce raisin. Dévoilant des notes de fruits jaunes (la pêche en particulier, l'abricot parfois), il se distingue par des arômes fumés caractéristiques. Viennent ensuite les épices et le miel, suivant le degré de maturité. Les fruits confits, mais aussi la noisette et, parfois, des notes de sous-bois et de champignon complètent une palette complexe qui n'atteint cependant jamais l'exubérance du nez d'un gewurztraminer.
- La grande maturité du pinot gris de vendanges tardives axe les arômes sur les fruits confits aux épices, le miel, les fruits secs ou le praliné. La com-

la diagonale alsacienne

plexité en est encore plus évidente ; la richesse et l'opulence donnent un caractère très proche d'un vin liquoreux.

De l'acidité à la générosité

• Le sylvaner attaque franchement. Son acidité, parfois renforcée par une perle de gaz, lui donne un caractère assez tendu. Si le vin se limite à ce profil, sa dégustation peut être décevante. En revanche, lorsqu'il est parvenu à maturité et que le vigneron a respecté des rendements décents, le sylvaner offre un vin équilibré, frais sans être grinçant, fruité et désaltérant. Les sylvaners de vieilles vignes dévoilent des matières plus corsées, de la souplesse. Lorsque, par bonheur, ils proviennent d'un coteau argilo-calcaire bien exposé, ils peuvent faire preuve d'une jolie longueur qui, hélas, manque aux sylvaners d'origine modeste.

• Ample, grasse, généreuse et capiteuse, la bouche du pinot gris sec présente un équilibre où la puissance alcoolique l'emporte. Un peu d'acidité permettrait d'harmoniser l'ensemble, mais ce caractère fait parfois défaut à ce cépage. Les vins oscillent donc entre un style où fraîcheur et sucres résiduels se marient parfaitement et un style plus lourd qui compense le déséquilibre par une réelle puissance aromatique. Parfois poivré, toujours épicé, dévoilant un fruit mûr et une note fumée qui signe sa finale, ce vin peut être somptueux, plein de volupté et de noblesse.

• L'équilibre du pinot gris de vendanges tardives ne se discute plus, tant la richesse, l'onctuosité en bouche et le gras forment un style évident. Suave, avec une grande puissance et une finale complexe, ce vin de velours persiste en bouche sur des notes de noisette grillée, de miel, de cire d'abeille et d'abricot.

Traditionnellement cultivé dans le Bas-Rhin, le sylvaner a également conquis certains terroirs haut-rhinois, tel Soultzmatt. Le pinot gris, longtemps resté confidentiel, se développe désormais dans les vignobles les mieux exposés. Il a longtemps été dénommé tokay-pinot gris par référence au célèbre vin de Hongrie.

Vin de soif ou vin d'apparat

Le sylvaner et le pinot gris expriment des vocations opposées. Si le premier est un vin de soif, léger et charmeur, à la fringance et à la simplicité d'une bouteille de tonnelle, le pinot gris est un vin de gastronomie. Il peut accompagner des plats riches, du homard rôti aux volailles à la crème ou aux viandes blanches en sauce. Très mûr ou en vendanges tardives, il sait converser avec le foie gras. Plus corsé qu'un riesling, moins envahissant qu'un gewurztraminer, c'est le cépage alsacien qui exprime le mieux ce paradoxe climatique : il tombe moins de pluie à Colmar qu'à Perpignan ! Comment s'étonner dans ces conditions que le vin de pinot gris soit aussi ensoleillé ?

Sémillon et petit manseng :

SÉMILLON ET PETIT MANSENG SONT À L'ORIGINE DE GRANDS VINS LIQUOREUX. ILS SONT CAPABLES D'EXPRIMER À MERVEILLE LA CONCENTRATION DU SUCRE DANS LE RAISIN. L'UN S'APPUIE SUR LE BOTRYTIS, L'AUTRE SUR LE PASSERILLAGE. CEPENDANT, CES CÉPAGES PRODUISENT AUSSI DES VINS SECS D'UNE GRANDE OPULENCE.

La dégustation s'organisera autour de quatre échantillons : un vin de graves sec et riche en sémillon, un jurançon sec à base de petit manseng, un monbazillac où le sémillon l'emporte sur la muscadelle, un jurançon moelleux issu à 100 % du petit manseng.

Achat et préparation des bouteilles

Il est relativement difficile de trouver un vin sec de sémillon, la mode du sauvignon s'étant emparée des vignobles bordelais. Cependant, quelques châteaux des Graves, en particulier, privilégient encore ce cépage. Parmi eux, le château Bouscaut élabore des vins blancs secs à partir de 70 % environ de sémillon. On choisira une bouteille de quatre ou cinq ans afin que le sauvignon ait eu le temps de passer le relais aromatique à son partenaire.

Le choix est encore plus restreint quand il s'agit du petit manseng. Le domaine Cauhapé est l'un des très rares producteurs à élaborer des vins secs originaux issus du petit manseng, lors des millésimes où ce cépage n'a pas atteint un degré alcoolique trop élevé.

Le monbazillac est très répandu ; le seul critère d'achat sera le millésime. On optera pour une bouteille de 1994 ou 1995 pour profiter des premiers arômes d'évolution. Le conseil d'un caviste sera le bienvenu afin de déguster un vin où le sémillon est majoritaire. En effet, la muscadelle, souvent associée au sémillon, a un profil très typé et peut venir masquer celui du sémillon.

Quant au jurançon moelleux, l'amateur n'aura que l'embarras du choix. Chaque vigneron béarnais élabore une cuvée 100 % petit manseng qui joue le rôle de porte-drapeau du domaine. Le même millésime que celui du monbazillac conviendra parfaitement.

Les vins secs seront servis rafraîchis à 14-15 °C et les liquoreux à 11-12 °C.

Les premiers signes d'évolution

• Le vin sec de sémillon présente une robe paille, à reflets dorés. La composante verte a disparu, signe que le vin est entré dans une phase évolutive.

• Le vin sec de petit manseng est franchement paille ; des reflets dorés ornent sa frange. Très brillant, ce vin accroche la lumière.

• La robe du monbazillac est axée sur la composante dorée. Elle révèle de la brillance et une belle viscosité qui se traduit par des larmes abondantes.

• Le jurançon est un peu moins doré que le monbazillac avec, dans le même millésime, plus de jeunesse dans la teinte qui tire sur le bouton d'or. Gras, il présente un brillant chatoyant.

La signature des cépages

• Le profil aromatique du vin sec de sémillon traduit bien les propriétés de ce cépage. Jamais vinifié seul, celui-ci est, au tout début de la vie du vin, masqué par l'exubérance du sauvignon. Cette fougue aromatique s'apaise après quatre ou cinq ans pour laisser place aux arômes plus discrets du sémillon : fruits secs, noisette, fruits mûrs et surtout note miellée et épicée qui signe la nature onctueuse de ce cépage. À condition que l'acidité du vin soit assez élevée (le sauvignon joue alors un rôle très important), le sémillon peut garder ce profil aromatique pendant longtemps.

• Le vin sec de petit manseng peut tromper n'im-

Le vignoble du Jurançon produit des vins blancs secs ou moelleux qui ont en commun un nez de fruits exotiques.

'opulence et la nervosité

porte quel dégustateur tant il s'apparente à un vin liquoreux. Très intense, dévoilant d'inimitables arômes de fruits exotiques et confits, une puissance épicée et des notes de zestes d'agrumes, ce cépage du Sud-Ouest affirme son originalité.

• Le monbazillac exprime une palette très classique. Ici, le *Botrytis cinerea* vient révéler les qualités du sémillon, ce qui confère au vin des arômes très miellés, des notes d'abricot, d'écorce d'orange, d'épices douces et des nuances de crème pralinée ou de noisette grillée. Riche, opulent, marqué par un côté grillé et confit, le nez du monbazillac peut paraître un peu lourd.

• Le nez du jurançon moelleux ne peut prêter le flanc à cette critique. Il est très expressif et dévoile de nombreuses nuances de fruits exotiques (ananas, litchi). La pêche blanche, la nèfle – véritable signature du cépage –, la mangue allègent les notes miellées, les arômes de cire d'abeille et de pain d'épice qui se dégagent à l'agitation.

Richesse ou acidité

La mise en bouche laisse apparaître une différence essentielle entre sémillon et petit manseng : leur teneur en acidité.

• L'équilibre du graves repose sur sa richesse et sa rondeur. Puissant, d'une force alcoolique perceptible, ce vin bénéficie du gras et du volume que lui confère le sémillon. Sa finale est chaleureuse et ronde. Le sauvignon n'équilibre plus cette relative lourdeur par sa vivacité. Les arômes du nez se retrouvent en bouche, aux côtés du miel, des fleurs jaunes, de l'acacia et de la noisette. Long, rémanent, ce vin se caractérise par une certaine opulence.

• Le vin sec de petit manseng est aux antipodes du précédent. Aussi riche et bien constitué, il bénéficie d'une grande vivacité. Ce vin réussit le prodige d'être gras et puissant tout en gardant une sveltesse de jeune homme. Très aromatique, avec du volume et une architecture presque tannique, ce vin d'une grande sensualité sait aussi rester strict.

• Le vin de monbazillac, riche, dense et liquoreux, est l'archétype du genre : il possède une liqueur douce et crémeuse, un corps empreint de suavité. Nous sommes ici au royaume de la puissance et du gras. Certains pourront trouver un côté un peu pâteux. Noisette, pralin, orange confite, abricot sec se retrouvent dans une finale rémanente, véritable feu d'artifice qui n'en finit pas.

• Le jurançon moelleux offre un équilibre parfait entre liqueur et nervosité, arômes exotiques et notes miellées. Un vin à la fois fringant et confit, dense et aérien.

Implanté sur un sol argilo-calcaire, le vignoble de Monbazillac offre des vins intenses et puissants à base de petit manseng.

Le sémillon.

Le petit manseng.

Le soufre et la liqueur

Si les deux vins liquoreux, monbazillac et jurançon, ont été choisis assez âgés (cinq ou six ans), la note de soufre perceptible en vin jeune se sera fondue dans la richesse du vin. Le dégustateur doit savoir que ce péché originel des liquoreux, quels qu'ils soient, est inévitable. Garder du sucre non fermenté en bouteille est un exercice à haut risque et les doses de SO_2 nécessaires à la stabilité du vin sont proportionnelles à sa richesse.

Plus un vin sera gras et concentré, plus il sera botrytisé, plus il combinera les apports de soufre afin de ne garder que peu de SO_2 libre, seul capable d'éviter une nouvelle fermentation (à moins d'imposer au vin des filtrations stériles traumatisantes qui affectent sa personnalité et son gras). Seuls les anciens tokays de Hongrie pouvaient se vanter de se passer de soufre, mais ils subissaient des pasteurisations qui n'allaient pas toujours dans le sens de la qualité.

Cabernet-sauvignon et merlot

Les deux cépages rois de la région bordelaise se partagent la vedette, chacun régnant en maître dans les assemblages des vins de leur territoire de prédilection : cabernet-sauvignon dans les Graves et dans le Médoc, merlot à Saint-Émilion et Pomerol. Les vins de Bordeaux servant de modèle universel, il n'est pas étonnant que ces deux cépages aient fait, chacun à son rythme, le tour du monde.

On procédera à la dégustation de quatre échantillons : un vin de cépage cabernet-sauvignon du Languedoc ; un cru bourgeois du Haut-Médoc ou d'une appellation communale (margaux, moulis, listrac, saint-julien, pauillac, saint-estèphe) ; un vin de cépage merlot du Languedoc ; un pomerol.

Achat et préparation des bouteilles

Si les deux vins de pays du Languedoc sont monocépages, il n'en est pas de même des deux vins de Bordeaux qui, en général, sont issus d'assemblages. On choisira des vins de pays élevés en cuve pour mieux les distinguer des bordeaux obligatoirement élevés en barrique. Sans casser sa tirelire pour acquérir un Château Mouton-Rothschild qui privilégie le cabernet-sauvignon à 85 % ou un Petrus issu à 100 % du merlot, on prendra conseil auprès de son caviste pour choisir un médoc suffisamment riche en cabernet-sauvignon et un pomerol assez pourvu en merlot.

Les quatre bouteilles seront du même millésime. Les années 1989 et 1990 offriront le plus grand plaisir à l'amateur. Les 1992, irréguliers, sont à éviter, mais les 1995 réserveront une bonne dégustation.

Les vins de pays pourront être versés directement de la bouteille, tandis que les deux vins de Bordeaux gagneront à être décantés deux heures auparavant pour dégager leurs arômes. Dans tous les cas, la température ne devra pas dépasser 18 °C.

Cabernet-sauvignon et merlot ? Une dégustation bordelaise somme toute. Ce serait oublier que ces deux cépages ont su séduire les viticulteurs de la France au Chili en passant par la Californie. Ils sont vinifiés avec le même bonheur pour leurs arômes et leur beau vieillissement.

deux styles de tanins

Une robe profonde

La robe des vins de ces deux cépages est en général intense et sombre. Toutefois, le rendement influe sur la concentration et donc sur l'intensité colorante. Mieux vaut donc comparer les vins de pays, obtenus avec des rendements plus élevés que les AOC, puis les vins de Bordeaux qui offrent une couleur plus dense et plus profonde. En revanche, on pourra observer que les deux vins de cabernet-sauvignon présentent des reflets violacés importants, alors que les vins de merlot prennent rapidement des teintes plus évoluées, avec des notes ourlées de brique et d'orangé.

L'élégance et la race

• Le cabernet-sauvignon du Languedoc exprime tout le potentiel aromatique de ce cépage sous un climat chaud et sec. Les arômes se partagent entre les fruits rouges compotés, les épices et les plantes aromatiques de garrigue, avec des notes de cuir, parfois d'eucalyptus.

Grâce à son raisin à haute teneur en tanins et à la pellicule épaisse, le cabernet-sauvignon est à l'origine de vins colorés, structurés et concentrés.

• Le cru bourgeois du Haut-Médoc impose son nez par sa race et son élégance. La palette est composée des arômes du cépage, avec ses notes caractéristiques de cassis, de cèdre, de fumé et parfois de poivron (s'il s'agit de poivron vert, la maturité a certainement été insuffisante), mélangés aux arômes nés de l'élevage en barrique. Lorsque le vin a été élevé dans du bois neuf, apparaissent des nuances de vanille et de cannelle, des notes empyreumatiques de grillé, de cacao ou de bois exotique, de boîte à cigares et d'épices rares.

• Le merlot du Languedoc présente un nez plus simple. Axés sur des fruits rouges surmûris, voire à noyau, et pouvant aller jusqu'aux fruits à l'alcool, les arômes se définissent par une belle chaleur et une grande maturité. On se rapproche de la palette aromatique des autres variétés cultivées dans la région et il est évident que le climat s'impose au cépage. Les notes de garrigue et d'épices orientales sont parfois dominées par une composante très chaleureuse.

• Le pomerol dévoile un nez d'une générosité plus contenue, qui sait allier puissance et élégance. Avec des notes de fruits rouges très mûrs, de pruneau mêlé de cuir, parfois d'accents viandés, dans bien des cas de nuances de sous-bois et de champignons qui peuvent aller jusqu'à la truffe, le cépage réalise ici tout son potentiel. Allié aux arômes engendrés par un séjour en fût, le nez de ce merlot est complexe, souvent très puissant, et donne une impression d'onctuosité et d'opulence.

Des tanins aux grains fins

• Le cabernet-sauvignon du Languedoc présente une structure bien bâtie et une concentration moyenne : les tanins apparaissent d'emblée comme l'ossature du vin. Sur cette ossature, une chair bien fruitée, aux notes évidentes de bonne maturité, donne une impression de charnu et de volume. La finale met en valeur des tanins mûrs, qui laissent sur une note épicée.

• Le cru bourgeois du Haut-Médoc laisse parler sa race en bouche. La chair présente une trame fine et de grandes qualités aromatiques. L'équilibre se traduit par une bonne densité fruitée, soutenue par une acidité rafraîchissante et une puissance tannique imposante. Les tanins du cabernet-sauvignon peuvent paraître sévères dans les vins jeunes : leur archi-

Toutes les qualités du merlot sont magnifiées par le terroir argileux de Petrus qui en a fait l'un des plus grands vins du monde.

tecture très classique imprègne la bouche. Le grain de ces tanins indique la qualité du cru : à gros grain cru secondaire, à grain fin cru supérieur ! Enfin, la finale persistante reproduit toute la gamme aromatique de la bouche, mélange de cassis et d'arômes boisés. Il est bien évident que seul le temps peut venir à bout de cette virilité tannique.

• Le merlot du Languedoc présente une bouche alanguie, très chaleureuse : fruité mûr, notes de pruneau, vinosité intense font la générosité de ce vin. Les tanins semblent ici très fondus, épicés et à grain fin. Ils participent à l'impression de suavité. Il s'agit d'un bon vin de soif, facile à boire, mais qui prouve que le merlot voyage moins bien que le cabernet-sauvignon.

• Le pomerol, en revanche, démontre toutes les qualités de ce cépage dans sa région d'origine. La bouche est d'une onctuosité dense et charnue, avec une trame satinée, une puissance fruitée qui explose, un gras qui tapisse le palais. Les tanins sont d'une nature totalement opposée à ceux du cru bourgeois du Haut-Médoc. Gras, fondus, ils semblent moins puissants. Et pourtant, à l'analyse, il y a autant et parfois plus de tanins dans ces vins que dans les précédents. Ils assurent la garde mais ne se montrent pas. Plus baroques que classiques, ce sont des tanins de plaisir.

Cépage phare de l'AOC pomerol (ci-dessus Vieux-Château Certan), le merlot a été adopté par les vignerons des coteaux du Languedoc. Moins acide que le cabernet-sauvignon, il connaît une progression limitée dans les pays viticoles chauds.

Pinot noir et syrah : le

Pinot noir, amateur des climats frais, et syrah, adepte des régions chaudes… Cette dégustation est celle des grands contrastes entre des régions viticoles, des climats, des vignes et des vins. Entre ces deux cépages, l'amateur passe d'un antipode à l'autre. La séance se déroulera autour de deux pinots noirs, l'un d'Alsace, l'autre de côte-de-nuits-villages, puis de deux vins de syrah, un cornas et un vin de pays du Languedoc.

Achat et préparation des bouteilles

Les bouteilles de pinot noir d'Alsace et de vin de pays du Languedoc seront choisies dans le même millésime récent. Le choix ne manque pas et le caviste saura conseiller les produits les plus typés. Pour le côte-de-nuits-villages, on préfèrera un millésime bien mûr : le 1990 serait parfait, mais il commence à se faire rare et coûte donc relativement cher. Un cornas du même millésime permet la comparaison. S'il n'est pas d'usage de décanter les vins de pinot, les deux syrahs gagneront à être mises en carafe une heure avant la dégustation. On servira les deux vins de pinot à une température de 17 à 18 °C, et les vins de syrah à 18-19 °C. La dégustation pourra s'effectuer par paires. On commencera par le pinot noir d'Alsace et le vin de pays du Languedoc, puis on examinera le côte-de-nuits-villages et le cornas.

Un simple regard suffit

On ne peut trouver des vins plus différents dès leur approche.

• Le pinot noir d'Alsace est considéré comme un vin rouge, mais sa couleur est particulièrement pâle. Est-ce un rosé soutenu ou un rouge très clair ? Nul ne saurait trancher. Soulignons cependant la qualité de cette robe printanière. Vive, franche, avec des notes cerise, c'est une couleur qui repose et qui donne envie de boire à grandes lampées.

• La robe du côte-de-nuits-villages est plus soutenue, mais n'est jamais très profonde. Le pinot est naturellement peu coloré et il serait injuste de considérer cette caractéristique comme un défaut. On peut cependant trouver des robes de pinot plus denses, comme en témoignent les vins issus de très faibles rendements ou certaines bouteilles obtenues par les meilleurs vinificateurs bourguignons qui parviennent à dépasser cette fatalité.

• Les vins de syrah présentent au contraire des robes très sombres, avec des reflets violets, d'encre.

L'UN BÂTI SUR SON FRUIT ET SA DÉLICATESSE, L'AUTRE SUR SA STRUCTURE ET SA PUISSANCE, CES CÉPAGES POSSÈDENT UN GENRE GRAMMATICAL À L'OPPOSÉ DE LEURS QUALITÉS : PINOT MÉRITERAIT BIEN D'ÊTRE FÉMININ ET SYRAH MASCULIN. LES GRAMMAIRIENS NE SAURAIENT-ILS PAS DÉGUSTER ?

Le pinot noir (ci-dessus), cultivé en Bourgogne depuis le IVe siècle, et la syrah (en haut), implantée dans la vallée du Rhône à l'époque romaine. À droite, le vignoble de Premeaux-Prissey et les terrasses de Cornas.

• Le vin de pays du Languedoc et, davantage encore, le cornas ont des couleurs profondes, denses, avec toujours cette note de jeunesse, cette composante bleutée qui peut persister très longtemps, même dans des vins plus âgés.

Fruits ou épices

• Le pinot noir d'Alsace présente une gamme aromatique très attrayante. Entièrement axé sur un fruité franc et frais, c'est un nez fringant, avec des arômes de petits fruits rouges (cerise et groseille) égayés de quelques notes épicées.

• Le côte-de-nuits-villages exprime toute la complexité du pinot noir à maturité et toute sa finesse. Très intense, d'une grande puissance fruitée, la palette aromatique est large. La griotte, la fraise cuite, le cassis servent de pivot. Ces arômes s'entourent de notes d'épices douces, de cuir, de sous-bois et de bois précieux. Un vrai vin aromatique que l'on ne se lasse pas d'analyser.

• Le vin de pays du Languedoc exprime une syrah cultivée sous le soleil de cette contrée. Généreux, opulent, le nez est marqué par les fruits noirs très mûrs, presque caramélisés, relevés d'une belle puissance épicée. La présence de l'alcool peut se faire sentir en donnant de la chaleur à ce bouquet qui sait exprimer toutes les senteurs de la garrigue.

• Le cornas est un vin plus élégant. Les notes de violette donnent le ton, avant d'être relayées par du cassis, de la myrtille et des accents viandés. Puis, le poivre fait son entrée en scène. Très caractéristique de la syrah cultivée dans cette zone septentrionale de la vallée du Rhône, cette note poivrée est une signature. Puissant, d'une belle complexité, ce nez original permet de reconnaître immédiatement les vins de cette région dans une dégustation à l'aveugle.

Légèreté ou puissance

Les vins peuvent être classés en deux groupes radicalement opposés.

• Le pinot noir d'Alsace présente une structure légère, souple, peu de matière mais une belle présence aromatique et un équilibre reposant sur une bonne fraîcheur qui vient compenser la modestie des tanins. Plus rosé que rouge, c'est un vin fringant, dont le fruit et la sincérité immédiate font merveille sur les plats de charcuteries dont les Alsaciens ont le génie.

• Le côte-de-nuits-villages dévoile une architecture plus complexe. Dans les vins de pinot, la puissance

féminin et le masculin

tannique ne doit pas être analysée comme dans un vin de cabernet, par exemple. Bien qu'elle puisse être aussi sensible, elle s'exprime différemment. On peut parler ici de tanins sous-jacents, tapis au fond du verre. Leur grain est si fin qu'ils peuvent sembler absents à un dégustateur habitué à l'astringence du Sud-Ouest. Ils se révèlent dans la finale en soulignant une structure, une carrure qui paraissait effacée en début de dégustation. Très charnu, souple et velouté, ce vin est élégant. Sa complexité aromatique est propre au pinot noir cultivé sur les meilleurs terroirs de Bourgogne. Choisi dans ce millésime 1990 mûr et bien ensoleillé, il présente une belle expression et un fondu très harmonieux. On peut boire dès à présent ce 1990 très séducteur, mais quelques années de garde conduiront encore à plus de race et de complexité.

• Le vin de pays du Languedoc est un bon exemple de ce que peut produire le cépage syrah sous le soleil. Puissant, tannique, généreux en bouche, ce vin est indiscutablement méridional, mais il associe sa chaleur et son exubérance à une structure rigoureuse et bien bâtie. On comprend que nombre d'appellations comme les corbières, le minervois ou les coteaux-du-languedoc aient introduit la syrah pour épauler les grenache et carignan traditionnels. On peut boire ce vin dès à présent pour profiter de sa fraîcheur aromatique et de son fruité mûr et séduisant.

• Le cornas est à l'évidence un vin de grande structure. Dès sa mise en bouche, sa puissance tannique s'impose. Très charpenté, avec une chair fruitée qui vient occuper tout le volume de la bouche, cette syrah dévoile une matière dense et concentrée. Les arômes du nez se retrouvent en finale : une puissance épicée et poivrée explose dans une longueur aromatique qui ne se laisse pas dominer par la longueur structurelle. Pourtant, les tanins jouent les ténors de la chorale, avec une race qui signe une aptitude à la longévité assez évidente. Le charnu, le gras et le fruit très mûr du millésime 1990 permettent de boire ce vin dès à présent, mais il serait dommage de ne pas attendre que naisse sa vraie complexité. Dix ans de patience seront alors récompensés par une très grande bouteille.

Grenache et mourvèdre

CAP PLEIN SUD ! GRENACHE ET MOURVÈDRE SONT DEUX CÉPAGES QUI NOUS VIENNENT D'ESPAGNE ET QUI SE SONT ACCLIMATÉS À TOUT LE POURTOUR MÉDITERRANÉEN. FRÈRES DE SANG, ILS SONT POURTANT TRÈS DISSEMBLABLES.

Deux cépages méridionaux : le grenache, ici à Châteauneuf-du-Pape (en haut à droite), et le mourvèdre de Bandol (ci-dessous) planté en bord de mer.

L'un fait la générosité des châteauneuf-du-pape, l'autre l'architecture des bandol. Toutefois, grenache et mourvèdre parlent avec le même accent, celui des cigales ou des bartavelles de Pagnol. On dégustera un châteauneuf-du-pape jeune, un châteauneuf-du-pape de dix ans, un bandol jeune et un bandol de dix ans.

Achat et préparation des bouteilles

Le caviste sera d'une aide précieuse. Il faut en effet choisir un châteauneuf-du-pape très riche en grenache et un bandol qui privilégie le mourvèdre dans de fortes proportions. À Châteauneuf-du-Pape, Château Rayas est un pur grenache. À Bandol, les Châteaux Pibarnon et Pradeaux comptent près de 90 % de mourvèdre. Néanmoins, on peut trouver des domaines dont les vins, moins onéreux, se prêteront parfaitement à l'exercice. Pour les vins jeunes, on optera pour le dernier millésime sur le marché. Les vins seront servis à 18 °C afin d'atténuer leur force alcoolique. Les vins jeunes seront décantés une heure avant la dégustation, tandis que les vins âgés seront servis directement de la bouteille, ouverte à l'avance.

De l'intensité

- Le châteauneuf-du-pape jeune présente une robe profonde, d'une belle densité. La teinte rubis franc peut prendre quelques accents précoces d'évolution. La frange vire rapidement au vermillon, puis au rouge brique.
- Le châteauneuf-du-pape de dix ans, tout en gardant une bonne intensité colorante, dévoile un caractère tuilé caractéristique du grenache. La teinte prend des notes de bois exotique, notamment d'acajou.
- Le bandol jeune est d'une grande intensité colorante. Le mourvèdre est très riche en anthocyanes. La composante pourpre est dominante. Dense et sombre, ce vin possède une robe presque opaque, brillante.
- Le bandol de dix ans dévoile une robe très intense. Celle-ci a pris des accents rubis sombre, mais ne montre toujours pas de signe d'évolution apparent. Le mourvèdre a des propriétés antioxydantes qui se révèlent ici par la jeunesse de sa couleur. Seule sa densité a un peu faibli, ce qui lui donne plus d'éclat et de transparence.

Deux tempéraments aromatiques

Si le grenache attaque sa vie aromatique en fanfare, avec des arômes exubérants, le mourvèdre avance dans la vie à visage masqué. Il lui faudra du temps pour divulguer sa palette de senteurs. Grenache extraverti et mourvèdre introverti sont les deux facettes de la personnalité des vignobles du Grand Sud.

- Le châteauneuf-du-pape jeune a un nez que l'on pourrait comparer à une corbeille de fruits très mûrs, à l'un de ces compotiers que l'on laisse sur une table de salle à manger en été et qui prennent vite des arômes confiturés. La première impression olfactive est dominée par la présence de l'alcool. Aussi la dégustation doit-elle s'effectuer à température peu élevée. Les fruits à l'eau-de-vie, le pruneau, la cerise très mûre, la fraise écrasée donnent au nez du châteauneuf-du-pape une puissance fruitée et des notes de grande maturité. Quelques senteurs épicées, fumées ou à peine viandées peuvent apparaître déjà, mais c'est bien le fruit qui domine l'ensemble.
- Dix ans plus tard, les arômes tertiaires s'imposent. Des notes de gibier, de venaison, d'épices douces et de fruits macérés dans l'eau-de-vie font la complexité de la palette aromatique. Des accents de garrigue, d'herbes odorantes, des nuances balsamiques et réglissées viennent compléter la gamme. Si l'on a la chance de trouver une bouteille plus âgée (de quinze à vingt ans), on constatera que le vin passe par une troisième phase : c'est le retour d'un fruité intense, mais d'un fruité "inventé" par le vin.

l'extraverti et l'introverti

• Le bandol de prime jeunesse a un nez plus réservé. Assez discret, il ne livre ses arômes qu'avec parcimonie. On peut cependant distinguer un fruité très mûr, avec des notes de cassis et de réglisse, auquel s'ajoute un caractère épicé sous-jacent.

• Dix ans plus tard, le mourvèdre a pris la mesure de son potentiel aromatique. Le nez est opulent, avec des accents viandés sauvages, une foison de fruits noirs, des arômes de goudron, de réglisse. En outre, une formidable puissance épicée vient relever le tout. Ce nez très intense est d'une sensualité et d'une jeunesse étonnantes. Une grande palette de caractère qui signe les accordailles parfaites entre un cépage et un terroir.

Rond ou carré

• Le châteauneuf-du-pape jeune impose d'entrée sa générosité. Attaque ronde et chaleureuse, volume bâti sur le moelleux et la chaleur, tanins gras et arrondis : le caractère sudiste est évident. On retrouvera en bouche la belle composition fruitée de la palette aromatique ; quelques épices commencent à se développer. Suave, déjà satiné, ce vin ample et opulent demande à s'affiner.

• Le châteauneuf-du-pape de dix ans exprime bien la complexité aromatique du grenache de cet âge, soutenue par une puissance en bouche qui a perdu de son agressivité. La générosité est ici bien mariée à des tanins gras. Les côtés venaison et épices des arômes viennent tempérer la chaleur du vin. Très long, épanoui, le châteauneuf-du-pape donne la pleine mesure de sa race. Certes, le grenache n'est pas ici le seul artisan de cette complexité, mais il forme l'assise du vin et contribue à son architecture.

• Jeune, le bandol peut surprendre par sa force tannique. Très carrée, avec un volume imposant, la bouche du bandol semble austère, voire muette. Il est vrai que la matière est concentrée et la structure robuste ; les tanins dominent l'ensemble.

On pourrait s'interroger sur la finesse de ce vin. Cependant, le grain serré, fin et bien bâti des tanins est déjà un signe de grande qualité. Dans d'autres situations, le mourvèdre peut donner des tanins durs et secs. Ce cépage est très exigeant sur les qualités de son terroir car il lui faut à la fois du soleil et de l'humidité.

• Âgé, le bandol donne l'image du mourvèdre parvenu à maturité. La grande structure tannique est toujours au rendez-vous, mais elle s'est fondue en laissant parler un beau volume gras et concentré, une palette aromatique semblable à celle du nez (fruits noirs et surtout épices, cuir, notes viandées). Le grain s'est encore affiné et donne une finale d'une belle longueur, puissante mais sans agressivité.

Marions-les !

Les qualités opposées de ces deux cépages peuvent être judicieusement mariées dans des assemblages. Le grenache apportera sa générosité et son gras, le mourvèdre sa structure et sa rigueur. Les arômes du grenache parleront de leur jeunesse, ceux du mourvèdre viendront se mêler au concert après quelques années. La tendance naturelle à l'oxydation qui caractérise parfois le grenache sera combattue par le rôle antioxydant du mourvèdre. C'est pour cette raison que l'on ajoute du mourvèdre à Châteauneuf-du-Pape (entre autres) et du grenache à Bandol.

Tannat et mondeuse : quand

L'UN EST PYRÉNÉEN, L'AUTRE SAVOYARD. TOUS DEUX CAMPENT SUR LE PIÉMONT DE MONTAGNES TERTIAIRES, SUR DES COTEAUX DONT L'HORIZON EST BARRÉ PAR DES LIGNES DE CRÊTES D'OÙ POINTENT DES SOMMETS ENNEIGÉS. ILS ONT LE CARACTÈRE RUDE MAIS CHALEUREUX DES HABITANTS DE CES VALLÉES ET SAVENT AUSSI, LORSQU'ILS RENCONTRENT LEUR VIGNERON RÉVÉLATEUR, DONNER DES VINS TRÈS EXPRESSIFS.

Le tannat.

La mondeuse.

Tannat et mondeuse sont des cépages jaloux. Si certaines variétés, comme le cabernet-sauvignon, sont peu sensibles aux différences de rendement et s'expriment avec plus ou moins de réussite, certes, mais avec la même personnalité (il suffit pour s'en convaincre de goûter des cabernets-sauvignons chiliens récoltés à plus de 150 hl/ha !), d'autres ne supportent pas d'être forcées. Pendant longtemps, on a considéré, à Madiran comme à Chambéry, que ces cépages ne pouvaient donner que des bouteilles rustiques, râpeuses. Il a fallu que certains vignerons, persuadés du contraire, s'appliquent à cultiver autrement. Avec de petits rendements, obtenus en cessant de fertiliser les sols, en procédant à une taille modeste et à une vendange verte, en favorisant la pleine maturité (ce qui est plus facile à obtenir sur des charges réduites), ils ont fait entrer ces cépages dans une sphère inconnue jusqu'alors. Le gras est apparu, les tanins se sont civilisés et la race s'est manifestée.
On dégustera un madiran jeune et un madiran de cinq ans, un vin-de-savoie mondeuse cru Arbin jeune et le même vin de cinq ans.

Achat et préparation des bouteilles

Si le madiran, devenu un vin très à la mode, est présent dans tout bon point de vente, les vins-de-savoie sont surtout vendus sur place. On pourra donc soit interroger son caviste, soit commander directement au producteur (ce sera d'ailleurs la seule solution pour trouver les millésimes âgés). Pour les deux vins jeunes, le millésime 1995 est sur le marché. Pour les millésimes plus anciens, 1990 ou 1989 donneront la pleine mesure des qualités des deux cépages arrivés à maturité. On choisira un madiran riche en tannat ou même une de ces cuvées élaborées à 100 % avec ce cépage. Dans tous les cas, les vins seront décantés une heure avant la dégustation et servis à 18 °C.

Des vins vêtus de noir

• Les vins jeunes présentent à l'œil des similitudes certaines : de franches teintes violacées, avec des intensités colorantes importantes. Le madiran se rapproche cependant de l'encre presque noire. Le crayon qui sert à mesurer l'intensité disparaîtra très vite derrière le verre.

• Pour la mondeuse, la gamme est plus large, suivant la maturité et la concentration de la vendange, mais la robe peut aussi se montrer très profonde et rappeler le jus de cassis écrasé.

• La robe du madiran de cinq ans a gardé cette note de jeunesse qui semble inoxydable. Toujours très intense, elle a perdu la teinte d'encre d'écolier, mais conserve une grande fraîcheur. Elle a gagné en éclat et l'on peut mieux juger de la limpidité de ce vin.

• La mondeuse du même âge suit le même rythme d'évolution, en gardant sa note bleue qui rappelle que ce cépage est plus ou moins cousin avec la syrah.

Fruits noirs et fond boisé

• Le madiran jeune présente une palette aromatique principalement axée sur les fruits noirs. C'est la mûre qui domine, alliée au cassis, à la myrtille, à la cerise noire. Ce nez serait un peu simple si des arômes de sous-bois et d'épices, des notes viandées et des nuances de cuir ne venaient se superposer au fruit. Dans le cas d'une cuvée 100 % tannat, il y a de grandes chances pour que le vin ait été élevé en barrique. On trouvera alors des arômes boisés, avec de la vanille, du cèdre, des notes de tabac blond. Toutefois, on pourra aussi déceler ces senteurs, à un degré moindre, dans des vins de tannat qui n'ont jamais été en contact avec la moindre douelle ! En effet, les arômes boisés apparaissent naturellement dans les vins de ce cépage et peuvent tromper le dégustateur le plus averti.

• La mondeuse présente des arômes assez voisins : le fruit noir est bien présent (cassis, griotte, framboise) et s'accompagne de notes de figue ou de pruneau si la vendange a atteint un bon degré de maturité. La note caractéristique des vins de ce cépage est cependant l'iris ; mi-florale mi-épicée, elle appose sa signature.

• Dans le madiran de cinq ans, les arômes ont eu le temps d'atteindre une bonne complexité. Pain grillé, froment, sous-bois, épices et fruits mûrs composent une palette variée, avec toujours une présence boisée mais qui a pu se fondre dans un ensemble harmonieux. Les notes de bois exotique, de tabac, de cannelle ne sont pas rares et donnent un grand caractère aromatique.

• La mondeuse de cinq ans a développé une élégance qui n'était pas apparente en vin jeune. Les notes fruitées sont devenues plus complexes ; les nuances de sous-bois, parfois de gibier, apparaissent ; les arômes d'épices, voire de poivre, se développent. Cette palette présente un beau caractère, preuve que les vins de mondeuse s'épanouissent au fil du temps. Ils sont, hélas, toujours bus trop tôt, sous la pression de la demande touristique.

les montagnes se rencontrent

Des cépages tanniques

Loin des gamay ou pinot, que l'on trouve d'ailleurs en Savoie, tannat et mondeuse donnent des vins de charpente.

• Le madiran jeune impose sa carrure dès l'attaque en bouche. Ample, c'est un vin massif et parfois austère. Si le fruité domine toujours la palette aromatique de la bouche, les tanins viennent vite marquer une trame serrée. Ces tanins peuvent être de nature variable suivant la maturité du raisin : herbacés ou secs si la vendange est peu mûre ou délayée, très structurés mais au grain affiné si le raisin a été cueilli mûr et concentré. Dans les deux millésimes conseillés, ce seront des tanins du second type. Le boisé, surtout s'il s'agit de barrique neuve, est dans ce cas très salutaire. Il enrobe ces tanins et les adoucit. Si, bien souvent, l'apport du bois durcit et sèche les structures tanniques, tannat et bois neuf font ici bon ménage.

• La mondeuse jeune présente la même architecture en bouche, avec peut-être plus de fruité primaire. Les tanins sont tout aussi rustiques en apparence ; leur grain demande à s'affiner. La force tannique peut être très importante dans les vins de mondeuse. Comme pour le tannat, la qualité de la vendange, la maturité et les rendements vont influer sans pitié sur la finesse et le gras des tanins.

• Le madiran de cinq ans prouve que les vins de tannat s'améliorent dans le temps. L'architecture anguleuse de la jeunesse a arrondi ses aspérités, le vin a réussi à fondre ses excès tanniques dans la rondeur et le gras. La palette aromatique de la bouche a pris des accents de cuir, d'épices, de sous-bois, et le boisé se fait presque oublier. Le vin a "digéré son bois" avec une aisance parfois étonnante, ce qui lui permet de développer une finale racée, longue.

• La mondeuse suit le même scénario. Même si elle est moins souvent élevée sous bois, elle offre une belle complexité et affine le grain de ses tanins. La sécheresse apparente de ses débuts se transforme en une structure imposante, certes, mais civilisée. Les arômes d'humus, de fruits compotés, d'épices orientales se développent sur un fond fruité. Un vin qui a débuté sa vie comme un paysan vêtu de coutil et qui, avec l'âge, a mis ses beaux habits du dimanche.

Le vignoble madirannais (en haut), planté en tannat, est à l'origine d'un "vin de seigneur, vieillissant fort heureusement", selon François Ier. En Savoie (en bas), la mondeuse est un cépage local de qualité, donnant de grands vins rouges charpentés.

Cinsault et carignan

On peut se demander comment le Languedoc s'est couvert de carignan à l'époque où l'on y produisait des vins de masse, alors que ce cépage est particulièrement tannique, peu aromatique et avare de son fruit. Il est de plus très sensible au mildiou et ne se prête pas aisément à la machine à vendanger. Ses hauts rendements et sa résistance à la sécheresse ont dû séduire les vignerons qui mélangeaient leur maigre liquide au solide vin d'Algérie. Cultivé dans ces conditions sur les sols trop riches de la plaine, le carignan ne peut offrir que des vins austères, sans aucun charme aromatique, affublés de tanins secs et amers.
Le cinsault, pour sa part, était autrefois le roi des cépages algériens. Assemblé ou vinifié en rosé, il a connu un grand succès. Les vins qui en étaient issus n'avaient ni vice ni vertu, encore moins d'ambition, si ce n'est celle de simples boissons alcooliques promises à une consommation des plus courantes.

Des cépages décriés

Ce sévère tableau explique le ghetto dans lequel les amateurs de bons vins ont enfermé les carignan et cinsault. Tous les décrets révisés des appellations languedociennes prévoient d'ailleurs une baisse du carignan au profit de cépages exogènes, venus pour la plupart de la vallée du Rhône ou de la Provence. Tomber dans ce travers serait se tromper de coupable. Ces deux cépages tant décriés ne portent pas le poids du péché. Le péché, il faut plutôt le chercher du côté du viticulteur !

Patience est mère de vertu

Chaque cépage ne s'exprime que dans certaines conditions de production : sols, climat, exposition, alimentation en eau, taille, rendements et vinifications. Au vigneron de révéler ses qualités. Le carignan a ses terroirs d'élection. Sur les sols maigres de coteaux, sur les schistes ou, mieux encore, sur les sols caillouteux des terrasses quaternaires de Boutenac, dans les Corbières, il jugule sa vigueur naturelle.
Il ne donne cependant de bons résultats que lorsque la vigne a atteint un certain âge, lorsque les racines plongent au plus profond du sous-sol et lorsque le pied de vigne s'autorégule vers des rendements inférieurs à 40 hl/ha. Tout vin issu d'un carignan trop jeune et planté sur un site inapproprié devient imbuvable. Le carignan est un cépage pour vigneron patient qui le plantera pour ses petits-enfants. La vinification semi-carbonique lui va bien ; elle exprime un fruit et des arômes qui, sans cela, ne seraient pas apparents. En outre, l'élevage sous bois enrobe des tanins qui pourraient laisser entrevoir un grain rustique et sévère.
Il en va de même du cinsault, dont la qualité peut aller du modeste vin de café au vin rouge de garde, selon les terroirs, l'âge des vignes et la philosophie du vigneron.
Il a trouvé sa terre d'élection dans le Minervois, sur des terrains d'altitude de grès siliceux adossés à la Montagne Noire, au-dessus du village de Trausse. Le cinsault aime les vinifications classiques, privilégiant les pigeages plutôt que les remontages ; il exprime mieux sa finesse et son fruit si l'on évite de le boiser.
Il ne reste plus beaucoup de ces vieilles vignes parfois centenaires. Les aides à l'arrachage, qui ne font aucun distinguo entre bons et médiocres terroirs, ne vont pas dans le sens de la conservation de ce patrimoine en péril. Seuls quelques vignerons lucides et passionnés tentent de préserver cet élément du vrai caractère des vins languedociens.

DU PASSÉ PEU GLORIEUX DES VINS DU MIDI, L'INSIPIDE ET PLÉTHORIQUE ARAMON PORTE UNE RESPONSABILITÉ HISTORIQUE QUI FAIT BIEN SOUVENT OMBRAGE À LA RÉPUTATION DU CARIGNAN ET DU CINSAULT. CES "PELÉS", CES "GALEUX" SONT, COMME DANS LA FABLE, ACCUSÉS DE TOUS LES MAUX. POURTANT, ILS PEUVENT DONNER DES VINS REMARQUABLES DONT L'ACCENT LANGUEDOCIEN CHANTE DANS LE VERRE.

Deux cépages aux arômes expressifs : le cinsault (en haut) donne un minervois au nez floral et aux notes de fruits rouges ; le carignan (en bas) apporte au corbières une palette plus épicée.

Achat et préparation des bouteilles

On dégustera un minervois 1994 du domaine Capitelle de Centeilles et un corbières Cuvée Romain Pauc 1994 du domaine La Voulte-Gasparets. Ces vins sont des monocépages, l'un de cinsault, l'autre de carignan, tous deux issus de très vieilles vignes. Le premier est un vin de cuve, le second est élevé en barrique. Ils seront dégustés à 18 °C et gagneront à être décantés une heure avant.

L'annonce de la concentration

• Le minervois, issu du cinsault, présente une robe assez légère, avec de l'éclat, une belle couleur cerise, des reflets encore jeunes, des larmes abondantes qui dénotent une belle richesse.
• Le corbières est très sombre, cerise noire aux reflets encore bleus. La densité de la robe annonce une concentration que la suite de la dégustation ne va pas démentir.

Un nez de caractère

• Le minervois dévoile un nez intense, élégant. La présence florale (violette, rose) atténue la puissance des fruits rouges mûrs. Fraise, framboise, et groseille se mêlent à une discrète présence épicée, à quelques

essai de réhabilitation

accents de sous-bois et à une note réglissée. Un nez racé, aux antipodes des arômes souvent lourds typiques des vins de cette région.

• Le corbières présente un nez opulent. Fruits noirs (cassis, myrtille), épices du bois (vanille, cannelle, tabac), senteurs de sous-bois (champignon et feuilles mortes), herbes de garrigue (laurier et romarin) forment une palette complexe et séduisante. Un nez ensoleillé et bien ancré dans son terroir.

Une matière fondue

• Le minervois est un vin équilibré dévoilant une présence fruitée en bouche qui rappelle la grenadine, une densité qui se cache derrière une trame lisse, satinée, avec des tanins au grain très fin. Qui pourrait imaginer que ce vin est élaboré au cœur du Languedoc en découvrant cette sveltesse et cette longueur sur un fruité pur et sur des notes d'épices douces et de réglisse ?

• Le corbières fait parler sa richesse dès l'attaque. Gras, imposant, c'est un vin de structure offrant une grande concentration, une expression aromatique marquée par la maturité du fruit et les épices du bois qui se marient harmonieusement. Les tanins, d'ordinaire si rustiques pour des carignans de bataille, sont ici d'une grande puissance mais veloutés. Aucune sécheresse ou astringence : ce sont des tanins de vieilles vignes, polis par les années et présentés dans leur écrin de bois précieux. La longueur est au rendez-vous, dans une succession de sensations fruitées et épicées.

Et l'avenir ?

Ces vins sont-ils bâtis pour vieillir ? Seule l'expérience peut le dire. Si l'amateur débouche une bouteille de Capitelle de Centeilles 1991, il sera étonné par la densité qu'elle a pu acquérir, comme si elle s'était remplie au cours du temps. Le fruit a évolué vers la cerise à l'eau-de-vie ; l'attaque est tout en douceur et les tanins n'ont pas pris une ride. Le charme juvénile s'est transformé en sérénité.

La Cuvée Romain Pauc 1989, pour sa part, est devenue plus complexe ; des notes de gibier, de garrigue brûlée par le soleil sont apparues. En outre, le boisé s'est fondu dans une bouche charnue, toujours aussi structurée, et les tanins clament désormais haut et fort que, bien né et bien élevé, le carignan peut parfaitement affronter le temps. Puisse cette dégustation inciter les vignerons du Languedoc à garder leurs vieux cépages.

De l'Aude jusqu'aux contreforts de la Montagne Noire, s'étend le vignoble du Minervois (en haut). Depuis les bords de la Méditerranée, les Corbières s'enfoncent dans les terres, vers les montagnes (en bas).

Les trois sélections de grains nobles

Le climat alsacien présente un paradoxe qui peut étonner un profane : il tombe moins de pluie à Colmar qu'à Perpignan ! La configuration géographique du vignoble explique cette anomalie. La barrière des Vosges, qui abrite la plaine du Rhin des vents de l'ouest, arrête les précipitations qui tombent en abondance sur le versant ouest du massif. Elle induit un effet de foehn, vent chaud et sec, sur les coteaux alsaciens qui occupent son versant est, en augmentant le caractère continental du site. Ce microclimat est très favorable à la maturation des raisins, même si le cépage est tardif, comme le riesling. La bonne exposition, l'altitude de la vigne sur le coteau et la capacité du sol à emmagasiner la chaleur des rayons solaires viennent moduler cette tendance générale. De même, l'influence des sources d'humidité – cours d'eau qui descendent du massif vosgien et Rhin – vont donner naissance à des brouillards matinaux vite dissipés l'après-midi dans ce climat sec. Un scénario écrit pour une star, une diva capricieuse qui ravit les amateurs d'"opéras liquoreux", la pourriture noble ou *Botrytis cinerea*.

De la rareté à la mode

Autrefois présentées comme des raretés, élaborées uniquement dans des millésimes d'exception, les sélections de grains nobles étaient l'apanage des grandes maisons, Hugel faisant figure de pionnier en la matière. Presque introuvables et d'un prix astronomique, ces bouteilles ne circulaient qu'entre amateurs éclairés… et fortunés ! Les années quatre-vingt connurent une extraordinaire succession de millésimes ensoleillés et virent fleurir dans toutes les bonnes maisons des sélections de grains nobles d'un niveau remarquable. Souvent vendues en demi-bouteilles pour être plus abordables, ces cuvées à tirage très limité sont apparues sur les tables à la mode. Si les sélections de grains nobles de pinot gris ou de gewurztraminer se trouvent désormais chez tous les bons cavistes et à la carte des restaurants qui se soucient de leur clientèle, les sélections de grains nobles de riesling demeurent exceptionnelles. Ce cépage a, en effet, du mal à prendre le *Botrytis*. Les réussites sont peu nombreuses en la matière.

Une discipline rigoureuse

La mention "Sélection de grains nobles" est contrôlée avec une extrême rigueur. Depuis le décret de 1984, les cépages sont limités aux quatre variétés nobles alsaciennes : riesling, pinot gris, gewurztraminer, ainsi que le muscat qui reste anecdotique. La déclaration doit être faite à la vendange et l'INAO vient contrôler la richesse du moût au pressoir. Pour les sélections de grains nobles, celle-ci doit être supérieure à 15,1 degrés d'alcool potentiel pour le riesling (256 g/l de sucre), 16,4 pour le pinot gris et le gewurztraminer (279 g/l de sucre). Aucune chaptalisation n'est autorisée, contrairement au Sauternais où cette pratique est admise dans certaines conditions. Un agrément supplémentaire est exigé avant la commercialisation, qui vient doubler l'agrément général alsace.

LES TROIS GRANDS CÉPAGES ALSACIENS RIESLING, PINOT GRIS ET GEWURZTRAMINER PRODUISENT DES SÉLECTIONS DE GRAINS NOBLES DANS DES STYLES DIFFÉRENTS, CHACUNE AVEC SA PERSONNALITÉ, CHACUNE AVEC SON INTERPRÉTATION DE LA POURRITURE NOBLE ET DE LA LIQUEUR QUI EN RÉSULTE.

Riesling Hugel Sélection de grains nobles 1988

Une robe bouton d'or, éclatante, sans le reflet vert caractéristique du riesling. La matière est dense et le vin coule de la bouteille avec une viscosité moyenne ; il laisse sur le verre des larmes abondantes qui s'écoulent lentement. Les arômes intenses sont caractérisés par une grande élégance : notes de miel, de coing confit, de pain d'épice, de figue sèche, de zestes d'agrumes, avec une petite touche pralinée, le tout dans un registre léger et aérien. Une délicatesse qui donne race et noblesse à ce nez d'anthologie. La bouche, svelte et élancée, présente une

: un dialogue cépage-*Botrytis cinerea*

richesse mesurée, soulignée par une ligne fraîche et vive qui donne au vin beaucoup d'éclat. La finale est équilibrée entre nervosité et liqueur, et les notes surmûries ne sont jamais dominantes ; la minéralité du riesling paraphe le style. Une rareté où le cépage et le *Botrytis cinerea* dialoguent à armes égales ; une conversation littéraire entre gens distingués et qui n'est pas prête de se tarir.

Tokay-pinot gris Hugel Sélection de grains nobles 1989

Une robe dorée offrant une touche ambrée. Le vin présente dès l'examen visuel une densité peu commune. Les larmes qu'il laisse sur le verre descendent lentement, en s'accrochant à la paroi. Le nez opulent, d'une extrême richesse, exprime un caractère dominateur. Très botrytisé, ce millésime est un modèle. Pâte de coings, miel, notes grillées qui vont de la croûte de pain au cacao, pain d'épice, abricot sec composent une corbeille de douceurs d'une grande personnalité. La bouche, énorme, ample, dévoile une réelle structure et un équilibre d'école : la grande puissance liquoreuse n'est en aucune façon pâteuse ou excessivement lourde ; la structure et l'acidité donnent du relief et de la gaieté. Très aromatique, la finale se prolonge indéfiniment dans une queue de paon qui mêle la

Des brouillards matinaux, des après-midi ensoleillées, le* Botrytis cinerea *n'a plus qu'à œuvrer.

C'est dans l'un des villages les plus typiques de l'Alsace septentrionale, à Riquewihr (à droite), que s'est installée la maison Hugel.

palette des senteurs du nez à une complexité et à une race tout en finesse : le *Botrytis cinerea* et le cépage chantent ici à l'unisson. Un miracle d'équilibre.

Gewurztraminer Hugel Sélection de grains nobles 1989

Une robe jaune d'or soutenu présentant de l'éclat et un disque très brillant. Visqueux au service, le vin laisse des larmes abondantes sur la paroi du verre, larmes grasses qui coulent avec lenteur. Le nez est à la mesure de la réputation du cépage : exubérant, voire extravagant. La palette est d'une complexité et d'une force inouïe : miel, melon, rose fânée, agrumes confits, miel, praline, amandes grillées… Les notes muscatées pointent leur nez, alliées au fruit séché – comme la figue ou la datte – et à une ligne épicée d'où il est bien difficile d'extraire une espèce plutôt qu'une autre, mais qui pimente le tout avec bonheur. Un mélange des caractères du *Botrytis* et du cépage ; un cocktail assez explosif. La bouche, très aromatique, riche et onctueuse, offre une grande profondeur, une opulence et un gras de nectar. *Botrytis* et gewurztraminer jouent une partition où la basse le dispute au baryton. La finale n'est pas en reste : sa longueur exceptionnelle décline toutes les richesses de ce vin qui ne peut se résoudre à abandonner le palais.

Petite école des terroirs

"Seul dans le domaine végétal, le vin permet à l'homme de comprendre la véritable saveur de la terre", a écrit Colette.

L'initiation aux terroirs constitue une source infinie d'exercices. La difficulté et la complexité du sujet imposent de procéder par étapes. L'approche première consistera, pour chaque région, à étudier les interactions d'un cépage avec des types de sols ou des microclimats différents : riesling sur les divers terroirs alsaciens, sauvignon sur les sols du Centre, syrah en hermitage et crozes-hermitage, cabernet et merlot en Libournais, chardonnay à Limoux, etc. On pourra alors se rendre compte de l'empreinte des conditions naturelles sur le profil de dégustation d'un vin monovariétal. Certains cépages gardent une ligne constante, d'autres sont de véritables caméléons. On pourra surtout vérifier l'influence des divers paramètres de l'équation de la qualité.

La multiplication des facteurs (plusieurs cépages dans l'assemblage, ensemble de sols, diverses méthodes de vinification) sera ensuite abordée pour chaque région en essayant chaque fois de dégager ce qui fait le caractère sui generis *de cet ensemble complexe qui répond à la notion de terroir. Cette promenade au sein des appellations françaises est loin d'être exhaustive ; chaque dégustation ne représente qu'un éclairage particulier sur tel ou tel aspect de la production de la région considérée.*

L'étude systématique de l'évolution du vin avec l'âge, enfin, donnera l'occasion de préciser l'apport du vieillissement dans l'expression d'un caractère et d'un style, de même que la comparaison entre un grand et un petit millésime permet de vérifier la résistance du terroir ou le savoir-faire du vigneron.

Les bouteilles commentées ont été choisies pour leurs caractères bien marqués. Elles ont été sélectionnées dans un millésime défini. Il pourra arriver, hélas, qu'au moment de la lecture de cet ouvrage tel vin ne soit plus disponible. Les exercices pourront néanmoins être réalisés en se procurant des bouteilles chez le même producteur, dans un millésime de style comparable. Certains vins très âgés sont introuvables chez les cavistes ; on ne peut les déguster qu'à la propriété ou chez un collectionneur. Le commentaire sur ces raretés ne figure dans ce livre que pour révéler au lecteur le style que prend le vin avec l'âge et l'inciter à laisser vieillir ses bouteilles.

Le riesling alsacien et ses terroirs

Vigoureux et productif, le riesling aime les maturations lentes. Tardif, il a besoin d'une exposition sud, de sols chauds et de rendements raisonnables pour exprimer son potentiel aromatique et équilibrer son acidité malique par un taux de sucre important. Les grands crus alsaciens lui donnent l'occasion de s'exprimer au travers de styles différents.

Sur des sols de grès

Grand cru kitterlé

Autour d'un éperon et sous des expositions très différentes, ce grand cru est assis sur des sols issus de grès vosgiens ; des conglomérats de quartz alternent avec des micas et des lentilles argileuses. Kitterlé bénéficie d'un microclimat chaud, abrité des vents du nord.

Domaines Schlumberger grand cru kitterlé 1991. Une robe doré intense. Le nez minéral et épicé dévoile aussi des notes de fruits blancs assez discrètes. La bouche est vive et au fruité nerveux ; la finale offre des arômes très minéraux et quelques accents miellés. Ce vin demande du temps pour s'exprimer.

Domaines Schlumberger grand cru kitterlé 1988. Une robe dorée. Le nez, épanoui, présente une belle maturité fruitée, des notes balsamiques qui se marient au minéral, celui-ci ayant évolué vers des nuances de naphte. La bouche, ample, possède de la matière et du fruit mais garde ce côté strict, confirmé par une finale presque tannique. Un vin élégant et complexe.

Sur des sols marno-sableux

Grand cru saering

Saering se trouve sur un sous-sol calcaire, avec des strates de grès et de marnes, l'ensemble présentant une dominante marno-sableuse. Exposé au sud-est, il jouit d'un bon ensoleillement.

LE RIESLING, GRAND CÉPAGE RHÉNAN, EST TRÈS PLASTIQUE. FRINGANT ET AROMATIQUE, IL SE LAISSE INFLUENCER PAR LA NATURE DU SOL QUI LE NOURRIT ET PEUT OFFRIR DES VINS DE STYLES TRÈS VARIÉS. UN CÉPAGE RÉVÉLATEUR DE SON TERROIR, À CONDITION QU'IL Y SOIT CONDUIT À PETITS RENDEMENTS.

Domaines Schlumberger grand cru saering 1991. Une robe paille soutenu ; un nez de fleurs lourdes (lys), de fruits blancs, d'épices légères. La bouche a un joli fruité net, une structure harmonieuse marquée en finale par une vivacité un peu citronnée. Ce vin svelte et élégant commence à s'exprimer.

Domaines Schlumberger grand cru saering 1990. Une robe paille doré ; un nez riche, miellé, ponctué de zestes d'agrumes, de fleurs blanches et d'une note de naphte. La bouche, ample, offre du gras et une belle richesse de constitution ; la finale reste fraîche et confère beaucoup de jeunesse à l'ensemble. Belle longueur sur le fruit.

Sur des sols marno-sableux

Grand cru schlossberg

Le superbe coteau abrupt qui domine Kaysersberg, exposé plein sud, est formé de sols granitiques. La couche arable étant peu épaisse, les racines doivent plonger profondément dans les arènes sablo-granitiques légères mais riches en éléments minéraux. La qualité du cru schlossberg a été reconnue dès 1975. L'exposition plein sud et un sol pauvre favorisent tous les cépages, mais le riesling atteint ici des sommets.

Domaine Weinbach grand cru schlossberg Cuvée Sainte Catherine 1995. Une robe paille à reflets verts ; un nez très frais, complexe : notes florales élégantes, fruits blancs à noyau, pêche de vigne, pomme verte, fleur d'acacia. Beaucoup de fruit en bouche, relevé par une pointe de gaz. La finale joyeuse et pleine développe une belle richesse aromatique. Ce vin fringant, déjà expressif, offre une admirable expression d'un riesling enjoué.

Domaine Weinbach Cuvée Sainte Catherine 1990. *(La mention "Grand Cru" n'apparaît pas à l'époque sur l'étiquette.)* Une robe dorée, vive. Un fruit très mûr, accompagné de miel, d'épices douces, d'une petite note sauvage pimentée par un côté naphté et balsamique qui constitue la complexité et la signature du cépage. La bouche est structurée ; elle présente une architecture presque tannique, un fruité dense et épicé, une finale puissante et minérale d'une belle longueur. Un vin racé.

Sur des sols argilo-calcaires

Grand cru altenberg-de-bergheim

Sur la face sud du Grasberg, ce grand cru, exposé plein sud, est situé sur le champ de failles de Ribeauvillé, où se superposent marnes et calcaires. Le sol y est essentiellement argilo-calcaire, rouge. Le microclimat chaud et sec est propice à la maturation.

Domaine Marcel Deiss grand cru altenberg-de-bergheim 1993. Une robe paille assez pâle ; le nez s'exprime sur les fruits confits, complétés de jolies notes florales et d'une pointe minérale (graphite) qui se mêle à des arômes de pamplemousse. La bouche est ample, séveuse, bien structurée et d'une opulence retenue ; le fruit mûr exprime sa plénitude et sa fraîcheur. Agréable finale où des notes citronnées rafraîchissent une matière dense. Un vin qui commence à peine à s'épanouir.

Domaine Marcel Deiss grand cru altenberg-de-bergheim vendanges tardives 1988. Une robe doré intense. Un nez très mûr de fruits confits, de cire d'abeille, de miel, d'écorce d'orange ; l'abricot apporte la signature aromatique du *Botrytis cinerea*. Ample, la bouche a du fond, une structure classique entre vivacité et richesse. Bel équilibre qui rend ce vin attrayant La finale élégante exprime bien la maturité du raisin.

Sur des sols marneux

Grand cru schoenenbourg

Ce grand cru domine Riquewihr. Son exposition sud convient parfaitement à la maturité du riesling (ce n'est pas un hasard si l'on y élabore souvent des vendanges tardives ou des sélections de grains nobles). Le sol est constitué de marnes gypseuses et irisées, avec des épandages de cailloux siliceux et gréseux.

Domaine Marcel Deiss grand cru schoenenbourg 1993. Une robe assez pâle ; un nez discret où le fruit mûr, les notes minérales, le poivre, la viande fumée jouent leur partition. La bouche est rigoureuse, verticale. Sur une structure encore austère, le fruit ne perce que légèrement. Le corps est ample et corsé, la matière est dense, mais ce vin de grand avenir demande de la patience.

Sur des sols granitiques

Grand cru brand

Le grand cru brand, au-dessus de Turckheim, est exposé sud-sud-est et repose sur des sols granitiques profonds, altérés en arènes sableuses, riches en micas noirs. Le riesling peut y exprimer tout son potentiel aromatique.

Domaine Zind Humbrecht grand cru brand 1990. Une robe dorée ; un nez fumé, ponctué de notes de fruits confits, d'épices douces et d'une touche de pétrole bien marquée. La bouche, ample et grasse, présente un bel équilibre et surtout une grande complexité aromatique. Ce vin est parvenu à maturité ; sa structure, fondue et racée, se prolonge dans une finale parfaitement équilibrée. Certes, ce grand cru est réputé pour ses rieslings qui s'expriment rapidement, mais dans un millésime de cette qualité, le vin a vieilli avec grâce.

Sur des sols volcaniques

Grand cru rangen-de-thann

Dernier grand cru au sud de l'Alsace, le rangen-de-thann est situé sur un ancien volcan. Avec sa pente abrupte, ses sols de roches volcaniques siliceuses ou de laves basiques, c'est un terroir unique (seuls quelques sols en Auvergne, en Provence et, surtout, dans les îles Lipari ou encore sur les pentes de l'Etna, du Vésuve ou de Madère peuvent lui être comparés). La maturation y est lente et propice à une grande finesse.

Domaine Zind Humbrecht Clos Saint Urbain grand cru rangen-de-thann 1995. Une robe dorée avec un léger reflet vert ; des arômes confits, un fruit dense (abricot, pêche de vigne), quelques accents grillés, du miel. Belle maturité ; finesse et complexité. La bouche est élégante, tendue ; le corps est à la fois svelte et dense. Le fruit est bien équilibré par une rigueur minérale caractéristique de ce terroir. La longueur exceptionnelle reprend la richesse aromatique de ce grand vin.

Sauvignon et sémillon dans les

Le terroir des graves porte le nom de ces cailloux roulés, quartz et silex déposés par le fleuve ou ses ancêtres, d'origine pyrénéenne glaciaire ou fluviatile, qui se sont accumulés au cours de l'ère quaternaire sur un socle de calcaire à astéries, vestige d'une ère secondaire où le territoire était recouvert par la mer. Ces épandages de graves en bandes parallèles au lit de la Garonne ont été ensuite remodelés par ses caprices et par les cours d'eau affluents en croupes plus ou moins marquées et séparées par de petites vallées. Ces hauts de croupes, plus nombreux dans l'aire septentrionale qui prend le nom de pessac-léognan, sont le berceau des vins rouges. En bas de pente, là où l'argile et le sable se mêlent aux graves ou sur le substrat calcaire décapé par l'érosion, les vignes blanches trouvent leur terroir d'élection. La dualité rouge-blanc en appellation graves est donc fondée sur un couple de terroirs différents.

Deux cépages qui se passent le relais

Le cépage traditionnel des vins blancs de graves est le sémillon. Une longue tradition de vins doux, influencée par la présence au sud de l'appellation des prestigieux vignobles des AOC barsac et sauternes, a longtemps marqué la région. Le sauvignon a été introduit plus tard, lorsque la mode s'est orientée vers les vins secs.

Ces deux variétés ont des caractères radicalement opposés. Tandis que le sauvignon, cépage très aromatique, est particulièrement volubile dans sa jeunesse, le sémillon commence sa vie par une période de mutisme. Même antinomie dans l'équilibre : le sauvignon est aussi vif que le sémillon est gras. Si le premier donne des vins fringants et extravertis, le second confère de l'opulence et une certaine retenue.

Achat et préparation des bouteilles

En règle générale, les vins blancs de graves sont élaborés par assemblage des deux cépages dans des proportions variables selon les châteaux, la tendance moderne étant d'augmenter la proportion de sauvignon pour ses qualités évidentes dès la jeunesse du vin. On peut cependant trouver de rares exemples qui privilégient soit le sauvignon, soit le sémillon à l'état pur. On dégustera chaque vin dans deux millésimes, l'un d'une année très mûre, l'autre d'une année plus modeste. Les vins seront rafraîchis à 14 °C. On pourra procéder à une dégustation en deux temps, avec ou sans décantation. Inhabituelle pour les vins blancs, la décantation apporte du relief et donne un coup de fouet aux arômes. Elle est plutôt recommandée pour les vins de sémillon. Elle doit être appliquée avec circonspection aux vins blancs âgés.

LES DEUX ACTEURS À L'AFFICHE DES VINS BLANCS DES GRAVES RÉCITENT UN TEXTE GRAVÉ DANS LE QUARTZ DE CETTE APPELLATION. SI LE SAUVIGNON JOUE LES JEUNES PREMIERS, LE SÉMILLON PRÉFÈRE LE RÉPERTOIRE DES PÈRES NOBLES. LES RÉPLIQUES ENTRE GÉNÉRATIONS NE MANQUENT PAS DE SAVEURS.

Le sauvignon.

Vin blanc de graves à base de sauvignon

Pessac-léognan
Château Malartic-Lagravière

Millésime 1991. *(100 % sauvignon.)* Une robe dorée très intense, surprenante pour l'âge du vin. Le nez est très expressif et présente une belle complexité qui allie fruits blancs, fruits exotiques (goyave, fruit de la passion), notes minérales, fumées et grillées, nuances de pin et de térébenthine, accents floraux élégants et épices. La bouche propose une vivacité qui équilibre une bonne matière et une grande puissance aromatique. La finale, sur des notes balsamiques et citronnées, est persistante. Un vin assez exubérant auquel le sauvignon appose encore sa signature mais en entrant dans sa phase évoluée.

Millésime 1988. *(100 % sauvignon.)* Une robe paille doré, moins intense que celle du millésime 1991. Le nez est arrondi et complexe ; s'y conjuguent des arômes de cire, de fruits confits, de zestes d'oranges, des notes de pâtisserie qui ne sont pas sans rappeler le baba, des épices, des nuances de fruits très mûrs. La bouche offre une belle ampleur entre puissance et distinction aromatique. Belle longueur sur les notes épicées, avec une sensation de richesse qui domine sans jamais alourdir le vin. La grande maturité du millésime l'emporte ici sur le caractère variétal du sauvignon, dompté par un terroir de qualité.

Il est remarquable de constater combien l'idée que l'on peut se faire des vins de sauvignon est ici battue en brèche. La caricature habituelle (arôme de buis ou pipi de chat) cède la place aux fruits mûrs et aux épices. Très sensible à la qualité de sa maturation, ce cépage trouve ici un terroir qui lui permet d'exprimer sa vraie personnalité.

graves blancs : une course de relais

Vin blanc de graves à base de sémillon

Graves
Château Rahoul

Millésime 1995. *(80 % sémillon, 20 % sauvignon.)* Une robe paille clair au léger reflet citron. Le nez est fin, peu intense et révèle des arômes très floraux (acacia), légèrement musqués, des nuances de fruits blancs, des notes minérales et anisées. Le sauvignon est le seul à parler, sur un fond de sémillon qui réserve sa réponse. La bouche est ronde, suave. Elle offre du gras et de la carrure, des arômes miellés et grillés en finale. Un vin qui tient un discours discret mais qui présente une structure bâtie pour de longs voyages. À attendre donc.
Millésime 1990. *(100 % sémillon.)* Une robe paille intense. Le nez est opulent. Fleurs lourdes comme le lys, miel, fruits confits, angélique et cédrat, notes de pâtisserie, vanille et cannelle… Autant d'arômes qui évoquent la palette d'un vin liquoreux. La bouche est suave et puissante, tout en courbes, avec une belle puissance et une rémanence sur des nuances cirées et grillées. La finale est presque pralinée et présente de la force, de l'opulence. Un vin assis sur la richesse du millésime et qui démontre que le sémillon peut être un cépage racé.

Vin blanc de graves à base des deux cépages

Pessac-léognan
Château de Fieuzal

Millésime 1992. *(50 % sauvignon, 50 % sémillon.)* Une robe paille moyen. Un nez extraordinaire par sa puissance et sa complexité. Agrumes, cèdre, fruits confits, zestes d'agrumes, cake et vanille se mêlent dans un creuset excitant. La bouche n'est pas en reste. À la fois svelte et puissante, elle offre une harmonie de structure qui ne peut que séduire le dégustateur le plus blasé. À la fois classique et moderne, cette structure allie extravagance aromatique et matière dense et mûre. La finale, tout aussi explosive, rassemble des arômes épicés, puis des notes de fruits exotiques et de grillé. Un vin très séducteur qui associe les qualités d'un sauvignon pur et remarquablement vinifié à la carrure d'un sémillon sous-jacent. Un vin d'école assurément.
Millésime 1990. *(50 % sauvignon, 50 % sémillon.)* Une robe paille doré éclatante. Le nez, axé sur le miel, la confiserie, les notes caramélisées et fumées, l'abricot sec, le citron confit, a basculé vers le caractère du sémillon. La bouche est ample, très suave. Elle propose un fruit mûr, du corps et de la structure. Le sauvignon apporte ici sa ligne tendue qui vient alléger le corps alangui du sémillon. Un bel exemple de passage de témoin entre deux cépages qui courent pour la même équipe. Finale moins expressive que celle du millésime 1992, tout en puissance et opulente. Un vin qui démontre les vertus de l'assemblage.

Le sémillon.

En conclusion

Si les deux vins élaborés avec du sémillon ou du sauvignon démontrent les spécificités de chaque cépage, le terroir impose sa loi pour donner un style général "graves" caractérisé par la race et la présence aromatique. Le sauvignon parle haut et fort dès sa jeunesse et s'impose, même lorsqu'il entre en faibles proportions dans l'assemblage, face à un sémillon en retrait. Lorsque le vin est plus âgé, le sémillon reprend la parole, mais les deux cépages tendent vers des notes miellées et cirées qui signent davantage l'âge que leur caractère variétal. Quant au troisième vin, il démontre encore une fois la supériorité des assemblages et des mariages complémentaires. La dégustation de ces trois vins démontre que le respect du caractère a prévalu sur les tentations de la technique. Il n'en est pas toujours ainsi. Appliquer les mêmes méthodes de vinification à tous les vins blancs, en particulier le recours à des levures "aromatiques" ou à des fermentations en bois neuf et bâtonnages à la bourguignonne, risque d'uniformiser la production. Car il ne faut pas oublier qu'en matière de vins blancs, la technique est souveraine et parvient bien souvent à écrire un scénario dont le terroir et les cépages ne sont que les acteurs.

Pessac-léognan et premières-côtes-

RIVE GAUCHE CONTRE RIVE DROITE, LES TERROIRS MODELÉS PAR LA GARONNE SONT DE NATURE OPPOSÉE. CROUPES CAILLOUTEUSES CONTRE CÔTE ARGILO-CALCAIRE, LES SOLS IMPRIMENT DES STYLES DIFFÉRENTS À DES VINS QUI GARDENT CEPENDANT UN AIR DE FAMILLE.

S'allongeant sur une cinquantaine de kilomètres, les graves doivent leur nom à la nature de leur sol. Depuis 1987, les vins du secteur nord ont droit à l'AOC pessac-léognan, tandis que ceux du sud gardent le nom de graves. La région des premières-côtes-de-bordeaux s'étend, quant à elle, sur une soixantaine de kilomètres, le long de la rive droite de la Garonne, des portes de Bordeaux jusqu'à Cadillac.

La magie des graves pyrénéennes

La Garonne est un fleuve d'origine pyrénéenne qui a charrié les débris arrachés à la montagne et le long de son cours par les immenses glaciers qui recouvraient la région au quaternaire, en particulier pendant la période du günz. Ces cailloux de quartz, roulés et usés par les torrents, le fleuve et ses ancêtres, se sont déposés en nappes plus ou moins épaisses. L'érosion et le remaniement par les ruisseaux adjacents ont modelé ces graves quasi infertiles en croupes plus ou moins accentuées, plus ou moins épaisses, avec des matrices argileuses plus ou moins riches. Ces graves sont assises sur des calcaires à astéries, des couches argileuses ou des bancs d'alios. Les sommets de croupes portent les vignes rouges : cabernet-sauvignon sur les terres les plus chaudes, merlot sur les sols plus argileux. Les zones plus sablo-argileuses comme celles où le calcaire affleure portent les vignes blanches. Le climat, très atlantique, est influencé par la forêt qui joue le rôle de régulateur thermique, tout en atténuant la force des vents d'ouest. La forêt peut hélas être un facteur de gelées.

La côte inspirée

Rive droite, le paysage change de nature. Une côte escarpée domine la vallée de la Garonne, taillée dans un plateau calcaire s'étendant vers l'est en mamelons qui forment l'Entre-Deux-Mers. Les terroirs y sont complexes. Alluvions récentes en bas de la côte, calcaires à son sommet, avec des placages de graves qui viennent, çà et là, rappeler que le cours du fleuve a évolué au fil des âges géologiques. Plus argileux vers l'est, les sols impriment des styles divers et appellent des encépagements variés. Le merlot est ici plus représenté que dans les graves ; le cabernet-sauvignon doit être réservé aux sols les plus graveleux, au risque de ne pas bien mûrir. Les vins blancs, issus de sauvignon, sémillon et muscadelle préfèrent les sols calcaires. Ils sont étiquetés en bordeaux pour les secs, en premières-côtes-de-bordeaux pour les moelleux. Le climat est plus rigoureux que dans les graves.

La régularité hydrique gomme l'effet millésime

La qualité des terroirs bordelais réside dans leur capacité à réguler l'alimentation hydrique de la vigne, pour gommer le caractère parfois capricieux et pluvieux du climat atlantique. Les sols de graves épaisses sont très filtrants et les eaux de pluie pénètrent facilement jusqu'aux couches imperméables du sous-sol. Les racines des vignes, d'autant plus profondes que leur âge est avancé, sont à l'abri des excès d'eau mais peuvent s'alimenter en période de sécheresse. Le couple graves épaisses-vieilles vignes est le secret des grands vins de ce secteur et de leur régularité d'un millésime à l'autre. Sur les sols des côtes, moins filtrants, c'est la topographie qui joue un rôle essentiel. L'eau des orages s'évacue grâce à la pente et la bonne capacité de rétention hydrique des sols permet d'alimenter la vigne pendant les chaleurs d'été. L'équation sols argilo-graveleux et pente accentuée détermine les meilleurs terroirs.

Un grand millésime

Pessac-léognan
Château de France
(Croupe de graves sur sous-sol argileux. 60 % cabernet-sauvignon, 40 % merlot.)

Millésime 1990 (rouge). Une robe sombre, rubis, avec une légère frange orangée. La jeunesse du vin est pourtant encore présente. Les arômes offrent une palette dont la richesse et la maturité signent l'opulence du millésime : notes fumées, nuances de cacao, de cuir, de fruits très mûrs, avec d'élégantes touches réglissées, un boisé harmonieusement fondu (il était plus marqué lors de sa sortie), le tout marqué par une composante minérale. La bouche est très structurée, mais avec une chair onctueuse, du gras, un grain tannique soyeux et une grande présence fruitée : le cassis rafraîchit l'ensemble. Belle longueur

de-bordeaux : un face-à-face girondin

Le vignoble des premières-côtes-de-bordeaux (ci-dessus à Langoiran) est implanté sur les coteaux qui dominent la rive droite de la Garonne.

aromatique sur le fruit et les épices. Ce vin doit encore attendre, mais sa race est déjà évidente.

<u>*Premières-côtes-de-bordeaux*</u>
Château Reynon

(Sols de graves et sols argilo-calcaires. 60 % merlot, 40 % cabernet-sauvignon.)

Millésime 1990 (rouge). Une robe intense, un peu plus évoluée que celle du pessac-léognan. Le nez est d'une belle complexité : on y distingue le fruit confit, la prune cuite, des notes de pain grillé, de café, de suie, de cannelle, avec des accents boisés très élégants. La bouche ample et opulente présente beaucoup de chair. On sent toute la maturité du merlot, avec son gras et sa suavité, associée à la rigueur tannique du cabernet-sauvignon. Les tanins sont encore présents mais ronds, à peine aromatisés par un boisé discret, avec un grain fin. Long et en pleine maturité, ce vin est une belle expression de ce millésime chaud et ensoleillé qui présente de telles réussites que l'on pourrait en oublier le terroir.

Un millésime plus modeste

<u>*Pessac-léognan*</u>
Château de France

Millésime 1992 (rouge). Une robe rubis moyen, avec une évolution aussi nette que dans le 1990. Le nez présente bien moins de maturité, avec de la violette, du fruit rouge, des notes fumées intenses, du tabac, un boisé qui ressort par ses arômes vanillés ; la composante minérale domine ici le fruit. La bouche est souple, un peu fluide, avec des notes épicées et boisées plus marquées. Les tanins semblent plus effacés ; quelques accents mentholés signent un élevage de qualité. Plus svelte que dense, élégante et facile, de longueur moyenne, cette bouteille est déjà prête à boire. Un exemple parfait de petit millésime sur un grand terroir.

<u>*Premières-côtes-de-bordeaux*</u>
Château Reynon

Millésime 1994 (rouge). Une robe intense, assez soutenue. Un nez charmeur où le fruit s'exprime par une maturité certes moins avancée qu'en 1990, mais étonnante pour le millésime. La palette devient plus complexe. Apparaissent des notes fumées, épicées, quelques accents viandés. Le boisé sait rester à sa place mais semble moins fondu que dans les 1990. La bouche présente une souplesse qui ne rime pas avec maigreur. Le vin est ici bien constitué, avec des tanins savoureux mais un peu frais ; le fruité est présent. Ce vin sera vite accessible. Jolie longueur aromatique, sur le fruit mûr. Le merlot, plus précoce et qui a échappé aux pluies, représente 80 % de l'assemblage, ce qui explique sa qualité.

En conclusion

Le pessac-léognan, produit sur graves, présente une constante, quel que soit le millésime : les notes fumées et minérales qui signent le nez, le grain lisse des tanins, l'élégance de la structure. Le vin de premières-côtes-de-bordeaux accuse davantage les aléas du millésime. Ce terroir plus modeste laisse le vinificateur jouer sa partition et imposer son caractère. Ces deux vins démontrent cependant que la maturité du fruit (le choix de la date des vendanges) et sa concentration (la maîtrise des rendements) peuvent rattraper partiellement des conditions imposées par la nature.

Cabernet-sauvignon et merlot er

LES DEUX PILIERS DE L'ENCÉPAGEMENT MÉDOCAIN DONNENT-ILS DES VINS AUSSI DISSEMBLABLES QUE LA LITTÉRATURE VEUT BIEN LE PRÉTENDRE ? EN PETIT MILLÉSIME ASSURÉMENT. EN ANNÉE TRÈS MÛRE, EN REVANCHE, ILS SE FONDENT TOUS DEUX DANS LE CREUSET D'UN TERROIR PRESTIGIEUX.

Le cabernet-sauvignon.

Le cabernet-sauvignon apprécie les sols chauds et filtrants. Les croupes de graves qui s'égrènent en îlots le long de la rive gauche de la Gironde forment un schéma idéal pour ce cépage exigeant : les sols de petits cailloux quartziques ou siliceux mêlés à une matrice pauvre, à peine argileuse, drainent l'eau de pluie jusqu'aux sous-couches de calcaire ou d'alios, qui l'évacuent grâce à la pente ou au drainage artificiel. Les racines des vieilles vignes sont donc à l'abri des excès d'eau, mais trouvent au fond leur nourriture en cas de sécheresse. Le cabernet-sauvignon est cultivé ici à sa limite nord, dans un climat atlantique réputé pour sa douceur (qui induit une grande complexité aromatique), mais dont les points faibles sont la faiblesse des chaleurs estivales et l'importance de la pluviométrie. Il a donc besoin des meilleurs terroirs : les sommets et hauts de pente des croupes de graves profondes. Le merlot, moins exigeant, occupe les bas de pente, là où la matrice se renforce en argile et où les sols deviennent plus froids.

Des différences de maturité

Cépage tardif, le cabernet-sauvignon a besoin de chaleurs automnales prolongées pour mûrir et, surtout, pour développer la qualité de ses tanins. En cas de sous-maturité, ces derniers font apparaître des caractères végétaux et rustiques, tandis que les arômes en restent à la note de poivron vert (au lieu du cassis). Le merlot, plus précoce, est en général vendangé une semaine avant le cabernet. Cette différence de maturité peut lui permettre de "passer à travers les pluies", ce qui apparaît dans les assemblages de certains millésimes. En revanche, le merlot devient vite surmûri, au risque de perdre sa finesse et sa distinction. Souvent appuyés sur des notes viandées, les arômes de fruits mûrs peuvent alors passer au pruneau et à la figue.

Des différences de structure

Si les vins de cabernet-sauvignon présentent des structures très classiques (tanins stricts et bien bâtis), ils sont souvent austères dans leur jeunesse et ont besoin de temps pour polir leur grain. *A contrario*, les vins de merlot présentent très jeunes de la rondeur et du gras (tanins veloutés et opulents). Ces deux styles opposés apportent leurs qualités complémentaires dans les assemblages. Bien des crus du Médoc ont bâti leur style en jouant sur des proportions variables de l'un ou l'autre cépage, en pimentant le tout de cabernet franc ou de petit verdot.

Une majorité de merlot

Haut-médoc
Château Coufran
(85 % merlot.)

Millésime 1994. Une robe intense à frange encore jeune. Le nez exprime des arômes fumés, épicés, avec des notes de fruits rouges mûrs et des accents vanillés, du cèdre et quelques touches un peu végétales. La bouche, bien bâtie, offre de la carrure, un fruité encore retenu, des tanins très présents mais dont le grain s'affine. En finale, on note quelques accents giboyeux et grillés. Encore sur sa réserve, ce vin dénote une maturité de vendange élevée pour le millésime.
Millésime 1989. La robe intense au fond rubis montre une frange à peine brunie. Le nez, très intense, présente une dominante gibier évidente, signature du merlot à cet âge. Se mêlent des notes de cuir, d'épices, de venaison, le tout "amabilisé" par un fond de fruits compotés, du pruneau, de la réglisse et presque du goudron. La bouche dévoile des tanins bien structurés mais veloutés. En finale, le fruit confit, le grillé et le gibier s'associent. Ce beau vin, issu d'un merlot très mûr et concentré, se livre sans arrière-pensées.

Une majorité de cabernet-sauvignon

Saint-estèphe, cru bourgeois
Château Meyney
(75 % cabernet-sauvignon.)

Millésime 1994. La robe est profonde, à reflets encore violets. Le nez est très classique, médocain en diable : notes minérales et fumées, cassis (signa-

Médoc : des qualités complémentaires

ture du cabernet), réglisse, poivron mûr (deuxième paraphe du cabernet), rehaussés par les épices d'un boisé élégant et bien fondu dans la palette. La bouche, très fruitée, possède une carrure assez imposante, de la vivacité accompagnée d'une chair mûre pour ce millésime. Les tanins sont encore austères et sur leur réserve mais annoncent la classe de ce vin. La finale en relief se prolonge dans une belle rémanence aromatique, sur le cèdre, la boîte à cigares et le cassis. Un beau vin strict et élancé.

Millésime 1989. La robe sombre est encore jeune. Le nez, très mûr, offre une belle complexité. Toutefois, aucune sensation ne dépasse les autres. Épices, fruits confits, notes grillées, cacao, réglisse, tabac blond : l'aération révèle de nouveaux arômes à chaque minute. Il faut savoir attendre ce nez évolutif. La bouche est immense, avec une matière concentrée, une trame serrée, des tanins d'une belle rectitude, corsés et savoureux, mais qui sont encore loin d'avoir délivré tous leurs charmes. La finale intense dégage des notes de cassis confit, d'épices douces, de bois précieux. Un vin de référence au superbe avenir.

Cabernet-sauvignon et merlot en proportions variables

Moulis-en-médoc
Château Poujeaux

(Proportions de cabernet-sauvignon et de merlot variables selon les millésimes ; ces cépages sont toujours épaulés par 7 % environ de cabernet franc et 5 à 9 % de petit verdot.)

Millésime 1994. *(50 % cabernet-sauvignon, 38 % merlot.)* La robe assez dense se montre jeune par sa frange violette. Le nez, bien mûr, est construit sur les fruits rouges, avec des notes minérales et fumées, du poivron, des épices douces (vanille et cannelle), de la réglisse. La bouche est bien bâtie et présente une harmonie, une élégance de trame et une pureté de fruit qui signent un beau terroir. La finale tannique, encore jeune et vive laisse percevoir la complexité aromatique sur le fruit et les épices, dans une longueur très appréciable. Le grain fin et policé donne beaucoup de race à la structure de ce vin élégant et complexe.

Le merlot.

Millésime 1995. *(25 % cabernet-sauvignon, 63 % merlot.)* Robe intense et concentrée à la frange violine. Le nez, très mûr, se situe entre fruits rouges et fruits noirs. Il allie une belle présence épicée à des notes fumées et grillées, un peu goudronnées. La bouche possède une carrure impressionnante, une structure classique, une ossature bien bâtie sur laquelle s'accroche une chair mûre et savoureuse. Puissant, concentré, avec un grain tannique strict mais qui commence à se lisser, ce vin offre une finale assez opulente et très aromatique. Bien malin celui qui peut déceler la grande proportion de merlot (ou la faible part de cabernet-sauvignon) dans ce vin, ce qui démontre qu'il faut se méfier des idées reçues.

Millésime 1986. *(54 % cabernet-sauvignon, 32 % merlot.)* La robe encore concentrée est à peine évoluée. Le nez de cèdre, fruits confits, figue, cassis compoté, vanille fine est expressif. La bouche dense révèle une chair savoureuse, une carrure de jeune homme. Les tanins ont de la sève et de la race, un grain très fin, satiné. La finale, longue et rémanente associe cette puissance et cette élégance dont seuls les grands vins ont le secret. Un vin de grande expression, fondu et complet, où les deux piliers de la sagesse médocaine se complètent et se marient sans que l'un ou l'autre n'impose sa loi.

En conclusion

Si le cabernet-sauvignon se reconnaît aisément dans le Château Meyney 1994, grâce à la race et au grain fin des tanins qui signent d'ailleurs tout autant la qualité du cépage que le terroir, le Château Coufran 1994 est plus difficile à définir comme un vin de merlot pur ; seul l'arrondi précoce des tanins peut donner une indication : le terroir semble ici prendre le pas sur le cépage. En année très mûre, comme 1989, la différence de style est assez nette : Meyney est marqué par une architecture très classique, Coufran par une grande opulence, voire une exubérance. Les trois millésimes de Château Poujeaux démontrent que le terroir se joue des différences dans les assemblages et tient à garder le dernier mot. En matière de dégustation, les idées préconçues ont du mal à passer la rampe de la réalité, seul un examen honnête et attentif peut y parvenir

Margaux et saint-julien :

On peut estimer avec raison que les divers crus ont pris autrefois pour modèle le style des grands domaines, comme les châteaux Margaux, Lafite, Latour, Mouton, Léoville ou Montrose, et que les futures appellations dessinaient ainsi leurs profils organoleptiques. Les porte-drapeaux entonneraient-ils des refrains repris en chœur par une chorale agitée d'un fort désir d'émulation ? Si oui, il ne faut jamais oublier que les textes des plus beaux chants viticoles sont écrits par des hommes ambitieux, mais que leur musique n'a que le seul terroir pour compositeur. On tentera ainsi de décrire les paroles et la musique de ces hymnes emblématiques, en faisant pour chacun la part des origines et de l'éducation.

LES STYLES DES GRANDS MÉDOC AURAIENT-ILS, COMME CERTAINS LE PRÉTENDENT, ÉTÉ IMPOSÉS AU SIÈCLE DERNIER PAR LE NÉGOCE CHARTRONNAIS QUI VOULAIT DIVERSIFIER SES CATALOGUES ? LES MARGAUX SERAIENT AINSI FINS ET DÉLICATS, LES SAINT-ESTÈPHE ROBUSTES ET PLUS RUSTIQUES.

Margaux
Château Margaux

Les origines ou la musique
La position sudiste du château Margaux induit une précocité de quelques jours par rapport aux premiers crus du nord de l'AOC pauillac. Château Margaux étend ses 85 ha sur des terroirs complémentaires : 75 % de graves fines et maigres en croupes posées sur sous-sol argileux (le taux d'argile augmentant en bas de versant) ; 25 % de sols argilo-calcaires sur assise calcaire. Tout est drainé de très ancienne mémoire. L'encépagement suit la variété des sols : 75 % de cabernet-sauvignon, 20 % de merlot, 2 % de cabernet franc et 3 % de petit verdot.

L'éducation ou les paroles
La complexité du terroir et de l'encépagement est ici très nette, mais elle implique de procéder à des sélections impitoyables. Les vendanges, les tries et les vinifications sont orientées dans un seul but : exprimer l'élégance et la race d'un terroir, en refusant les extractions et autres artifices qui ne peuvent que masquer ses "chromosomes".

un style ou un terroir ?

Premier cru dans le classement de 1855, Château Margaux est un vin aussi élégant et harmonieux que la demeure éponyme.

Margaux est un modèle de finesse et d'équilibre ; le bois neuf de son élevage (utilisé à 100 %) sait se fondre dans le fruit de la matière. La robe, toujours dense dans sa jeunesse, prend des teintes d'ébéniste avec l'âge. Château Margaux est un vin expressif dès sa naissance ; sa complexité aromatique est réelle. Les arômes déclinent une palette très suave (cassis mûr, réglisse, violette, cèdre et épices subtiles). La bouche est un modèle d'harmonie. La sève intense, qui frappe de prime abord le dégustateur, se fond dans une trame satinée, tandis que la concentration oscille entre puissance et sveltesse. Toutefois, la personnalité de Château Margaux s'exprime dans la grande finesse du grain de ses tanins. En dégustation à l'aveugle, ce critère permet de reconnaître ce vin.

L'école de musique

La diversité du terroir de château Margaux se retrouve dans la vaste appellation éponyme, et l'on peut aussi bien rencontrer un cru de grande classe qu'un domaine qui confond régulièrement finesse et maigreur. Dans la lignée de ce chef de file qu'est Margaux, citons Palmer, un challenger qui égale et parfois surpasse le maître, Rauzan-Ségla, excellent depuis les années quatre-vingt, Giscours avant le déclin, d'Angludet, Monbrison, nouvelle étoile margalaise, Brane-Cantenac parfois léger, Lascombes depuis des sélections sévères, et Siran. Dans un style plus moderne où l'éducation l'emporte parfois sur la naissance, Prieuré-Lichine, Kirwan, Cantenac-Brown tentent de se démarquer de l'empreinte du père.

Saint-julien

Château Léoville-Las-Cases ou Château Ducru-Beaucaillou

Les origines ou la musique

L'un jouxte pauillac, l'autre est situé sur une très belle croupe de Beychevelle. À Léoville-Las-Cases, la partie ceinte de murs est la sœur jumelle de l'Enclos de Latour, avec des graves profondes, de calibre moyen, superbement drainées. Les autres parties sont imbriquées dans un patchwork avec les vignes de Léoville-Poyferré et Léoville-Barton : 65 % de cabernet-sauvignon, 23 % de merlot, 10 % de cabernet franc et 2 % de petit verdot. (La différence avec Latour tient dans la place du merlot.)

Le château Ducru-Beaucaillou porte le nom de son sol : une grande parcelle bien drainée, formée de graves fines, profondes et très pauvres, sur sous-sol calcaire. Un deuxième groupe de vignes se trouve plus en arrière, après Saint-Pierre. L'encépagement est composé de 65 % de cabernet-sauvignon, 25 % de merlot, 5 % de cabernet franc et 5 % de petit verdot. Nous sommes à un iota du schéma de Léoville-Las-Cases ; pourtant, les vins présentent des visages très différents.

Seconds crus classés, les châteaux Ducru-Beaucaillou (à droite) et Léoville-Las-Cases (ci-dessous) sont les porte-drapeaux de l'appellation saint-julien.

L'éducation ou les paroles

À Léoville-Las-Cases, les vendanges très mûres font l'objet de tris sévères et le moût est concentré par osmose inverse. La sélection peut aller jusqu'à 50 %. L'élevage est réalisé à 75 % dans du bois neuf. Il s'agit d'élaborer un vin dominateur. À Ducru-Beaucaillou, si les vendanges, les tris et les vinifications reçoivent les mêmes soins, le classicisme règne davantage, avec 60 % de bois neuf.

Jeune, Léoville-Las-Cases est tout aussi puissant que Latour, et l'on peut dire sans hésiter que ce vin est le plus pauillacais des saint-julien. Sa robe noire et profonde, ses arômes qui restent un temps sous-jacents pour s'épanouir après quelques années lui donnent un réel cousinage. La palette aromatique devient alors luxuriante avec un cassis profond, toute une gamme d'épices, de bois précieux alliée à des notes de havane et de tabac blond. À Ducru-Beaucaillou, les arômes se livrent plus vite avec un superbe fruit rouge, une race et une distinction dans les épices, une grande finesse qui transparaît dès la jeunesse. L'âge apporte plus de complexité et une expression médocaine faite à la fois de volubilité et de bonne éducation.

En bouche, les deux vins diffèrent radicalement. Léoville-Las-Cases est un vin sphérique, opulent et très structuré, avec une rare densité et une extraction savante, des tanins dominateurs mais qui gardent un grain fin et élégant, une longueur exceptionnelle.

C'est un vin de chair et d'harmonie. Ducru-Beaucaillou est plus svelte, à la fois suave et construit. Ses tanins lissés présentent un grain qui semble poli à la main. Un équilibre et une symétrie entre les divers axes de la dégustation que l'on peut graver dans sa mémoire car ils ne sont pas si courants. La reconnaissance à l'aveugle entre les deux crus n'est pas très difficile : le jugement se fera sur les différences de carrure et de chair. Attention cependant, Ducru-Beaucaillou a tendance à se refermer juste après sa mise en bouteilles et Léoville-Las-Cases demande au moins dix ans pour développer tout son attrait.

L'école de musique

Les crus de saint-julien ont plutôt pris Ducru-Beaucaillou en ligne de mire. Branaire-Ducru en grand progrès, Beychevelle dans son style aérien, Talbot robuste et corsé, Gloria qui vient bousculer la hiérarchie, Saint-Pierre qui a gagné en complexité et Lagrange plus marqué par la rondeur de son merlot forment un bel ensemble, chacun avec sa personnalité mais tous dans une unité de style. Léoville-Poyferré entre dans l'école de Léoville-Las-Cases, mais ce serait faire injure à Gruaud-Larose que de l'y inféoder. Ce second cru classé possède son propre style : plutôt massif et concentré dans sa prime jeunesse, il atteint l'élégance et la race suprême avec l'âge et peut rivaliser avec les plus grands. Quant à Léoville-Barton, il propose une synthèse entre la puissance et la densité de son voisin Léoville-Las-Cases et le grand classicisme de Ducru-Beaucaillou.

Pauillac : la cour des grands interprètes

Le terroir viticole de l'appellation pauillac est le plus homogène de tout le Médoc. Il est pourtant séparé en deux grands groupes, l'un au nord de la ville de Pauillac, l'autre au sud, de part et d'autre du chenal du Gahet. Au nord, les grandes croupes de Lafite et le plateau des Carruades forment un îlot parfait bordé au nord par la jalle du Breuil, frontière avec Saint-Estèphe. Au sud, les plateaux de Bages et de Batailley et, surtout, les croupes de Latour à Saint-Lambert ne sont séparés de l'AOC saint-julien que par le petit ruisseau de Juillac. Les croupes graveleuses sont ici d'une pureté d'école, avec des éléments caillouteux perchés au sommet, débarrassés de leur gangue argileuse qui s'est accumulée dans les bas fonds. La multiplicité des ruisseaux, jalles et canaux assure un drainage naturel. Ce système a été perfectionné par la volonté séculaire des propriétaires des grands crus d'atteindre l'ultime perfection.

APRÈS LES APPELLATIONS MARGAUX ET SAINT-JULIEN, PAUILLAC COMPOSE ELLE AUSSI UNE SYMPHONIE OÙ TERROIRS ET CÉPAGES JOUENT SOUS LA BAGUETTE DU VINIFICATEUR. DE GRANDS CHÂTEAUX NE CESSENT DE RAPPELER QUE LE VIN RESSEMBLE À UNE ŒUVRE MUSICALE.

Château Latour

Les origines ou la musique

Château Latour se situe sur un terroir unique : une superbe croupe en bordure immédiate de la Gironde, avec un relief marqué, des graves d'assez gros calibre et très profondes, sur un sous-sol argileux bien drainé. Cet "Enclos" donne le grand vin, alors que les parcelles du plateau de Batailley produisent les Forts de Latour. L'encépagement annonce la couleur et le style : 80 % de cabernet-sauvignon, à peine 10 % de merlot et 10 % de cabernet franc. Les vignes sont très âgées et remplacées par complant.

L'éducation ou les paroles

Avec un tel terroir et cette forte proportion de cabernet-sauvignon, Latour ne peut être qu'un athlète de fond. Les générations de vinificateurs l'ont bien compris, même si la volonté d'assouplir le vin s'est parfois manifestée. Doté d'une robe d'encre, Latour est le plus coloré des premiers crus. Il est d'un abord imposant dans sa jeunesse ; sa palette aromatique reste longtemps dans sa gangue (notes minérales, cassis) ; son nez, un peu massif, n'a pas la complexité de celui de Margaux ou Lafite. Seul le temps peut l'épanouir : le bouquet secondaire, à la fois subtil et pénétrant, décline épices, cuir, bois précieux et fruité intense. En bouche, sa puissance, sa force tannique, sa carrure impressionnante ont aussi besoin de longues années pour se montrer sous des jours plus amènes. Le grain des tanins se fond alors dans une sève dense ; l'expression se prolonge en bouche dans une imprégnation tannique savoureuse et virile. Latour se reconnaît à cette longueur et à sa faculté de traverser les décennies sans prendre une ride.

Châteaux Lafite-Rothschild et Mouton-Rothschild

Les origines ou la musique

Les vins des deux branches de la famille Rothschild proviennent de terroirs voisins, mais la parenté s'arrête là. Mouton est assis sur le vaste plateau à faible pente des Carruades, sur des graves très profondes atteignant jusqu'à 12 m qui reposent sur un sous-sol d'argiles et d'alios. Lafite occupe une croupe de graves fines au relief très marqué, sur un sous-sol calcaire. Il comprend une enclave dans le plateau de son cousin et une autre dans l'appellation saint-estèphe, séparée du domaine par la profonde jalle du Breuil. À Mouton, le cabernet-sauvignon est presque omniprésent (85 %), à peine complété de 8 % de merlot et de 7 % de cabernet franc. À Lafite, la part du merlot s'élève à 20 %, celle du cabernet à 70 %, le tout étant pimenté par 5 % de cabernet franc et autant de petit verdot. La proportion de merlot dans l'encépagement de Lafite ne se retrouve pas toujours dans l'assemblage. Le millésime 1993, par exemple, est un pur cabernet-sauvignon ! Des deux côtés, les vignes sont âgées et les vendanges sont triées avec le plus grand soin.

L'éducation ou les paroles

À Lafite, les vinifications sont inscrites dans le classicisme médocain : cuvaisons longues et fermentations malolactiques en cuve. À Mouton, tradition et modernité s'allient : cuvaisons conduites à haute température, fermentations malolactiques en barrique. Cent pour cent de bois neuf et vingt-quatre à trente mois d'élevage pour Lafite contre dix-huit à vingt-quatre mois pour Mouton. Les styles ne peuvent que diverger. Lafite est un vin qui garde ses distances. Jeune, il est énigmatique. Parvenu à maturité, après au moins dix ans de bouteille, Lafite est incomparable de finesse et de complexité aromatique. Si sa couleur n'est jamais très dense, son bouquet est inimitable : cèdre, fruits noirs, cassis, épices très douces, touches minérales, notes fumées, le tout dans un fondu très élégant. La bouche d'un Lafite n'a pas la carrure de celle d'un Latour et se distingue par un grain si fin que le fruité paraît d'une pureté de cristal. Après une longue période d'austérité, ses tanins deviennent soyeux et s'inscrivent dans un équilibre quasi parfait. La longueur est tout aussi exceptionnelle.

Au cours des siècles, le château Latour (à gauche) s'est forgé une prestigieuse réputation. En 1855, il fut classé en premier cru.

Deux grands crus, le château Lafite-Rothschild (ci-dessus) et le château Mouton-Rothschild (ci-dessous).

Mouton est un vin plus extraverti dès sa naissance. Grâce à sa robe très profonde, on peut dès le premier coup d'œil le distinguer de son cousin. Ses arômes flamboyants confirment la différence : beaucoup de fruits mûrs (cassis et groseille), d'épices, de havane, de moka et une présence du bois neuf plus perceptible qu'à Lafite. Plus tard, se manifestent la prune, le cuir, les bois précieux. En bouche, Mouton est opulent, riche et généreux, avec une chair très savoureuse, un fondu et un gras qui annoncent des tanins énormes mais dont le velouté peut être opposé au satiné de Lafite. La longueur est toujours imprégnante.

En conclusion

Les grands crus sont nombreux en AOC pauillac. Dans le style de Lafite, il y a peu d'élèves mais Duhart-Milon-Rothschild est un disciple prometteur. Dans la lignée de Mouton, les candidats sont plus nombreux : Lynch-Bages, un vin à la fois dense, concentré et charmeur, Pontet-Canet, qui exprime depuis quelques années la race évidente de son terroir, d'Armailhac, qui fait partie de la famille, ainsi que Clerc-Milon. Dans le sillage de Latour on peut ranger Pichon-Longueville-Baron, depuis sa reprise par AXA, Grand-Puy-Lacoste, porté au plus haut niveau par Xavier Borie, Haut-Bages-Libéral, son voisin immédiat, Haut-Batailley. Sur un terroir voisin de Latour et de Pichon-Longueville-Baron, Pichon-Longueville-Comtesse de Lalande, grâce à sa forte proportion de merlot (35 %), possède un style à part, fait de rondeur et de chair.

Saint-estèphe cultive sa différence

CHÂTEAU COS-D'ESTOURNEL, CHÂTEAU MONTROSE ET CHÂTEAU HAUT-MARBUZET. TROIS CÉLÈBRES CRUS DE L'APPELLATION SAINT-ESTÈPHE POUR TROIS STYLES RADICALEMENT OPPOSÉS. CHACUN DÉCLINE SA GAMME EN FONCTION DU TERROIR DONT IL EST ISSU.

Le terroir de saint-estèphe est très varié, moins homogène que celui de pauillac ou de saint-julien. On trouve des croupes graveleuses et des sols argilo-calcaires. La proportion d'argile est plus élevée que dans le reste du Médoc, surtout dans les parties basses qui entourent les croupes, ce qui donne plus de robustesse aux tanins et privilégie les années chaudes. Le sous-sol de calcaire de saint-estèphe, alterné avec des marnes à huîtres, a remplacé ici la grande dalle de calcaire stampien qui soutient le reste du Bordelais. On distingue la bordure immédiate de la Gironde, avec une succession de belles croupes disposées en arc de cercle, qui portent du nord au sud les crus de Calon-Ségur, Phélan-Ségur (partie nord), Meyney, Montrose (partie est), Haut-Marbuzet, Cos-d'Estournel (partie sud-est), Cos-Labory et Lafon-Rochet (partie sud). Plus à l'intérieur, Beausite, Les Ormes-de-Pez, Pomys occupent des croupes au relief marqué, en compagnie de nombreux autres crus bourgeois.

Un chai oriental pour un vin moderne

Château Cos-d'Estournel

Les origines ou la musique

Cos-d'Estournel, sur une croupe de graves qui fait pendant à celle de Lafite, est planté de 60 % de cabernet-sauvignon et de 40 % de merlot. La pente est importante et les sols d'une grande maigreur. Vieilles vignes et terroir d'exception donnent une richesse et une possibilité de maturité que renforce encore le drainage naturel. Le vignoble est mené à la perfection, avec un état sanitaire parfait, et les ceps ont trouvé un équilibre entre vigueur et fertilité qui autorise de bons rendements.

L'éducation ou les paroles

Dans le chai de Cos, cette "folie" de style oriental qui faisait rêver Stendhal, la modernité prend parfois le pas sur les antiques pratiques. Si la vendange transportée avec minutie est triée avec soin, si les cuvaisons longues restent classiques, certaines méthodes de concentration du moût ne sont pas exclues. L'élevage est ramené à douze mois, dans une forte proportion de bois neuf, après une filtration du vin avant entonnage. Une seconde filtration, nuancée en fonction du millésime, précède la mise en bouteilles.
Cos-d'Estournel est un vin médocain par excellence. Avec une robe haute couture, il est élégant. Il livre ses arômes immédiatement, dans une corbeille de fruits très mûrs, épicés. Sa grande complexité fait appel au tabac, à la réglisse, au cèdre et aux bois orientaux. La bouche de Cos est racée. Suave, elle offre un grain très fin, des tanins sapides, une chair complexe et aromatique, un équilibre que l'on peut comparer à celui de Lafite. La grande proportion de merlot lui confère une chair particulière, lisse et veloutée. Très long, d'une finale étonnante, ce vin est démonstratif.

Un saint-estèphe à l'ancienne

Château Montrose

Les origines ou la musique

À Montrose, la croupe de graves de gros calibre qui domine l'estuaire est un cas d'école : ce terroir qui "voit la mer" ne gèle jamais. Il est comparable en cela à l'Enclos de Latour. Le millésime 1991, catastrophique ailleurs, est une véritable réussite à Montrose qui démontre ainsi la supériorité de sa situation. L'encépagement constitué de 65 % de cabernet-sauvignon, 25 % de merlot, 8 % de cabernet franc et 2 % de petit verdot est très différent de celui de Cos : il présente une forte proportion de vieilles vignes.

L'éducation ou les paroles

À Montrose, on vinifie toujours en cuve de bois, avec de fortes extractions et des températures élevées. Le bois neuf est utilisé à 40 % et le vin n'est jamais filtré. La plus pure école d'autrefois qui affirme une volonté de réaliser un vin de très longue garde, parfois au détriment de son abord immédiat.

La robe de Montrose est toujours d'une grande densité. Son intensité colorante est profonde, presque noire. Le nez est plus réservé, mais laisse vite apparaître un fruité très profond (cassis), non dénué d'un côté minéral et discrètement épicé. Se manifestent aussi des notes balsamiques et mentholées. Montrose oppose à bien des vins sa carrure et sa force tannique qui imprègnent une bouche longtemps austère. Il faut près de vingt ans de garde à ce vin pour développer son gras, son grain mûr et velouté et une ampleur finale qui signe un grand terroir. Montrose parvenu à maturité n'est pas loin de l'emporter sur tous les autres crus tant sa sève, sa vigueur et sa complexité semblent bâties pour un avenir éternel.

Un saint-estèphe sensuel

Château Haut-Marbuzet

Les origines ou la musique

Haut-Marbuzet est un cas à part dans l'histoire médocaine. Le père Dubosq, homme pauvre mais né pour s'enrichir, puis son fils Henri ont réussi à réunir petit à petit les parcelles de ce qui, autrefois, formait la propriété des Mac Carthy sur un terroir exceptionnel : une croupe de graves en bordure de l'estuaire. Avec ses 40 ha actuels, ce cru est devenu le symbole d'un style qui tranche par son originalité. L'encépagement de Haut-Marbuzet est déjà orienté vers la rondeur et le velours : 40 % de merlot, 50 % de cabernet-sauvignon, 10 % de cabernet franc. Des vignes travaillées à l'ancienne.

Avec ses clochetons asiatiques, ses sculptures hindoues, sa porte provenant du palais du sultan de Zanzibar et ses arcures arabes, Cos-d'Estournel (à gauche) n'abrite que des cuves et des barriques. Depuis la Restauration, la vigne a trouvé au château Montrose (en haut) un terroir de choix.

L'éducation ou les paroles

L'homme ici est un dompteur de terroir. Merlot à forte proportion, raisins ramassés à grande maturité. Vinifications à haute température, longues cuvaisons avec remontages et saignées. La matière ne peut être que dense et concentrée. L'entonnage est effectué à chaud, avant fermentation malolactique, dans 100 % de bois neuf. Le choix du bois des barriques est fonction des caractères du millésime. Tout est fait pour donner un charme immédiat.

Jeune, Haut-Marbuzet est irrésistible. Sa robe est profonde, son nez est d'une richesse démonstrative, véritable cohorte de fruits très mûrs, d'épices, de vanille, de cacao, de tabac blond et de bois de cèdre. La bouche, veloutée, présente une trame sensuelle, généreuse et une qualité tannique très particulière, faite à la fois de rigueur et d'amabilité. Cet équilibre voluptueux est réussi par un magicien de la vinification. Avec l'âge, le caractère propre au saint-estèphe reprend le dessus, avec plus de fermeté et de classicisme. "Lassé d'être brillant, ce vin a décidé de devenir profond", aime à dire son géniteur qui ressemble à son cru comme deux gouttes de médoc.

En conclusion

Si Cos-Labory, Phélan-Ségur ou Lafon-Rochet se rapprochent du style de Cos-d'Estournel, Calon-Ségur, Meyney, les Ormes-de-Pez, Beausite ou Tronquoy-Lalande penchent vers un profil montrosien. Quant à Haut-Marbuzet, s'il n'a inspiré que peu de saint-estèphe, sa démarche vers des vins séducteurs dès leur jeunesse a fait école non seulement dans le reste du Bordelais, mais aussi dans le monde. Les vinificateurs modernes sont tous un peu les fils spirituels de cet autodidacte.

Moulis et listrac : la parole est aux sols

Moulis-en-médoc et listrac-médoc sont les deux appellations médocaines les plus éloignées du fleuve. Adossées à la forêt landaise, elles sont plus tardives, plus sensibles au gel et, parfois, du fait du drainage naturel, moins performantes que leurs voisines. Les deux appellations traversent le territoire depuis le nord-ouest jusqu'au sud-est. L'anticlinal de l'époque tertiaire a été érodé au centre pour former une inversion de relief, la "plaine" de Peyrelevade où affleurent successivement des bancs de calcaires, d'argiles et de marnes. De chaque côté de cette plaine, deux grands groupes de graves sont venus s'épandre sur les anciens terrains ; l'un qui se plaque sur le dôme de listrac, le plus élevé de la région avec ses 43 m, est constitué de graves d'époque pyrénéenne du pliocène. Sur le plateau du Grand Poujeaux, territoire de moulis, ce sont des graves garonnaises du günz, datant du quaternaire. Les graves de listrac et celles de moulis sont assises sur un sous-sol calcaire et le secteur de listrac est envahi de sables landais sur son flanc ouest. Il existe trois types de sols : les graves pyrénéennes de listrac ; une vaste zone argilo-calcaire partagée entre listrac et moulis ; des graves garonnaises à moulis. Le partage en deux appellations est donc "géologiquement incorrect" et le style des vins peut être plus dissemblable à l'intérieur de l'une des deux aires administratives qu'entre deux croupes graveleuses. Encore une fois, le dernier mot revient à la nature du terroir.

LES APPELLATIONS MOULIS-EN-MÉDOC ET LISTRAC-MÉDOC ONT ÉTÉ DÉFINIES SUR LA BASE DE DÉLIMITATIONS COMMUNALES. TOUTEFOIS, COMME BIEN SOUVENT, LA GÉOLOGIE SE MOQUE DES FRONTIÈRES ADMINISTRATIVES. EN VOICI LA DÉMONSTRATION VERRE EN MAIN.

Des vins jeunes Sur sols de graves en croupes

Moulis-en-médoc

Château Chasse-Spleen

(Graves garonnaises sur le plateau du Grand Poujeaux, avec une petite partie sur sols argilo-calcaires. 70 % cabernet-sauvignon, 25 % merlot, 5 % petit verdot.)

Listrac-médoc
Château Fourcas-Dupré

(Sur croupe de graves pyrénéennes.
50 % cabernet-sauvignon, 38 % merlot,
10 % cabernet franc, 2 % petit verdot.)

Millésime 1994. Si les deux robes peuvent être facilement confondues – toutes deux sombres et à la frange encore violacée –, il n'en est pas de même du nez. Chasse-Spleen est encore un peu fermé et reste marqué par le cabernet-sauvignon (arômes de cassis, de poivron mûr, d'épices, notes fumées et minérales), alors que la palette aromatique de Fourcas-Dupré est axée sur les fruits rouges très mûrs alliés à des nuances de cuir et de réglisse issues du merlot mûr qui domine l'ensemble. La bouche de Chasse-Spleen a une belle ampleur, de la puissance, de la générosité et de la chair. Elle dévoile un profond fruité de cassis, le tout étayé par des tanins carrés et au grain serré. Fourcas-Dupré montre de la carrure, une matière ronde et charnue, des notes de fruits rouges. Les tanins, dont le grain dénote une vendange mûre, sont moins stricts que ceux de Chasse-Spleen. Le grain tannique de ces deux vins est le signe que les terroirs sont de qualité mais s'expriment différemment selon l'encépagement.

Sur 55 ha de belles croupes graveleuses, le vignoble du château Chasse-Pleen (à gauche).
En haut, les chais du château Fourcas-Dupré.

Sur sols partagés entre graves et argilo-calcaires

Moulis-en-médoc

Château Biston-Brillette

(Sols argilo-marneux, argilo-calcaires et graves garonnaises. 55 % cabernet-sauvignon, 40 % merlot, 3 % petit verdot, 2 % cot.)

Listrac-médoc

Château Fourcas-Hosten

(Graves pyrénéennes pour les deux tiers et argilo-calcaires pour le tiers. 50 % cabernet-sauvignon, 40 % merlot, 10 % cabernet franc.)

Millésime 1994. Les deux robes sont similaires, bien que celle de Biston-Brillette montre un peu plus de densité. Les palettes aromatiques sont à la fois comparables et dissemblables. La qualité fruitée du nez les unit : les deux vins sont axés sur les fruits rouges bien mûrs, les épices et les notes boisées. Ce qui les sépare : une note plus minérale à Fourcas-Hosten, avec quelques touches florales comme la pivoine, contre une nuance plus confite à Biston-Brillette. Les arômes boisés ne sont pas de même nature : davantage d'accents balsamiques pour Fourcas-Hosten, davantage d'épices pour Biston-Brillette. Dans les deux cas, la bouche est charnue et dévoile une belle force tannique. Fourcas-Hosten est puissant et présente de la carrure ; ses tanins encore carrés se prolongent dans une palette aromatique complexe et racée. En revanche, Biston-Brillette possède des tanins plus gras, déjà veloutés qui offrent une souplesse et un charme plus immédiats que ceux de Fourcas-Hosten.

Sur sols argilo-calcaires

Moulis-en-médoc

Château Anthonic

(Argilo-calcaires, quelques graves. 55 % cabernet-sauvignon, 40 % merlot, 2 % petit verdot, 2 % cabernet franc)

Listrac-médoc

Château Clarke

(Argilo-calcaires et argilo-caillouteux. 48 % cabernet-sauvignon, 8 % cabernet franc, 42 % merlot, 2 % petit verdot)

Millésime 1994. La robe de ces deux vins est sombre et dense. Les arômes du Château Anthonic marient fruits rouges assez confits à un boisé de belle qualité, épicé et toasté. Un nez dans un style moderne qui dénote une vendange mûre et un élevage soigné. Le nez de Clarke est assez luxueux : fruits rouges bien mûrs, gamme épicée composée de vanille et de grillé. On devine une bonne proportion de bois neuf dans les barriques. Des notes de crème et de violette viennent compléter l'ensemble. La bouche du Château Anthonic est élégante et souple. Son moelleux et sa chair mûre sont bien mis en

valeur par des tanins gras et assez opulents. Clarke dévoile une bouche peut-être plus puissante, avec une matière arrondie et des tanins plus boisés. Cependant, le cousinage pointe sous la différence d'élevage. Ces deux vins ont une rondeur et un gras qui ne sont pas sans rappeler les vins de la rive droite. Rien d'étonnant à cela puisque l'on trouve dans les deux cas du merlot en grande proportion sur des sols argilo-calcaires.

Avec un peu de recul

<u>*Moulis-en-médoc*</u>

Château Chasse-Spleen

Millésime 1989. La robe est encore jeune et profonde. Le nez puissant propose un fruit très mûr, presque confituré, du cuir, des notes giboyeuses, du sous-bois et une touche minérale. La bouche opulente offre une chair mûre et une trame serrée. Les tanins puissants et grillés soutiennent le vin et lui donnent une carrure toujours impressionnante. La finale est élégante et racée (cacao et épices). Ce vin s'inscrit parmi les meilleurs médoc : une telle longueur ne trompe pas.

<u>*Listrac-médoc*</u>

Château Fourcas-Hosten

Millésime 1986. La robe, moins colorée, révèle une frange qui commence à brunir. Le nez est extraordinaire : aux fruits confits, aux notes de confiture, de réglisse, de cuir et d'épices douces s'ajoutent des accents balsamiques. La bouche est en harmonie avec le nez. Mûre et suave, elle dévoile du moelleux et une chair savoureuse. Les tanins sont moins puissants que ceux de Chasse-Spleen, mais leur grain est satiné. Une grande complexité aromatique se traduit en finale. Fourcas-Hosten dément avec éclat que les vins de listrac sont toujours un peu rustiques.

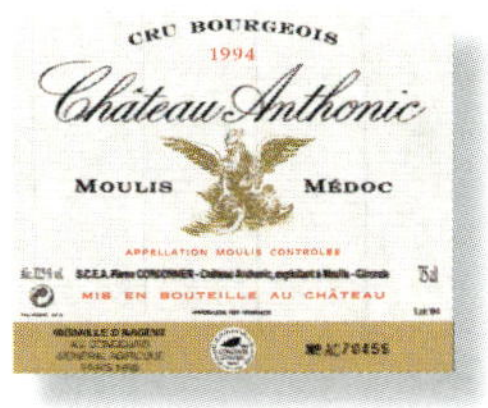

En conclusion

Les vins issus des graves de listrac diffèrent par leur style de ceux produits sur les graves de moulis. Jeune, le moulis se présente sous des abords très classiques, très "Médoc", alors que le listrac est moins complexe. Avec l'âge, les deux vins se rapprochent, le moulis gardant un léger avantage de structure. Les vins issus de la zone argilo-calcaire restent cependant bien difficiles à identifier comme provenant de l'une ou l'autre appellation.

De gauche à droite, en AOC moulis-en-médoc, le château Biston-Brillette ; en listrac-médoc, les vignes soigneusement alignées du château Clarke et le château Fourcas-Hosten.

Les terroirs du pomerol

LA SEULE GRANDE APPELLATION BORDELAISE QUI SE REFUSE AU SACRO-SAINT CLASSEMENT N'EST PAS POUR AUTANT MONOLITHE. LES VINS DE POMEROL EXPRIMENT LES DIFFÉRENCES DE NATURE DES SOLS DANS DES STYLES TOUT AUSSI VARIÉS, SANS QU'AUCUNE HIÉRARCHIE NE SOIT GRAVÉE DANS LE MARBRE. LA DÉGUSTATION ET LA DÉFINITION DU STYLE PERMETTENT DE LOCALISER UN VIN SUR SON TERROIR.

Il y a dans les pomerol un rapport étroit entre le style du vin et ses racines, ou plutôt l'environnement de ses racines. C'est d'ailleurs cet environnement pédologique qui décide de l'encépagement et donc du style du vin. La dégustation d'un pomerol à l'aveugle doit permettre d'identifier sa famille.

Le merlot, un cépage généreux mais fantasque

Sensible à la coulure, le merlot peut aussi bien donner des récoltes très réduites, en 1984 ou en 1987 par exemple, que de gros rendements comme en 1982. Très vigoureux, il a besoin d'être bridé pour obtenir des vendanges concentrées. Quant aux vins qui en découlent, ils sont marqués par le couple cépage-terroir. Planté sur graves ou sables, sols chauds et filtrants, le merlot ne laisse parler que son côté alcoogène, avec une note rustique qui le distingue des cabernets qui vivent sur le même sol. La maturation rapide obtenue sur de tels terroirs écrase la finesse aromatique du merlot et ne laisse se révéler que sa puissance brutale et sa rondeur pesante. En revanche, sur des sols plus froids, argilo-calcaires et surtout argileux, le merlot exprime toute sa race. Le gras, la sève et le velouté se marient dans une belle complexité aromatique.

Le cabernet franc : un destin opposé

Mal à l'aise sur sols froids car il n'arrive pas à y mûrir avec plénitude, le cabernet franc ne révèle ses qualités que sur une assise graveleuse ou sablo-graveleuse, voire calcaire. Il mûrit un peu plus tôt que son cousin le cabernet-sauvignon, ce qui lui a permis de faire une belle carrière dans le Libournais. Plus structuré que le merlot mais moins tannique que le cabernet-sauvignon, c'est un cépage qui, lui aussi, a besoin d'être jugulé pour montrer sa race et sa distinction. Présent en AOC saint-émilion à près de 60 % dans l'encépagement du château Cheval-Blanc (et non dans le vin, car l'assemblage varie avec le millésime), il y exprime tout son potentiel et signe son origine avec éclat. Si en Médoc, il se contente des seconds rôles, dans les AOC pomerol et saint-émilion, il est le partenaire rêvé du roi merlot.

À part le prestigieux Petrus ou ses récents challengers comme Le Pin ou La Fleur de Gay qui sont issus du pur merlot, les pomerol naissent d'un assemblage. Dans ce mariage, chaque cépage apporte son écot à la corbeille. Le merlot donne la puissance alcoolique, la générosité, le gras, la richesse et des tanins veloutés et caressants. Très vite plaisant et charmeur, c'est le corps du vin. Le cabernet franc se présente sous des aspects plus rigoureux. Structuré, avec une présence tannique plus carrée, il exprime plus de finesse que son compagnon, mais avec de la retenue. Il mettra plus de temps à séduire : c'est l'esprit du vin. L'assemblage du corps et de l'esprit signera les grandes réussites du pomerol. Superbe et généreux, Petrus leur oppose le corps à l'état pur, la quintessence de son merlot qui ne consent à épouser que l'argile bleue.

Autour de Petrus, des cercles concentriques

Les différents terroirs du pomerol s'organisent autour de la "boutonnière" de Petrus, point culminant de l'appellation, presque en arcs de cercle qui s'étendent jusqu'à la ville de Libourne. À tout seigneur tout honneur, Petrus est assis sur de l'argile pure. Le merlot y règne sans partage, le vin issu des quelques pieds de cabernet franc ne rentrant que très rarement dans l'assemblage. À Petrus, mais aussi à Trotanoy (90 % de merlot) ou à Certan de May, les vins présentent une palette aromatique fort étendue : un caractère minéral très proche des senteurs de terre, de champignon, de truffe, une présence fruitée très dense, axée sur les fruits noirs – cassis, mûre –, un caractère "rôti", de l'opulence et une présence épicée parfois importante. La grande maturité du merlot est ici mesurée : finesse et velours, rondeur, volume qui emplit la bouche, tanins denses et charnus. Le caractère très séducteur de ces tanins, même en vins jeunes, ne doit pas faire penser que ces vins vieillissent trop vite. Il serait dommage de les boire sur cette impression de facilité et ce serait se priver d'une extraordinaire complexité à venir. Trotanoy et La Fleur de Gay seraient moins complexes que Petrus, Certan de May plus délié (il n'y a que 75 % de merlot), le Pin plus massif, parfois masqué par du bois neuf.

Sur la ceinture de graves profondes, le style change pour s'orienter vers des structures plus charpentées. Si les vins perdent du charme immédiat, ils gagnent en assise tannique et en rigueur. Les tanins deviennent fermes, avec parfois des angles en petit millésime. La palette aromatique présente des notes chaudes, empyreumatiques, avec de la réglisse, du tabac, du pain grillé, du cuir et de la vanille. On pourra faire la différence entre des graves plus chargées en argiles, comme à Beauregard ou à Gazin, qui

une hiérarchie pédologique

donnent de la densité et de la profondeur aux vins, et des graves plus maigres et profondes qui vont donner de la féminité comme à Lafleur Petrus. Citons dans cette couronne de crus, quelques perles comme les Châteaux Le Gay, Rouget, La Croix, La Croix de Gay, La Cabane, Clinet, Petit Village, Certan Giraud, Latour à Pomerol, Nenin, Lagrange, Clos l'Église, l'Église-Clinet, Vray Croix de Gay.

Un certain nombre de crus, et non des moindres, ont une situation privilégiée. Leur terroir est intermédiaire entre argiles et graves. Tout près de la frontière avec saint-émilion (frontière administrative et non géologique), Vieux-Château Certan, L'Évangile, La Conseillante ou, plus à l'intérieur, Gombaude Guillot, Lafleur expriment une grande complexité tout en regardant du côté de Cheval-Blanc.

À la fois puissants et élégants, solides et veloutés, avec une belle profondeur de fruit et des tanins à grain fin, ce sont des vins où l'on rencontre à la fois le cassis et la truffe, des notes animales et grillées, quelques touches florales et épicées dans une palette riche et très persistante : les vins les plus complets de l'AOC pomerol.

Au nord et au sud de l'appellation, les sols deviennent plus sableux. Si la maturation ne pose aucun problème dans ces sols chauds et filtrants, les vins présentent des caractères plus minces. De structure svelte, élancée, ils s'opposent aux constitutions plus robustes des vins de graves et *a fortiori* d'argiles. Leurs arômes s'organisent autour de notes légèrement vanillées et de fruits rouges mûrs, avec des tendances chaudes, des accents de cacao, de cuir brûlé. Ce sont des vins de tête, un peu éthérés, capiteux, sans profondeur tannique, des vins de charme pour une consommation plus rapide. On distinguera dans cette zone les sols où graves et sables se mélangent des sols franchement sableux. Dans le premier cas, citons les Châteaux La Pointe, Clos René, Mazeyres, Taillefer ; dans le second, les Châteaux de Sales, Tailhas, Moulinet.

Enfin, à l'est et à l'ouest de l'appellation, des limons argileux donneront des vins plus vifs, dont la palette aromatique est orientée vers des notes florales. Ce sont des vins beaucoup plus sensibles aux aléas climatiques et le talent du vinificateur doit parfois corriger la nature. Si Le Bon Pasteur est encore sur un sol sablo-graveleux – mis en valeur par Michel Rolland qui a le génie de dompter les différences de terroir –, les autres châteaux de ce secteur sont bien souvent de style très léger.

Et la crasse de fer ?

La célèbre crasse de fer, ailleurs nommée alios ou terrebouc, est une couche de concrétions sablo-argileuses riche en oxydes de fer que l'on trouve en abondance dans le sous-sol de pomerol. Si les vignerons s'enorgueillissent à juste titre de la présence de ce fer qui donnerait au vin sa richesse et surtout son inclination à sentir la truffe, il n'y a pas de corrélation démontrée entre la présence ou non de cette crasse et la qualité du cru. Il n'y a pas de crasse de fer dans le sous-sol de Petrus… et pourtant !

Le château Beauregard, charmante chartreuse et cru réputé de Pomerol.

Cabernets et merlot à Saint-

Qui ne connaît pas le personnage de l'amant caché au fond d'un placard ? Certes, les vins de Saint-Émilion ne sortent pas d'un vaudeville et le mariage du merlot avec le cabernet franc est béni par un terroir aux multiples facettes. Mais le cabernet-sauvignon, séducteur en diable, vient parfois créer un "ménage à trois". La race et la complexité y gagnent ce qu'y perd la morale.

Saint-Émilion est le centre de l'un des plus célèbres vignobles du monde dont l'aire d'appellation comporte une riche gamme de sols.

Le terroir de l'AOC saint-émilion ne peut se résumer en un seul mot, même si le substrat calcaire est un puissant fédérateur. Il existe, en simplifiant, trois grands groupes : la côte calcaire, en distinguant le pied de côte plutôt sableux, la mi-pente avec ses affleurements de molasse et le haut de côte avec ses sols limono-calcaires ; le plateau calcaire, ensuite, avec des sols argilo-calcaires ; la zone qui jouxte pomerol enfin, assise sur des argiles et recouverte d'une bande graveleuse de même origine que celle de la rive gauche.

Merlot et cabernet franc, le couple de la rive droite

La nature des sols et la climatologie du Libournais ont favorisé un couple de cépages qui trouvent ici leur terroir de prédilection. Sur les sols argilo-calcaires, le merlot exprime au mieux sa générosité mais aussi sa finesse et sa puissance aromatique. Le cabernet franc recherchera des sols plus chauds pour parvenir à une bonne maturité phénolique. Les sables et les graves lui conviennent particulièrement. De l'assemblage des deux naît l'équilibre d'un saint-émilion classique, avec la rondeur et le gras du merlot, la finesse et les tanins structurés du cabernet franc.

Le cabernet-sauvignon, un transfuge venu d'en face

Le cabernet-sauvignon a, dit-on, du mal à mûrir en Saint-Émilionnais. Un adage parfois contredit dans des situations bien particulières où l'exposition est la plus ensoleillée, mais surtout sur la bande graveleuse qui navigue entre la zone de Cheval-Blanc, Figeac et l'Évangile, en pomerol, en se moquant des délimitations administratives. Ce cépage vient apporter un souffle médocain sur la colline aux mille crus.

Une majorité de merlot

Château La Dominique

(Sol mi-graveleux, mi-sableux, sur sous-sol d'argiles bleues. 15 % cabernet franc, 5 % cabernet-sauvignon, 80 % merlot.)

Millésime 1994. La robe vive et dense présente une frange encore violine. Le nez offre une belle palette mûre : violette, fruits rouges, notes grillées et réglissées de bois neuf. Ronde, suave et souple à l'attaque, la bouche possède une matière veloutée et une belle présence aromatique. Les tanins sont gras et déjà flatteurs, très caractéristiques d'un merlot conduit à petit rendement. Le vin finit sur des arômes de cacao et de café dans une belle persistance.

Millésime 1990. La belle robe rubis intense montre une légère évolution. Le nez, très opulent, est axé sur le fruit rouge mûr, le cuir, la réglisse et des notes de sous-bois, de truffe et de cacao. Les épices fondues viennent rehausser l'ensemble. La bouche, veloutée et sensuelle, est bâtie sur une grande force tannique sous-jacente. Elle offre du gras et une expression aromatique qui se prolonge sur le fruit, les épices et les notes empyreumatiques. Un vin de volupté où le merlot exprime la chaleur de son terroir dans un style qui se rapproche davantage d'un pomerol. Rien d'étonnant à cela lorsque l'on prête attention aux sols et à l'encépagement de ce domaine à la fois mitoyen de château Cheval-Blanc et proche de l'Évangile.

Une majorité de merlot

Château Beau-Séjour-Bécot

(Haut de côte calcaire et plateau argilo-calcaire, sur sous-sol de calcaire à astéries. 24 % cabernet franc, 6 % cabernet-sauvignon, 70 % merlot.)

Millésime 1994. La robe intense est très jeune. Le nez est bien développé. Sa palette expressive va du fumé aux fruits noirs en passant par la réglisse, la mûre sauvage, jusqu'aux épices boisées qui viennent participer au concert sans dominer l'harmonie. La bouche est riche, savoureuse, avec de la chair et des tanins stricts et architecturés. La finale rémanente privilégie les arômes de fruits mûrs dans un équilibre plutôt flatteur.

Millésime 1990. Très belle robe sombre et dense, sans aucun signe d'évolution. Le nez est un peu sur

Émilion : structure et rondeur

sa réserve, mais dégage une belle finesse (fruit très mûr, tabac blond, notes de sous-bois, vanille et cannelle, goudron). La bouche est à la fois riche, généreuse et puissamment bâtie avec une chair veloutée et aromatique. Les tanins, bien construits, sont enrobés par un élevage luxueux, ce qui "amabilise" la force qui s'en dégage. Belle finale riche et épicée pour cette bouteille très représentative. Si l'on compare avec La Dominique et son encépagement identique, le terroir de Beau-Séjour-Bécot donne plus de rectitude au merlot et celui de La Dominique plus de volupté.

Un encépagement équilibré

Château Canon-La-Gaffelière

(Côte et pied de côte, sur sols argilo-calcaires et sols sableux sur sous-sols calcaires. 45 % cabernet franc, 5 % cabernet-sauvignon, 50 % merlot.)

Millésime 1993. La robe est très intense, avec une frange violette. Le nez présente une palette ouverte : notes de cuir, de viande, de cèdre, de réglisse et de framboise mûre, le tout souligné par des arômes balsamiques bien dosés. La bouche, architecturée, dévoile des tanins racés, une trame à grain fin, une densité charnue et une finale très aromatique qui se prolonge sur le cuir et les épices. Le style est ici plus structuré ; les tanins sont peut-être moins enveloppés qu'à La Dominique ou à Beau-Séjour-Bécot mais l'architecture est plus classique. Le cabernet franc pimenté de sauvignon n'est pas étranger à cette orientation.

Millésime 1990. La robe dense présente une légère frange brune. Le nez, un peu sur sa réserve, évoque la réglisse, le fruit confit, les épices, le sous-bois, le tabac blond et la cerise noire, dans un ensemble subtil et racé. La bouche est ample et charnue, mûre et très dense avec un grain velouté et sensuel. Les tanins sont énormes mais savent rester élégants, avec des notes chocolatées et grillées. La finale explose (fruits noirs et épices orientales) dans une

Le cabernet franc.

Le cabernet-sauvignon.

Le merlot.

belle finesse aromatique. Un vin où cabernet et merlot se fondent dans une grande unité, fédérée par un sol qui anoblit le merlot (les terrains argilo-calcaires) et qui permet aux cabernets de bien mûrir (les sables de bas de côte).

Une majorité de cabernets

Château-Figeac

(Croupe graveleuse. 35 % cabernet-franc, 35 % cabernet-sauvignon, 30 % merlot.)

Millésime 1993. La robe dense est très jeune. Le nez élégant est marqué par des notes de poivron mûr qui signent la présence des cabernets. La vanille, les épices douces, le fruit rouge et une petite note de cuir complètent la palette. La bouche élancée montre de la prestance et une belle matière lisse. Sa trame plutôt classique penche vers le style "rive gauche". Les tanins, stricts et bien bâtis, ont une belle finesse de grain. La finale est élégante et racée, très aromatique (mélange de fruits rouges et notes boisées). Cette bouteille dégustée en primeur n'avait pas encore développé toute sa classe, rançon de la réserve des cabernets jeunes par rapport au merlot.

Millésime 1990. La robe reste intense, à peine ourlée de brun. Le nez est riche mais sait rester classique : fruit très mûr, cassis et mûre, épices et sous-bois, cuir et tabac blond, accompagnés d'une note fumée sans doute due au sol graveleux. Très concentré, d'une chair assez opulente, ce vin occupe la bouche avec toute sa maturité et sa densité. Les tanins, très structurés et à la puissance encore stricte, donnent beaucoup de profondeur à ce pomerol qui est à peine sorti de l'adolescence. Dans un millésime aussi chaud que 1990, le cabernet a su garder la tête froide alors que les merlots se sont parfois trop alanguis. Un style plutôt médocain !

Les vins liquoreux du Bordelai

Rive gauche, le terroir du Sauternais est dans le prolongement des Graves. On distinguera, cependant, les sols faiblement modelés de Barsac des collines plus marquées de Sauternes. À Barsac, le terroir est directement assis sur la dalle de calcaire stampien décapée par l'érosion, où apparaissent quelques placages de sables. Les sols sont donc franchement argilo-calcaires. À Sauternes, tout autour de la "montagne" d'Yquem, dôme argilo-sablo-graveleux avec une nappe phréatique "suspendue", une série de croupes graveleuses issues des terrasses anciennes de la Garonne portent les crus les plus prestigieux. Ces graves, riches en argiles, sont assez grasses ; elles reposent sur des sous-sols calcaires ou marneux.
Sur la rive droite, la côte est escarpée. Les vignobles sont situés sur les versants sud, sud-ouest. Le substrat est calcaire et les sols sont variés : en montant, on trouvera des argiles, puis des grès couronnés par des argilo-calcaires parfois recouverts de placages de graves anciennes.

RIVE GAUCHE, RIVE DROITE, LES VINS LIQUOREUX SE FONT FACE DE CHAQUE CÔTÉ DE LA GARONNE. SI DANS LE PROLONGEMENT SUD DES GRAVES, BARSAC ET SAUTERNES PORTENT DES CRUS PRESTIGIEUX, LA "COTE" DE LOUPIAC ET SAINTE-CROIX-DU-MONT PEUT RÉVÉLER DE BONNES SURPRISES, MAIS DANS UN STYLE DIFFÉRENT.

Des méthodes comparables

Des deux côtés du fleuve, le *Botrytis cinerea* est l'artisan du style. Si à Sauternes le microclimat favorable au développement du champignon est dû à la proximité du fleuve et à la rivière Ciron, sur la rive droite les vignobles surplombent directement les eaux. Cette situation crée, en millésime "botrytisé", une alternance de matinées humides et brumeuses qui permettent le développement de la pourriture, et d'après-midi ensoleillées qui sèchent les grains ainsi attaqués. Le champignon développe son mycélium, perce la peau des raisins et permet ainsi l'évaporation de l'eau des baies, l'augmentation du glycérol, tout en enrichissant les arômes de notes particulières. Un exercice d'équilibriste qui ne saurait se déclencher en année trop sèche mais qui peut, hélas, se terminer par une vulgaire pourriture grise si les pluies viennent démolir ce schéma idéal.
(On dégustera trois crus représentatifs de leur appellation en servant les vins dans des verres côte à côte.)

Connu de tous, le sauternes (vignoble ci-dessous) ne doit cependant pas faire oublier les autres vins liquoreux du Bordelais, dont le sainte-croix-du-mont et le loupiac (à droite).

Un millésime aimable

Sainte-croix-du-mont
Château du Mont

Millésime 1994. La robe dorée se pare d'une frange à reflets verts. Le nez, léger, évoque le fruit blanc compoté, légèrement vanillé, et décline des notes très élégantes d'agrumes confits. Il est plus axé sur la finesse que sur la puissance. La bouche ample offre du gras et du volume, une belle richesse miellée, des notes de fruits confits. La finale est marquée par le miel, les fleurs blanches, les nuances pralinées et le pain d'épice.

Loupiac
Domaine du Noble

Millésime 1995. Le loupiac possède la même intensité colorante que le sainte-croix-du-mont, mais la composante verte est moins prononcée. Son nez est également plus développé (fruit rôti, miel, cire, épices vanillées) qui dénote un millésime plus riche que 1994. La bouche, bien botrytisée, possède une matière riche, suave, miellée, très aromatique. On découvre un bon équilibre entre liqueur et vivacité, une finale grillée, presque caramélisée, puissante et longue. La différence avec le Château du Mont tient plus au millésime, plus riche en 1995, qu'au terroir.

Sauternes
Château Guiraud

Millésime 1994. Le sauternes propose une robe franchement dorée, très intense. Le gras est plus évident que dans les autres verres : la viscosité est observable dès la sortie du liquide du goulot. Ce vin peut s'enorgueillir de posséder le nez le plus opulent des trois bouteilles : fruits confits, épices douces, zestes d'oranges confiturées, abricot mûr, figue blette, praliné. La complexité est au rendez-vous de cette belle

: le Botrytis fédérateur

palette aromatique. La bouche est bien construite. Sa matière, très aromatique, est dominée par l'abricot sec et le fruit confit. Une trame moelleuse tapisse le palais. La finale équilibrée exprime une pointe de fraîcheur qui ravive le tout et donne de l'élégance à une longueur aromatique sur des arômes grillés, de la cannelle, des zestes d'orange, de la vanille. Un style assez élancé, représentatif du millésime.

Un très grand millésime

(Le millésime 1990 est l'un des plus riches des cinquantes dernières années.)

Sainte-croix-du-mont
Château du Mont

Millésime 1990. Sur une belle robe dorée, un reflet vieil or est en train de poindre. Le sainte-croix-du-mont a un nez expressif : miel, pain d'épice, fruits rôtis, châtaignes, quelques notes vernies et des épices exotiques. Les arômes sont presque caramélisés, brûlés par le soleil.
La viscosité est importante, mais reste en deçà de celle du Château Guiraud, qui coule presque comme une huile. La bouche ronde, moelleuse et riche propose une palette aromatique miellée, confite (fruit rôti et caramélisé), une suavité élégante et une finale persistance sur la cassonade, l'abricot cuit, la noisette et le praliné.

Loupiac
Domaine du Noble

Millésime 1990. À l'œil, ce loupiac s'apparente au sainte-croix-du-mont. En revanche, il présente un nez plus évolué : cire d'abeille, épices et fruit blet. Quelques notes d'abricot sec rappellent que le *Botrytis cinerea* était bien là. Il se distingue également par sa concentration. Sa bouche est plus légère, avec de beaux arômes grillés et du fruit confit, une matière svelte pour le millésime. La longueur finale décline une palette axée sur les amandes grillées et les fruits compotés.

Sauternes
Château Guiraud

Millésime 1990. Le sauternes a une intensité colorante bien supérieure aux autres vins, avec une note franchement vieil or. Débordant de fruit confit, son nez révèle une puissance épicée peu commune. La gamme aromatique est bien fondue et il est fort difficile d'en faire l'analyse. On peut cependant identifier l'abricot surmûri et les épices d'un élevage luxueux. Ce vin est d'une extrême richesse de constitution. Ample, généreux, avec une exubérance aromatique qui emplit la bouche, il possède un gras et une suavité qui dénotent une matière concentrée. Volume et densité sont au rendez-vous, avec tous les attributs d'un *Botrytis cinerea* qui, cette année-là, s'est développé d'un seul coup. La finale encore carrée demande du temps pour se fondre. La queue de paon, en revanche, s'annonce déjà par quelques plumes maîtresses : l'abricot rôti, les amandes grillées, la crème anglaise et le pain d'épice.

En conclusion

De toute évidence, le sauternes domine de la tête et des épaules par sa richesse, sa carrure et sa race aromatique. Le terroir ne peut mentir, et lorsque le vin est élaboré dans les règles de l'art, dans un millésime où le *Botrytis cinerea* a tenu son discours, les réussites sont éclatantes. Il ne faut pas pour autant négliger les vins liquoreux de la rive droite qui, dans des conditions favorables et grâce à la volonté d'un vigneron, peuvent rivaliser avec leurs célèbres voisins. Si certains restent plus moelleux que liquoreux, les plus concentrés, comme ceux de notre dégustation, déclinent une gamme aromatique certes plus simple qu'à Sauternes mais qui se centre autour des notes miellées. Miel qui signe avec bonheur ces deux appellations.

Chablis et meursault : dégustation

Le chablis doit à son sol ses qualités inimitables de fraîcheur et de légèreté. Il conserve, les années chaudes, une vertu désaltérante que n'ont pas les vins de la Côte d'Or en général. Avec le meursault commence la véritable production de grands vins blancs. Tous allient la subtilité à la force, l'aptitude à être consommés jeunes aux possibilités de longévité.

La réponse du microclimat

Chablis est un vignoble septentrional, proche de la limite de culture de la vigne. Par conséquent, la moindre variation dans la nature du sol, dans l'altitude sur le coteau ou dans l'exposition est déterminante pour le style et la qualité du cru.

Les grands crus sont tous situés sur une côte où émergent des calcaires du kimméridgien moyen et supérieur. Exposés sud-ouest, plein sud et sud-est, ils forment un cercle autour du coteau qui domine Chablis, sur la rive droite du Serein. Les sols sont constitués d'évolutions marneuses de cette couche calcaire : rendzines grises mêlées de cailloux. On y trouve de nombreux fossiles d'huîtres caractéristiques de cette couche géologique.

Les premiers crus se partagent entre les deux rives, mais ceux de la rive droite présentent en général de meilleures expositions. Ils sont assis sur des calcaires du kimméridgien supérieur comprenant des éboulis de la falaise portlandienne.

En AOC meursault, le sol est tout aussi calcaire, mais de nature et d'époque géologiques différentes puisqu'il s'agit d'une couche du bathonien. Contrairement à l'aspect actuel du paysage qui a subi des érosions successives, un synclinal (cuvette) de couches calcaires – dont un des bords émerge en Côte de Nuits, à Comblanchien, avec son célèbre marbre – réapparaît ici après avoir plongé sous Volnay, sous forme de dolomies et non de marbre, sol favorable à l'enracinement du chardonnay. L'exposition sud-est est homogène et idéale. Aussi est-ce l'altitude sur le coteau qui détermine la hiérarchie. Tout en haut, sous la falaise qui abrite le vignoble, les premiers crus bénéficient de conditions favorables à la maturation. Leurs sols, marno-calcaires en hauteur, ont recueilli

IL Y A QUELQUE CENT KILOMÈTRES DU NORD AU SUD ENTRE LES VIGNOBLES DE CHABLIS ET DE MEURSAULT. BIEN QUE TOUS DEUX SE SITUENT SUR SOLS CALCAIRES, PLANTÉS DE CHARDONNAY, ILS PRÉSENTENT DES VINS QUI REFLÈTENT DANS LEUR ÉQUILIBRE UN MICROCLIMAT DIFFÉRENT.

Le vignoble de Chablis s'étend de part et d'autre du Serein. Les premiers crus et grands crus constituent le vignoble historique, sur quelque 800 ha.

climatique du chardonnay

les éboulis caillouteux en contre-bas. Seule la combe d'Auxey-Duresses qui entaille le coteau permet aux vents du Nord d'envahir le site, et il n'est pas étonnant de ne trouver aucun premier cru à son débouché. Plus bas, les sols se renforcent en argile et ne pourront prétendre qu'à l'appellation *villages*.
Si l'on déguste les vins de chardonnay de ces deux régions bourguignonnes en méthode comparative, on note deux aspects distinctifs. Les sols tout d'abord, pourtant tous deux marno-calcaires, impriment des notes minérales différentes. Mais c'est surtout la climatologie et la différence de maturité qui parle dans les verres. Une dégustation solaire en quelque sorte.

Des vins jeunes

Chablis premier cru Les Fourneaux
Domaine Barat

Millésime 1995. La robe paille dévoile des reflets verts bien marqués. Le nez intense est axé sur la pêche blanche et sur des notes d'herbe fraîche qui s'agrémentent d'une touche minérale crayeuse, de nuances vanillées et d'un arôme de miel d'acacia qui signe une jolie maturité. La bouche est assez ample, mûre ; elle offre du gras et une acidité finale qui ravive bien une matière arrondie.

Chablis premier cru Les Fourchaumes
Michel Laroche

Millésime 1995. La robe paille s'orne de reflets verts. Les fruits blancs sont très présents dans un nez frais et minéral qui exprime des touches iodées caractéristiques et de légères épices. La bouche est élégante, racée. Elle trouve un équilibre entre la puissance de la matière et la délicatesse des arômes, sur des notes de pamplemousse et d'herbe fraîchement coupée. La vivacité finale est bien fondue.

Meursault Au Murger
Patrick Javiller

Millésime 1995. La robe est dorée avec un soupçon de vert. La palette aromatique est complexe : verveine, miel, tilleul, orange confite, menthe et brioche. La bouche, puissante et grillée, avec de la matière et du gras, finit très arrondie, épicée, sur des notes de noisette, de fruits très mûrs, de mie de pain. Un vin qui dénote une grande maturité du chardonnay.

Meursault premier cru Perrières
Joseph Drouhin

Millésime 1995. La robe révèle des notes franchement dorées, sans cette frange verte chablisienne. Le nez est opulent (miel et verveine), ample et développé ; il se complète de notes beurrées et de pêche jaune. La bouche arrondie et volumineuse fait preuve d'une belle puissance épicée. On sent une matière mûre, concentrée, presque tannique. La finale reprend ces notes épicées et ces accents de fruits mûrs qui signent un premier cru de haut niveau.

Dès l'analyse visuelle, la différence éclate en pleine lumière. La note verte des chablis en vins jeunes signe un terroir plus septentrional. Au nez, la note minérale est prépondérante dans les chablis, masquée par le miel du chardonnay mûr dans les meursault. Plus épicée et axée sur les fruits secs ou les fruits jaunes dans les meursault, la palette penche plutôt vers les fruits blancs dans les chablis et se complète de notes d'herbe fraîche. En bouche, les impressions diffèrent selon l'équilibre entre moelleux et acidité. Cette acidité est vive et intense dans les chablis, alors qu'elle pourrait presque manquer dans les meursault. En revanche, les longueurs sont équivalentes en durée sinon en style.

Avec un peu de recul

Chablis grand cru Blanchots
Michel Laroche

Millésime 1992. Malgré l'âge de ce vin, la robe présente encore une teinte verte qui ourle un fond doré. Le nez est très expressif : miel, épices, note minérale fondue dans un fruit mûr, tendre et subtil. Les

nuances florales se dégagent au second nez (lys et acacia). La bouche est structurée, presque carrée. Sa matière est dense. En finale, la fraîcheur est toujours là et dans une persistance aromatique intense se mêlent champignon, fruit, pralin et miel. Un vin racé.

Meursault premier cru La Goutte d'Or
Bernard Millot

Millésime 1992. La robe dorée intense a de l'éclat. Les arômes parlent haut et fort : notes miellées, à la limite de la cire d'abeille, corbeille de fruits secs (noisette, noix, amande grillée) mêlés à des nuances beurrées qui évitent l'écueil de la lourdeur. La bouche a de l'ampleur avec une rondeur grasse et dense, une générosité perceptible en finale qui se prolonge sur le fruit sec dans une grande puissance. Un meursault qui oscille entre un équilibre de vin sec et de vin moelleux tant sa matière onctueuse apporte de suavité.

En conclusion

Grand millésime pour les bourgognes blancs, 1992 est une année où la maturité a atteint son plus haut niveau.

L'appellation meursault ne revendique aucun grand cru. Néanmoins, la qualité de ses vins est indéniable.
Les Perrières et le Clos des Perrières bénéficient d'une réputation égale à celle du montrachet.

Si à l'œil la différence est perceptible, le miel et les fruits mûrs se retrouvent au nez des deux vins, signe d'un chardonnay accompli. Toutefois, le meursault confère une note de fruits secs et de beurre, absente dans le chablis. Les bouches, mûres et denses toutes deux, sont encore de style différent. Si l'acidité ravive la matière mûre dans le chablis, la générosité et la densité l'emportent dans le meursault qui offre un équilibre où la faible acidité souligne la chaleur. Preuve que le soleil, à 100 km de distance (environ un degré de latitude), dispense différemment ses rayons sur l'usine à sucre que sont les feuilles de la vigne.

Gevrey-chambertin et chambolle-musigny

AU NORD DE LA CÔTE DE NUITS, GEVREY-CHAMBERTIN ET CHAMBOLLE-MUSIGNY OUVRENT LA MARCHE DES GRANDES APPELLATIONS, AVEC DES STYLES THÉORIQUES RADICALEMENT OPPOSÉS : SI LA PREMIÈRE EST RÉPUTÉE POUR SA PUISSANCE, LA SECONDE VÉHICULE UNE IMAGE DE DÉLICATESSE. RÉALITÉ OU LITTÉRATURE ?

Gevrey-Chambertin s'étend des deux côtés de la combe de Lavaux. Celle-ci entaille la côte et laisse le champ libre aux incursions du vent du nord qui balaye les crus selon leur situation. Au nord, on trouve des premiers crus tels que Champeaux, la Combe aux Moines, le Clos Saint-Jacques, Lavaut-Saint-Jacques, le Clos du Chapitre et le Clos des Varoilles ; ils s'arrondissent jusqu'à entrer dans la combe sous des expositions allant de sud-est à plein sud. Les sols sont assis sur des marnes jurassiques, recouvertes d'éboulis caillouteux et de limons rouges amenés sur le site par la combe. Au sud, c'est la zone des grands crus, bien protégée et reposant sur une roche mère calcaire à peine recouverte de sols plus profonds en bas qu'en haut. Le chambertin et le clos-de-bèze représentent l'archétype des vins de cette zone : puissants, tanniques, avec beaucoup de fruit. Griottes-chambertin et chapelle-chambertin sont situés sur une combe qui concentre les rayons du soleil, alors que charmes-chambertin, grâce à sa position convexe, présente des différences d'exposition. Chapelle plus tendre, griottes plus fruité, les ruchottes plus subtil, tous ont en commun structure et puissance, une main de fer qui signe l'appellation.

À Chambolle-Musigny, le terroir est séparé en deux par la combe Ambin. Au nord, la fin de bonnes-mares ainsi que les premiers crus Les Baudes, Aux Beaux-Bruns, Aux Combottes, Les Chatelots, Les Fuées, Les Feusselottes reposent sur des sols calcaires du bathonien recouverts de matériaux détritiques. Au sud, Les Charmes et, surtout, Les Amoureuses annoncent le musigny, grand cru au sol recouvert de limons rouges caillouteux apportant finesse et élégance. Les sols maigres et peu profonds, où la roche mère affleure, expliquent aisément le style des vins : moins puissants et moins tanniques que ceux de gevrey-chambertin, ils développent complexité aromatique, élégance et subtilité, mais les bons vinificateurs savent aussi leur apporter densité, concentration et tenue en bouche. De la dentelle, certes, mais sur un gant de satin.

Gevrey-chambertin (à droite) et chambolle-musigny (ci-dessous) : deux grands vignobles pour des vins à la forte personnalité.

Deux villages

Gevrey-chambertin

Domaine Claudine Deschamps

Millésime 1994. La robe est intense et profonde, sur un rubis à reflets noirs. Au nez s'expriment un fruit très mûr, presque confituré, la petite cerise noire, le cuir, les épices vanillées. La bouche, puissante et structurée, présente de la carrure et une matière mûre et charnue. Les tanins parlent haut et fort : leur grain demande encore un peu de temps pour se polir. Très épicé en finale, chaud et corsé, ce vin marqué par une note boisée alliée à un fruité dense est armé pour une longue garde.

Chambolle-musigny

Domaine Jean-Paul Maquien

Millésime 1994. La robe rubis moyen garde des touches de jeunesse. Le nez intense délivre des notes florales de violette et de pivoine, des arômes de framboise, quelques accents épicés et boisés. La bouche est bâtie sur un joli fruité pur et précis. La matière souple, un peu fluide s'appuie sur des tanins légers et fondus. La finale est chaleureuse et d'une bonne longueur aromatique (réglisse et fruits confits). Une note florale signe la palette. Un vin tout en finesse. On voudrait opposer les deux appellations que l'on ne pourrait mieux s'y prendre. La force de gevrey-chambertin contre la légèreté de chambolle-musigny, le fruit contre les fleurs, les tanins puissants contre les finales fondues.

Deux premiers crus

Gevrey-chambertin premier cru Combottes

Joseph Drouhin

Millésime 1994. La robe intense est ornée d'une frange violette encore nette. Le nez privilégie de prime abord la cerise très mûre, mais évolue vers le cuir

deux ténors de l'opéra bourguignon

blond, les épices, la réglisse mêlés à des notes de terre chaude. La bouche, puissante et architecturée, propose une chair savoureuse, encadrée par des tanins dont le grain s'arrondit. La finale corsée et généreuse joue sa partition sur les fruits rouges aux épices, avec une belle rémanence aromatique. Un vin de garde.

Chambolle-musigny premier cru Les Amoureuses
Louis Jadot

Millésime 1994. La robe est profonde et affiche une frange pleine de jeunesse. Le nez puissant allie le fruit noir (mûre et petite cerise) à des notes de rose sauvage et de groseille, le tout égayé par des épices bien dosées. Dense, la bouche possède une matière concentrée et mûre, une structure encore carrée, avec une trame à grain serré. Les tanins encore austères demandent quelques années de garde pour "s'amabiliser". Dans une belle rémanence aromatique, la finesse du cru sort de sa gangue tannique.

Les vins convergent et la légèreté supposée du chambolle-musigny fait place à une belle structure et à une concentration proche de celle du gevrey-chambertin. Tout est affaire de maturité de vendange et d'extraction au moment des vinifications. En revanche, comme souvent en Bourgogne, on peut distinguer les vins par leur palette aromatique. Chambolle-musigny garde cette petite note florale caractéristique et gevrey-chambertin privilégie la cerise.

Deux grands crus

Chambertin clos-de-bèze
Louis Jadot

Millésime 1990. La robe présente une légère note évoluée sur la frange. Le nez est d'une puissance extraordinaire et dévoile des notes de grande maturité, ce fruit mûr inimitable du pinot, sur la griotte, la réglisse, presque le Zan, des épices exubérantes, des notes de cassonade. En bouche, le fruité est profond, puissant et dominateur. Les tanins servent de support à ce fruit et confèrent de la carrure, une densité peu commune, une force difficile à égaler en Bourgogne. La longeur finale reprend la palette du nez avec une présence fruitée qui n'en finit pas, les épices constituant le point d'orgue. Bel exemple d'un pinot noir très mûr, récolté sur un grand terroir.

Musigny
Jacques Prieur

Millésime 1990. Dense, la robe n'a pas perdu l'éclat de la jeunesse. La palette aromatique est révélatrice du potentiel du pinot noir : fruit très mûr (cassis), épices douces (tabac blond), arômes animaux (jus de viande, cuir), arôme floraux (pivoine et églantine), arômes empyreumatiques (pain grillé). La bouche est vineuse et satinée : fruité dense et mûr, tanins à l'énorme structure mais qui ont fondu leur grain jusqu'à une patine d'ébéniste. Grande complexité aromatique finale, quasi indescriptible si ce n'est à travers sa persistance. Un vin "monument".

Les grands crus ont chacun leur personnalité. Lorsqu'ils sont issus d'un grand millésime et vinifiés par des vignerons respectueux de leur caractère, on écoute le vrai discours du terroir. Si le chambertin-clos-de-bèze est bâti sur une puissance racée, avec un fruité d'une grande pureté, le musigny joue dans l'extrême complexité et dévoile une sève vineuse inégalable. Deux ténors de l'opéra bourguignon.

Clos de vougeot : dans le sens de la pente

Les 50 ha de cette entité bourguignonne ne présentent pas un terroir homogène et les quelque quatre-vingt-cinq propriétaires qui se partagent cette grande entité élaborent "leur" clos de vougeot avec des parcelles fort diverses. Sans accréditer la légende des "trois cuvées" du temps des moines cisterciens, on peut se demander si le clos de vougeot présente les mêmes caractéristiques et la même qualité suivant que le vin est issu d'une parcelle du haut, du milieu ou du bas. La pédologie devrait apporter une réponse claire. Le clos est assis sur des terrains de calcaire bajocien sur sa partie haute, de marnes sur sa partie inférieure. Les sols du haut sont très superficiels et caillouteux, à peine 40 cm, avec des cailloutis calcaires et peu d'argile. Ils reçoivent l'eau des parties supérieures et, du fait du sous-sol peu perméable, retiennent l'humidité. En année sèche, ce facteur est un avantage. Mais en année humide, la fertilité est trop importante, la maturation est retardée et la pourriture favorisée. Il faut donc réduire la vigueur et drainer ces parcelles, ce qui n'est pas toujours facile, la route surélevée gênant l'évacuation naturelle des eaux. En théorie, les vins fins naissent sur les parties hautes et les vins puissants sur le bas, avec un style intermédiaire au milieu. L'idéal est d'assembler le fruit de diverses parcelles. En réalité, la qualité des clones, l'âge des vignes et l'art du vigneron bouleversent les idées reçues.

Dégustation des parcelles du château de la Tour avant assemblage

Le château de la Tour est le plus grand domaine de l'AOC clos de vougeot. Il présente l'avantage de posséder des parcelles dans différentes parties, du haut jusqu'en bas, avec une majorité de vignes en plein milieu, autour de la bosse centrale. Il est toujours intéressant de déguster les vins de ces parcelles séparées, avant qu'ils ne soient assemblés dans la future cuvée car un même propriétaire applique les mêmes principes de viticulture et de vinification. Seule la position de la parcelle influe sur le style du vin, même si l'âge des vignes peut inverser les hiérarchies. (Les échantillons dégustés étaient destinés au millésime 1996.)

Sur le bas, vignes de dix ans. Vêtu d'une robe moyenne, le vin dévoile des arômes de cerise rouge, des notes florales, de légères épices. Le corps est souple, les tanins soyeux, la finale vive et brève. La jeunesse des vignes contrarie la puissance du terroir.

LE PLUS VASTE DES GRANDS CRUS BOURGUIGNONS, LE CLOS DE VOUGEOT, EST ÉGALEMENT LE PLUS BAS EN ALTITUDE, AVEC UNE FAIBLE PENTE QUI PART SOUS LE MUSIGNY ET LES GRANDS-ÉCHÉZEAUX ET QUI VA MOURIR CONTRE LA ROUTE NATIONALE, PRESQUE EN PLAINE. UNE LÉGÈRE BOSSE LUI DONNE DE LA CONVEXITÉ EN SON MILIEU.

À mi-pente, vignes de trente ans, au nord de la bosse. La robe est ici plus sombre. La palette décline la cerise noire, la fumée, les épices. La bouche est plus concentrée, avec une matière charnue, des tanins plus mûrs, à grain serré. Longueur appréciable.

Allée du milieu, vignes de quarante-cinq ans. D'une robe très sombre, le vin se pare d'arômes de cerise noire, de rose, de cassis, de cacao. La belle bouche mûre et ronde offre des tanins de grande maturité, avec un grain velouté. La finale est orientée sur le fruit du pinot très mûr.

En haut, sous les grands-échézeaux, vignes de quarante-cinq ans. Derrière une robe sombre, apparaissent des arômes de fruits compotés, de chocolat, de menthe et des notes de tabac. La bouche, grasse, a des tanins ronds et policés. La finale est dominée par le cacao, la figue, les épices orientales. Un vin à la fois structuré et voluptueux.

Au milieu de la bosse, vignes de quatre-vingts ans. D'une couleur très dense, le vin est d'une incroyable complexité aromatique : framboise écrasée, fumée, fruits confits, sous-bois et tabac. La bouche profonde aux tanins gras, cacaotés, révèle une longueur impressionnante. Le cœur et l'âme du clos de vougeot.

On remarquera que les vins de la partie médiane – autour et sur la bosse – l'emportent en structure sur ceux du bas, handicapés par la jeunesse des vignes et par la climatologie, assez arrosée sur la fin, du millésime 1996. Les vins de la partie haute développent beaucoup de race et de finesse. Leur gamme aromatique est plus complexe. Mais, en fin de compte, c'est bien sur la parcelle où les vignes sont les plus âgées que l'on atteint le sublime.

En descendant le clos

Anne Gros, le Grand Maupertui

(Tout en haut, sous les grands-échézeaux.)

Millésime 1995. La robe est profonde, rubis à frange pourpre. Le nez est bien développé, avec un fruité

exubérant (framboise et cerise), de très élégantes notes de violette et de réglisse, des nuances d'épices boisées et de torréfaction qui savent rester fondues derrière ce fruit dominant. La bouche est bâtie sur une puissance imposante mais retenue, tout en équilibre avec une matière dense, une bonne vivacité et des tanins très racés, à grain satiné. La finale, longue et fragrante, associe réglisse et framboise à une petite touche minérale et à des épices fines. Une densité pleine de grâce pour ce vin qui clame haut et fort la grandeur et la race aérienne de la partie haute du clos.

Méo-Camuzet

(Dans la partie haute, au pied du château – plus une petite parcelle sous les grands-échézeaux.)

Millésime 1995. La robe est sombre, dense et ourlée de pourpre. Le nez a de l'ampleur. On perçoit une forte présence boisée (vanille et cannelle) qui vient se marier à un fruité intense (cerise), à quelques notes mentholées et à de la violette. Structurée, la bouche possède une belle matière à trame fine, des tanins imposants, renforcés par l'apport du bois neuf, du volume et du gras. La finale, imprégnante et longue, est marquée par les épices du bois, par un fruité profond et une pointe d'amertume. Un vin assez marqué par son élevage qui a besoin de temps pour révéler ses origines. La démonstration que le terroir peut être momentanément masqué par les pratiques de vinification.

Château de la Tour

(En plein milieu, parcelles assemblées.)

Millésime 1995. La robe assez sombre a une légère frange pourpre. Le nez est d'une réelle délicatesse et complexité : fruits noirs, notes florales (plutôt pivoine), épices cacaotées et un soupçon de menthe. La bouche suave séduit par sa belle matière lisse et mûre. Les tanins puissants et généreux ont pris de jolis accents épicés lors de l'élevage. La finale a beaucoup d'expression et de rémanence, avec des arômes de fruits compotés, d'épices et de tabac, et toujours cette touche menthe-chocolat qui signe le style de cette bouteille, sorte de synthèse entre les diverses tendances du clos.

Jean Grivot

(Dans la partie basse.)

Millésime 1995. La robe dense et profonde prend une teinte rubis à frange pourpre prononcée. Les arômes imposent d'entrée un fruité dominant (cerise noire très mûre). Viennent ensuite des notes épicées, fines et élégantes, des arômes de torréfaction, de réglisse et de tabac blond. La structure est carrée, la matière volumineuse et dense. On décèle d'emblée un fruité profond. Les tanins, imposants et vigoureux, ont néanmoins un grain déjà velouté. Ils participent à une finale longue, où l'on retrouve le fruit dans toute sa précision. Un grand potentiel de garde pour ce vin qui démontre que la partie basse peut donner des vins de très haute tenue.

Le domaine de la Romanée-Cont

LES INSTANTS CÉLESTES SONT PLUTÔT RARES DANS NOTRE MONDE MATÉRIALISTE. AUSSI, UNE DÉGUSTATION DES VINS DU DOMAINE DE LA ROMANÉE-CONTI EST-ELLE UN RARE PRIVILÈGE DIGNE D'ÊTRE PARTAGÉ.

En souhaitant à l'amateur de pouvoir une fois dans sa vie vérifier la pertinence de ces commentaires, nous lui proposons le compte rendu de deux dégustations réalisées à trois ans d'intervalle sur les mêmes vins pour définir d'une part le style de chaque cru, d'autre part leur rythme respectif d'évolution. Jubilatoire et solennel !

Dégustation au domaine le 18 novembre 1994

Le millésime 1993 a été dégusté sur fût et le 1992 en bouteille (mise au printemps précédent).

Vignes de l'appellation échézeaux à l'époque de la taille. La "maison de quatre heures" permet aux vignerons de ranger leurs outils et de se reposer.

une dégustation dans le temps

Échézeaux

Millésime 1992. La robe est assez légère. Le nez discret offre un joli fruit mûr, des notes compotées et épicées. La bouche est svelte, en dentelle, avec des tanins fins et satinés. La finale, élégante et suave, révèle plus de charme que de concentration.

Millésime 1993. Vêtu d'une robe dense et profonde, ce vin dévoile un beau nez sur le fruit mûr et la cerise accompagnés de notes florales et d'épices douces. Ample, la bouche propose une chair suave, un fruité profond et une constitution tannique inhabituelle pour ce cru. On retrouve en finale une trame au grain satiné. Un vin séducteur.

Grands-échézeaux

Millésime 1992. La robe est plutôt légère et le nez assez discret (épices, fruits, notes florales de rose et de pivoine). Souple, la bouche présente une trame fine, du gras, des tanins lisses, une expression aromatique contenue mais une longueur qui démontre la qualité du cru. La race transparaît dans l'élégance de la matière.

Millésime 1993. La robe concentrée offre des reflets de jeunesse intenses. Le nez est réservé mais de subtiles notes florales signent bien le cru (rose, pivoine, églantine). S'y associent des arômes de petits fruits rouges, quelques accents minéraux et fumés. La bouche est complexe, ronde, avec une matière charnue, des tanins onctueux et élégants. Moins de charme immédiat que l'échézeaux mais plus de longueur, gage d'un bel avenir.

1992 et 1993 : deux millésimes très différents

Les millésimes 1992 et 1993 ont été marqués par des conditions climatologiques opposées.

Précoce mais très arrosé à son terme, 1992 a produit de remarquables vins blancs mais des vins rouges plutôt légers. Le millésime avait pourtant bien débuté, avec une floraison en avance, un printemps et un été très doux, mais les vendanges ont été perturbées par de fortes pluies à partir du 22 septembre. Fort heureusement, les nuits fraîches et la bonne constitution des raisins ont freiné le développement de la pourriture. Les tris étaient donc essentiels pour réussir cette année.

En revanche, 1993 est un millésime plus mûr, grâce à un été sec et des pluies qui ont bien rééquilibré les tanins. Les raisins, bloqués par la sécheresse d'août, ont développé des peaux épaisses mais ont pris du retard dans leur maturité. Les premières pluies de septembre ont débloqué le processus et amené les raisins à parfaite maturité (autant pour le sucre que pour les polyphénols). Les grains ont résisté au gonflement et à la pourriture que l'on aurait pu craindre avec des vendanges arrosées.

Romanée-saint-vivant

Millésime 1992. Une robe intense, un nez délicat aux notes florales (pivoine, rose rouge) ponctuées d'arômes de petite cerise, une bouche expressive à la texture soyeuse ; la finale longue et rémanente porte haut le style de la famille Romanée.

Millésime 1993. La robe est plus intense et le nez s'oriente sur un fruit rouge bien mûr qui domine les notes florales de rose et de violette. La bouche satinée a une ampleur élégante qui s'appuie sur une architecture tannique racée et à grain fin mais plus dense que celle du millésime 1992. La finale longue se caractérise par un parfait équilibre entre finesse, complexité et puissance.

Richebourg

Millésime 1992. Bien coloré, ce vin dévoile un nez déjà puissant, voluptueux, marqué par les épices et les fruits noirs. La bouche est bien différente de celle des crus précédents par sa trame veloutée qu'il faut distinguer du satin de la romanée-saint-vivant. Corsée, généreuse, épicée, elle est soutenue par une grande puissance tannique qui a besoin de calmer son impétuosité de jeunesse.

Millésime 1993. Ce vin à la robe dense présente un fruit mûr, des notes fumées, terriennes et épicées. La bouche s'appuie sur des tanins puissants et sapides, une profondeur de fruit et une trame veloutée et opulente. Que l'on ne s'y trompe pas, la force phénolique de ce vin est impressionnante. Grande longueur sur des notes épicées.

La tâche

Millésime 1992. La robe est dense. Le nez reste discret mais complexe. Des accents subtils de violette, d'épices fines et des notes fumées se mêlent. La bouche est à la fois aérienne et séveuse, extraordinairement équilibrée entre fruit et puissance tannique, profondeur et fragrance. Les tanins semblent polis par la main d'un ébéniste tant le grain est satiné. La longue finale est axée sur des notes de cacao, d'épices, d'iris.

Millésime 1993. La robe profonde possède une frange très jeune. Le nez est d'une subtilité aromatique étonnante : accents floraux élégants de violette, fruit noir, griotte mûre et épices orientales. La bouche est axée sur un fruité d'une grande pureté aromatique. Sa rigueur de constitution et sa plénitude sont exceptionnelles. Harmonie, folle élégance, délicatesse et puissance sous-jacente, extrait concentré, générosité et grain policé des tanins : cette bouteille réunit toutes les qualités et son avenir est assuré.

Romanée-conti

Millésime 1992. Coloré et dense, ce vin expressif propose un fruité d'une grande pureté, des notes florales mêlées aux épices du bois. La bouche est un modèle d'harmonie : grain d'une extrême finesse, tanins nobles épicés avec mesure, finale longue aux notes fraîches et délicatement épicées. Cette bouteille combine profondeur et sveltesse : de la haute couture.

Millésime 1993. La robe est tout aussi dense que celle du millésime 1992, mais le nez est plus réservé. La complexité est telle que les mots ne suffisent pas à exprimer la perception sensorielle. Néanmoins, on peut souligner un grand fruit – modèle de pureté et d'élégance –, des notes fumées, florales et une palette épicée subtile. La bouche est séveuse. Sa force sous-jacente monte dans le palais en s'évasant jusqu'à une présence tannique touchée par la grâce. Le grain présente ici un soyeux de tissu oriental qui caresse la bouche et annonce une finale qui n'en finit pas de finir.

Dégustation au domaine le 23 avril 1997

Trois ans après la première dégustation des millésimes 1992 et 1993, les bouteilles dégustées en 1994 ont à peine entamé leur carrière. Chaque vin avance à son rythme mais nous ne sommes ici qu'au tout début de leur course de grand fond. Rappelons en effet que ces grands vins ont un potentiel de garde de plusieurs décennies et qu'il serait dommage de les servir trop tôt.

Grands-échézeaux

Millésime 1992. La robe a pris de la profondeur, avec un reliquat de jeunesse. Les arômes ont basculé sur le cuir et les épices alliés à des notes poivrées. La composante florale a pris du poids. La bouche est satinée. Elle se définit par une trame serrée et des tanins assez évolués, gras et fondus. La finale est aromatique pour ce vin en pleine ouverture, aux antipodes de sa timidité de jeunesse.

Romanée-saint-vivant

Millésime 1992. La robe est un peu plus intense. Les arômes très épicés se conjuguent aux premières notes de cuir et de sous-bois, ainsi qu'aux nuances balsamiques et fumées. Dans cette palette épanouie, les accents floraux sont encore présents. Expressive, la bouche possède de superbes tanins fondus et satinés, une grande délicatesse aromatique, une féminité séductrice et une longueur à la fois exubérante et distinguée. Ce vin poursuit sa carrière dans le style de départ, mais ses arômes ont évolué.

Millésime 1993. La robe est restée profonde, les arômes se sont équilibrés entre la rose, les fruits rouges mûrs, les épices douces, les notes fumées, la petite vanille. Bien bâtie, la bouche offre une sève un peu austère. Les tanins ont pris du recul, mais leur grain est tout aussi satiné. Le vin se poursuit élégamment sur un fruité profond et pur, bien souligné par des épices délicates. Il est en pleine éducation.

La tâche

Millésime 1992. La robe est toujours aussi dense et les arômes cultivent encore cette subtilité d'école qui associe les notes florales aux épices et à un fruité profond. Des nuances musquées apparaissent. En revanche, la bouche a pris de la carrure et de la puissance, avec un beau velouté tannique, une densité qui a pris le pas sur le côté aérien des débuts. Les tanins continuent leur carrière avec sérénité, sur la noblesse et le satin du grain. Un vin entré dans la réflexion.
Millésime 1993. Cette bouteille a peu évolué. Tout au plus le nez s'est-il épicé et orné de notes de gibier. La bouche est restée sur la précision du fruit, sur des tanins pleins et fragrants. Cette densité est équilibrée, grâce à un grain d'ébéniste, une longueur puissante et élégante. Un vin "énorme" et indestructible.

Richebourg

Millésime 1993. Enveloppé d'une robe profonde, ce vin est volubile : réglisse, épices orientales, fruit confit, notes grillées, terriennes. La bouche est opulente, grasse et fondue. Les tanins sont veloutés et caressants. Ce richebourg est resté intact.

Vosne-Romanée, un village bourguignon sans prétention qui recèle cependant un trésor : la vigne. Le terroir se caractérise par un sol brun calcaire, légèrement épais et une faible pente.

Deux dégustations riches d'enseignements

• **Première observation :** les grands crus bourguignons représentent l'accomplissement ultime de la notion de terroir, parfois si contestée dans le monde anglo-saxon. Chaque cru possède son caractère ; la dégustation est ici démonstrative. Il est plus aisé de distinguer ces traits distinctifs lorsque les vins ont été vinifiés par le même domaine, avec les mêmes méthodes d'extraction et le même élevage, la seule variable restant l'origine. On s'aperçoit alors que la réelle puissance un peu terrienne du richebourg, que la délicatesse aérienne de la romanée-saint-vivant ou que la sève impérieuse de la romanée-conti n'appartiennent qu'à chaque cru.
Réalisée sur des vins de grand prestige, cette dégustation peut fort heureusement être appliquée à des vins plus abordables, à la seule condition que les terroirs soient respectés. Cette notion d'individualité des terroirs peut être hélas gommée par une viticulture trop productive, par un "assassinat" des caractères vivants des sols, par une chimie excessive ou, simplement, par des vinifications trop légères ou trop techniques. Les vins bourguignons et d'ailleurs prêtent alors le flanc aux critiques et la concurrence des vins mondialistes frappent à nos portes.
Néanmoins, une anecdote tempérera notre propos sur la viticulture du Nouveau Monde. Lors d'une visite chez Al Broustein, le vigneron de Diamond Creek Vineyard, je m'étais étonné de le voir séparer des vins de micro-terroirs, alors que les Californiens ont plutôt tendance à privilégier le cépage sur le sol. Le vieil homme, qui connaissait ses classiques, m'avait répondu avec malice : "J'assemblerai mes vins lorsque la tâche, le richebourg et la romanée-conti iront dans la même cuve !". Belle reconnaissance des terroirs français par un vigneron californien plutôt atypique.

La romanée-conti est la plus célèbre appellation de Bourgogne. S'étendant sur 1 ha 80 a 50 ca, le vignoble a conservé ses vignes originelles non greffées jusqu'en 1945.

• **Deuxième observation :** les grands vins avancent dans la vie à pas comptés. L'évolution est ici des plus lentes et c'est à peine si les vins policent leur grain tannique et prennent un peu de recul aromatique pour mieux rebondir quelques années après. Les vins du millésime 1993 semblent ne pas avoir "bougé", tandis que ceux du millésime 1992 avancent plus rapidement vers leur apogée.

Quarante ans après

L'ouverture d'un romanée-conti 1957 sur un rosbif-purée des plus plébéiens est un mémorable instant dans la carrière d'un dégustateur. La robe acajou est follement séduisante et le nez décline une palette qui ressemble à un inventaire de Prévert. Épices rares, cuir, jus de rôti, sous-bois, truffe, réglisse, pruneau, notes balsamiques de bois précieux… La liste est longue et évolue dans le verre au gré de l'aération. La bouche est satinée avec une matière lisse et aromatique, une sève un peu restreinte et une densité moyenne. La jeunesse des vignes de l'époque explique aisément le manque de concentration. Les tanins sont associés au style de la robe et présentent le poli d'un meuble d'antiquaire. Ce vin exprime sa race par son nez, les sensations perçues par rétro-olfaction et une longueur en queue de paon.

La Montagne de Corton : une

De la Combe de Magny à celle de Pernand-Vergelesses, le coteau de Corton fait presque une demi-lune, comme une tour d'angle au coin d'une forteresse. Il commence au-dessus de Ladoix par des pentes accusées, exposées au sud-est, pour finir avec les expositions extrêmes, nord-ouest, au-dessus de Pernand.

Un bastion entouré de vignes

Ici, le calcaire de la Côte de Nuits a disparu sous des marnes. Le haut du coteau, avec ses marnes riches en calcaire entrecoupées de bancs de calcaire pur tapis sous des sols peu profonds et froids, conviennent au chardonnay. Plus bas, les sols deviennent gréso-marneux, puis en descendant on trouvera un niveau de terre rouge, riche en oxyde de fer, suivi d'une zone calcaire, la "dalle nacrée", riche en fossiles coquillés. Des colluvions et éboulis en provenance des combes ou du haut de la Montagne recouvrent légèrement les horizons. Ces sols conviennent au pinot noir qui y trouve l'occasion d'exprimer sa finesse. Cultivé en hauteur, en compagnie du chardonnay, il donnera des vins plus charpentés, voire rustiques.

Mais réduire l'adéquation du cépage à la seule géologie serait nier les effets microclimatiques induits par l'orientation et l'altitude. La partie de la Montagne qui regarde au sud-est est idéale pour que les raisins rouges parviennent à maturité. En revanche, les cépages blancs arriveront trop rapidement à maturité et perdront en finesse aromatique. *A contrario,* ceux-ci développeront tout leur potentiel aromatique sous des expositions ouest, et même nord-ouest, qui favorisent la complexité grâce à une maturation lente, alors qu'au même endroit le pinot aura du mal à mûrir. L'altitude joue également son rôle, avec une pente qui s'étage entre 250 et 350 m, conduisant à des différences de températures notables. On le voit, le schéma idéal serait chardonnay à l'ouest (ce qui correspond en gros à l'appellation grand cru corton-charlemagne) et pinot noir au sud et à l'est, sur la très vaste aire d'appellation corton qui se subdivise en plusieurs *climats* (Le Corton, Le Clos du Roi, Les Bressandes, Les Renardes et Les Maréchaudes étant les plus connus). Dans la réalité, souvent sous la pression des évolutions économiques, selon que le vin rouge ou le vin blanc se vendait le mieux, on a pu assister à une interpénétration des cépages. Ajoutez à cela les méthodes de vinification qui peuvent faire pencher la balance de tel ou tel côté et vous comprendrez que rien n'est simple sous le bois de Corton.

IL NE PEUT Y AVOIR DE COURS DE CLIMATOLOGIE VITICOLE SÉRIEUX SANS UN CHAPITRE SUR LA MONTAGNE DE CORTON QUI, EN S'ARRONDISSANT SOUS LE BOIS QUI LA COIFFE, PRÉSENTE TOUTES LES EXPOSITIONS SOLAIRES. LE PINOT OU LE CHARDONNAY S'Y RÉPARTIRONT EN FONCTION DE CETTE MÊME EXPOSITION, DE LA NATURE DU SOL, DE LA HAUTEUR SUR LA PENTE ET... DES CIRCONSTANCES ÉCONOMIQUES !

Des vins blancs jeunes

Corton
Rapet Père et Fils
(Commune de Pernand-Vergelesses.)

Millésime 1992. La robe est d'un beau doré. Le nez, opulent, sait garder sa distinction grâce à des notes minérales bien marquées, à des arômes de vanille, de fleurs blanches épicées, de miel, d'agrumes, des accents caillouteux. Cette palette complexe est suivie d'une bouche puissante à la matière mûre et fruitée. En finale, une vivacité caractéristique de ce secteur donne de l'éclat et une belle expression équilibrée.

Corton
Jacques Prieur
(Vers Aloxe-Corton.)

Millésime 1992. La robe paille dévoile des reflets dorés. Le nez est ample et généreux (miel) quoique sur la réserve. La bouche, puissante et corsée, présente de la carrure et une structure presque tannique rappelant l'architecture d'un vin rouge. La finale reste encore dans sa gangue, mais on sent que le fauve est prêt à bondir hors de sa tanière. Ce vin promet beaucoup mais demande du temps pour s'ouvrir.

Corton-charlemagne
Bonneau du Martray
(À cheval sur les communes de Pernand-Vergelesses et Aloxe-Corton.)

Millésime 1992. La robe n'est pas très soutenue, mais la frange dorée est bien présente et a remplacé la note verte de la jeunesse. Les arômes fins, délicats et frais s'appuient sur des touches d'abricot, de pain grillé, de lys, avec une note minérale sous-jacente qui

dégustation microclimatique

marque le style. La matière dense est structurée dans un bel équilibre où rien ne domine. Un vin plein de sève, bâti à la fois sur l'élégance et la concentration, qui commence à développer toute sa complexité.

Des vins rouges jeunes

Corton - Renardes
Maillard Père et Fils

La robe est assez intense. Des notes de cuir et de gibier se distinguent au nez, complétées par du fruit mûr, de la cerise, du cassis, du poivre et de la vanille. La bouche est aromatique, puissante et marquée par cette dominante gibier qui signe ce secteur de terres blanches.

Corton - Bressandes
Jacques Prieur

La robe est intense. Le nez, mûr, est marqué par les fruits rouges à noyau, des notes fumées, des épices douces, avec une note vanillée discrète. La bouche est séveuse, mature, ample et ronde ; les tanins sont bien structurés, mais sans extraction superflue. Un vin qui démontre l'élégance du secteur.

Corton - Clos des Cortons
Faiveley

La robe dense est encore jeune. La palette aromatique est complète, mais axée sur un fruité expressif (cerise, figue notamment) auquel se fondent sans jamais dominer des épices. La bouche ronde et savoureuse offre une bonne puissance tannique qui se prolonge dans une finale gourmande. Un vin bien représentatif de ce clos qui rassemble toutes les qualités des divers corton.

De toutes parts, les vignes montent à l'assaut de la Montagne. Pinot noir et chardonnay ont su investir la place.

Avec un peu de recul

Corton-charlemagne
Louis Jadot

Millésime 1990. La robe est dorée. Le nez opulent propose en ouverture des notes de cire d'abeille, de miel, de fleurs lourdes, d'épices orientales. En bouche, on décèle beaucoup de gras, une puissance peu commune qui sait rester fondue dans une structure de tanins grillés. La finale monte en bouche comme pour s'évaser. Une dégustation mémorable.

Corton - Maréchaudes
Michel Maillard

Millésime 1991. La robe dense dévoile une frange qui commence à évoluer. Les arômes associent la réglisse, la menthe, le gibier et le fruit noir ainsi que quelques notes de cacao. La bouche est fondue : les tanins à grain satiné sont aromatiques et épicés. La finale propose des notes giboyeuses. En pleine expression.

Un vieux millésime

Corton
Bouchard Père et Fils

Millésime 1962. Un vin encore très coloré, avec un nez sur le Zan, le cachou, les notes minérales, le fruit à l'eau-de-vie (cerise et pruneau) et une grande subtilité épicée. Très racé en bouche, montrant encore de la fraîcheur et de la complexité, il possède une matière veloutée, des tanins qui jouent leur partition sans faiblir. Le corton serait-il inoxydable ?

En conclusion

Le territoire est vaste : il ne faut donc pas s'étonner de la diversité des styles. En corton-charlemagne, le cru En Charlemagne donne à l'évidence des vins plus subtils, plus complexes mais moins opulents que les secteurs orientaux, qui créent force et structure. En corton rouge, c'est le sol qui marque le caractère des vins. Terres rouges ou sols blancs impriment, qui la charpente, qui les arômes sauvages, mais confèrent toujours puissance et aptitude à la garde.

Pommard et volnay : main

On a coutume de souligner dans les vins de Pommard les accents de virilité et dans ceux de Volnay les atours plus féminins. Le sexe des vins de Bourgogne n'est pourtant pas défini : la main de fer des premiers sait se faire caressante et le gant de velours des seconds peut avoir de la fermeté.

Autour de la combe creusée par la Vendaine, les terroirs de Pommard se distinguent par une richesse en argiles plus élevée que dans les autres crus de la Côte de Beaune. Argiles parfois riches en oxydes de fer qui donnent une couleur rouge aux sols de cette commune, à l'exemple des Rugiens, premier cru bien nommé. Cette nature diverse géologiquement, les expositions sud ou sud-est, les murets qui ceignent les clos et délimitent des microclimats, expliquent le style général de ces vins orientés vers la richesse.

Les sols de Volnay sont aussi multiples. Semblables à ceux de Pommard dans la partie nord-est (vers les Fremiets, Chanlins, Pitures), ils sont plus calcaires dans la partie centrale (vers le Clos des Ducs, le Clos de la Barre, le Clos de la Bousse d'Or, le Clos de Chênes) avec des sols bruns, des marnes qui affleurent, des cailloux et des alluvions. La gamme géologique se décline des marnes argoviennes ou oxfordiennes aux calcaires du bathonien et aux terres rouges. Dans la partie sud, les Santenots, portés par la commune de Meursault, font suite aux Caillerets et aux Chevrets, avec des sols pentus et très caillouteux. La qualité générale des sols – leur grande pauvreté et leur teneur en marnes et en calcaires – confère finesse et race aux volnay.

Un grand millésime

Pommard premier cru - Les Rugiens
Olivier Leflaive

Millésime 1990. Une robe sombre et dense, avec des notes de jeunesse. Le nez est marqué par l'opulence des fruits confits, de la cerise noire, de la prune, du cassis. Des notes d'humus, d'épices, de cacao, de réglisse et de cannelle égayent cette palette et ajoutent à sa complexité. La bouche est marquée par un grain velouté, une puissance fruitée imposante, une générosité qui imprime son style sans gommer l'harmonie ou l'élégance. Les tanins sont puissants, bien structurés, avec une saveur imprégnante et rémanente. Belle longueur sur les fruits à l'eau-de-vie et les épices. C'est un vin opulent, qui entame une carrière prometteuse.

Volnay premier cru - Chevret
Joseph Drouhin

Millésime 1990. Une belle robe sombre avec de l'éclat et des nuances vives. Le nez est un véritable concentré de fruits rouges très mûrs : framboise, cerise, avec des accents confiturés. Les épices douces, la vanille et la cannelle, quelques notes de violette et de réglisse viennent donner de la gaieté et rendre le tout plus complexe. La bouche présente un équilibre parfait entre un fruit très pur et des tanins élégants. Pas de lourdeur dans ce vin. La fraîcheur vient alléger sa richesse. Pas d'agressivité tannique. La trame est fine et le fruit mûr enrobe la charpente. Un modèle de race, un vin particulièrement épanoui.

Volnay premier cru - Clos des Santenots
Jacques Prieur

Millésime 1990. Une robe très sombre, aux nuances grenat. Un nez fort intense, avec des notes grillées, des nuances de goudron, de truffe, de fruits noirs

de fer et gant de velours

(cassis et myrtille), pimentées par des accents de fumé, de tabac et un fond animal sous-jacent. La bouche est très structurée, avec de la carrure et de la densité, une puissance fruitée qui domine une matière mûre et concentrée. Les tanins, intenses et présents, sont marqués par un grain velouté, une puissance épicée qui se prolonge dans la finale. Un vin séducteur qui peut encore aller très loin.

Un millésime plus modeste

Pommard premier cru - Les Rugiens
Olivier Leflaive

Millésime 1991. Une robe dense, aux nuances rubis sombre. Le nez, intense et complexe, présente des notes marquées de cannelle, de cacao, de réglisse, de sous-bois et de fruits noirs. Une palette épicée et balsamique assez surprenante signe une vraie personnalité. La bouche attaque sur une belle ampleur, avec un fruité concentré et une maturité qui arrondit les angles. Les tanins intenses ont un grain velouté ; ils sont aromatisés par un boisé qui se laisse encore deviner. L'ensemble laisse une impression d'équilibre contenu, de puissance sous-jacente qui consent à s'exprimer dans la finale, épicée et racée.

Volnay premier cru - Chevret
Joseph Drouhin

Millésime 1992. Une robe vive, assez claire, avec une nuance rubis et de l'éclat. Le nez est d'emblée marqué par les fruits rouges (la framboise) et souligné par une touche vanillée, des notes de violette, quelques épices et des accents de champignon. La bouche se caractérise par une présence fruitée intense, avec un équilibre qui fait ressortir la vivacité de la finale et des tanins un peu pointus. Lisse, avec un grain fin et une belle expression aromatique, ce vin complexe ne montre pas une grande densité mais vaut par sa finesse et sa grande longueur pleine de charme.

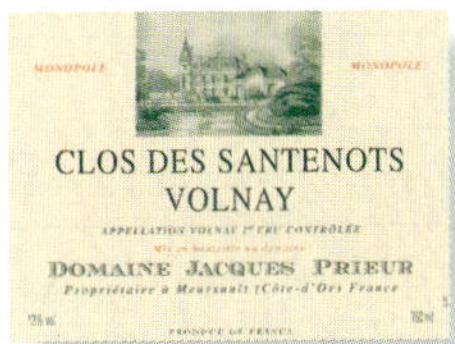

Volnay premier cru - Clos des Santenots
Jacques Prieur

Millésime 1991. Une robe rubis assez soutenue, encore très jeune. Le nez est puissant, avec des notes intenses de gibier, de cuir, de fourrure qui s'atténuent à l'aération. Viennent alors du fruit à noyau, de la cerise cuite et une cohorte de sensations épicées (réglisse), de notes boisées plutôt torréfiées. La bouche est assez structurée, avec une expression épicée qui signe un vin de belle race. Finale longue et persistante sur la réglisse et les épices.

En conclusion

Les vins de Pommard peuvent présenter des virilités fort différentes. Affaire de naissance : les terroirs sont divers. Affaire surtout d'éducation, laquelle civilise l'être le plus rustique. Une constante peut se dégager de la comparaison entre les deux millésimes dégustés : celle d'un équilibre maîtrisé entre puissance et élégance.

Volnay est réputé féminin, gracile et léger. C'est oublier que les crus peuvent être aussi dissemblables qu'un Caillerets et un Fremiets, un Santenots ou un Clos des Ducs. Les bons vinificateurs savent garder aux volnay grâce aérienne et sveltesse, tout en leur donnant du corps et de la densité. Des raisins mûrs, de petits rendements, des vinifications expressives mais respectueuses peuvent exprimer le caractère vrai d'un terroir. *A contrario,* toute facilité ou relâchement conduisent à l'écrasement des qualités originelles. Les deux volnay dégustés ont présenté des styles et des féminités opposés. L'un, le Chevret, orienté vers une élégance déliée et la pureté du fruit, l'autre, le Clos des Santenots, axé sur un fruité concentré aux accents giboyeux, démontrent qu'un terroir bien révélé transparaît derrière les millésimes.

Pommard (à gauche) et volnay : deux vignobles contigus mais dont les vins diffèrent par leur caractère.

Puligny et chassagne-montrachet :

Les deux appellations sont certes assises sur une résurgence du calcaire bathonien, mais elles présentent de nettes différences. Les sols les plus calcaires se trouvent sur Puligny ; selon la position du vignoble sur la pente, on trouve plus ou moins d'argile en provenance des sommets (où des marnes se sont formées au jurassique moyen). Du fait de l'érosion, ces marnes ont dévalé les pentes et enrichi les sols en limons argileux. Le sommet des coteaux a retenu les gros limons, le bas a recueilli ceux à grain fin. Le milieu de pente s'est enrichi des meilleurs éléments. Il n'est donc pas étonnant que les grands crus y aient élu domicile.

Séparé de Puligny par la combe de Saint-Aubin qui vient mourir tout près du village, Chassagne possède un terroir moins calcaire et plus marneux, avec des sols bruns et des rendzines. Les sols des *climats* gagnent en richesse et en profondeur au fur et à mesure que l'on descend vers le bas de la pente. Les vins y sont plus charpentés mais aussi plus rustiques. Autrefois plutôt planté en vignes rouges, Chassagne a développé le chardonnay dans chaque *climat*. Certains sont ainsi plantés pour moitié des deux couleurs. La partie de Chassagne située à l'ouest de la combe se mêle à Puligny en partageant les grands crus montrachet et bâtard-montrachet. Seul criots-bâtard-montrachet se trouve entièrement sur Chassagne.

Les climats communaux, en bas de pente

Puligny-montrachet
Chartron et Trébuchet

Millésime 1995. La robe paille assez intense est ourlée de vert. Le nez, minéral et floral est vif et précis : silex, acacia, notes de fruits secs et tisane. La bouche, dense et structurée, propose de la carrure et du relief, une vivacité marquée qui encadre une matière mûre et fruitée. La finale épicée et minérale est assez longue.

Chassagne-montrachet
Chartron et Trébuchet

Millésime 1995. La robe n'est pas très différente de celle du puligny. Le nez présente beaucoup de maturité : fruit blanc, notes florales fines, accents miellés. La bouche a de la rondeur, du moelleux et du gras. La finale est plus lourde que celle du puligny et n'a pas son relief. Un vin tout en courbes, lisse et opulent.

CES DEUX COMMUNES PHARES DES GRANDS VINS BLANCS DE BOURGOGNE ONT L'HONNEUR DE SE PARTAGER LE CLIMAT MYTHIQUE DU MONTRACHET. LE STYLE DE LEURS VINS EST POURTANT DIFFÉRENT, CE QUI NE SURPRENDRA PAS LE DÉGUSTATEUR S'IL PREND SOIN DE SE PENCHER QUELQUE PEU SUR LA NATURE DES SOLS.

À l'évidence, les styles divergent : les notes minérales s'opposent au miel et au fruit blanc. Dans ce millésime, les vins sont plus vifs en AOC puligny et plus ronds en AOC chassagne.

Des premiers crus en puligny-montrachet

Les premiers crus du centre de l'appellation sont les plus représentatifs du style puligny. Les Charmes, Les Combettes, Les Referts ou Champ Canet, situés au nord-est sur des sols de bancs marneux, ont une parenté parfois évidente avec les meursault, leurs voisins immédiats. En revanche, les Caillerets ou Les Pucelles, sur des sols très calcaires, jouxtent les grands crus à la même altitude.

Puligny-montrachet premier cru Champ Canet
Olivier Leflaive

Millésime 1994. Vêtu d'une robe dorée ponctuée d'une légère nuance verte, ce 1994 dévoile un nez expressif aux notes beurrées, aux arômes de miel, d'agrumes, de fruits exotiques et de tilleul. La bouche a de l'ampleur, de la puissance, du gras, beaucoup de fruit et un boisé subtil. Ce vin blanc affirme une carrure presque tannique. Il ressemble en cela à un meursault-Perrières. Il conclut dans une belle longueur, mais il faudra l'attendre quelques années pour découvrir toute sa complexité.

une histoire de marnes et de calcaires

Puligny-montrachet premier cru - Les Pucelles
Domaine Leflaive

Millésime 1995. La robe paille présente des reflets verts éclatants. Les arômes sont d'une grande finesse : notes minérales, fleurs subtiles (acacia et chèvrefeuille), fruits blancs très mûrs. Un boisé discret vient apporter de la complexité à cette palette. La bouche est d'une grande rectitude. Elle offre un fruité pur, une structure architecturée, une matière intense. Belle finale, longue et complexe, qui garde une certaine austérité minérale. Ce vin n'est pas très éloigné d'un chevalier et présente une belle aptitude à la garde.

Puligny-montrachet premier cru - Clos du Cailleret
Domaine Jean Chartron

Millésime 1995. La robe est éclatante, paille ourlée de vert tendre. Le nez, franchement minéral, est ponctué d'élégantes notes florales, d'arômes de chèvrefeuille, d'une pointe anisée originale et de nuances évoquant l'ambre. Subtile, la bouche bénéficie d'arômes complexes, d'une matière suave et lisse, d'un équilibre parfait entre le gras et le relief. Elle offre une longueur racée sur les épices douces et toujours ces accents floraux et minéraux qui signent le cru.

Des premiers crus en chassagne-montrachet

Les premiers crus de Chassagne s'étagent du nord au sud depuis Les Chaumées ou Les Vergers en haut de pente jusqu'au Morgeot en bas, en passant par le Clos Saint-Jean ou par Cailleret en plein centre du coteau. Les sols de rendzines et de marnes ont plutôt une vocation pour les vins rouges vers le bas, mais les vins blancs y prennent de la carrure.

Chassagne-montrachet premier cru Les Vergers
Olivier Leflaive

Millésime 1994. Enveloppé d'une robe dorée égayée par un petit reflet vert, ce chassagne décline des arômes intenses de fleurs (chèvrefeuille, tilleul), de fruits (poire mûre), d'épices élégantes et de fruits secs (amande). Aromatique, la bouche propose une matière mûre et lisse, un bel équilibre renforcé par une pointe fraîche en finale. La longueur, sur le tilleul et les épices, est appréciable.

Chassagne-montrachet premier cru - Les Morgeots
Chartron et Trébuchet

Millésime 1995. La robe est franchement dorée. Ample, le nez est axé sur des notes mûres, du miel, de l'acacia, des touches beurrées et balsamiques, des nuances de fruits secs et de truffe. La bouche offre une matière dense et mûre, du gras et une structure presque tannique renforcée par une belle présence épicée et vanillée. La finale associe fruits secs et épices dans une longueur où pointent des accents minéraux. Un vin blanc dont la structure rappelle un vin rouge.

Des grands crus

Si le chevalier-montrachet est entièrement sur Puligny, le bâtard-montrachet est à cheval sur les deux communes. Les différences de style illustrent les qualités opposées de deux grands crus, selon leur situation : haut ou bas de pente. Une race minérale et subtile contre une race opulente et carrée.

Chevalier-montrachet
Domaine Leflaive

Millésime 1995. La robe paille intense s'orne de reflets verts qui accrochent la lumière. La palette aromatique est complexe : tisane, fougère, tilleul, poire mûre, épices orientales, noisette grillée et une présence minérale (silex) caractéristique. La bouche est un modèle d'équilibre et d'harmonie : une matière puissante, un fruité pur presque cristallin, une maturité qui apporte opulence sans lourdeur, une structure qui donne de la rigueur sans austérité. Superbe finale sur des notes torréfiées et vanillées qui épousent les arômes du nez.

Bâtard-montrachet
Domaine Leflaive

Millésime 1995. La robe dorée à reflets verts est plus intense que celle du chevalier. Les arômes sont davantage axés sur le miel, les fruits confits, la poire très mûre, les épices douces, les fruits secs grillés. Puissante et généreuse, la bouche a de la carrure, du gras et de la sève. On perçoit une présence tannique sous-jacente. La finale est structurée, dense et mûre. Ce vin conclut sur des notes torréfiées et des épices. Un bâtard de bonne famille !

Les vins blancs de la Côte de

La rareté des grands bourgognes blancs (les grands crus de chassagne, puligny, corton ou même les premiers crus de meursault) entraîne souvent une envolée du prix de ces bouteilles, si bien qu'elles s'en trouvent propulsées au rang de mythe : tout le monde en parle mais personne n'en boit. Il ne faut sans doute pas voir ailleurs le succès mondial du chardonnay, ce cépage plastique et voyageur que l'on a planté aux quatre coins du monde pour étancher la soif des amateurs en manque de grandes étiquettes. Sans aller à la recherche de l'exotisme (ces chardonnays penchent souvent vers des styles par trop exubérants), il existe en Bourgogne même des alternatives de qualité.

Beaune : la puissance

Coincée entre l'expansion urbaine et les premiers contreforts des Hautes-Côtes, l'appellation beaune est à la Bourgogne ce que les graves de pessac-léognan sont à Bordeaux, un vignoble aux portes de la ville. Ce coteau régulier s'organise en deux grands arrondis, entre Savigny et Pommard, l'un axé vers l'est, l'autre vers le sud-est. Ce territoire est plutôt consacré aux vins rouges. Il ne faut donc pas s'étonner si les vins blancs qui occupent les parties supérieures de quelques crus y expriment parfois beaucoup de puissance. Les sols des premiers crus varient depuis les sables mêlés aux cailloutis calcaires légers dans les Grèves jusqu'aux marnes du Clos des Mouches. De même, les expositions changent lorsque l'on passe d'un versant à l'autre : est pour les Grèves ; sud-sud-est pour le Clos des Mouches. Les bas de pentes, plus calcaires, porteront l'appellation communale.

Beaune premier cru - Clos des Mouches
Joseph Drouhin

Millésime 1995. La robe est déjà dorée et offre des reflets vert intense. Le nez, très mûr, est axé sur le miel, la fougère, l'acacia, auxquels s'ajoutent des notes grillées et délicatement épicées. Des touches minérales complètent la palette. La bouche, ronde, puissante propose une sève intense et une matière ample et grasse. Équilibrée, la finale associe moelleux et nervosité, sur des notes d'épices et de tabac blond. La puissance épicée de ce vin blanc s'explique peut-être par le sol du clos, plutôt favorable aux rouges.

Millésime 1991. La robe dorée a de l'éclat. Les arômes sont complexes et se déclinent dans une gamme qui va du miel à la vanille, en passant par la verveine, le pain d'épice, les fruits secs. La bouche, puissante et dense, offre une matière suave et arrondie. Dans une belle ampleur aromatique dominent les notes de fruit mûr. Longue et imprégnante, la finale est marquée par une sève intense et épicée.

À CÔTÉ DES APPELLATIONS PRESTIGIEUSES QUI TIENNENT LE HAUT DU PAVÉ BOURGUIGNON, LES CHARDONNAYS SAVENT S'EXPRIMER SUR DES TERROIRS AUSSI DIFFÉRENTS QUE CEUX DE BEAUNE, AUXEY-DURESSES, SAINT-AUBIN, SAINT-ROMAIN OU SANTENAY, CHACUN AVEC SON STYLE ET SA PERSONNALITÉ… ET À DES PRIX BEAUCOUP PLUS ABORDABLES.

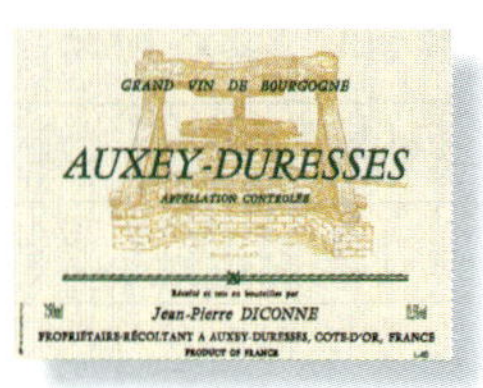

Beaune premier cru - Grèves
Louis Jadot

Millésime 1995. La robe est paille soutenu ; des reflets verts ourlent le disque. Les arômes jouent sur la délicatesse : tilleul, verveine, notes miellées et pain d'épice, fruit blanc, silex. La bouche est ample, ronde, d'une grande expression aromatique, et égayée par de surprenantes notes de framboise. La finale est presque tannique et la vivacité est bien marquée. Un vin qui, dégusté à l'aveugle, pourrait faire douter plus d'un dégustateur.

Millésime 1993. La robe a perdu sa teinte verte. Le nez est axé sur une dominante minérale, accompagnée de notes d'acacia, d'infusion et d'amande grillée. La bouche est vive, tout en relief : fruit blanc, nuances légèrement cirées, finale sur les fruits secs. La note framboisée n'apparaît pas dans ce vin. Peut-être est-elle l'apanage des millésimes très mûrs ?

Auxey-duresses : la finesse

Auxey-duresses pourrait passer, "climatiquement" parlant, pour l'envers de la Montagne de Corton. Ici, c'est une combe qui entaille la côte dans une direction est-ouest. Les deux versants de la combe présentent donc des expositions opposées : l'un regarde au sud et est porteur de vignes rouges en majorité ; l'autre est situé au nord-ouest ou à l'ouest et est un territoire à cépages blancs. Ces expositions induisent une belle finesse aromatique, parfois, au détriment du corps et de la puissance.

Jean-Pierre Diconne

Millésime 1994. La robe est d'une teinte paille moyen. Au nez, les arômes floraux jouent davantage sur la finesse que sur la puissance. Les notes minérales sont bien marquées, complétées par de la pomme mûre, de l'amande, de la noisette et quelques épices discrètes. La bouche est assez tendue, vive et aromatique, avec une ligne svelte, une certaine rigueur finale, un peu citronnée. Ce vin vif est bien représentatif du style de cette appellation.

Beaune : des chardonnays multiples

Le village de Saint-Aubin, en arrière de la Côte, bénéficie de terres blanches assez argileuses.

Saint-romain : la vivacité

Nous sommes ici au fond de la combe d'Auxey-Duresses, à la frontière des Hautes-Côtes, dans une appellation reculée qui campe au pied de sa falaise, sur des marnes du rauracien. Peu connue, cette aire peut produire des vins blancs dignes d'intérêt, dans un style plus direct, simple et vif, axé sur les fleurs sauvages ou un fruité agréable.

Domaine Coste-Caumartin

Millésime 1995. La robe est paille clair avec des reflets vert intense. Les arômes sont encore cachés derrière le bois de la barrique, mais les fleurs blanches et les notes minérales pointent leur nez, accompagnées d'une légère note miellée et briochée. La bouche, svelte, a une matière fluide. Elle s'arrondit à l'attaque. Aromatique, elle est dominée par cette minéralité qui accentue la vivacité de la finale. Un vin un peu austère mais bien typé.

Saint-aubin : la complexité

Au-dessus de Chassagne et de Puligny, l'appellation saint-aubin jouxte les terroirs les plus prestigieux, parfois de très près comme le *climat* Les Murgers les Dents de Chien, premier cru qui tutoie le chevalier-montrachet et Les Caillerets. Les sols sont sur ce secteur très comparables à ceux des deux appellations vedettes des vins blancs bourguignons et seule l'altitude plus élevée et un microclimat plus froid font la différence. Une autre partie, autour du village, occupe les deux versants d'une petite combe bien abritée qui fait la transition avec les Hautes-Côtes. Les vins blancs de l'appellation saint-aubin font souvent partie de la grande famille. Ils peuvent avoir tous les caractères des grands chardonnays de la Côte de Beaune avec, en prime, des arômes très caractéristiques de noix sèche et d'épices complexes qui apparaissent au vieillissement. En revanche, le vignoble s'est peu développé en rouge.

Joseph Drouhin

Millésime 1995. La robe paille s'orne de notes vert intense qui forment une frange brillante. Le nez est fin, sur le tilleul, l'amande fraîche. Des notes minérales viennent rappeler le terroir. La bouche a de l'ampleur, une belle structure élancée. La palette aromatique exprime bien le fruit. Non dénuée d'éclat, la finale est délicatement miellée. Un vin brillant qui a de la classe.

Santenay : le charme

Dans le prolongement de chassagne-montrachet, santenay s'appuie sur le versant sud-est d'un coteau bourguignon classique où alternent les couches de calcaire et de marnes oolithiques. Les vignes rouges y sont majoritaires, mais les rares vins blancs méritent une attention particulière pour leur puissance aromatique. Les Gravières, la Comme, Beauregard sont les crus les plus connus. Le vignoble présente la particularité d'être souvent conduit en cordon de Royat, élément qualitatif non négligeable. Le village de Santenay est également devenu, grâce à sa "fontaine salée" aux eaux les plus lithinées d'Europe, une ville d'eau réputée... Un village polyvalent !

Louis Jadot Clos de Malte

Millésime 1995. La robe dorée est à peine ourlée de vert. Le nez est assez explosif : tilleul, notes vanillées, brioche, cannelle et noisette. La présence épicée est assez intense. La bouche présente un joli corps, avec un matière mûre et arrondie, une finale où la vivacité sous-jacente vient rafraîchir l'ensemble. Un vin de charme immédiat.

Côte chalonnaise et Mâconnais

LA CÔTE CHALONNAISE EST SURTOUT CONNUE POUR SES QUATRE APPELLATIONS COMMUNALES : RULLY, MERCUREY, GIVRY ET MONTAGNY AUXQUELLES S'EST RÉCEMMENT JOINTE BOUZERON. SES VIGNERONS CULTIVENT LE PINOT NOIR ET LE CHARDONNAY, LE GAMAY ET L'ALIGOTÉ. EN MÂCONNAIS, LES MÊMES CÉPAGES SONT PRÉSENTS. LES PRINCIPALES AOC SONT MÂCON, MÂCON-VILLAGES, POUILLY-FUISSÉ, POUILLY-LOCHÉ, POUILLY-VINZELLES ET SAINT-VÉRAN.

La Bourgogne du Sud, de la Côte chalonnaise au Mâconnais, égrène son chapelet d'appellations, plutôt majoritaires en vins rouges de pinot noir au nord et en vins blancs de chardonnay au sud. Le caractère méridional prend peu à peu le dessus, avec une opulence tempérée fort à propos. Les sols calcaires apportent structure et relief.

En Côte chalonnaise

Bourgogne-aligoté-bouzeron
A. et P. de Villaine

Millésime 1995. La robe de couleur paille clair présente de l'éclat et des reflets verts. Le nez très fleuri (chèvrefeuille) s'orne de notes de noisette fraîche et d'agrumes. La bouche, à la fois svelte et dense, est une réussite. Elle offre un fruité pur et charmeur, un beau fond avec de la matière mûre et du gras, une finale fraîche et élégante. Ce bourgogne-aligoté-bouzeron réunit toutes les qualités que devrait avoir un chardonnay. Ce terroir de qualité (sols bruns calcaires bien exposés, assis sur du calcaire du jurassique) qui bénéficie désormais d'une AOC communale, bouzeron, fait "chardonner" l'aligoté. À se demander si ce que l'on prend parfois pour un caractère variétal n'est pas inscrit dans le sol. L'art du vinificateur n'est pas étranger à cette apparente confusion.

Rully premier cru - Clos Saint-Jacques
Domaine de la Folie

Millésime 1994 (blanc). Entre paille et doré, la robe se pare d'une frange verte notable. Les arômes intenses naviguent entre beurre, noisette, zestes d'agrumes égayés par des nuances florales (acacia) et quelques accents minéraux. La bouche ample propose de la matière, une bonne maturité du fruit, une générosité évidente renforcée par une finale épicée, boisée sans excès.

On sent ici un chardonnay parvenu à maturité et une générosité apportée par des sols chauds de marnes blanches et un climat qui commence à prendre une teinte aimable.

De gauche à droite : le château de Rully et le vignoble de Givry. Page de droite : Mercurey et Montagny, en Côte chalonnaise.

la Bourgogne du Sud

Givry
Domaine Émile Voarick

Millésime 1993 (rouge). Enveloppé d'un rubis assez intense, ce vin est axé sur le fruit du pinot noir : cerise à l'eau-de-vie, prune, petites épices douces se mêlent dans un ensemble léger et harmonieux. La bouche est svelte, avec un bon fruit, une matière légère, des tanins fondus et légèrement épicés.
Un pinot caractéristique de cette Côte chalonnaise et de ses sols marno-calcaires, qui offre beaucoup de fruit, une densité moyenne, une présence tannique soyeuse.

Mercurey premier cru - Clos du Roy
Domaine Émile Voarick

Millésime 1993 (rouge). Intense, la robe offre des reflets d'évolution. La palette aromatique est intense : cuir, notes fumées et épicées, sous-bois se mêlent à un fruit puissant (cerise à l'eau-de-vie et pruneau). La bouche est bien bâtie comme en témoignent la trame lisse, les tanins fondus dans une matière assez généreuse, la finale veloutée qui privilégie les notes d'évolution. Un mercurey arrivé à son apogée.

Domaine Michel Juillot

Millésime 1988. Vieilles vignes (rouge). La robe est évoluée mais garde une bonne densité. Dès le premier nez, on perçoit un joli fruit accompagné de notes de griotte, de réglisse, de confiture de cerise, d'épices élégantes et d'un boisé discret bien fondu dans la palette. La bouche privilégie elle aussi le fruit. Elle possède une bonne vivacité, une trame lisse et des tanins encore puissants mais fondus. La finale est axée sur le cuir, les épices et le fruit mûr.

En mercurey, la structure des vins rouges est toujours évidente. Les sols marno-calcaires n'y sont pas étrangers. La vitesse d'évolution dépend bien entendu du millésime et de la concentration initiale de la matière première mais les notes de sous-bois, de cuir ou de fruits cuits apportées par le temps ne peuvent que renforcer la complexité. Ces deux vins d'âge pourtant différents semblent être aujourd'hui arrivés à leur optimum.

Montagny premier cru
Maurice Bertrand

Millésime 1995 (blanc). Vêtu d'une robe paille, brillante, à reflets vert intense, ce vin possède un nez bien développé. La dominante florale s'accompagne de quelques notes de fruits blancs, d'agrumes et de discrets accents boisés. La bouche est équilibrée, assez vive. Son relief souligne le fruit. La finale est gaie et enlevée.Ce chardonnay, qui privilégie le fruit et la vivacité, avec une matière légère, est de style plus nordiste que la position de son appellation.

En Mâconnais

Mâcon-villages
Jean-Pierre Baptista

Millésime 1995. Vieilles vignes. La robe paille soutenu présente quelques reflets verts. Le nez est complexe : miel, fleurs lourdes (acacia, chèvrefeuille), notes vanillées et arômes de pâtisserie, tilleul. La bouche, ronde et opulente, dévoile sa générosité dans une structure soutenue par un élevage sous bois évident. La finale chaude décline quelques notes d'amande.
Un bon exemple de ce caractère méridional que peut prendre le chardonnay en Mâconnais. Les sols calcaires, les rendzines ou les sols bruns, ainsi que le climat clément (étés continentaux, chauds et secs) induisent ce style fort éloigné de celui de la Côte de Beaune.

Pouilly-vinzelles
Cave des Grands Crus Blancs

Millésime 1994. La robe est franchement dorée ; les reflets verts ont disparu. Le nez développe des arômes de miel, de fleurs d'acacia, de fruits secs (noisette) et d'amande fraîche. La bouche est aromatique et possède une matière dense et chaleureuse, une belle structure en finale sur le coing, les épices et la brioche.

Pouilly-loché
Cave des Grands Crus Blancs

Millésime 1994. Vêtu d'une robe paille avec quelques ourlets verts, ce vin est axé sur la cire d'abeille, la poire, les agrumes avec une touche minérale. La bouche épicée, chaleureuse offre une finale boisée. Sa structure a besoin de deux à trois ans pour se fondre. Un vin plus réservé que le pouilly-vinzelles.

Pouilly-fuissé
Domaine la Soufrandise-Levrouté

Millésime 1995. Vieilles vignes. Sous une robe paille, ce vin dévoile des arômes beurrés alliés à des notes de noisette, de miel, de tilleul et de brioche. La bouche est ronde. Son gras et sa chaleur sont équilibrés par le fruit. La finale, confite, est empreinte de notes boisées et épicées, de nuances d'amande grillée. Belle longueur sur le fruit mûr.

Château Fuissé

Millésime 1995. Vieilles vignes. Couleur paille à reflets dorés, ce pouilly-fuissé s'oriente au nez sur les notes de brioche, de beurre frais, de fruits secs, de fleurs lourdes (acacia, lys), d'épices orientales. La bouche est ample, ronde. Sa matière pleine et grasse est sous-tendue par un boisé épicé. Expressive et chaleureuse, la finale fait ressortir le caractère chaud et mûr de ce chardonnay issu de vieilles vignes du Mâconnais, qui présente presque des notes muscatées.

Nous sommes ici dans une zone quasi idéale pour exprimer la richesse et la suavité du chardonnay. Par leur opulence et leur chaleur, les vins pourraient sembler lourds si l'équilibre n'était assuré par une bonne vivacité et par les épices du bois. Miracle du sol calcaire qui vient structurer les vins blancs les plus gras. Quant à la différence entre pouilly-fuissé, pouilly-loché et pouilly-vinzelles ? On peut tout juste distinguer les premiers pour leur équilibre et leur longueur, mais la parenté est évidente.

Saint-véran-climat - *Les Terres Noires*
Domaine des Deux-Roches

Millésime 1995. Vêtu d'une robe paille à frange verte, ce vin possède une palette aromatique typée : notes fumées, miel, tisane, tilleul ou verveine soulignés par des accents minéraux et des fruits secs. Épanouie, la bouche développe des arômes de fruits exotiques, des notes torréfiées, une matière mûre et chaude, un bon équilibre entre alcool, gras et vivacité. La finale est légèrement pralinée mais les accents fumés et minéraux signent ici le terroir du saint-véran.

Terroir frontière entre le monde calcaire du Mâconnais et le monde granitique du Beaujolais, saint-véran est l'appellation monocépage (chardonnay) la plus méridionale du Mâconnais. Ajoutez ici une pente plein sud, une maturité amenée à son optimum et vous obtenez le modèle de ce que peut donner ce cépage au sud de la Bourgogne.

À gauche, la roche de Solutré domine les crus pouilly-fuissé, pouilly-loché et pouilly-vinzelles. Ci-dessus : Saint-Véran, à la limite du Beaujolais. À droite, le château de Brancion et le village de Clessé (ci-dessous).

Côte-rôtie et saint-joseph rouge : deux

En côte-rôtie, le coteau escarpé qui domine Ampuis, en face de Vienne, est un reliquat d'un éperon du Massif central, entaillé par le Rhône. Les sols de la Côte Brune, gris-brun, sont des micaschistes très fins, plissotés, à matrice faiblement argileuse. Ceux de la Côte Blonde sont surtout issus de gneiss décomposés en éléments siliceux, parfois recouverts par des cailloutis calcaires en provenance du plateau qui leur donnent une couleur claire. Ces sols sont maigres et très filtrants. La vigne s'étage en terrasses étroites. La syrah domine l'encépagement, mais le viognier peut entrer dans les assemblages jusqu'à hauteur de 20 %. Ce dernier est surtout présent dans la Côte Blonde.
Le coteau de l'AOC saint-joseph, longue bande de la rive droite du Rhône qui comprend les secteurs de Tournon et de Mauves, offre des sols essentiellement granitiques. Terrains primaires d'origine éruptive, ils constituent le prolongement naturel du Massif central. Ils se sont décomposés en sols maigres, très filtrants, avec des éléments fins qui dévalent la pente au moindre orage. La culture de la vigne est ancienne. Elle s'organise en terrasses pour retenir la terre accrochée au flanc du coteau.

Des microclimats déterminants

Saint-Joseph se trouve près de la limite nord de la culture de la syrah. Aussi, l'effet millésime est-il déterminant. Tout aussi important, le microclimat de chaque parcelle est fonction de son altitude dans le coteau et surtout de son exposition à la faveur des ondulations de la ligne de relief. La pente offerte aux rayons du soleil compense la latitude. La même syrah cultivée en terrain plat ne mûrirait que très rarement. Si la direction générale nord-sud du coteau oriente la vigne est ou est–sud-est, quelques secteurs regardent plus franchement vers le sud-est, en présentant une précocité plus marquée.

CES DEUX APPELLATIONS, SITUÉES SUR LA RIVE DROITE DU RHÔNE, SONT PLANTÉES D'UN SEUL CÉPAGE ROUGE, LA SYRAH, QUI PREND ICI DIVERS ACCENTS EN FONCTION DU TERROIR ET DU MILLÉSIME. BELLE LEÇON DE GÉOGRAPHIE VITICOLE.

Dominant le Rhône, le vignoble de l'AOC saint-joseph. Comme dans le terroir de l'appellation côte-rotie voisine (à droite), l'exposition et la qualité des sols jouent un rôle déterminant.

En côte-rôtie, pourtant un peu plus au nord, la nature a bien fait les choses. Le Rhône amorce un tournant juste à cet endroit et le coteau s'incurve : les vignes regardent le sud-est, parfois franchement le sud. Le nom de côte-rôtie n'est donc pas usurpé pour ces pentes brûlées par le soleil. Il n'est pour s'en convaincre que de regarder sur la rive opposée : aucune vigne, juste quelques bois.

Un grand millésime

Côte-rôtie
Jean Michel Gérin
Les Grandes Places

Millésime 1994. La robe est sombre et dense, avec une frange violette caractéristique. Les arômes puissants et complexes associent épices douces, vanille fine et discrète au thym, au laurier, à la menthe, à la tapenade si caractéristique de ce secteur, que vient relever une corbeille de fruits rouges très mûrs. La bouche attaque avec de l'ampleur, de la densité et une belle intensité de saveurs fruitées. La trame est fine, la chair concentrée ; les tanins, puissants et structurés, savent déjà faire patte de velours. La finale, longue et pleine d'expression aromatique, offre des notes plus sauvages, brûlées, et se caractérise par une grande présence des épices et du poivre.

Saint-joseph
Bernard Gripa

Millésime 1990. La robe est sombre, encore ourlée de violet. Les arômes annoncent d'entrée de jeu la grande maturité du millésime : fruits confits, figue, confiture de fraises, avec des épices et une note de viande rôtie. La bouche a de la carrure ; elle présente une trame charnue, concentrée, et toujours cette note de fruits très mûrs, presque compotés, alliée à des accents giboyeux et sauvages. Les tanins ronds et gras ont une puissance marquée, mais leur grain est affiné, poli, presque lustré. La belle longueur reprend l'association fruit-animal qui signe ce vin de gibier.

Saint-joseph
Cuilleron Cuvée Prestige

Millésime 1990. Très sombre, avec une frange violet intense, la robe est extrêmement concentrée. Les arômes associent épices du bois, vanille, cannelle à un

expressions du couple syrah-granite

plaisant fruité noir (plutôt mûre et cassis) et à de légères notes de cuir, le tout fondu dans une belle complexité. Un grand fruit occupe la bouche, avec des notes rôties et confiturées. Le palais se distingue également par une trame à grain fin, un beau charnu et une matière dense et mûre. Les tanins, ronds et savoureux, se fondent dans le vin, avec du gras et de la suavité et quelques notes boisées. La finale exprime des accents de fruits à l'eau-de-vie, de kirsch, d'épices douces.

Un millésime plus modeste

Côte-rôtie
Jean-Michel Gérin
Les Grandes Places

Millésime 1993. La robe est dense, mais dévoile moins de profondeur que celle du 1994. Le nez, élégant mais moins complexe, est axé sur les fruits rouges assortis de quelques nuances végétales et fumées, d'une présence florale où l'on distingue la violette, de notes vanillées apportées par le bois. La bouche a moins de densité et surtout moins de maturité. D'une belle expression fruitée, elle présente des tanins souples, bien lissés par leur élevage en barrique, bâtis autour d'une matière en demi-corps. La finale, en revanche, est toujours aussi longue, avec de la framboise, des épices, du poivre et du tabac blond.

Saint-joseph
Bernard Gripa

Millésime 1994. Une robe d'intensité moyenne, avec une note violette prononcée. Les arômes fumés montrent un peu de verdeur et s'allient au fruit rouge (groseille, framboise), à la violette, à quelques épices discrètes. La bouche, souple et framboisée, offre des notes de pain grillé et une trame fine. Les tanins, présents, ont encore un grain un peu lâche mais se rattrapent par leur qualité aromatique. Finale sur le poivre, les fruits rouges et quelques notes épicées.

La syrah.

Saint-joseph
Cuilleron
Cuvée Prestige l'Amarybelle

Millésime 1994. Une robe un peu plus intense, à la frange violet-noir. Le nez est assez sauvage, avec du cuir, du gibier, de l'olive noire associés à un fruit rouge assez mûr et à un boisé élégant. L'attaque en bouche est souple ; elle révèle une matière bien fruitée (framboise et cassis), de densité moyenne. Les tanins restent présents, mais avec de la souplesse et des saveurs épicées et boisées. La finale est plutôt corsée et décline toute une gamme de sensations épicées, poivrées et animales.

En conclusion

Le côte-rôtie présente, dans les deux millésimes, une expression de la syrah bien typée. Si les fruits rouges ou noirs, selon le degré de maturité, semblent le pivot de la palette aromatique, un millésime très mûr apporte de la complexité, du grillé, des notes sauvages et très épicées ; la syrah, sur ce type de sol, appose sa signature avec des notes de tapenade et des tanins puissants mais veloutés. En millésime plus froid ou arrosé, la présence florale du viognier se manifeste davantage et la violette joue sa partition en compagnie des fruits rouges ; les tanins sont plus marqués, plus carrés.
En saint-joseph, c'est le gibier et les épices, associés à des fruits compotés qui signent le grand millésime. Le vin est à la fois souple et gras, et présente des tanins savoureux. En année plus modeste, le fruité, rouge ou noir, devient moins complexe mais tout aussi gourmand, offrant de la souplesse et de la grâce, des tanins plus effacés mais qui restent soyeux.
La différence de structure tannique entre les deux vins s'explique aisément. En effet, les côte-rôtie ne sont égrappés que partiellement, la grande maturité phénolique due à l'ensoleillement permettant cette pratique, alors que les saint-joseph sont en général vinifiés sans leurs rafles – bon exemple de l'adaptation des techniques aux exigences d'un terroir.

Hermitage et crozes-hermitag

L'hermitage est une appellation qui campe sur un piton de granite, dernier bastion du Massif central, isolé par le Rhône qui a entaillé son lit dans la roche et séparé les coteaux de Saint-Joseph de ceux de Tain. Cette masse rocheuse a joué le rôle de barrage lors du quaternaire, lorsque le fleuve a charrié de grandes nappes caillouteuses arrachées au massif alpin et qui se sont épandues derrière l'obstacle.

Un seigneur entouré de ses vassaux

Ce granite et ces "graves" rhodaniennes (à la même époque du würm et du günz, les graves garonnaises se sont épandues dans l'estuaire girondin) forment les deux facettes du terroir de l'hermitage. Sise sur un coteau vertigineux, l'aire d'appellation hermitage commence à l'ouest par le "quartier" des Bessards, arènes granitiques très favorables à la syrah, avant de continuer au sud et à l'est par Les Méals, puis par Les Roucoules, Maison-Blanche, Chante-Alouette qui, très caillouteux, deviennent favorables aux vignes blanches lorsque augmentent les taux de calcaire. Tous ces quartiers présentent une forte pente ; les sols sont ainsi perpendiculaires aux rayons du soleil. Tout autour, sur des pentes faibles (bien que certains coteaux comme ceux de Pends, de Chanos ou de Gervands soient assez pentus), crozes-hermitage occupe des sols variés en plateau. Il peut s'agir de terrasses caillouteuses mêlées d'argiles rouges ou bien de lœss plaqués sur du granite, ou encore de sables blancs. Les deux appellations sont plantées de l'unique syrah pour les vins rouges, de marsanne et de roussanne pour les vins blancs.

Des vins jeunes

Hermitage
Domaine Jean-Louis Grippat

Millésime 1993 (blanc). La robe présente une belle intensité. Paille soutenu, elle offre un reflet déjà doré. Les arômes complexes dévoilent une puissance contenue. La palette décline l'abricot, les fruits secs, le tilleul, les fleurs blanches et quelques touches de fruits exotiques très attrayantes. La bouche s'impose par son gras et son ampleur. La matière mûre et ronde a de la sève. La carrure du vin se révèle en finale : elle provient d'un élevage sous bois bien maîtrisé. Belle longueur aromatique pour cet hermitage qui entame à peine sa carrière.

LE COTEAU DE L'HERMITAGE EST L'UN DES PLUS ABRUPTS DU VIGNOBLE FRANÇAIS. TOUT AUTOUR DE CET ÎLOT AUX ALLURES MONTAGNEUSES, L'APPELLATION CROZES-HERMITAGE S'ÉTEND SUR DES RELIEFS BEAUCOUP PLUS MODESTES. LE STYLE DES VINS SUIT TOUT NATURELLEMENT LE SENS DE LA PENTE ET VA DES PLUS CORSÉS AUX PLUS LÉGERS.

L'AOC hermitage (à gauche) donne des vins rouges et blancs d'une belle longévité. L'AOC crozes-hermitage (à droite), la plus importante en volume de la vallée septentrionale du Rhône, produit des vins de moyenne garde.

Hermitage
Jean-Louis Chave

Millésime 1993 (rouge). La robe est dense et marquée par une frange violet intense. La palette aromatique, variée et complexe, va de la violette aux épices orientales et au poivre, en passant par toute la gamme des fruits rouges. La bouche est bien bâtie autour d'une structure tannique ample et charpentée, garnie de fruit et d'une chair savoureuse. La finale est épicée, mais sans excès. Les notes boisées savent rester discrètes et fondues. Un hermitage assez concentré pour un millésime qui n'a pas flatté les vins rouges. S'il est encore dans les limbes, il a cependant tout le potentiel pour entamer le siècle suivant.

Crozes-hermitage
Paul Jaboulet Mule Blanche

(Secteur de Crozes.)

Millésime 1995 (blanc). La robe, presque dorée, a de l'éclat. Le nez est mûr et dévoile des notes déjà matures de pomme et de bonbon vanillé, ainsi que des touches florales élégantes. La bouche a du volume, de la suavité. La finale épicée est assez vive. Ce vin présente un bon équilibre et une matière bien concentrée. Un crozes-hermitage blanc plutôt corsé, marqué par sa forte proportion de roussanne.

: une affaire de pente

<u>*Crozes-hermitage*</u>

Domaine des Entrefaux

(Coteau de Pends.)

Millésime 1994 (rouge). La robe, assez dense, offre des reflets pourpres. Le nez est fruité, mais dévoile aussi de la réglisse, des notes d'épices douces et de vanille, une jolie touche de violette qui donne de l'élégance et de la légèreté. La bouche suit bien le style du nez, avec de la souplesse, un bon développement aromatique sur le cassis et les épices boisées. Les tanins, assez carrés, montent en finale pour conclure cette bouteille bien typée qui démontre que l'on peut, ici aussi, élaborer des vins concentrés. Il faut dire que nous sommes sur l'un des plus beaux coteaux.

<u>*Crozes-hermitage*</u>

Paul Jaboulet Les Jalets

(Zone des Chassis. Plateau.)

Millésime 1994 (rouge). La robe est assez légère et révèle une frange violette. Les arômes sont axés sur le fruit noir, avec des notes fumées, un peu sauvages, des nuances réglissées. La bouche, souple, dévoile du fruit, une matière aimable qui se poursuit sur des tanins légers. Un vin à boire sur son charme immédiat.

Avec un peu de recul

<u>*Hermitage*</u>

Chapoutier Chante-Alouette

Millésime 1991 (blanc). La robe dorée et brillante accroche la lumière. Le nez est opulent : fruit confit, tilleul, brioche, mangue et notes balsamiques, cèdre, essences boisées. La bouche présente un équilibre remarquable entre la puissance, le gras et une carrure presque tannique. La matière est dense et séveuse. Le charme aromatique de la bouche va croissant jusqu'à une finale plutôt explosive où les fruits secs, les notes exotiques et confites se marient dans une longueur d'anthologie. Un vin dans la pleine force de l'âge et très expressif.

<u>*Hermitage*</u>

Gérard Chave
Cuvée Bernard Cathelin

Millésime 1991 (rouge). La robe d'encre est encore jeune. La puissance aromatique qui se dégage dès le premier nez est axée sur les fruits noirs alliés à des notes réglissées, fumées, des nuances de violette et de cuir. La bouche est d'une maturité exceptionnelle. Elle offre un fruité de velours, un cassis confituré, une extraction tannique parfaitement mesurée. Les tanins ont un très beau grain, élégant et racé. Dans une longueur poivrée caractéristique, apparaissent quelques notes de sous-bois, de tabac et de vanille. Un grand hermitage qui débute à peine sa carrière.

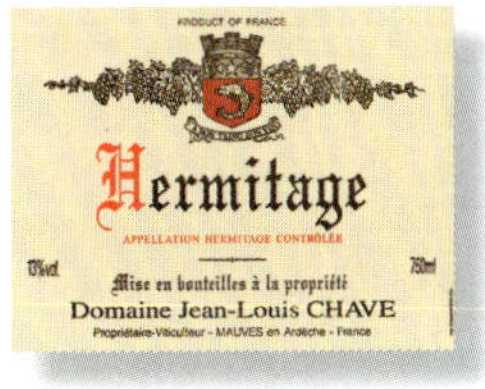

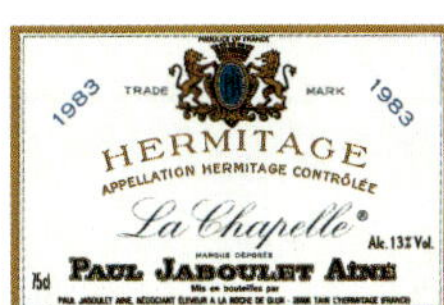

Un vieux millésime

<u>*Hermitage*</u>

Paul Jaboulet La Chapelle

Millésime 1983 (rouge). La robe est très sombre, les reflets de première évolution commencent à poindre sur une frange à peine brunie. Le nez est d'une belle puissance : fruit cuit, poivre, pruneau, épices complexes, notes goudronnées, cuir, humus. C'est une palette à la fois complexe et corsée : un équilibre rarement atteint. La bouche attaque sur un fruité étonnant de jeunesse. Elle se caractérise par une grande maturité, une matière veloutée à trame fine et un gras qui enveloppe des tanins savoureux. La finale est longue, imprégnante : les notes de cerise à l'eau-de-vie signent une parfaite maturité. Un grand vin qui entame sa période d'apogée.

En conclusion

De toute évidence, l'unicité de cépages entre les deux appellations donne un petit air de parenté entre les styles de vins. Les palettes aromatiques se ressemblent. La grande différence réside dans la maturité du raisin qui dépend de l'exposition des sols. La pente sud du coteau de l'Hermitage permet une grande maturation, une concentration supérieure et une expression qui gagne en complexité. Ce qui ne veut pas dire – la dégustation le démontre bien – que le crozes-hermitage soit voué aux petits vins légers. Dans certains secteurs, sur les bons coteaux et avec de vieilles vignes, les vignerons peuvent tirer la quintessence de cette appellation. Ce sont cependant les hermitage blancs et rouges qui offrent la meilleure aptitude à la garde. La longévité des vins blancs est d'ailleurs une exception à la théorie commune qui voudrait que l'acidité soit un facteur déterminant de garde. Les crozes-hermitage blancs, pourtant plus vifs, durent moins longtemps que les hermitage dont la concentration et la carrure tannique cotisent seules à leur assurance-vie.

Châteauneuf-du-pape et gigondas

AU CŒUR DE LA FOURNAISE ESTIVALE DE LA VALLÉE DU RHÔNE MÉRIDIONALE, LES APPELLATIONS CHÂTEAUNEUF-DU-PAPE ET GIGONDAS PRODUISENT DES CRUS ENSOLEILLÉS ET CHALEUREUX. LE GRENACHE RÈGNE EN MAÎTRE ET L'ÉQUILIBRE DES VINS PENCHE VERS LA GÉNÉROSITÉ.

Châteauneuf-du-pape et gigondas sont deux grandes appellations voisines. Elles ont été très tôt reconnues pour la typicité de leurs vins issus des fameux cailloux roulés, véritables capteurs solaires.

Châteauneuf-du-pape, une équation solaire

Châteauneuf-du-pape est un terroir qui rassemble des caractéristiques sudistes extrêmes : la climatologie chaude et sèche du pourtour méditerranéen, accentuée par l'effet desséchant du mistral et des sols qui exacerbent l'ardeur solaire en plaçant le cep entre deux sources de chaleur. Les cailloux roulés de couleur blanche jouent un rôle de miroir ardent dans la journée et restituent la chaleur aux vignes pendant la nuit. On trouvera ici trois types de sols : une base de molasses du miocène ; des sables jaunes à l'est ; des grès rouges au centre. À l'époque du pliocène, le Rhône est venu déposer des nappes de cailloux roulés, arrachés aux Alpes et polis par leur charriage. Ces cailloux sont mêlés d'argiles rouges et reposent sur des bancs tout aussi argileux qui évitent à la vigne de trop souffrir de la sécheresse. Des sols plus calcaires à cailloux blancs de l'urgonien complètent le tableau. Si cette appellation s'enorgueillit de ses treize cépages, c'est bien le grenache qui domine mourvèdre, syrah, cinsault et counoise dans les assemblages. Muscardin, vaccarèse et terret noir ne sont plus présents que dans certaines collections. L'équation soleil brûlant + sols chauds + grenache imprime le style de ces vins généreux. Les vignes blanches, plutôt plantées sur des sols calcaires, se partagent entre grenache blanc, bourboulenc, clairette, roussanne, picpoul et le mythique picardan.

La tour altière de l'ancienne résidence des papes domine le vignoble de Châteauneuf-du-Pape, sur la rive gauche du Rhône (ci-contre). À droite, entre le mont Ventoux et les Dentelles de Montmirail, les vignes de Gigondas.

: l'équilibre alcool-tanins

Gigondas, du soleil sous les Dentelles

Les sols calcaires descendent de la base des célèbres Dentelles de Montmirail jusqu'aux terrasses de l'Ouvèze. Sur un sous-sol du crétacé, recouvert de dépôts du miocène, on distingue une zone de cailloux roulés par l'Ouvèze à diverses époques, mêlés d'argiles rouges. Le climat est de type méditerranéen avec un ensoleillement très important et des pluies faibles (qui se concentrent en automne). Ici aussi, le mistral dessèche et balaie le vignoble. Le grenache domine, allié à la syrah, au mourvèdre et au cinsault.

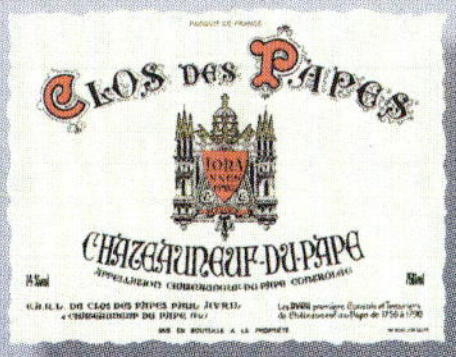

Des vins jeunes

<u>*Châteauneuf-du-pape*</u>
Clos des Papes
(65 % grenache, 20 % mourvèdre, 10 % syrah, 5 % counoise)

Millésime 1995. La robe présente des reflets légèrement violets. Les arômes puissants allient un fruité confituré à du cuir, des notes viandées, des épices, de la réglisse. La bouche est puissante, corsée et un peu sauvage. Sa générosité est débordante et les tanins bien bâtis viennent équilibrer cette chaleur typée. Un vin traditionnel.

Châteauneuf-du-pape
Château de Beaucastel
(30 % grenache, 30 % mourvèdre, 10 % syrah, 10 % counoise, 5 % cinsault, 15 % autres cépages.)

Millésime 1994. La robe noire et profonde est encore jeune. Le nez est complexe, mais sa puissance est contenue. La palette fait appel au cacao, aux fruits cuits, au gibier, aux notes fumées et au bois exotique. La bouche est équilibrée entre une grande densité fruitée et une structure tannique stricte mais non agressive. La trame est lisse, élégante. La chaleur n'est que sous-jacente. La qualité aromatique se prolonge dans une belle longueur.

Gigondas
Domaine Les Goubert Cuvée Florence
(62 % grenache, 25 % syrah, 9 % mourvèdre, 3 % cinsault, 1 % clairette.)

Millésime 1993. La robe offre des reflets noirs. Le nez, épicé, possède de puissantes notes giboyeuses, du fruit confit (pruneau et figue), des arômes de truffe et de réglisse. La bouche est sphérique. Sa puissance tannique est enrobée d'une matière mûre et opulente. Les notes boisées savent respecter le vin : elles apportent des accents grillés et cacaotés à une finale charnue, chaleureuse et rémanente. La chaleur est ici bien équilibrée par la force tannique.

Avec un peu de recul

Châteauneuf-du-pape
Château de La Gardine Cuvée des Générations
(60 % grenache, 15 % syrah, 12 % mourvèdre, 13 % autres cépages.)

Millésime 1990. La robe intense, presque noire, s'orne d'une frange rubis. Le nez est puissant, épicé et viandé. Des notes de jus de rôti s'associent à des arômes de cèdre, de goudron, de fruits à noyau et de vanille. La bouche est dense, veloutée, ronde, avec une chair grasse, concentrée et chaleureuse. Les tanins sont encore dominateurs. Imprégnante, la finale est marquée par une note giboyeuse et épicée. Un vin de style moderne qui entame à peine sa carrière.

Gigondas
Domaine Raspail-Ay
(75 % grenache, 15 % syrah, 5 % mourvèdre, 5 % clairette.)

Millésime 1989. La robe est profonde, rubis sombre. Le nez est ouvert sur des notes de réglisse, de cuir, des nuances viandées savoureuses qui se marient à du fruit à noyau (cerise noire et pruneau). La bouche, ample et structurée, offre une matière mûre et concentrée, une trame veloutée, une générosité corsée et épicée que viennent contenir des tanins bien architecturés. La finale est très aromatique dans ce vin au fort caractère et à la belle carrure.

Un vieux millésime

Châteauneuf-du-pape
Château de La Gardine

Millésime 1979. La robe présente une frange orangée. Intense, le nez propose une corbeille de fruits compotés, égayée par de la réglisse, du tabac, du pruneau, des notes balsamiques, des épices exotiques, des notes de sous-bois, de plantes aromatiques (laurier et romarin). La bouche est structurée, encore dense, avec des tanins qui ont gardé rigueur et jeunesse. Le fruité qui se dégage en milieu de bouche est étonnant de fraîcheur, de même que la longue finale où l'on retrouve toute la palette perçue au nez.

Châteauneuf-du-pape
Château de Beaucastel

Millésime 1979. Évoluée, la robe dévoile des nuances brique et un fond profond. Les arômes sont complexes : aux côtés des fruits confits, de la figue sèche et du goudron apparaissent des notes de tabac blond, de bois exotique, d'épices rares et de truffe. La bouche est lissée et offre une grande puissance fruitée : un de ces fruits indéfinissables que seuls les vins vieux savent inventer et qui n'ont pas d'équivalent dans la nature. La chaleur initiale s'est faite onctuosité, les tanins sont veloutés et la finale fait la queue de paon. C'est l'accomplissement du soleil en bouteille.

Gigondas
Domaine Les Goubert

Millésime 1979. La robe est encore intense, à frange acajou. Les arômes de cacao s'imposent d'entrée de jeu ; ils s'associent au goudron, aux fruits épicés, aux notes de marinade, de laurier. Cette palette complexe est très représentative d'un vieux grenache bien élevé. La bouche présente une belle matière fondue, des tanins gourmands, une longue finale sur le chocolat, les fruits confiturés, le cuir ancien et les épices orientales. Ce vin a su équilibrer générosité et complexité aromatiques.

En conclusion

Les vins présentent des styles voisins. Ils sont bâtis sur la puissance, la forte teneur en alcool et la richesse aromatique. Cependant, le châteauneuf-du-pape dévoile peut-être plus de générosité et le gigondas plus de structure tannique.

La dominante alcooleuse ne paraît équilibrée que dans les vins assez concentrés et tanniques. À défaut, les vins paraîtront lourds et capiteux. Il est passionnant de suivre dans le temps ces produits méditerranéens : ils entament leur carrière sur des notes primaires de fruits – des nuances relativement viandées lorsque le grenache domine –, avant de basculer, après cinq ou six ans, vers une dominante giboyeuse où pointe le pruneau, puis de revenir, après dix ans, à des arômes fruités tertiaires. C'est à ce moment que la grandeur de ces terroirs sudistes surgit, sans excès de chaleur ni tanins dominateurs, dans toute la complexité de ces vins de soleil faits pour accompagner les plats d'hiver. Un paradoxe de dame Nature !

Côtes-de-provence et bandol

La Provence, pays de vacances, mais aussi pays viticole où les découvertes ne manquent pas. Sur cette terre où le soleil brille trois mille heures par an, les crus se distinguent par l'expression des cépages sur des terroirs distincts.

Les côtes-de-provence, des vins rouges à l'ombre des rosés

Sur un vaste territoire, depuis la bordure maritime schisteuse, adossée au massif des Maures, se déploie la vallée centrale appelée dépression permienne, avec ses sols sablo-argileux. Plus loin, se dresse la montagne Sainte-Victoire qui inspira tant Cézanne. Puis se déclinent les collines triasiques calcaires qui annoncent les Alpes de Haute-Provence. Les terroirs sont d'une grande variété. Les microclimats varient suivant l'influence de la Méditerranée qui modère la sécheresse.

Dans cette "fournaise" estivale, la palette des cépages du Sud donne des vins rouges de caractère qui ont longtemps vécu à l'ombre d'une grande production de vins rosés destinés à étancher la soif des vacanciers. Cinsault, grenache, carignan, mourvèdre, syrah épaulent deux cépages locaux, le tibouren et le barbaroux, en compagnie d'un cabernet-sauvignon un peu exotique dans cette France du Sud-Est.

Bandol, le royaume du mourvèdre

Accroché sur un amphithéâtre marin qui repose sur des sols calcaires et marneux, riches en fossiles, le terroir de Bandol jouit d'un microclimat à la fois chaud et humide, la proximité de l'eau et les vents marins venant atténuer la tendance générale à la sécheresse. Ce microclimat et la bonne rétention d'eau des sols définissent un site privilégié pour la culture du mourvèdre, cépage tardif qui exige non seulement un ensoleillement record mais aussi une humidité de l'air et du sol importante pour affiner sa brutalité tannique. Bandol est l'un des rares endroits où le mourvèdre consent à "s'amabiliser" avec le temps. Le cinsault et le grenache complètent l'encépagement.

VOICI DEUX APPELLATIONS PROVENÇALES, L'UNE EN BORDURE DE MER, L'AUTRE, PLUS VASTE, S'ÉTENDANT JUSQU'AUX PENTES DES CONTREFORTS ALPINS. ON POURRAIT LES CROIRE VOISINES EN STYLE. POURTANT, LE MICROCLIMAT PARTICULIER, LES SOLS ET SURTOUT LE CÉPAGE MOURVÈDRE FONT DE BANDOL UNE ENTITÉ BIEN RECONNAISSABLE À LA DÉGUSTATION.

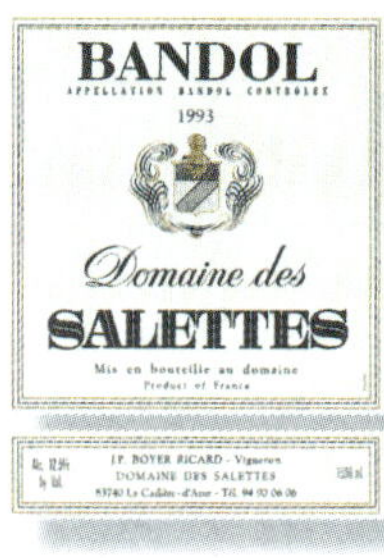

Des vins jeunes

Côtes-de-provence
Domaine de Rimauresq
(20 % mourvèdre, syrah, cabernet-sauvignon, grenache et carignan.)

Millésime 1993. La robe est d'une intensité moyenne. La palette aromatique est ouverte et débute sur des notes de cuir, de gibier, de tabac et de cacao. Elle exprime ensuite un fruité mûr et épicé, auquel s'ajoutent des notes goudronnées. La bouche est ronde et dévoile un beau fruit mûr. Elle trouve un équilibre entre chaleur et puissance tannique. La complexité aromatique est soulignée par une présence épicée qui signe la finale.

Bandol
Domaine des Salettes
(50 % mourvèdre.)

Millésime 1993. Dense, la robe offre des reflets sombres. Le nez est assez ouvert : fruits cuits, pruneau et notes réglissées brûlées en premier lieu, puis accents viandés alliés au cuir et au gibier. La bouche est bien bâtie et chaleureuse. Elle dévoile un fruit compoté, de la rondeur et des tanins à grain fin. La finale poivrée prolonge la dégustation.

Le style du bandol, où le mourvèdre n'est pas dominant, diffère peu de celui de ses cousins provençaux. En revanche, les deux vins suivants tirent leur personnalité de la domination de ce cépage si particulier.

La Provence décline une large gamme de terroirs sous un soleil omniprésent (à gauche, le vignoble de Trets).

Le bandol rouge doit au mourvèdre sa puissance et son aptitude à la garde (à droite).

ouges : l'influence du mourvèdre

<u>*Côtes-de-provence*</u>
Domaine de la Courtade
(97 % mourvèdre.)

Millésime 1993. La robe est sombre avec des reflets encore violets. Le nez est intense et complexe : fruits cuits, épices, notes de gibier, laurier et thym, réglisse, le tout aromatisé par des accents boisés. La bouche est structurée. Sa carrure tannique imposante est encore marquée par la barrique et montre un grain serré. La chair est ample et concentrée, la finale épicée se caractérise par le gibier, les fruits confits et la vanille du bois.

<u>*Bandol*</u>
Château de Pibarnon
(95 % mourvèdre.)

Millésime 1993. La robe est sombre, à reflets noirs. Le nez est encore fermé, mais les notes viandées, réglissées, fumées, alliées à un cassis mûr et profond commencent à se manifester. La bouche possède une grande structure, avec une chair sapide et ample, une présence tannique qui sait développer sa puissance et sa rigueur au travers d'une architecture stricte mais élégante. La rémanence est intense, sur le poivre et le fruit mûr.

Ces deux vins de grande carrure sont des porte-drapeaux du mourvèdre parvenu à sa maturité phénolique. En dehors du caractère "bois neuf" du premier, rien ne distingue les styles aromatiques ni les charpentes tanniques. On ne s'en étonnera pas lorsque l'on saura que la Courtade est un vignoble insulaire et que l'influence maritime de l'île de Porquerolles n'a rien à envier à celle de Bandol.

Avec un peu de recul

<u>*Côtes-de-provence*</u>
Château Sainte-Roseline
(Mourvèdre, syrah, cabernet-sauvignon, cinsault, tibouren.)

Millésime 1989. La robe encore rubis dévoile une frange brique. Le nez est expressif : fruits confits, accents viandés, goudron, torréfaction. La bouche, souple et chaude dès l'attaque, est expressive. Ses tanins sont encore puissants et sauvages. La chair voluptueuse ne renie pas ses origines sudistes. La finale cacaotée et viandée signe un vin épanoui.

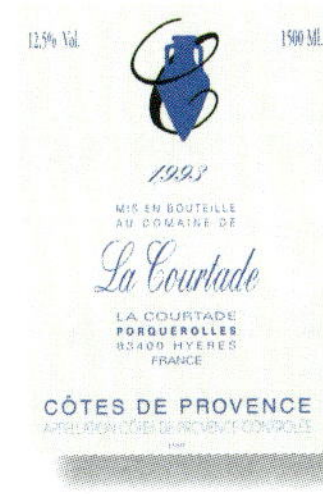

<u>*Bandol*</u>
Château de Pibarnon
(95 % mourvèdre.)

Millésime 1989. Ornée de reflets noirs, la robe est profonde et encore jeune. Les arômes puissants développent des accents de cuir, de jus de viande, de fruits sauvages, de cannelle et de réglisse, de cacao, avec des notes poivrées. La truffe commence à poindre. La chair est dense et savoureuse, un gras opulent vient "amabiliser" une structure tannique imposante. Rémanence sur le poivre et les fruits mûrs. Ce vin entame à peine sa carrière. La différence d'ouverture est flagrante. Autant le côtes-de-provence est dans sa phase expressive, autant le bandol commence à peine son discours.

Un vieux millésime

<u>*Côtes-de-provence*</u>
Commanderie de Peyrassol Cuvée Éperon d'Or

Millésime 1983. La robe d'ébéniste prend une nuance de bois rouge exotique. Dans une expression complexe dominent les fruits confiturés, les notes de balsa, de cuir luxueux, de fumée. La bouche aromatique possède une chair encore suave, des goûts de jus de viande et, surtout, un fruité évolué qui penche vers le pruneau et le zeste confit. Les tanins sont toujours debout mais bien fondus. Ils tiennent ce beau vin jusqu'à sa finale qui exprime des accents de fruits à l'eau-de-vie et aux épices. La preuve que les vins de soleil savent attendre à l'ombre des caves.

<u>*Bandol*</u>
Château Pradeaux
(80 % mourvèdre.)

Millésime 1983. La robe a pris des teintes acajou, patinées et élégantes. Le nez est épanoui. Sa palette complexe mêle eucalyptus, cacao, cèdre, notes florales lourdes, zestes d'agrumes, herbes aromatiques de garrigue, cuir et nuances viandées ponctuées de truffe. La bouche est encore structurée : les tanins charnus encadrent une chair veloutée, à grain lisse. La trame serrée et dense est empreinte d'un beau fruité tertiaire. Le mourvèdre s'est enfin décidé à dévoiler son expression au grand jour, dans sa forme la plus accomplie. Un vin qui se prolonge avec race dans une belle longueur aromatique.

Côtes-de-provence e

Les facteurs de garde d'un vin se résument à son pouvoir antioxydant et antibactérien. Le vin possède trois armes naturelles : son acidité, son degré en alcool et sa force tannique. Les vins blancs secs comptent sur la première – il n'est pour s'en convaince que de goûter de vieux chenins secs –, mais la force, l'équilibre et la concentration peuvent remplacer cette acidité (cas de l'hermitage blanc). Les vins rouges utilisent leur puissance phénolique qui, équilibrée par l'acidité et l'alcool, va "tenir" le vin tout au long de sa vie. Par exemple, le rioja compte plutôt sur l'acidité, tandis que le médoc joue sur les tanins. Là encore, la concentration, l'équilibre et la maturité optimale contribuent à la bonne santé du vin et donc à son vieillissement harmonieux.

Comment armer un vin rosé pour la garde

Les vins rosés oscillent entre ces deux types. Si leur acidité est en général convenable, elle ne peut être aussi élevée que dans un vin blanc, au risque de durcir le vin. Leur force tannique est plutôt faible par rapport à celle d'un vin rouge ; leur degré alcoolique, pour être équilibré, doit rester moyen. Il existe pourtant deux possibilités pour renforcer leurs défenses naturelles : mettre à profit les tanins de certains cépages, comme le cabernet-sauvignon et surtout le mourvèdre, ou bien s'appuyer sur les tanins apportés par un élevage sous bois. Bien sûr, le vin jeune perd un peu de son charme mais, avec le temps, des qualités insoupçonnées apparaissent.

Un côtes-de-provence vinifié sous bois, comme un vin blanc bourguignon

Mas Négrel Cadenet

(40 % grenache, 40 % cinsault, 20 % syrah.)

Millésime 1995. La robe vieux rose offre des reflets orangés et une belle brillance. La palette aromatique, intense, associe les fruits rouges mûrs, le cassis, les notes florales aux épices boisées et aux notes beurrées. La bouche est structurée, puissante et carrée. Elle dévoile un fond fruité, un peu compoté. La finale présente une force tannique inhabituelle pour un vin rosé, avec des notes boisées et briochées.
Millésime 1994. Un an de plus et ce rosé a pris des nuances orangées plus accusées. Le nez privilégie les notes de vanille, de cake, de fruits confits et de jolis accents floraux et épicés. La bouche ample et carrée offre beaucoup de fruit de type confit et un bon équilibre entre chaleur, acidité et tanins. Ces derniers se révèlent en finale dans une structure harmonieuse. Les notes boisées commencent à se fondre et la palette aromatique finale est plus complexe.
L'apport du bois sur une belle matière est ici évident. La carrure tannique est renforcée, le potentiel de garde assuré ; il faut simplement attendre que les effets aromatiques de la barrique se fondent derrière le fruit .

SITÔT TIRÉ, SITÔT BU : LE VIN ROSÉ EST LE PLUS SOUVENT DESTINÉ À UNE CONSOMMATION IMMÉDIATE, SUR SA FRAÎCHEUR, SON FRUITÉ ET SON CHARME PRIMAIRE. LES RARES EXCEPTIONS DE VINS ROSÉS DE GARDE MÉRITENT CEPENDANT L'ATTENTION DE L'AMATEUR QUI Y DÉCOUVRIRA QUELQUES BELLES SURPRISES.

Un bandol à base de mourvèdre : une dégustation verticale insolite

Il est rarissime de pouvoir déguster des vins rosés sur douze millésimes. Le château de Pibarnon, à Bandol, a bien voulu se prêter à cet exercice à haut risque.

Château de Pibarnon

(50 % cinsault, 50 % mourvèdre.)

Millésime 1995. La robe est pâle, saumonée. Le nez, encore discret, propose un fruit rouge mûr, des notes fumées, des arômes de pomme mûre, quelques accents mentholés, le tout sur un fond vineux. La bouche est puissante, structurée et généreuse. Les tanins occupent une finale encore austère et épicée.
Millésime 1994. La teinte saumon s'est un peu accentuée. En revanche, le nez est très différent. Florale, ponctuée de fruits exotiques, d'épices douces, de fraise mûre et d'accents balsamiques, la palette est plus ouverte et complexe. La bouche, tout aussi structurée, présente un bel équilibre entre chaleur, vivacité et force tannique. Épicé et dévoilant du gras en milieu de bouche, ce vin commence à peine à s'ouvrir dans une longueur aromatique qui reprend les arômes initiaux.
Millésime 1993. Une robe orangée, avec une pointe de gris. Le nez est peu intense : notes minérales, fumées, épicées, arômes de cannelle, de coriandre et de fruits confits. La bouche attaque en souplesse puis devient charnue, épicée. La carrure finale est retombée dans une phase austère, où les tanins sont encore très présents et assèchent quelque peu une rémanence aromatique épicée.
Millésime 1992. La robe orangée s'orne de reflets cuivrés. Le nez est développé : fruit mûr compoté, notes briochées, vineuses, épices douces. La bouche est équilibrée, à la fois vivace et généreuse, avec du gras. La présence aromatique finale est ouverte sur

bandol : des rosés de garde

les fruits confits aux épices. Encore tannique et à la structure intacte, ce rosé consent enfin à s'épanouir.
Millésime 1991. La robe orangée est un peu cuivrée. Le nez est complexe : fougère, cacao, prune, épices rares, pointe de rancio fondue dans un fond de fruits à l'eau-de-vie. La bouche puissante dévoile des tanins encore bien bâtis. Sa finale est corsée et épicée. Un vin fougueux, en pleine possession de ses moyens.
Millésime 1990. La robe est restée jeune, vieux rose aux reflets cuivrés. Le nez est opulent : fraise cuite, épices douces, notes de garrigue (thym, romarin). On perçoit une pointe de vernis et un fruité tertiaire complexe. La bouche, ronde, grasse et généreuse est expressive. Sa palette aromatique va de la réglisse au gibier, en passant par les fruits confits et le tabac. Les tanins sont enveloppés d'une matière caressante. Un beau vin séduisant, en pleine forme et qui pourrait tromper un dégustateur à l'aveugle.
Millésime 1989. Vêtu d'une robe pâle orangée, ce vin est imprégné d'une force animale peu commune (gibier, venaison, épices fortes, aromates puissants). La bouche est carrée, avec une finale sèche, une trame usée, une finale où l'oxydation a pris le dessus. Un vin qui termine sa carrière sans discrétion.
Millésime 1988. La robe orangée prend des reflets cuivrés. Le nez a conservé son fruit assez frais (griotte et fraise) auquel se mêlent des notes de cuir, d'épices douces, de rancio, de fruits secs (noisette et figue). La bouche puissante et viandée propose une belle présence épicée et une finale qui a évolué vers le cacao. L'équilibre penche vers la générosité mais l'ensemble a gardé une belle race.
Millésime 1987. Une robe cuivrée, un nez très oxydé, sans attrait. La bouche est dénuée de matière et très fatiguée. À oublier.
Millésime 1985. La robe ambrée possède des reflets de cuivre rouge. Le nez est tout simplement fabuleux : fruits exotiques, miel, notes muscatées, écorce d'orange, épices rares et confiture de fruits rouges. La bouche opulente et suave conserve toute sa puissance et des tanins de velours. L'expression aromatique finale associe gelée de coing, pruneau, fruits secs, zestes d'agrumes et épices. Un très grand vin extraverti, une rencontre rare.
Millésime 1984. Même type que le millésime 1987.
Millésime 1983. La robe a viré au doré. Le nez est intense : notes minérales, pétrole, gibier, truffe, fumé. La bouche suave offre un beau fruité aux épices et une trame satinée. Si la structure s'assèche en finale, la longueur aromatique intense décline encore avec brio cuir, notes viandées, tabac et, surtout, un arôme de truffe. Un vin proche du déclin.

La même verticale réalisée sur des vins rouges avait suivi une progression similaire. Les types de vins, en rosé comme en rouge, répondent à la seule loi du millésime. Ce rosé ne doit rien à la technologie mais tout à ses cépages et à son terroir. Il met du temps à s'ouvrir car le mourvèdre reste longtemps hautain et austère. Mais les grandes années d'équilibre et de maturité tannique réussissent à traverser les décennies sans ride ni fatigue.

Avec trois cent vingt jours de soleil par an, toute la douceur de la Méditérranée font de Bandol un lieu privilégié. Ci-dessus, le château Pibarnon

Les crus du Languedoc

Depuis le vignoble maritime de La Clape, où la chaleur estivale est atténuée par la fraîcheur et l'humidité marines, jusqu'aux contreforts du Massif central à Faugères, au pic Saint-Loup et à Monpeyroux, où des altitudes plus élevées retardent la maturité et où la pluviométrie est irrégulière, les microclimats du Languedoc sont aussi multiples que les types de sols sur lesquels les cépages expriment leur propre style :

- une zone schisteuse (Faugères, une partie de Saint-Chinian) ;
- des sols calcaires (La Clape) ;
- des terrasses (La Méjanelle, Saint-Christol) ;
- des cailloux roulés déposés par d'anciens cours d'eau.

DU BORD DE MER AUX CONTREFORTS DU LARZAC, LES COTEAUX DU LANGUEDOC S'ÉTAGENT SUR LES GRADINS D'UN VASTE AMPHITHÉÂTRE TOURNÉ VERS LA MÉDITERRANÉE. ALTITUDES, SOLS ET CÉPAGES SONT ICI TROIS ATOUTS POUR LES VINIFICATEURS.

Des cépages autochtones et importés

Sur un fond de cépages anciens (carignan, grenache, cinsault, d'origine ibérique) mais qui ont fini par entrer dans le patrimoine local, des variétés venues du Rhône ou de Provence ont imposé un style nouveau. La syrah gagne rapidement du terrain et l'on pourrait craindre que les vins ne se ressemblent de plus en plus. Mais la syrah est un cépage plastique qui dévoile des palettes aromatiques parfois opposées en fonction des sols. De la violette au gibier, en passant par le fruit noir et le poivre, elle est un véritable révélateur du terroir. Ce qui ne doit pas jeter l'opprobre sur les anciens cépages qui, âgés et cultivés avec de petits rendements, donnent des vins de grand caractère.

Une pépinière de vinificateurs

Le Languedoc est la Californie de l'Europe. Chaque année de nouveaux vignerons apparaissent et bous-

l'amphithéâtre méditerranéen

culent une hiérarchie en perpétuelle mouvance. L'esprit de compétition, la jeunesse des producteurs et le vieillissement des nouvelles plantations ouvrent la voie à une production de qualité croissante.

Au parterre, La Clape

Coteaux-du-languedoc - La Clape
Château Pech-Redon
(Sols calcaires.)

Millésime 1995. La robe est jeune et dense, marquée par une frange violette. Le nez est fruité : mûre et violette. La bouche, souple et suave, offre un joli fruité mûr. Elle est axée sur la souplesse. Les tanins bien fondus laissent apparaître un fond épicé et des notes de garrigue bien typées. Un vin de charme immédiat dont la finesse aromatique est liée à un microclimat tempéré.

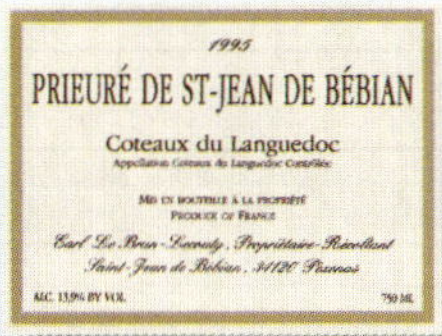

Premier gradin

Coteaux-du-languedoc
Prieuré de Saint-Jean de Bébian
(Sols argilo-siliceux.)

Millésime 1995. La robe est dense et concentrée, encore très jeune. Les arômes sont marqués par les épices du bois. En toile de fond apparaissent un fruit très mûr, de la réglisse et des notes de garrigue. La bouche présente un équilibre moderne : chair

Le Pic-Saint-Loup et la montagne de l'Hertus

veloutée, concentration fruitée et généreuse, tanins charnus et croquants, belle longueur aromatique encore marquée par la barrique mais qui laisse deviner le fruité racé d'un grenache jugulé.

Coteaux-du-languedoc
Mas Jullien Les Depierre
(Sols de cailloutis, calcaires, schistes, argilo-siliceux.)

Millésime 1995. La robe est d'un beau pourpre profond. La frange est encore jeune. Les arômes explosent déjà : réglisse, violette, pivoine, quelques notes de tapenade et de cuir, de garrigue. Le nez est très représentatif. La bouche est charnue, avec une belle matière lisse et dense, une structure tannique imposante mais qui sait rester élégante et racée. La finale est épicée, longue et imprégnante. Un beau vin plein de charme et de caractère, qui réalise une synthèse des divers styles. La multiplicité des cépages et la complexité du terroir y sont pour quelque chose.

Deuxième gradin : saint-chinian et Saint-Christol

Saint-chinian
Clos Bagatelle Cuvée Sélection
(Sols argilo-calcaires.)

Millésime 1995. La robe est sombre, ourlée de pourpre. Le nez est intense : cuir, gibier, épices, avec des notes de laurier et de cassis confit. La bouche, très concentrée et boisée, est encore carrée. Les tanins sont présents, mais possèdent un grain noble. La finale reprend les notes de gibier. Un vin méditerranéen représentatif du secteur calcaire.

Saint-chinian et faugères, deux vignobles d'appellation voisins plantés sur sols schisteux.

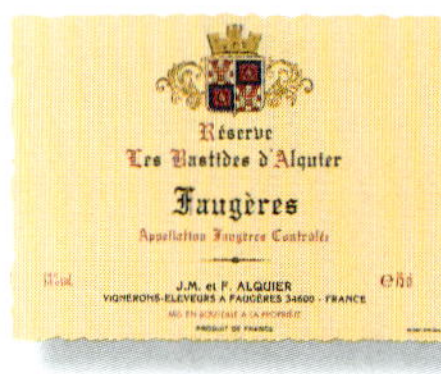

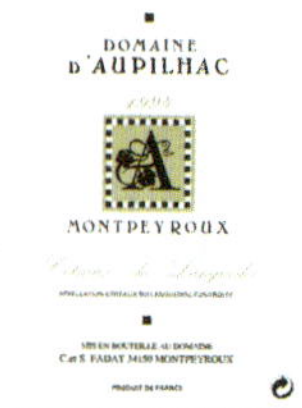

Coteaux-du-languedoc - Saint-Christol
Domaine de La Coste Cuvée Prestige
(Sols de galets roulés.)

La robe est sombre. Les arômes puissants expriment les épices, les notes fumées et le cuir. La bouche est bien construite autour d'une matière dense et de tanins carrés, épicés, dans un style encore austère mais dont la trame serrée laisse présager une belle évolution. La longue finale repose sur les épices. Ces caractéristiques s'expliquent par la présence de 80 % de mourvèdre.

Au paradis : Faugères et le pic Saint-Loup

Faugères
Domaine Alquier Cuvée des Bastides
(Sols schisteux.)

Millésime 1995. La robe d'encre présente une frange violacée. Le nez très mûr offre un fruit noir confituré, des épices exotiques, un boisé encore dominant. Des notes minérales, des arômes de cuir et de torréfaction (café et cacao) apparaissent. La bouche est ample, structurée, concentrée. Elle offre des nuances de cuir et de garrigue, des tanins bien construits et au grain fin. La finale est expressive (épices) et représentative de la syrah implantée sur schistes.

Coteaux-du-languedoc - Pic-Saint-Loup
Château de Lascaux Les Nobles Pierres
(Sols d'éboulis calcaires.)

Millésime 1995. La robe est sombre avec une nuance violet intense. Les arômes sont encore marqués par le fruité primaire, mais la syrah exprime un nez poivré et épicé. Se mêlent le cassis et une note de violette qui donne de l'élégance. La bouche est axée sur un fruité concentré. La carrure tannique est imposante mais jamais agressive. Il faudra cependant du temps pour lisser le grain. La finale se prolonge sur des notes de cassis.

Le temps lisse les différences

Coteaux-du-languedoc - Pic-Saint-Loup
Château de Lascaux

Millésime 1991. La robe est dense. Le nez complexe associe eucalyptus, cacao, laurier et épices exotiques.

La bouche est charnue et arrondie. Les tanins sont lissés et la rémanence aromatique est intense. Un vin épanoui.

Coteaux-du-languedoc - Montpeyroux
Domaine d'Aupilhac Carignan

Millésime 1990. La robe est sombre. Les arômes épicés, les notes de garrigue, de cuir et de gibier sont sous-tendus par du fruit noir et des baies sauvages. La bouche est structurée autour de tanins présents mais "amabilisés" par un fruité intense. Belle finale sauvage sur les fruits confits aux épices. Languedociens, n'arrachez pas les bons ceps de carignan !

Saint-chinian
Château Maurel Fonsalade

Millésime 1989. La robe est encore jeune, à peine évoluée. Le nez est axé sur les fruits confiturés, la fraise, la mûre. Des notes de fraîcheur sont encore apparentes. La bouche est carrée. Les tanins restent maîtres de l'équilibre. La finale est fruitée. Un vin qui évolue lentement.

Saint-chinian
Château Coujan

Millésime 1988. La robe évolue vers le brun. Le nez offre des notes de cacao, de jus de viande, de menthe et d'épices. La bouche, onctueuse, garde une belle concentration, une chaleur équilibrée par les tanins. La finale, aromatique, décline le cacao, l'eucalyptus et les épices douces.

Faugères
Château Grézan

Millésime 1986. Habillé d'acajou, ce vin présente un nez de vieux grenache : épices et cacao, goudron. La bouche suave dévoile beaucoup d'arômes et des tanins qui commencent à peine à sécher. La finale est axée sur un rancio noble. Un vin de style ibérique.

Coteaux-du-languedoc
Château de L'Engarran

Millésime 1985. La robe ambrée offre des reflets acajou. Le nez privilégie les notes torréfiées (chocolat) et les épices. Des nuances de vernis se manifestent. La bouche, encore fraîche, présente un fruité secondaire, du cuir, beaucoup d'épices et des tanins encore debout. Un vin en forme.

Les corbières rouges

Vaste appellation languedocienne, les Corbières sont au carrefour d'influences multiples. Méditerranée, Océan, altitude et vents contraires, vallées encaissées ou terrasses ouvertes créent des microclimats différents qui se retrouvent dans le style des vins. Quelques exemples de situations particulières.

Les Corbières constituent une région typiquement viticole. Les vins, à dominante rouge (90 %), sont généreux : ils titrent entre 11 et 13 % vol.

Durban, à l'abri du vent marin

Protégé des influences marines par une ligne de crêtes, le secteur de Durban jouit d'un microclimat sec. Les vignes sont établies sur des sols maigres, parfois sur la roche mère calcaire affleurante. Les vins y développent un caractère de puissance et de richesse qui les prédispose à un long vieillissement.

Château Gléon-Montanié Cuvée Gaston Bonnes

Millésime 1995. Habillé d'une robe sombre, ce vin dévoile un nez mûr et épicé, dominé par les fruits noirs, des notes de thym, de laurier, d'épices douces. La bouche est puissante. Sa matière est mûre et ses tanins restent dominateurs. La finale épicée est persistante.
Millésime 1990. La robe encore sombre ne montre pas de réelle évolution. Le nez intense évoque le fruit confit, les épices et la garrigue (romarin et thym). S'y ajoutent des arômes de bois exotique et de gibier. La bouche offre un fruit intense, des tanins encore puissants et une finale viandée et épicée.

Au plus haut des vallées

Nous sommes ici sur le secteur du Termenes et de Queribus, à une altitude qui dépasse parfois 400 m, sur des pentes argilo-calcaires ou des terrasses schisteuses. Du fond des vallées montent les vents méditerranéens ou océaniques, mais c'est l'influence montagnarde qui marque cette zone où la maturation du raisin est ralentie. Ce qui développera une finesse aromatique, une belle fraîcheur et un grain tannique affiné.

Domaine du Trillol

Millésime 1995. Jeune, la robe est d'une intensité moyenne. Les arômes sont éclatants : framboise, notes florales, réglisse, nuances discrètes de garrigue. La bouche est bien bâtie sur le fruit rouge auquel se mêlent quelques notes de sous-bois. Dense, elle possède des tanins harmonieux.
Millésime 1990. La robe est légère. Le nez, orienté sur le fruit rouge et quelques épices, est évolué. La bouche, très souple et à grain lisse, dévoile encore du fruit et des tanins soyeux. Un style tout en finesse.

La vallée de Lagrasse

Une vallée abritée des vents où règne un microclimat chaud. L'altitude (de 150 à 250 m) atténue les ardeurs méditerranéennes. Les sols rouges, assis sur calcaires durs, sont pauvres et donnent des vins toujours très mûrs grâce à la longue période de maturation dans ce secteur. Les vins sont marqués par le climat. Chauds et puissants, ils se révèlent plutôt giboyeux à la garde.

Château Saint-Auriol

Millésime 1995. La robe est dense. Le nez puissant est axé sur le cuir, les notes fumées, le fruit noir et les épices. Pleine, la bouche possède beaucoup de fruit mûr, une belle sève, des tanins torréfiés et épicés, une générosité bien équilibrée et une rémanence très aromatique.
Millésime 1990. La robe est moyennement soutenue. Le nez s'ouvre sur des accents viandés, des arômes de gibier, des notes prononcées de garrigue alliées à la réglisse et au fruit noir confit. Ample, la bouche possède du gras, une suavité assez généreuse, un fruit compoté encadré par des tanins fondus mais encore bien épicés. La finale est sur le gibier.

La terrasse de Lézignan

Un très vaste vignoble est établi sur les terrasses graveleuses de la plaine de Lézignan qui, à 30 km de la Méditerranée, bénéficie d'un climat chaud et sec. Les sols filtrants et maigres sont propices à une longue maturation. L'expression aromatique des vins est typiquement méditerranéenne (notes de garrigue) ; les tanins puissants restent lisses.

Château Étang des Colombes Cuvée du Bois des Dames

Millésime 1995. Vêtu d'une robe dense, ce vin dévoile des arômes élégants de cassis, d'épices orientales, de réglisse, des notes confites et des accents de garrigue (thym et romarin). La bouche est ronde, souple, avec des tanins à grain lisse et une matière concentrée et aromatique.
Millésime 1990. La robe est moyennement soutenue, ourlée de brun. Très développé, le nez s'oriente vers la garrigue, le pin, le cuir, le goudron, avec des fruits compotés et du cacao. La bouche est ronde et opulente, avec des tanins puissants et épicés, une générosité contenue par un fruit encore jeune. Belle finale sur le cacao et les notes torréfiées.

ne pléiade de terroirs

Le joyau de Boutenac

Ce vignoble, avec ses sols caillouteux, se situe dans le prolongement des terrasses de Lézignan. Son climat harmonieux est influencé par les incursions méditerranéennes qui remontent par la vallée. Chaud mais ni trop sec, ni trop humide, c'est le territoire idéal pour les vieux carignans qui donnent ici des vins puissants, très typés et dénués de la sécheresse tannique que l'on reproche souvent à ce cépage.

Château Meunier Saint-Louis

Millésime 1995. La robe est profonde. Le nez réglissé, fumé et épicé est marqué par un fruit noir bien mûr. La bouche fruitée a de la sève et du gras, une bonne structure tannique dont le grain sait rester élégant. Ce vin offre une belle rémanence sur des notes épicées et cacaotées.

Millésime 1990. La robe est d'une intensité moyenne. Le nez exprime le cuir, des touches minérales, des accents de garrigue, des arômes mentholés et épicés. La bouche ronde et suave possède des tanins amples et arrondis, un fruité profond et généreux, à peine évolué, et une finale sur des notes torréfiées (chocolat) et un fruit noir confit. En plein épanouissement.

Face à la mer

Le château Lastours, à peine reculé par rapport au littoral, possède sur son terroir étagé entre 50 et 300 m des zones climatiques très différentes.

Château de Lastours

(Un vin issu du cœur du vignoble, bien protégé des vents, planté de vieilles vignes de carignan et de grenache sur des terrasses basses argilo-calcaires, caillouteuses.)

Millésime 1986. Très coloré, ce vin dévoile un fruité tertiaire intense complété par du cuir, du cacao, des épices douces. Le nez est marqué par le grenache. La bouche est dense, suave et arrondie, lisse et sapide. Épicés et cacaotés, les tanins restent structurés.

Château de Lastours Cuvée fût de chêne

(Un vin issu de la moyenne terrasse, à 100 m d'altitude, encore protégée du vent marin. Sols identiques au précédent. Cépages carignan, grenache, cinsault.)

Millésime 1986. La robe est plus intense. Le nez confituré évoque la fraise cuite et les épices. La bouche est moins dense et moins complexe dans sa palette aromatique, mais la puissance tannique est renforcée par l'élevage sous bois. Un vin qui a encore de l'avenir. Les vignes plus jeunes et l'altitude plus élevée expliquent les différences de densité et de générosité.

Château de Lastours Cuvée Simone Descamps

(Un vin issu des vignes plantées en haut de la colline, à 300 m d'altitude, en vue directe sur la mer, exposées au vent marin et au vent du nord. Sols identiques aux précédents. Cépages carignan, grenache, syrah.)

Millésime 1986. Dans une robe sombre, ce vin dévoile un nez mûr : goudron, fruit noir, épices exotiques, notes de cuir de luxe et de bois précieux. La bouche bénéficie d'une trame satinée, avec un bel équilibre entre puissance et vivacité, une chair onctueuse et aromatique, des tanins nobles à grain serré. La fraîcheur apportée par le vent du Nord et l'humidité du vent marin expliquent la plus grande finesse aromatique et la subtile constitution tannique de ce vin. À cela s'ajoute l'empreinte de la syrah.

Dominé par le château d'Aguilar, le vignoble de Tuchan, dans les hautes Corbières. À droite, le vignoble de Gruissan, au bord du littoral méditerranéen.

Limoux et ses quatre terroirs

AUX CONFINS DES INFLUENCES DE L'ATLANTIQUE ET DE LA MÉDITERRANÉE, ADOSSÉE AUX CONTREFORTS PYRÉNÉENS, L'AIRE DU LIMOUX EST L'EXEMPLE TYPE D'UNE APPELLATION OÙ LA NOTION DE TERROIR DOIT S'ENTENDRE COMME UNE ALLIANCE DU SOL ET DU CLIMAT.

Le cépage traditionnel de cette vallée audoise, le mauzac, se prête bien à l'élaboration des vins effervescents, mais il pèche parfois par manque d'acidité et par sa neutralité aromatique. Le chenin, pour raviver les assemblages, le chardonnay, pour leur donner du fruit, ont donc été implantés sur le coteau de Limoux. Les vins riches en mauzac ont droit au nom de blanquette, les vins plus riches en chardonnay et chenin à celui de crémant. L'histoire se serait arrêtée là si le chardonnay n'avait démontré ici d'exceptionnelles qualités. De là à vinifier ce cépage en vin tranquille et à l'élever à la bourguignonne, il n'y avait qu'un pas. Les Caves du Sieur d'Arques l'ont si bien franchi que le chardonnay a été autorisé en AOC limoux en 1992.
Outre les soins apportés au ramassage, aux vinifications et à l'élevage en barrique sur lies avec bâtonnage, cette production a été l'occasion d'un remarquable travail de sélection des terroirs et de leur association à un type de climat. La région s'y prêtait particulièrement puisqu'elle est située entre l'Atlantique et la Méditerranée, avec des incursions de vents d'ouest ou d'est, des altitudes variées, des expositions et des sols différents.

Achat et préparation des bouteilles

Les Caves du Sieur d'Arques commercialisent les quatre terroirs séparés. On pourra se les procurer facilement, dans le même millésime 1995. Les bouteilles seront dégustées à 12 °C et gagneront à être décantées une demi-heure à l'avance.

Quatre grands groupes de terroirs

À l'exception des fonds de la vallée aux sols alluvionnaires (qui sont exclus de l'appellation), Limoux propose des sols issus de molasses, des sols sablo-argileux, des terrasses d'alluvions anciennes et des sols argilo-calcaires, riches en argiles rouges, qui se répartissent en plateau, bas de versant, haut de versant et sommet de croupe, d'une manière assez homogène. La différence entre les terroirs se fait donc plutôt sur des critères climatiques.

Le terroir méditerranéen

La zone la plus à l'est et au nord-est, vers les villages de Saint-Hilaire, Villebazy, Rouffiac, Pomas, est à l'abri des influences atlantiques. Situé à de basses altitudes, de 100 à 200 m, ce terroir est ouvert sur les incursions de vent d'est, "le marin", qui apporte nébulosité et faibles précipitations (en moyenne 680 mm par an). Les apports thermiques sont élevés, ce qui induit des maturations précoces et rapides, des degrés élevés et des acidités plutôt basses. La flore est ici le témoin de ce climat à teintes méridionales : chênes verts, oliviers, kermès et genévriers partagent le paysage avec la vigne.

Toques et Clochers Terroir méditerranéen

Avec une robe dorée, c'est un vin aux arômes puissants qui s'imposent d'entrée. Une palette où le fenouil et la vanille se mêlent aux fruits rôtis, à l'abricot sec, avec quelques touches crémeuses, presque réglissées. La bouche est ample, généreuse et avoue ses origines sudistes sans lourdeur. La finale grillée renforce encore cette notion de fruits cuits par le soleil, mais ce vin ne ressemble jamais aux chardonnays méridionaux, plus chaleureux, car une ligne vive lui permet de conserver relief et éclat.

Le terroir d'Autan

Aire environnant la ville de Limoux, dans la partie basse de la vallée de l'Aude, vers Rouffiac-d'Aude, Cépie, Pieusse, Alet-les-Bains, sur des coteaux dont l'altitude varie entre 100 et 250 m. Le site est protégé à la fois des vents d'ouest par le massif de la Malepère et des vents d'est par la serre de Notre-Dame-de-Marceille. Les influences maritimes y sont donc très atténuées. Les pluies y sont d'ailleurs les plus faibles du secteur (avec 600 mm annuels). Le chêne vert, l'olivier et le kermès poussent à la faveur du climat chaud et sec, propice à des maturations précoces.

Toques et Clochers Terroir d'Autan

La robe a perdu un peu de ses nuances dorées mais a gagné des notes de paille. Le nez est intense et change de nature : agrumes, pamplemousse, fleurs blanches comme le lys, jasmin et épices. On décèle des notes plus vives et surtout une régularité et une persistance remarquables. La bouche attaque sur un fruité intense, une bonne vivacité qui la fait paraître plus déliée que celle du Terroir méditerranéen, avec des notes de tilleul et de verveine. Un caractère de chardonnay classique, plutôt racé.

Le terroir océanique

À l'ouest, vers les villages de Loupia, Villelongue-d'Aube, Gaja-et-Villedieu, Pauligne, le terroir est sous

des nuances climatiques

Ci-dessus, le vignoble de Pauligne sur le terroir océanique.
En bas, le vignoble de Saint-Hilaire sur le terroir méditerranéen.

l'influence des vents d'ouest, avec de fréquentes incursions atlantiques, porteuses d'humidité et de pluies. Cette plus forte pluviométrie (environ 750 mm par an) se conjugue avec des altitudes plus élevées (de 200 à 300 m). La flore témoigne d'ailleurs de ce changement : l'olivier a disparu ainsi que le kermès pour ne laisser la place qu'au chêne vert qui trouve ici son habitat le plus favorable. Les maturations sont donc plus lentes et les taux d'acidité plus élevés.

Toques et Clochers
Terroir océanique

Un reflet vert apparaît dans la robe. Le nez développe des accents minéraux (pierre à fusil, cendre) avec quelques épices comme la cardamone, le safran. On peut deviner un petit côté iodé. La vanille du bois est mieux intégrée, ce qui se traduit par une plus grande finesse. La bouche, harmonieuse, très fondue, svelte et élégante, présente un équilibre très réussi entre puissance et vivacité. La longue finale s'épanouit dans toute sa complexité et signe toute la race de ce vin qui peut rivaliser avec de grands chardonnays.

Le terroir de la Haute Vallée

En remontant vers les Pyrénées, plein sud, la vallée s'élève entre 250 et 420 m. Ce sont les localités de Bouriège, Roquetaillade, Conilhac-de-la-Montagne, Campagne-sur-Aude et, plus haut, celles de Saint-Couat-du-Razès ou Festes-et-Saint-André. Ici, le climat est plus rude. Avec des températures plus basses et une pluviométrie plus importante, qui peut aller jusqu'à 850 mm, les vents d'ouest plus frais sont à l'origine de printemps plus tardifs et d'automnes plus froids et courts. Si la maturité des raisins en est retardée, la finesse aromatique peut se développer grâce à la lenteur du mûrissement des baies. L'altitude et l'exposition des pentes sont capitales et l'on peut parler ici de microclimats, parcelle par parcelle. Plus que dans les autres climats, le millésime marque ce secteur de son empreinte. Le chêne vert a disparu pour laisser place à des essences de piémont.

Toques et Clochers
Terroir de la Haut Vallée

La robe a de beaux reflets verts. Les arômes sont fins et délicats, à dominante florale : acacia, chèvrefeuille, foin coupé, tabac, léger cuir, fruits exotiques. Apparaît une ligne d'équilibre qui laisse présager une belle ouverture. La bouche est élancée, avec cette élégance encore austère d'une matière qui n'a que du muscle, sans gras superflu. La finale a de l'éclat, soutenue par une ligne vive importante. Un vin qui demande de deux à trois ans pour dévoiler toute son expression, mais qui est peut-être le plus racé des quatre crus.

Côtes-du-frontonnais et

Les vignobles campent l'un aux portes de Toulouse sur les terrasses du Tarn, l'autre plus en amont, sur les rives de cet affluent de la Garonne. Les vins rouges y présentent des visages variés, mais sont tous fruités dans leur jeunesse et de moyenne garde. Les vins moelleux de Gaillac savent vieillir avec grâce.

Côtes-du-frontonnais : une affaire de style

La négrette, associée à la syrah, au cabernet, au gamay, au fer ou au cot, donne des vins parfumés, fruités et peu acides. Si l'on peut distinguer plusieurs terroirs (graves, boulbènes ou sols argilo-caillouteux), la proportion de négrette dans les assemblages et le taux d'extraction marquent davantage les différences.

Gaillac : deux rives, deux terroirs

Rive gauche, des coteaux argilo-calcaires ; rive droite, des sols graveleux. À Gaillac, les cépages sont variés (du duras et braucol – fer-servadou – locaux aux cabernets, syrah et merlot exogènes), ce qui explique que les vins recherchent leur style. On peut cependant trouver des tendances générales, selon les sols.

Des vins rouges jeunes

Côtes-du-frontonnais

Château Bellevue-La Forêt

Millésime 1995. La robe assez dense s'orne d'une frange encore pourpre. Le nez est très fruité, sur les petits fruits rouges (framboise) alliés à une note florale bien marquée par la violette – signature de la négrette – et à quelques accents fumés. La bouche est souple, aromatique et fruitée. Les tanins sont bien fondus. La finale n'est pas très longue mais exprime bien la qualité aromatique de ce vin plaisir.

Château Le Roc Cuvée Réservée

Millésime 1995. Vêtu d'une robe dense et sombre, ce vin dévoile un nez de réglisse, d'épices, de fruits noirs, dans lequel se mêlent des notes fumées et poivrées et un boisé harmonieux. La bouche a de la structure, une belle densité fruitée, des tanins bien bâtis mais au grain velouté, une finale encore marquée par la barrique mais qui sait aussi faire parler la marque d'un raisin mûr.

On peut s'étonner de trouver dans cette appellation des vins de style aussi opposé. L'un est axé sur le

DES CÉPAGES DIFFÉRENTS POUR DEUX TERROIRS DU TARN ET UNE RECHERCHE STYLISTIQUE À TRAVERS LES MODES DE VINIFICATION. TELLE POURRAIT ÊTRE LE POINT DE DÉPART DE CETTE DÉGUSTATION. MAIS ON NE SAURAIT OUBLIER QUE LES VINS ROUGES NE SONT PAS LES SEULES TÊTES D'AFFICHE À GAILLAC, OÙ LES MOELLEUX SAVENT TRADUIRE LE CARACTÈRE DU MAUZAC OU DE L'ONDENC.

charme, la souplesse et la fragrance, l'autre est structuré et concentré. Il ne faut pas chercher ici des différences notables dans le terroir mais plutôt dans l'encépagement et dans les vinifications. Le premier vin privilégie la négrette et des cuvaisons assez courtes, le second la syrah et des macérations longues.

Gaillac

Mas Pignou Cuvée Mélanie

(Rive gauche.)

Millésime 1995. La robe, assez dense, offre des reflets violets. Le nez est bien développé : fruits rouges, réglisse, notes de cassis et de poivron, quelques accents épicés. La bouche a de la rondeur, une belle puissance, une chair sapide encadrée par des tanins qui montent en finale.

Domaine Rotier Cuvée Renaissance

(Rive droite.)

Millésime 1995. Vêtue d'une robe dense, cette cuvée dévoile un nez épicé où la groseille et le cassis s'associent aux accents fumés et boisés et aux notes de raisin mûr. La bouche est à la fois lisse et dense. Les tanins sont soulignés par un boisé harmonieux. Leur grain fin est déjà patiné. La finale, assez vive, est axée sur les fruits noirs et les épices.

En dehors de l'apport du bois, la différence entre ces deux vins réside dans le caractère fruité : fruits rouges pour l'un, fruits noirs pour l'autre. Le coteau argilo-calcaire de la rive droite du Tarn pour l'un, la rive gauche graveleuse pour l'autre impriment des textures opposées : plus riches et carrées en coteau, plus vives mais plus satinées sur graves, les trames expriment bien les nuances de terroir.

Avec un peu de recul

Côtes-du-frontonnais

Château Deves

Millésime 1989. La robe encore fraîche possède de la densité. La palette aromatique décline arômes de fumé, de cuir, d'épices, de confiture de fraises, de torréfaction. La bouche est puissante, assez tannique, avec beaucoup de fruits noirs. La finale est veloutée, fraîche et épicée. Un côtes-du-frontonnais issu de vendanges concentrées qui a bien traversé le temps.

gaillac : sur les rives du Tarn

Château Joliet

Millésime 1986. La robe, encore dense, présente une frange brune. Le nez exprime un fruit surmûri, la pivoine, la confiture et la réglisse. La bouche assez confite dévoile des épices douces, des tanins encore présents mais patinés par le temps. Ce vin qui démontre qu'un côtes-du-frontonnais bien né peut dépasser les dix ans.

Gaillac

Domaine de l'Emmeillé

Millésime 1989. La robe est assez évoluée mais a gardé de la densité. Le nez est complexe : fruits cuits, cuir, réglisse. La bouche montre de la puissance et de la carrure. Elle est bâtie sur des tanins encore présents, soulignés par une gamme épicée en finale. Quelques notes de poivron en bouche accompagnent des accents fumés et viandés.

Domaine de Pialentou

Millésime 1988. La robe, à la frange brune, est évoluée. Les arômes puissants forment une palette complexe : cuir, cacao, cassis confit, menthe et fruits compotés. La bouche est encore ferme. Elle propose une matière charnue, des tanins vifs et épicés qui tiennent bien le vin.

Les vins moelleux de Gaillac

On peut distinguer deux types de vins moelleux : les uns issus du cépage mauzac, dévoilent des arômes de pomme, de poire et d'épices douces et développent leurs charmes dans leur jeunesse (sauf cuvées très concentrées) ; les autres issus de l'ondenc, vieux cépage remis à l'honneur depuis peu, peuvent traverser le temps sans prendre une ride.

Le vignoble du château Bellevue-Laforêt en AOC côtes-du-frontonnais.

Domaine de Labarthe

(Cépage mauzac.)

Millésime 1996. Ce vin couleur paille à reflets verts propose des arômes de poire William et d'épices douces. Une suavité légère et élégante crée une bouche fraîche et élancée, axée sur un fruité pur et fringant.

Vin d'Autan de Robert Plageoles

(Cépage ondenc.)

La robe présente toujours une teinte dorée, avec d'étonnants reflets verts.
Millésime 1995. Le nez décline des arômes de coing, de nèfle, de fleur d'oranger, de menthe, de zestes d'agrumes confits. La bouche est opulente et mise en relief par une vivacité équilibrée. La longue finale tire sur le pain d'épice.
Millésime 1994. Le nez est complexe : pomme blette, épices douces, truffe, abricot mûr. La bouche, plus stricte, dévoile une richesse contenue et une finale vive, sur l'abricot et l'amande fraîche.
Millésime 1993. Beaucoup de finesse dans ce nez de menthe, de beurre frais, de fruits confits et de pâte de coings. La bouche svelte et élancée propose des épices douces, de la confiture de melon, une vivacité rafraîchissante, une finale réglissée très aromatique.
Millésime 1992. (Aucun moelleux n'a été produit, la pluie ayant altéré la vendange.)
Millésime 1991. Le nez présente des arômes de torréfaction, de tabac, de tisane, d'abricot sec. La bouche est concentrée. Elle offre un fruité intense, voluptueux, une grande puissance et une acidité très présente. Tout est concentré dans ce vin d'une année de gel.
Millésime 1990. Des notes de coing, de cire, d'infusion, de fruits confits et d'épices précèdent une bouche souple, suave, fruitée, moins acide que dans les vins précédents. La finale est axée sur des touches miellées et les fruits secs.
Millésime 1989. Encaustique, abricot cuit, épices orientales, fruits confiturés : le nez est d'une rare opulence. La bouche offre une richesse onctueuse, imprégnante, une liqueur pure et nette, une finale épicée.
Millésime 1988. Après la fleur d'oranger, la pâte de coings, le thé et le sous-bois, le nez évolue vers des notes de cuir. La bouche est vive, avec une liqueur fondue. Finale sur le fruit torréfié.
Sans artifice, ce moelleux est un véritable vin de climatologie. La mémoire du temps passé est emprisonnée dans ces bouteilles dorées.

De Marcillac à Irouléguy

Ces appellations font toutes deux partie de la nébuleuse des vins du Sud-Ouest, mais on ne peut trouver terroirs aussi éloignés et dissemblables dans leurs origines géologiques.

Deux vignobles extrêmes

À Irouléguy, en plein Pays basque, le vignoble est établi sur des pentes très escarpées, à flanc des coteaux pyrénéens. Les sols issus de grès rouges sont composés d'argilites et d'éléments argilo-schisteux sur le piémont de ce massif tertiaire. Les déclivités sont impressionnantes et les vignes sont cultivées sur d'étroites terrasses exposées plein sud. Le cabernet franc, épaulé par du cabernet-sauvignon et du tannat, donne un style très aquitain à ces vins nichés au pied du col de Ronceveaux, porte du *Camino francés* des pèlerins de Saint-Jacques-de-Compostelle.

Ces pèlerins s'étaient arrêtés auparavant à Conques, abbaye située sur le même chemin qui partait de Vézelay et traversait le Massif central. Tout proche, le vignoble de Marcillac occupe la cuvette ensoleillée du vallon, avec ses argiles rouges, riches en oxydes de fer, ses pentes, ses terrasses et ses banquettes occupées par le cépage mansoi, nom local du fer-servadou. Les sols sont ici nés sur le massif primaire mais on peut trouver un cousinage pictural entre ses deux vignobles : même couleur des sols, mêmes terrasses, mêmes escarpements, deux viticultures de l'extrême, où la vigne survit grâce à la passion opiniâtre de quelques vignerons. Les deux diasporas, l'une basque, l'autre aveyronnaise, se chargent de faire connaître *urbi et orbi* leurs vins locaux réunis dans une même unité culturelle, celle d'un terroir à forte identité.

Atlantique et continent

À Irouléguy, le climat atlantique est fortement marqué : étés doux, écarts de température faibles, pluviométrie très importante compensée par des automnes ensoleillés. Ce climat donne ici des maturations régulières, favorables à la finesse aromatique, mais aussi des millésimes trop arrosés qui exacerbent l'arôme végétal des cabernets et du tannat.

À Marcillac, au contraire, le climat se caractérise à la fois par un début de continentalité et par la rigueur montagnarde – hivers froids, étés chauds –, l'altitude venant renforcer les différences. L'exposition est capitale pour parvenir à bonne maturation et les millésimes peu ensoleillés soulignent l'aspect herbacé du fer-servadou. Dans les deux cas, ces conditions font ressortir une certaine acidité dans les vins. Au nord-est, dans la haute vallée du Lot, le petit vignobl d'Entraygues-et-Fel se singularise par des vins blanc à base de chenin récoltés sur des sols granitiques.

CES DEUX VIGNOBLES PRÉMONTAGNARDS, L'UN ACCROCHÉ AUX FLANCS DU MASSIF CENTRAL, L'AUTRE AUX CONTREFORTS DES PYRÉNÉES BASQUES, ONT VU PASSER AU PIED DE LEURS COTEAUX LA PROCESSION MOYENÂGEUSE DES PÈLERINS DE SAINT-JACQUES-DE-COMPOSTELLE. LES VINS EN ONT TIRÉ UNE UNITÉ.

En Pays basque

Irouléguy

Domaine Brana

Millésime 1996 (blanc). La robe est de couleu paille. La palette aromatique, riche et complexe, es florale, mais propose aussi des épices subtiles et du fruit exotique. La bouche équilibrée offre du gras e une jolie fraîcheur fruitée, une finale expressive. Un vin assez exubérant mais qui présente de la matière

Domaine Arretxea Cuvée Haitza

Millésime 1995 (rouge). La robe est presque noire avec des reflets violet intense. Le nez est axé sur ur fruit noir bien développé à dominante cassis, sur les épices et les notes de poivron mûr. La bouche charnue possède une matière dense et beaucoup de fruit Ses tanins sont encore rustiques : leur grain demande à s'affiner. De la fraîcheur en finale vient renforcer la sensation fruitée. Un vin typique du Sud-Ouest.

Domaine Brana

Millésime 1995 (rouge). La robe profonde est ourlée de pourpre. Le nez est intense : fruit noir, poivron, framboise, épices et note fumée. Le boisé est présent mais bien intégré. La bouche, tannique, structurée présente une matière mûre avec une belle qualité aromatique sur le fruit et des tanins dont le grain a été poli par un élevage mené dans les règles de l'art L'équilibre entre force alcoolique et acidité est parfait pour cette version du terroir d'Irouléguy.

En Aveyron

Vins d'entraygues-et-du-fel

Jean-Marc Viguier

Millésime 1994. Vêtu d'une robe paille clair, ce VDQS dévoile des arômes minéraux (silex), des notes de fleurs blanches et des accents légèrement miellés. La bouche est vive, élancée. Elle révèle une bonne matière fruitée et une finale où le chenin fait parler son caractère rigoureux.

la route de Compostelle

Le vignoble de Marcillac (en haut) a été reconnu en AOC en 1990. Celui d'Irouléguy, cultivé en terrasses abruptes, est le dernier vestige d'un grand vignoble basque remontant au Moyen Âge.

<u>*Marcillac*</u>
Domaine du Cros

Millésime 1995. La robe violacée est profonde. Les arômes caractéristiques du cépage mansoi évoquent la menthe, le cassis, les épices, la myrtille et la réglisse. Un véritable festival d'herbes et de plantes des plateaux ! La bouche est charnue, croquante ; elle révèle une belle présence fruitée et des tanins épicés dont le grain demande encore à s'affiner. Un vin de terroir au fruité original, sous-tendu par de la fraîcheur.

Domaine Matha

Millésime 1994. La robe est d'un violet intense. Les arômes sont très précis : cassis, réglisse, épices. La bouche est charnue à souhait, avec du croquant, un fruité pur et sincère, des tanins frais et structurés. Un style d'une réelle personnalité.

Certes, ces deux appellations sont distantes de plus de 300 km et cultivent des cépages différents sous des climats opposés. Toutefois, s'il n'y a pas de commune mesure dans les palettes aromatiques – l'une marquée par des cabernets, l'autre par le fer-servadou –, les styles en bouche peuvent être comparés. Ce sont des vins charnus présentant de la mâche, des tanins solides et un peu rustiques et beaucoup de fruit. La vivacité est au rendez-vous dans les deux cas : l'une induite par une pluviométrie importante, l'autre par un climat prémontagnard rigoureux. Les vins blancs, en revanche, sont de styles opposés : fleuris et fruités dans le Pays basque, plus vifs et plus sévères en Aveyron.

Avec un peu de recul

<u>*Irouléguy*</u>
Domaine Brana

Millésime 1990 (rouge). La belle robe encore profonde possède une frange jeune. Les arômes sont complexes : épices, vanille, fruit rouge mûr, quelques accents de cuir. La bouche ample possède une belle architecture avec des tanins encore dominants. La chair est mûre et fruitée. On décèle du gras et une belle puissance aromatique, sur le fruit mûr. Le grain est poli, la finale très savoureuse. Un vin issu d'un millésime mûr et accompli.

<u>*Marcillac*</u>
Domaine du Cros Cuvée spéciale

Millésime 1990. La robe dense présente une note encore pourpre. Les arôme puissants développent de la framboise, du cassis, des épices boisées et cette touche mentholée si caractéristique. La bouche est charnue, mûre, très aromatique et construite sur des tanins solides dont le grain est fin. La finale expressive offre une belle rémanence aromatique.

Avec un peu de recul, la force tannique et le grain rustique de la trame s'affinent et se fondent (du moins dans un tel millésime, vendangé sous un climat exceptionnel). Les mêmes vins issus de petits millésimes trop pluvieux ou trop froids font ressortir la verdeur du raisin. En 1992, par exemple, en irouléguy, les arômes de poivron vert ont pris le dessus sur le fruit et, en marcillac, les arômes se sont arrêtés sur le côté végétal du mansoi : bourgeon de cassis plutôt que fruit noir.

Cahors et madiran : des

D'origine gallo-romaine, les vignobles de Cahors et de Madiran comptent parmi les plus anciens de France. Le premier revient de loin ! Complètement anéanti par les gelées de 1956, il était tombé à 1 % de sa surface antérieure. Reconstitué dans les méandres du Lot avec des cépages nobles traditionnels, le principal étant l'auxerrois, il a retrouvé la place qu'il mérite. Quant au Madirannais, il cultive avec bonheur le tannat.

Des cahors de vallée

Les vignobles se nichent dans les méandres de la vallée du Lot, sur des sols de terrasses argilo-siliceux, à matrice d'argiles rouges, riches en graves et en cailloux. Protégé des vents froids, le microclimat est ici propice aux belles maturations.

Deux vins aux accents du Sud-Ouest, l'un qui privilégie l'auxerrois sur les berges du Lot, l'autre le tannat au pied des Pyrénées, cépages qui trouvent dans ces deux terroirs – et dans ces deux seulement – leur meilleure expression tannique qui varie au gré des types de sol.

Château du Cèdre Cuvée Prestige

Millésime 1994. La robe est sombre à reflets pourpres. Le nez, axé sur un fruit noir bien mûr, dévoile une jolie note de violette qui caractérise le cépage. Viennent ensuite des épices, quelques accents boisés encore à fondre et des notes fumées. Riche, la bouche possède un fruité profond, une belle trame veloutée, une forte puissance tannique en finale, un grain bien enrobé par l'élevage. Une bouteille de style moderne qui associe le caractère local avec une élégance de trame peu commune.

Château de Mercuès

Millésime 1994. La robe est intense. Le nez propose des fruits noirs mûrs, presque confits, de la réglisse, des notes de sous-bois, de cuir. La bouche a de l'ampleur. Bien structurée et concentrée, elle s'appuie sur

tanins à géométrie variable

des tanins charnus, puissants, dont le grain demande à s'affiner. Une bouteille bien typée, dans un style assez traditionnel.

Des cahors de causse

Les vignobles se situent sur les plateaux calcaires aux sols superficiels argilo-calcaires très caillouteux. Le climat est ici plus rude, soumis au gel et à la sécheresse estivale.

Château Paillas

Millésime 1994. Le vin est habillé d'une robe assez dense qui ne manque pas d'éclat. Le nez est entièrement bâti sur un fruité mûr et profond, proche du naturel, dans lequel s'associent la framboise et la violette. C'est la signature de l'auxerrois. La bouche souple offre un fruité pur et très présent, des tanins savoureux, sans grande puissance mais mûrs. La finale est aromatique, charmeuse et sans fard.

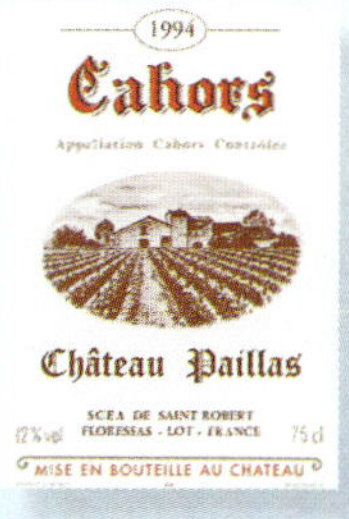

À gauche, le château de Mercuès, sur la rive droite du Lot.

D'origine gallo-romaine, le vignoble madirannais produit des vins sombres, tanniques et virils.

Château de Haute-Serre

Millésime 1994. La robe intense est légèrement moins soutenue que celle des cahors de vallée. Le nez a de l'élégance et de la complexité : notes de fruits rouges mûrs, framboise, cerise. Les épices et la violette viennent égayer la palette boisée avec retenue. La bouche est lisse, mûre avec une trame à grain serré, des tanins savoureux, puissants mais avec de la finesse et un bon potentiel aromatique. Une longueur persistante dans un registre raffiné.

Avec un peu de recul

Château du Cèdre Cuvée Prestige

Millésime 1990. La robe a gardé sa profondeur et sa concentration. Les arômes sont puissants : bois précieux, sous-bois, épices, fruits noirs, cassis. La bouche a beaucoup d'ampleur et présente du gras, une trame de velours, un fruit noir profond. On perçoit les premières notes de truffe associées à un léger cuir. Les tanins sont mûrs, arrondis mais ils savent encore jouer dans la puissance. Ce vin n'est pas arrivé au bout de sa carrière.

Château de Haute-Serre Cuvée Prestige

Millésime 1990. La robe assez dense dévoile une frange encore jeune. Le nez est réglissé, avec une jolie note de violette. La palette s'oriente aussi vers le fumé et les épices douces, un fruité noir mûr et torréfié, quelques touches minérales. La bouche ronde et fruitée offre des tanins fins. C'est un beau mariage entre le bois et le vin qui s'exprime dans une longueur épicée.

On peut distinguer deux styles différents entre la vallée et le causse. Des vins très typés en vallée, avec la délicieuse présence fruitée de l'auxerrois, des structures tanniques puissantes, des grains et des trames qui ont besoin de temps pour gommer leur rusticité. En causse, on trouve plus d'élégance aromatique, avec peut-être moins de matière mais des tanins à grain plus affiné. Il faut cependant nuancer ce jugement car les vignerons s'ingénient souvent à imposer leur propre caractère à la matière première fournie par leur terroir. Les vins se rejoignent d'ailleurs au vieillissement quand les tanins ont eu le temps de polir leur grain.

Des madiran sur coteaux argilo-calcaires à sous-sol de grep

Les vignes occupent les versants de coteaux pré-pyrénéens, avec des sols variés qui vont de l'argilo-calcaire aux boulbènes, en passant par des terrains argilo-siliceux. Les vins dégustés sont à forte proportion de tannat.

Château Laffitte Teston Vieilles Vignes

Millésime 1994. La robe profonde laisse apparaître des reflets noirs. Le nez est axé sur des arômes de fruits rouges mûrs, de vanille, de cuir, de froment, de cannelle. La bouche est arrondie, dans un style assez aimable. Les tanins sont enrobés, gras. Le fruité encore primaire reste séducteur. Un madiran qui travaille le charme précoce.

Château d'Aydie

Millésime 1994. Habillé d'une robe sombre, ce vin révèle des arômes de mûre, de fumée, de grillé et une belle présence fruitée. L'attaque est souple, intensément fruitée, et la trame est charnue. Le vin monte ensuite en puissance sur des tanins structurés, bien typés. Le dégustateur perçoit une grande puissance aromatique et un grain très tactile.

Château Bouscassé Vieilles Vignes

Millésime 1994. La robe est d'encre. Le nez complexe associe pain grillé, notes de gibier, fruits noirs, épices boisées. La bouche a une forte carrure, de la générosité, un fruité mûr. La matière est encore dans sa gangue, impressionnante de concentration. Encore massifs, les tanins sont bâtis sur la puissance ; leur grain demande à être poli. Un vin à attendre au moins dix ans.

Des madiran sur croupes de graves

Sur le coteau qui surplombe la plaine de l'Adour, quelques îlots se distinguent par leur forte pente et leur sol de belles graves pyrénéennes.

Château Montus Cuvée Prestige

(100 % tannat.)

Millésime 1994. La robe est presque noire à reflets violets. Le nez est d'une rare complexité : cuir de luxe, gibier, fruits noirs confits, épices boisées sur le devant de la scène. La bouche est dense avec une trame lisse et voluptueuse, une structure sphérique. Sa grande force tannique se distingue des vins du secteur précédent par son grain plus racé. Un vin à la fois fin et concentré, digne des grands crus.

Avec un peu de recul

Château Bouscassé Vieilles Vignes

Millésime 1990. La robe est très dense, encore ourlée de pourpre. Le nez est composé de notes de gibier mais propose aussi de la réglisse, du fruit noir compoté, du tabac, du pain grillé. Rond et puissant en bouche, il offre une grande présence aromatique (épices, fruits concentrés), de grands tanins qui ont lissé leur grain, une rémanence intense.

Château d'Aydie

Millésime 1990. La robe profonde est encore jeune. Le nez est d'une rare densité fruitée (mûre, cassis). S'y ajoutent des notes de cuir, de pain grillé, de tabac blond. La bouche présente un gras et un velouté que l'on ne peut présager lorsque l'on goûte ces vins dans leur jeunesse. Fruits concentrés, tanins très mûrs, arrondis, tout en restant présents et épicés : cette bouteille est l'archétype du madiran dans sa pleine expression.

Château Montus Cuvée Prestige

Millésime 1990. La robe est sombre, à reflets noirs. Le nez balsamique est très expressif. Il évoque aussi le fruit noir, l'amande grillée, les épices orientales, la truffe, le sous-bois et la réglisse presque goudronnée. La bouche sphérique et dense offre un grain lisse et policé. La grande puissance tannique en finale vient rappeler que l'on est bien à Madiran, tandis qu'une rémanence longue et complexe indique que cette cuvée appartient au club des grands vins.

La différence est ici évidente entre les deux types de terroir. Si sur les sols argilo-calcaires les madiran jeunes savent être fruités, puissants et tanniques, leur grain garde une rusticité et a besoin de temps pour s'affiner. Sur les graves, la finesse qui transparaît derrière la masse tannique est immédiate. Tout comme à Cahors, les styles se rejoignent à la garde et le vigneron, lorsqu'il en a la volonté, peut rester maître du jeu. N'oublions pas que la maturité du millésime reste cependant le juge de paix.

Muscadet et savennières

Il est courant d'affirmer que les muscadet sont des vins de soif et de consommation rapide, à boire sur des fruits de mer, sans arrière-pensées. Des vins très atlantiques, rafraîchissants comme une bouffée d'embruns. Mais aussi des vins qui tirent leur caractère des terroirs primaires de granite et de schistes, sur un socle hercynien recouvert de sables et de graviers. Si la vinification sur lie leur apporte beaucoup de fraîcheur dans leur prime jeunesse, avec une pointe de gaz qui vient renforcer une acidité naturelle, leur belle puissance aromatique est capable de s'allier à une matière dense lorsque le melon de Bourgogne est parfaitement mûr. Cet élevage sur lie apporte du gras, de l'étoffe et des arômes fermentaires. À l'évolution, les vins qui avaient assez de matière tiennent bien la distance en prenant de la complexité et en développant leurs caractères marins et iodés.

Le terroir de Savennières est issu de sols primaires, de schistes et de grès, avec parfois des apparitions volcaniques. Sur ce type de sol, le cépage chenin est capable de donner naissance aux plus grands vins blancs. La climatologie impose ici le style des vins : secs, plus rarement demi-secs suivant la richesse du millésime. Mais ce sont surtout les conditions d'exposition, l'altitude par rapport au fleuve et la régulation thermique qu'il apporte qui font la différence. Dans tous les cas, ces vins demeurent réservés dans leur jeunesse, comme s'ils hésitaient à dévoiler leurs qualités. Il leur faut du temps et surtout beaucoup d'aération pour exprimer leur complexité. Les deux crus savennières-roche-aux-moines et savennières-coulée-de-serrant ont acquis une grande notoriété. Ils sont implantés sur un coteau pentu s'avançant sur la Loire.

Muscadet-de-sèvre-et-maine
Master de Donatien

Millésime 1995. La robe est pâle à reflets verts. Le nez intense développe des arômes floraux, des notes de fruits blancs, une touche minérale. La bouche est bien équilibrée. Fruitée, elle dévoile une pointe de gaz bien dosée, une bonne ampleur et une vivacité finale qui rafraîchit une matière dense.

Millésime 1990. La robe a viré au doré avec beaucoup d'éclat. Le nez a basculé sur les fruits secs, des notes fumées, des arômes de cire et d'iode. La bouche, encore fruitée, a évolué tout en gardant sa fraîcheur. La finale intense est orientée sur la noisette et le lierre.

EN REMONTANT LA LOIRE, LES APPELLATIONS MUSCADET ET SAVENNIÈRES PRODUISENT DES VINS AUX VISAGES OPPOSÉS. LE MUSCADET, AU CARACTÈRE ATLANTIQUE ACCUSÉ, POSSÈDE RELIEF ET FRAÎCHEUR. LE SAVENNIÈRES, GRÂCE À UN MICROCLIMAT PLUS SEC ET À DES COTEAUX BIEN EXPOSÉS, EXPRIME PARFAITEMENT LE CÉPAGE CHENIN PARVENU À MATURITÉ.

Clos Saint-Vincent des Rongères Vieilles Vignes

Millésime 1995. La robe est de couleur paille clair, ourlée de vert. Les arômes de poire mûre, de fleurs blanches (acacia) et de miel se mêlent avec délicatesse. La bouche possède un beau fruit intense, une matière mûre et vive à la fois, avec un gaz discret, du gras et de la puissance. Elle se conclut par des épices douces.

Clos Saint-Vincent des Rongères

Millésime 1992. La robe a pris de la consistance mais a gardé quelques reflets verts. Le nez est marqué par le miel, la vanille, les notes d'amande et annonce une bouche évoluée, arrondie et fondue, avec une forte présence cirée en finale qui équilibre et masque l'acidité. Un vin très aromatique mais qui évolue très vite.

Domaine des Quatre Routes Cuvée Réservée

Millésime 1995. Sous une robe très pâle, ce vin dévoile un nez expressif : notes d'agrumes (pamplemousse), fleurs blanches, touches minérales. La bouche, fruitée et puissante, présente un bon équilibre. La finale est axée sur les notes de sauge et de foin coupé.

Domaine des Quatre Routes

Millésime 1990. La robe a pris des reflets dorés. Le nez offre des notes de fleurs lourdes (lys, iris) avec des touches miellées. La bouche a encore de la carrure, une attaque ronde. Ensuite, elle se fait plus vive et s'appuie sur une note minérale et iodée en finale. Ce vin peut encore bien évoluer car il est maintenu par une matière dense.

Savennières
Domaine du Closel Clos du Papillon

Millésime 1995. La robe paille clair est à peine verdie sur sa frange. Le nez délicat évoque les fleurs blanches, le foin, le lierre, les fruits secs. Des notes fumées et des épices douces apparaissent à l'aération. La bouche structurée offre une matière dense, encore carrée, une belle maturité de fruit qui équilibre bien la vivacité du chenin. Austère, la finale développe des arômes de fruits secs et des notes citronnées.

les opposés de la Loire

Millésime 1990. Une superbe robe dorée annonce le miel, le coing, les épices orientales, la figue cuite d'une très belle palette aromatique. La bouche est ronde, avec des notes grillées et compotées, un gras qui enveloppe l'acidité, une finale extravertie, mûre, épicée, une longueur persistante qui développe la complexité du chenin récolté mûr.

Savennières-roche-aux-moines
Château de Chamboureau

Millésime 1995. La robe paille est discrètement ourlée de vert. Fleurs blanches, pêche de vigne, fruits secs, agrumes, amande fraîche se disputent le nez. L'intensité est supérieure à celle du vin précédent. La bouche est équilibrée. Après une attaque douce, elle propose une matière longiligne, une forte présence aromatique en finale (agrumes, fougère, notes végétales). Toute la race du chenin sur un beau terroir.

Millésime 1990. La robe a pris du doré et beaucoup d'éclat. Le camphre, la cire et le vernis indiquent que nous sommes à présent sur un bouquet secondaire, mais les fruits secs, le coing, les notes fumées rappellent que le chenin est encore bien présent. La bouche torréfiée montre un bel équilibre entre matière et vivacité. Le côté fruité est plus présent en bouche qu'au nez. La finale est longue et séveuse, sur la même complexité aromatique.

Savennières-coulée-de-serrant
Clos de la Coulée-de-Serrant

Millésime 1995. La robe déjà dorée annonce bien le style de ce vin. Le nez a des caractères de vins moelleux : miel, abricot, notes de nèfle très mûre, fruits blettis. La bouche, ample et grasse, impose une grande matière : les sucres résiduels indiquent que cette richesse initiale n'a pas fermenté jusqu'au bout. La belle concentration, la sève et la carrure de ce vin se terminent par un équilibre entre sucre et acidité qui ne manque pas de charme. Un chenin de grande race dont l'aspect parfois hautain est ici gommé par une certaine amabilité.

Millésime 1990. La robe est dorée mais guère plus intense que celle du millésime 1995. Le premier nez est axé sur un caractère sauvage prononcé, minéral, austère : notes fumées, gibier et fruits secs. La bouche est sèche, carrée, introvertie. Si la structure est puissante, les arômes sont à peine discernables. Décanté et laissé en carafe ouverte pendant dix-huit heures, le vin consent à s'apprivoiser. Le caractère fauve a disparu, les notes de réduit se sont évanouies et laissent la place au coing confit, aux fruits secs, à la noisette, à l'amande, aux fruits exotiques, à l'encaustique. La bouche s'est ouverte et a gagné une grande ampleur, une matière moins acide, une longueur assez étonnante, séveuse et expressive.

En Muscadet (ci-dessous), la vigne tapisse les coteaux bien abrités des bords de Loire.
En haut, le vignoble de la Coulée-de-Serrant.

Le vignoble de la Coulée-de-Serrant est conduit en biodynamie. Cette méthode respectueuse des équilibres naturels du sol et de la plante suit un calendrier astral bien précis pour décider des travaux et a recours à des traitements à base de bouillie d'ortie, de silice et d'autres décoctions. Cette "homéopathie" agricole ne fait certes pas l'unanimité, mais on ne peut que s'incliner devant les résultats remarquables, dus en grande partie aux faibles rendements et à un bon entretien des sols : conditions indispensables à la véritable expression d'un terroir.

Le sauvignon et les sols du Centre :

Dans le cours supérieur de la Loire, au climat marqué par des influences continentales, le fleuve coule dans le sens sud-nord, avant de se tourner vers l'Atlantique. Le sauvignon règne en maître. Cette dégustation dévoile ses multiples facettes. Tous les vins décrits sont du millésime 1995.

Coteaux-du-giennois, sur des sols calcaires

Les domaines sont proches de Cosne-Cours-sur-Loire.

Domaine de Villargeau

Une robe pâle ; au nez, des notes de buis, d'agrumes, des accents fumés prononcés. La bouche légère, plutôt végétale, révèle une forte présence des arômes variétaux dans une finale vive.

Domaine des Ormousseaux

Une robe tout aussi pâle, mais plus verte. Un nez minéral, alliant la pierre à fusil au buis. La bouche est nette et droite, la finale plus douce, avec un peu de fruit blanc.

Les deux vins expriment bien le cépage, avec un côté végétal, peu de fruits et une bouche ferme et vive.

Menetou-salon, sur des sols calcaires ou argilo-calcaires

Le premier domaine, sur la commune de Morogues, s'étend sur les sols calcaires de la fin de la Côte sancerroise. Le second, entre Menetou-Salon et Soulangis, repose sur un terroir argilo-calcaire, point de contact des sols de type solognot, sancerrois et Champagne berrichonne.

LE SAUVIGNON EST UN CÉPAGE DONT LES ARÔMES VARIÉTAUX EXPLOSENT DANS LE VERRE. LA DÉGUSTATION DES VINS DU CENTRE – SANCERRE, REUILLY, MENETOU-SALON OU COTEAUX DU GIENNOIS – DÉMONTRE QU'IL PEUT AUSSI EXPRIMER LES NUANCES D'UN TERROIR.

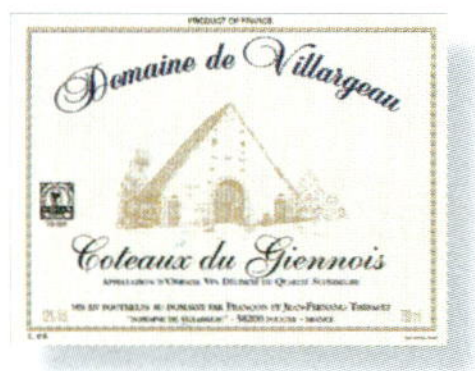

Vignoble des coteaux du Giennois. À droite, le Sancerrois.

Henry Pellé Clos des Blanchais

(Fin de la cuesta sancerroise, sols calcaires.)

Une robe paille clair, à reflets verts. Le nez privilégie les arômes floraux, avec des notes miellées et épicées. La bouche ronde offre du gras et des notes de fruits mûrs. La finale aromatique, sans excès, est marquée par une légère note musquée.

Domaine Chavet et Fils

(Sols argilo-calcaires.)

Une robe plus intense ; mêmes reflets verts. Un nez fleuri, avec du fruit à chair blanche (pêche, poire) ; des notes minérales, épicées, des nuances d'agrumes viennent compléter la palette. La bouche séveuse, puissante, dense, à la finale assez carrée et poivrée, s'achève sur des notes de fruits aux épices.

Les sols argilo-calcaires semblent donner plus de corps, la côte calcaire plus d'épices et de musc.

Reuilly, sur des sols sablo-graveleux ou argilo-calcaires

Situés à chaque extrémité de l'appellation, les deux domaines reposent sur des sols très divers. Le premier, sur la commune de Preuilly, au bord du Cher, est installé sur des sols sablo-graveleux. Le second, sur la commune de Reuilly repose sur des sols argilo-calcaires.

Domaine Henri Beurdin

(Sables et graviers des rives du Cher.)

Une robe paille moyen, ourlée de vert. Un nez tout en nuances associant des fleurs blanches et des notes fumées, un peu sauvages. Une bouche légère, avec une belle présence épicée (poivre et clou de girofle). La matière, assez fluide, révèle de la fraîcheur, des notes d'herbe fraîche et des nuances citronnées en finale.

Claude Lafond Le Clos des Messieurs

(Sols argilo-calcaires.)

Le reflet vert est ici assez important. Le nez est marqué par les fruits mûrs, avec des notes minérales, des fleurs (le lys et le chèvrefeuille) pimentées de menthe et de citron vert. Ronde et assez ample, la bouche finit en douceur, sur le fruit blanc et le miel.

des couples expressifs

Deux styles fort opposés, avec un vin aux notes légères et marquées par le cépage, un autre plus rond et plein, où le sauvignon laisse parler son fruit.

Sancerre et ses trois sols

Trois types de sols s'étagent du sommet de la cuesta haute de quelque 350 m, jusqu'au mont de Sancerre. En arrière de la côte, un plateau assis sur des bancs calcaires durs du portlandien, impropres à la viticulture, est occupé par des prairies et des champs. Le rebord de la côte, sur les mêmes calcaires, est trop escarpé pour être cultivé, et il faut descendre un peu plus bas, sur les "terres blanches", pour trouver les premières vignes. Ces sols sont fortement calcaires, avec des terrains riches en fossiles d'huîtres du kimméridgien supérieur. Sur un replat, entre la côte et le piton de Sancerre, ce sont les "caillottes", mélange de sols calcaires du kimméridgien moyen et de cailloutis de gros calibre. Le piton de Sancerre enfin, substrat du crétacé recouvert de dépôts argilo-siliceux, est riche en cailloux de silex de l'éocène. Plus à l'est, vers la Loire, on retrouve des calcaires et des dépôts siliceux.

Domaine Thomas

(Sols de caillottes à 100 %.)

La robe est pâle, avec un fort reflet vert. Le nez délicat, fleuri (acacia), livre des notes de confiserie, de buis et de bourgeon de cassis. La bouche est fumée, avec une expression très variétale, plutôt épicée et fruits blancs ; elle est svelte. Dans la finale tout en relief, on retrouve les mêmes notes de buis et de cassis.

Domaine Paul Prieur et Fils

(Sols de caillotes et terres blanches.)

Une robe paille moyen à reflets verts intenses. Un peu retenu, le nez exhale des notes beurrées, de fleurs tubéreuses (iris, narcisse), de fumée, de fruits blancs. La bouche, assez aimable, avec du fruit, offre une belle expression du cépage. De bonne longueur, elle associe en finale agrumes, épices et miel.

Château de Sancerre

(Sols à dominante silex.)

Une robe classique, paille à reflets verts marqués. Un nez très fruité, avec du pamplemousse, du citron mûr, des notes florales légères, une pointe mentholée. La bouche est racée, avec une expression du sauvignon

équilibrée entre le buis et le fruit. Ici, la maturité l'emporte sur les notes épicées ou sauvages.

Serge Laloue

(Sols de silex à 100 %.)

Une robe moyenne, un peu moins verte que la précédente. Le minéral, le fruit blanc, les agrumes, les notes de jasmin, d'acacia, de fougère dominent un nez complexe et délicat. La bouche est très fruitée, structurée ; la finale, mûre et expressive, associe des notes de pierre à fusil, d'épices, à un côté musqué qui signe le cépage.

Domaine Vincent Delaporte Mise de septembre

(Un tiers de chaque sol.)

Une robe aux reflets verts éclatants. Un nez d'une belle maturité, avec des notes de mandarine, de miel, de fleurs blanches, de cassis, de pêche de vigne, quelques accents de pin et de térébenthine. La bouche, puissante et mûre, a du corps et de l'ampleur, une finale longue, épicée, à la fois ronde et fraîche, dans laquelle le sauvignon vient s'exprimer avec tout son caractère.

Si les sols calcaires des terres blanches ou des caillottes donnent au sauvignon son caractère végétal et floral, les sols siliceux d'argiles à silex révèlent davantage le côté fumé, pierre à fusil, fruits blancs avec une complexité épicée. Les sols calcaires donnent de la finesse et de la légèreté, les sols siliceux du corps et de la structure. Il faut cependant nuancer en fonction de la maturité de la matière première.
L'assemblage est toujours supérieur aux éléments pris isolément. Le vin issu des trois types de sols montre davantage de complexité, il constitue une synthèse et démontre qu'un cépage, aussi typé soit-il, peut être dompté par un terroir de qualité.

Chinon, bourgueil et saint-nicolas-de-bourg

Le cabernet franc des AOC chinon, saint-nicolas-de-bourgueil et bour gueil est cultivé près de sa limite nord de maturité. Suivant les types de sol, les expositions et surtout l'ensoleil-lement du millésime, il pourra donner des vins maigres et végétaux comme de superbes matières mûres, fruitées et aux tanins arrondis. Évitons les premiers et dégustons les vins de deux belles années : 1995 et 1990.

Trois appellations du Val de Loire défendent un même cépage : le cabernet franc, ou breton. Chinon, au pays de Gargantua et de Pantagruel, cultive de beaux coteaux à l'exposition sud. Bourgueil et saint-nicolas-de-bourgueil, sur la rive droite de la Loire, s'étendent à l'ouest de la Touraine et aux frontières de l'Anjou.

Saint-nicolas-de-bourgueil

Joël Taluau
Cuvée Vieilles vignes

(Cabernet franc à 100 %. Vignes de plus de quarante ans. Sols argilo-calcaires. Élevage en cuve.)

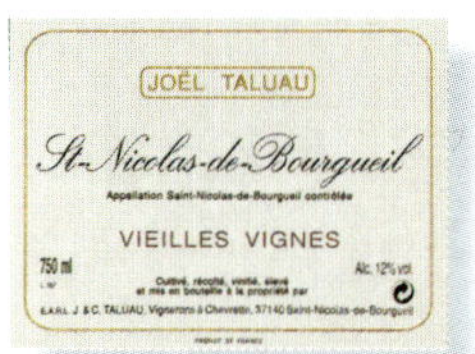

Millésime 1995. La robe est vive et dense, suivie d'un nez où les notes fumées et florales viennent compléter un fond de poivron mûr, de fraise et de cerise dans une palette typée. La bouche attaque en souplesse. Son fruit est mûr, sa matière ronde. Les tanins fins sont fondus dans la masse, mais ils soutiennent bien la structure. La longueur est axée sur le fruit pur et naturel, le poivron.
Millésime 1990. La robe a pris une légère frange brune. Le nez épicé se pare de notes de cuir, de gibier, de fruits à l'eau-de-vie, de cacao. La bouche lisse présente une matière fondue, une trame satinée et des tanins torréfiés, très aromatiques qui finissent sur d'élégantes nuances de chocolat.

Le naturel de ces vins est une belle démonstration de ce que peut donner une vinification et un élevage respectueux de la matière première. L'élevage en cuve, sans les artifices de la barrique, exprime ici les qualités d'un cépage sur un sol spécifique ; le sol argilo-calcaire donne structure et rigueur, la maturité des vendanges apporte fruit et fondu.

Yannick Amirault
Cuvée Les Malgagnes

(Cabernet franc à 100 %. Vignes de soixante ans. Sols argilo-siliceux. Élevage en fût.)

Millésime 1995. Vêtu d'une robe cerise vif, ce vin propose une palette où le fruit explose : framboise, cassis, cerise noire. Ces arômes sont égayés par des notes de rose et de poivron rouge. La bouche ample offre du gras, une matière veloutée, un grand fruité, dense et profond. Les tanins grillés, mûrs et savoureux sont encore très présents, marqués par leur éducation sous bois.
Millésime 1990. La robe a évolué vers des teintes tuilées. Le nez est complexe : tabac, jus de viande, gibier, café. Il garde une belle concentration de fruits compotés. La bouche attaque sur une trame veloutée, avec une matière ample et grasse, des tanins encore puissants, épicés et torréfiés, une rémanence sur des notes de venaison, de fourrure et de fruits confiturés. Ce vin a atteint son apogée.

Nous sommes ici sur un beau terroir de coteau argilo-siliceux et de vieilles vignes. Des vendanges de grande maturité et des vinifications adroites, un élevage qui affine les tanins donnent des vins au fruité intense, du charnu et du gras, de la densité et une texture veloutée. L'élevage en barrique apporte des notes aromatiques qui complètent la palette sans la dominer. L'évolution développe cette complexité, arrondit la structure et allonge la finale.

Bourgueil

Catherine et Pierre Breton
Clos Sénéchal

(Cabernet franc à 100 %. Vignes de trente ans. Conduite biologique. Sols argilo-calcaires sur tuf. Élevage en fût.)

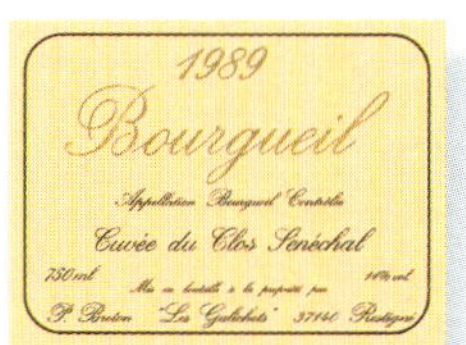

Millésime 1995. La robe intense offre des reflets violines. Très mûr, le nez est axé sur la framboise écrasée, la réglisse, le poivron mûr, des épices. La bouche charnue a de la mâche, une matière mûre et fruitée. Les tanins, encore bruts, présentent un grain tactile perceptible. Ce vin concentré, encore dans sa gangue, est promis à une longue garde.
Millésime 1989. La robe n'a pas pris de teinte brune, mais a gardé une étonnante jeunesse. Le nez a évolué vers des arômes exotiques, des arômes d'eucalyptus, des notes balsamiques, les épices et les fruits cuits. La bouche est tout aussi dense et mûre. Les tanins commencent à peine à "s'amabiliser", dans des notes cacaotées. Le grain s'est patiné. Longueur sur la réglisse et les fruits compotés.

Austères dans leur jeunesse, ces vins de tuf issus de deux millésimes mûrs, à très petits rendements, dans lesquels les tanins de cabernet franc sont parvenus à leur optimum de maturité phénolique, ne commencent à exprimer leur complexité qu'après cinq ans de garde.

ueil : le terroir d'élection du cabernet franc

Chinon, ville de François Rabelais, est aussi célèbre pour son vignoble.

Chinon
Domaine du Raifault Cuvée Les Allets

(Cabernet franc à 100 %. Vignes de trente-cinq ans. Terrasses sableuses. Élevage en fût.)

Millésime 1995. De couleur vive, la robe est assez intense, à reflets violets. Le nez est particulièrement fruité (framboise et cerise). La bouche est charnue, avec un fruité intense, du poivron mûr, une matière plutôt légère, souple et mûre, des tanins à grain lisse, une finale vive.

Domaine du Raifault Cuvée Le Villy

(Cabernet franc à 100 %. Vignes de vingt à quatre-vingt-dix ans. Sols de coteaux argilo-calcaires. Élevage en fût.)

Millésime 1990. La robe intense est à peine évoluée. Ce vin dévoile un très joli fruité, accompagné d'épices douces, de réglisse, de cassis confit. La bouche est ronde et suave, bien concentrée. Les tanins sont encore présents, mais mûrs et lissés. Belle longueur sur des notes boisées et du cacao.

La différence de terroir est ici évidente. Un vin bâti sur le fruit, souple et charmeur pour les sols sableux, un vin plus tannique, concentré et puissant pour les sols argilo-calcaires. La volonté du vigneron d'amener ses vendanges à maturité gomme cependant les différences de grain tannique.

Gérard Spelty Clos de Neuilly

(Cabernet franc à 100 %. Vieilles vignes. Sols argilo-siliceux. Élevage en fût.)

Millésime 1995. La robe est vive, aux reflets pourpres. Le nez, un peu fumé, développe de fins arômes de framboise, de mûre et de cassis confit. La bouche est bien structurée : tanins puissants et corsés, matière dense et vineuse, finale développant des arômes de fruits mûrs, avec un boisé encore présent par son côté épicé. Un vin de garde assurément.
Millésime 1990. Intense, la robe est peu évoluée. Les arômes associent fruits confits, jus de viande, épices, réglisse et pruneau. La bouche généreuse offre une trame veloutée, beaucoup de maturité et des tanins solides mais au grain affiné. La finale, épicée et chaleureuse, est longue.

Le terroir argilo-siliceux – transition entre les graviers et les sols argilo-calcaires – donne à la fois de la finesse et de la puissance, avec un fruité intense et un caractère corsé, accentué par le millésime. Le vieillissement du vin apporte complexité et tanins veloutés.

Charles Joguet Cuvée Les Varennes du Grand Clos

(Cabernet franc à 100 %. Vignes de trente ans. Sols de graves lourdes de la rive gauche de la Vienne. Élevage en fût.)

Millésime 1995. La robe est vive, jeune et brillante. Le nez est séveux, très développé : framboise, cerise mûre, notes discrètement épicées et vanillées. La bouche est à la fois dense et élégante. Elle dévoile un grain fin, des tanins charnus et aromatiques, une texture finale fondue, une belle longueur sur le fruit mûr.
Millésime 1990. La robe révèle une légère évolution. Le nez est complexe : bois précieux, cuir, jus de viande, réglisse et fruit compoté aux épices. La bouche est axée sur une grande maturité de fruit et des tanins puissants mais veloutés. Belle longueur élégante.
Ce vin est le plus racé de la dégustation, avec sa texture serrée, sa grande présence fruitée, sa structure tannique imposante et sa complexité. Les sols de graves lourdes ne sont pas étrangers à ce style classique, mais c'est bien l'art du vigneron et sa maîtrise de l'extraction qui ont permis de tirer la quintessence de la matière première.

Les vins liquoreux de la Loire :

SI LES VINS SECS DE CHENIN, CÉPAGE D'UNE GRANDE VIVACITÉ, SONT PARFOIS AUSTÈRES DANS LEUR JEUNESSE, LES VINS LIQUOREUX EXPRIMENT LEUR RICHESSE ET LEUR COMPLEXITÉ DÈS LEURS PREMIERS PAS. ILS ÉVOLUENT ENSUITE À UN TRAIN DE SÉNATEUR.

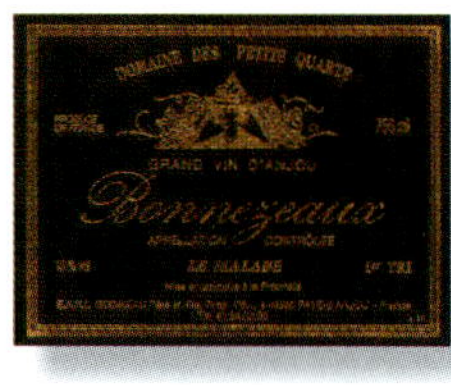

La région du Layon, au cœur de l'Anjou, est une vallée heureuse, sèche et ensoleillée, dont les sols reposent sur un soubassement schisteux. Deux crus s'y distinguent. Bonnezeaux, sur des pentes abruptes exposées sud-ouest, possède des sols schisto-gréseux, gris ou lie de vin, avec des alternances de quartz et de phtanites. En appellation quarts-de-chaume, les sous-sols sont constitués de poudingues carbonifères recouverts de sols graveleux, exposés au sud-est.

En Touraine, les vignobles sont implantés sur un socle de tuf calcaire. Vouvray possède plusieurs types de sols. Les vins liquoreux peuvent être issus des "aubuis", argilo-calcaires à même le tuffeau décapé, ou des "perruches", plus argilo-siliceuses. Les sols argilo-calcaires, plus chauds, induisent des maturités plus précoces.

Dans les deux cas, les terroirs sont protégés des vents et bénéficient d'un microclimat chaud et sec, Vouvray étant à tendance plus continentale. Les raisins peuvent donc trouver dans les deux sites des conditions de surmaturation : en Layon grâce à la protection de la vallée et aux expositions favorables des pentes ; à Vouvray grâce aux sols calcaires qui gardent la chaleur. La flore quasi méditerranéenne qui cohabite avec la vigne dans ces deux terroirs reflète des microclimats très particuliers.

En Anjou, sur sols schisteux

<u>Bonnezeaux</u>

Domaine des Petits Quarts Le Malabé

Millésime 1995. La robe intense présente des reflets dorés. Le nez est d'une belle richesse : pralin, abricot sec, miel, fruits secs grillés, raisin de Corinthe, fruits exotiques. Il exprime remarquablement une vendange botrytisée. La bouche, séveuse et onctueuse, offre une concentration et une liqueur puissantes, une consistance crémeuse, presque huileuse, une finale où la vivacité équilibre ce débordement de matière tout en restant sous-jacente. Un très grand liquoreux marqué par la pourriture noble.

Millésime 1990. La robe a pris quelques touches vieil or. Miel, cire d'abeille, fruits séchés, épices douces et abricot confit se mêlent dans un nez qui commence à évoluer. La bouche est d'une grande complexité : son gras et sa rondeur donnent une suavité et un lissé d'anthologie à ce vin dont les origines transparaissent dans la finale. Vive, enlevée, celle-ci signe un grand chenin avec cet inimitable équilibre qui tient le vin droit et conserve la pureté du fruit. Longueur sur le pain d'épice et les fruits exotiques.

<u>Quarts-de-chaume</u>

Domaine des Baumard

Millésime 1995. La robe dorée se pare de reflets vert intense. Le nez s'ouvre sur de délicates notes florales (acacia, aubépine), puis dévoile sa richesse par des arômes de poire William, de miel, des nuances minérales, du coing, des fruits exotiques (ananas, mangue et litchi). La bouche, à la fois suave et fringante, est un modèle d'équilibre : la puissance et la sucrosité sont contenues par l'acidité du cépage qui vient tendre la finale et souligner la complexité aromatique. La rémanence de ce vin insiste en bouche sur la poire et les fruits exotiques dans une longueur assez impressionnante.

Millésime 1990. La robe dorée a gardé quelques reflets verts. Le nez, fermé au départ, se développe après aération. Fruits secs, pralin, encens, fruits confits, pâte de coings, tilleul, cire d'abeille se dévoilent peu à peu. Tout se passe comme si les fruits du vin jeune avaient été confits par le temps. La bouche est riche : notes orientales, bel équilibre entre liqueur et vivacité, ampleur et gras, finale grillée et minérale qui se termine sur des notes de miel et de cire.

En Touraine, sur des sols calcaires

<u>Vouvray</u>

Domaine du clos Naudin Réserve

(Tries de vendanges tardives. Sols argilo-siliceux.)

Millésime 1995. La robe dorée est marquée par de légers reflets verts. Le nez exprime d'abord un beau fruité pur (poire), les épices douces, les notes florales (acacia, verveine), puis impose des raisins macérés dans le rhum et de l'abricot confit. La bouche est expressive, onctueuse et svelte à la fois. Équilibrée, elle se caractérise par une sève profonde et une acidité rafraîchissante. La finale est axée sur les fruits caramélisés, les épices, quelques accents exotiques. On perçoit l'inimitable caresse du chenin, à la fois suave et retenue.

Millésime 1989. Vêtu d'une robe dorée, brillante et vive, ce vin dévoile peu à peu sa palette dans le verre : vanille, praliné, notes de sous-bois, datte séchée,

calcaires contre schistes

arômes de pâtisserie et de coing confit. La bouche est encore très jeune, peu évoluée. Elle offre une densité onctueuse et lisse, une matière liquoreuse qui s'exprime au travers d'une corbeille de fruits confits et de notes botrytisées caractéristiques. La longue finale reprend les arômes du nez, vivifiés par l'acidité qui assurera au vin une remarquable garde.

Domaine des Aubuisières Les Girardières

(Vendanges tardives. Sols argilo-siliceux.)

Millésime 1995. La robe est assez pâle, dorée à reflets verts. Le nez présente des notes florales élégantes (rose, aubépine, acacia), suivies d'arômes fruités (poire et mangue). Quelques touches balsamiques de pin et de résine viennent compléter la palette. La bouche est svelte, élancée. Elle dévoile une suavité douce et élégante, un fruité pur, une vivacité intense qui donnent à ce vin beaucoup d'allure et de gaieté. La finale est acidulée, enrichie d'abricot et de miel.

Domaine des Aubuisières Le Marigny

(Vendanges botrytisées à 100 %. Sols de tuf argilo-calcaires.)

Millésime 1995. Un beau doré pour la robe, une grande richesse pour le nez : miel, vanille, fruits confits au rhum, poire au sirop, coing, abricot sec, banane séchée. La bouche ample présente un beau volume, du gras et une richesse sucrée structurés par une grande vivacité. Caressant et imprégnant, ce vin finit sur le fruit confit, le miel et la réglisse avec beaucoup d'éclat et de complexité.

Domaine des Aubuisières Le Bouchet

(Tries de vendanges tardives. Sols argilo-calcaires.)

Millésime 1990. Franchement dorée, la robe a de l'éclat. Le nez puissant privilégie le praliné, la pâte de coings, le baba au rhum, la vanille. La bouche encore carrée et imposante propose du fruit confit presque grillé, un mélange de douceur miellée et de rigueur structurelle. Elle est soulignée par une grande acidité et une petite pointe de gaz carbonique. Ce vin expressif en finale décline toute la gamme des arômes du *Botrytis cinerea* : abricot sec, réglisse et miel. Il évolue très lentement.

L'appellation bonnezeaux occupe trois petits coteaux : La Montagne, Beauregard et Fesles. (Ci-dessus, le village de Thouarcé.)

En conclusion

Les vins liquoreux de chenin semblent plus marqués par le cépage et surtout par le *Botrytis cinerea* que par les différences de terroir. On pourrait presque classer les vins selon leur richesse en sucre et le degré auquel ils ont été botrytisés.

Lors de la dégustation de ces vins influencés par la climatologie, le terroir doit être considéré comme une entité écologique : les sols interviennent davantage par leur capacité calorifique et leur exposition que par leur nature. L'ensoleillement, l'humidité et les conditions météorologiques avant et pendant les vendanges feront le reste.

On peut cependant dégager quelques caractéristiques nées de la géologie : les vins d'Anjou issus de sols schisteux semblent plus marqués par les fruits exotiques, alors que les vouvray nés de sols calcaires sont plus orientés sur les fruits confits (raisin ou dattes). L'acidité semble plus élevée dans les vouvray. Conséquence prévisible, ces vins évoluent plus lentement que les bonnezeaux ou les quarts-de-chaume. Ces derniers dévoilent des arômes de cire assez tôt, alors que les vouvray restent sur un fruité plus jeune. Quoi qu'il en soit, tous ces crus brillent par cet extraordinaire équilibre entre liqueur et vivacité, source d'une garde presque illimitée.

Ouverture sur le monde

Il n'y a pires œillères que celles d'un amateur hexagonal qui s'en tient à des idées reçues et ignore tout de la production vinicole au-delà de ses frontières. Or, il ne faudrait pas oublier que la civilisation du vin s'est d'abord développée dans le pourtour méditerranéen, avant de s'étendre dans le reste de l'Europe, à mesure des conquêtes romaines. Les vins d'Espagne, d'Italie, d'Autriche, de Suisse, de Grèce, de Hongrie, du Portugal et même d'Allemagne sont issus de la même antique démarche économique, culturelle et religieuse. Le Vieux Continent avait développé la civilisation de l'aliment fermenté, cette nourriture anoblie grâce à sa transformation par des organismes vivants, celle qui transmute le simple blé en pain, le lait en fromage et le banal jus de raisin en vin. Ces pays ont suivi depuis l'Antiquité et les premiers âges chrétiens des voies parfois divergentes, mais le vin est resté comme un ciment solide qui rappelle à tout jamais le fort cousinage qui les unit.

Quant au monde anglo-saxon – la sphère de la bière par opposition à celle du vin qui, selon Jules César, permettait de distinguer le monde barbare du monde civilisé –, il a pendant longtemps désiré posséder des vignobles. Les Anglais en Aquitaine puis au Portugal, les Hollandais en Gascogne ont tous rêvé d'entrer dans le club très fermé des pays producteurs de vin et ont profondément marqué l'histoire du vin. Il leur faudra attendre la conquête des Amériques, de l'Afrique et de l'Océanie pour que des immigrants, en général italiens, allemands ou français, viennent apporter dans leurs maigres bagages cette vigne qui, depuis, a fait le tour du monde. Les vignerons du Nouveau Monde sont donc les descendants directs de nos ancêtres européens. Ils ont pendant longtemps tenté d'imiter les anciens modèles – quoi de plus naturel ! –, mais ils savent désormais cultiver leur propre caractère, même si le culte du cépage l'emporte encore sur la notion de terroir. La mondialisation des échanges non seulement permet aux vins français de conquérir New York comme Hongkong, mais elle ouvre aussi le marché européen aux vins australiens, californiens ou chiliens.

Rioja et Ribera del Duero

Le tempranillo est un cépage fédérateur, mais il est vinifié selon des philosophies différentes sous des climats dissemblables. Méprisé dans le midi de la France, il donne dans La Rioja des vins de couleur légère, fruités et généreux. Les vinificateurs s'attachent à conserver une forte acidité afin de produire des crus de longue garde. Mais c'est oublier que les tanins apportent une protection tout aussi efficace. Les cuvaisons plutôt courtes donnent ici des vins peu tanniques qui vont s'imprégner d'un boisé souvent dominant et desséchant. Le tempranillo peut être associé au grenache, au graziano et au mazuela. Le cabernet-sauvignon n'est autorisé qu'à titre expérimental. Dans l'aire de Ribera del Duero, le tempranillo prend le nom de tinto del país. Ici, en revanche, les producteurs procèdent à des extractions plus poussées pour obtenir un équilibre plus proche de celui des vins français. Grenache, cabernet-sauvignon, malbec et merlot contribuent à conduire le tempranillo vers un style plus nordiste. Ajoutez un climat plus froid à Ribera et vous comprendrez aisément que les styles puissent être à ce point opposés.

Les vins de La Rioja

Marqués de Caceres Crianza

Millésime 1992. La robe est d'intensité moyenne, rubis avec une frange brique. Le nez expressif développe de la réglisse, des fruits compotés, du cuir, des notes viandées et des épices douces. La bouche est bâtie sur une matière de densité moyenne. Les tanins sont déjà arrondis et les notes fruitées bien présentes. Assez brève, la finale est marquée par un boisé intense.

Marqués de Caceres Gran Reserva

Millésime 1985. La robe se pare d'acajou et s'ourle de nuances bois de chêne. Les fruits blettis, le cuir, la cerise à l'eau-de-vie, le chocolat, le cuir ancien et les épices rares se mêlent dans une palette riche et complexe, marquée par des notes viandées d'évolution. La bouche est tout aussi aromatique, lisse et coulante. Elle présente une belle suavité, du gras en milieu de bouche, des tanins assez structurés et légèrement secs qui montent en finale. La finale reprend les arômes du nez, en exprimant une belle maturité et une puissance épicée peu commune. Un vin typé, généreux, expansif.

DEUX FLEUVES ENTAILLENT L'ESPAGNE. L'ÈBRE SE JETTE DANS LA MER MÉDITERRANÉE EN TRAVERSANT LA PRESTIGIEUSE RÉGION DE LA RIOJA. APRÈS AVOIR BAIGNÉ LES VIGNOBLES DE RIBERA, LE DUERO PREND LE NOM DE DOURO AU PORTUGAL, OÙ IL S'ÉLANCE VERS L'ATLANTIQUE.

Martinez Bujanda Gran Reserva

Millésime 1990. La robe a pris une teinte cerise ponctuée de notes brique sur la frange. Le nez exprime à merveille le fruit confit dans une belle profondeur. Ce fruit est souligné par des épices ibériques. Pruneau, cuir, tabac blond, cacao et épices orientales se mêlent harmonieusement. La bouche est dense, suave. Sa chaleur est contenue par les tanins. Une présence confite domine d'un bout à l'autre de la dégustation. La finale, très arrondie, sans une trace de sécheresse, propose des notes persistantes de fruit à l'eau-de-vie.

Marqués de Riscal Baron de Chirel

Millésime 1991. La robe sombre, à peine évoluée indique déjà un style différent. Le nez est intense, marqué par du fruit noir rôti (cassis et myrtille), des notes réglissées, du cuir, des épices fondues, tapis derrière le fruit. Cette palette ne répond pas au style traditionnel du rioja. La bouche aussi se démarque : structurée, elle offre un fruité intense, de l'onctuosité, des épices plutôt vanillées, une matière dense équilibrée par des tanins stricts. Ce vin est plutôt

Vignoble de La Rioja alavesa à Laguardia, dans le Pays basque.

Dans la région de Valbuena del Duero, le vignoble de la bodega Vega Sicilia produit le plus coûteux des vins d'Espagne, le Vega Sicilia Único (à droite).

classique au sens bordelais du terme, ce qui n'est guère étonnant lorsque l'on apprend que le cabernet-sauvignon entre ici pour une part non négligeable. Belle finale sur le goudron, les épices et le fruit confit : *in extremis*, les gènes de La Rioja reprennent le dessus.

Les vins de Ribera del Duero

Ibernoble Crianza

Millésime 1994. La robe moyennement intense possède une frange encore jeune. Le nez épicé propose toute la gamme du boisé américain : tabac, cannelle, balsa, cacao et menthe. La bouche a une bonne tenue. Sa vivacité finale lui donne de l'éclat. Le fruit a ici plus de fraîcheur, les tanins sont présents, assez corsés, avec un grain encore un peu lâche et une pointe sèche. Un style traditionnel, plus construit et fruité qu'un rioja, bien que la palette aromatique soit comparable.

Alion Reserva

Millésime 1994. Vêtu d'une belle robe intense et profonde, jeune et encore violette sur sa frange, ce vin dévoile un nez opulent, finement épicé. La palette s'oriente vers le goudron, le fruit noir et un boisé complexe et racé. Expressive, la bouche possède de la vivacité, une matière mûre, lisse et veloutée, un équilibre à la fois moelleux et tendu, soutenu par des tanins à l'architecture classique. Longue finale charmeuse, harmonieusement épicée pour ce vin plutôt moderne.

Crianza, Reserva ou Gran Reserva

Les vins espagnols sont classés dans différentes catégories selon leur temps d'élevage et de garde avant commercialisation. Pour les vins rouges, un *Crianza* est élevé deux ans, dont une année en barrique ; un *Reserva* trois ans, dont une année en barrique ; un *Gran Reserva* cinq ans, dont deux ans en barrique. Il s'agit là de la durée d'élevage minimale exigée, mais certaines *bodegas* n'hésitent pas à la prolonger pour rester dans un style traditionnel.
Le vieillissement s'effectue généralement en barrique de 225 l, en chêne américain. Ce bois donne des arômes très épicés. Certaines maisons importent des fûts de chêne français afin d'obtenir un style plus international.

Pesquera Gran Reserva

Millésime 1986. La robe dense et profonde commence à peine à brunir sur sa frange. Le nez est intense, épicé avec modération. Derrière un fruit confit dominateur apparaissent des notes de cuir, de réglisse, des accents minéraux et viandés. La matière est charnue et structurée par des tanins "énormes" qui traduisent une forte extraction. Puissant, généreux, démonstratif, ce vin a du muscle et tient à le faire savoir. Issu exclusivement du tinto del país, il est l'antithèse du vin suivant et s'inscrit dans la lignée des vins internationaux. La cuvée Janus 1982, encore plus extraite et massive, est une rareté vendue à prix d'or sur le marché new-yorkais.

Vega Sicilia Único

Millésime 1982. La robe modérément dense laisse apparaître un soupçon d'acajou. Le nez est d'une subtilité et d'une complexité exemplaires. Depuis la série fruitée (fruits rôtis) jusqu'à la série épicée (vanille, cannelle et tabac) en passant par les arômes torréfiés (réglisse et cacao), balsamiques, mentholés et résinés, les accents viandés, tout est là, harmonieusement marié et souligné par une légère acidité volatile. La bouche est satinée. Sa matière semble avoir été passée au papier de verre. Un miracle d'équilibre. Rançon du climat, l'acidité est importante. Elle tend ce vin comme un arc et lui donne une raideur somme toute aristocratique car elle compense la sensation alcoolique si souvent dominante dans les autres vins d'Espagne. Les tanins, assez effacés, se sont à peine usés pendant les dix années d'élevage sous bois. Ils expriment une rare complexité épicée dans une longueur étonnante. De l'acidité volatile ? Elle est certes perceptible et fait même partie intégrante du style. Au point que les mauvaises langues ont parfois chuchoté que c'était l'acidité volatile la plus chère du monde ! On peut toutefois considérer que dans l'opéra de Vega Sicilia, elle tient la place du souffleur. Distrait et les acteurs sont à la merci d'une faiblesse. Trop présent et la salle s'esclaffe. Le souffleur doit tenir son rôle obscur avec efficacité mais modestie pour que le spectacle soit un triomphe.

Les vins rouges catalans

DE L'AUTRE CÔTÉ DES PYRÉNÉES, LA CATALOGNE N'EST PAS SIMPLEMENT SYNONYME DE CAVA. ELLE PROPOSE UNE LARGE GAMME DE VINS ROUGES ISSUS DE CÉPAGES LOCAUX OU FRANÇAIS ET SE PARTAGE ENTRE TRADITION ET MODERNITÉ.

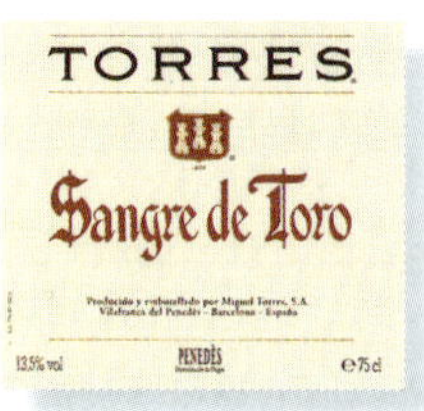

L'ingéniosité et l'esprit d'entreprise des Catalans les ont conduits à moderniser leur vignoble. Aussi voit-on apparaître des vins rouges internationaux, à base de cabernet-sauvignon, de cabernet franc et d'autres cépages du Nord, qui voisinent avec les traditionnels grenache et carignan. Deux styles pour deux viticultures.

En Costers del Segre

Sur les contreforts sud-pyrénéens, la petite appellation récente de Costers del Segre est presque entièrement dominée par un producteur, Raimat, propriétaire de Codorníu. Ici, la conception de la viticulture est très moderne : on élabore des vins de cépage grâce à des techniques performantes.

Raimat cabernet-sauvignon

Millésime 1993. La robe d'intensité moyenne présente une légère évolution. Le nez a de l'ampleur. La palette va du fruit confit à la réglisse, en passant par les notes fumées, le cassis, le poivron mûr caractéristique du cépage. La bouche est construite, généreuse. Elle offre du gras et une sensation suave en milieu de bouche, une puissance tannique et épicée qui s'affirme en finale. Le moelleux de ce vin gomme la pointe sèche finale.

Raimat tempranillo

Millésime 1994. La robe, assez dense, possède un reflet brique. Le nez, associant petits fruits rouges et épices, traduit l'élevage en fût de chêne américain. La bouche est bien bâtie. Aromatique (fruit compoté, figue), elle propose une bonne structure tannique qui a intégré le côté boisé. Le grain est assez élégant et la finale poivrée. Plus architecturé qu'un vin de La Rioja, avec un fruité plus pur, ce 100 % tempranillo est un vin pédagogique qui rassure dans cet univers de cépages venus d'ailleurs.

En Penedès

Dominé par la production des cavas, vins effervescents à base de parellada, macabeu et xarello, le Penedès n'en produit pas moins d'excellents vins rouges. Les différences d'altitude entre le bord de mer et les collines induit ici des microclimats très spécifiques qui déterminent l'encépagement. On trouvera aussi bien des vins traditionnels à base des cépages espagnols que des vins de conception nouvelle qui font une large part aux variétés françaises.

Torres Sangre de Toro

(Grenache, carignan. Terroir de bord de mer.)

Millésime 1994. Vêtu d'une robe profonde, à la frange encore jeune, ce vin parle haut et fort : épices, fruits cuits, figue sèche, notes vineuses et généreuses, cuir, cèdre. La bouche possède des formes opulentes et un verbe chaleureux. De l'alcool, du gras, des tanins fondus et alanguis, une finale confiturée et épicée : le dégustateur n'a aucun mal à savoir où il se trouve. Belle déclinaison sur des cépages locaux. Ce vin a ses racines enfouies au plus profond de son terroir.

Gran Coronas Mas de la Plana

(Cabernet-sauvignon. Terroir central.)

Millésime 1990. Enveloppé d'une robe profonde avec une frange légèrement brune, ce vin développe une gamme élégante : cuir, épices douces, fruits noirs bien mûrs, notes boisées assez luxueuses, quelques accents viandés discrets, touches minérales et fumées. La bouche est d'une architecture classique. Elle possède de la sève, une trame fine et racée, une concentration raisonnable, des tanins soutenus et bien construits, à la fois fermes et gras. L'expression aromatique finale associe fruit mûr, épices du bois et poivre dans une longueur appréciable. Un beau vin de style international qui a souvent défrayé la chronique en coiffant sur le fil quelques concurrents français très célèbres, lors de dégustations à l'aveugle.

En Priorato

Tout au sud de la Catalogne, le Priorato est une aire très chaude, au sein d'amphithéâtres de sols schisteux où le grenache est capable de donner le meilleur de lui-même. Longtemps trop lourds ou trop alcoolisés, les vins du Priorato s'orientent actuellement vers plus de finesse et de complexité sous l'impulsion d'une nouvelle génération qui y a introduit des cépages français.

Clos Mogador

(Grenache, carignan, cabernet-sauvignon, syrah.)

Millésime 1992. La robe d'encre prend des reflets à peine évolués. Le nez doit s'apprécier en plusieurs temps. Fumé, réglissé, avec des notes de garrigue et d'herbes sèches dans un premier temps, le vin révèle son fruit après aération. Viennent alors les notes de

Partagé entre un paysage montagneux et la côte méditerranéenne, le vignoble catalan affirme son identité dans des vins rouges chaleureux.

cassis, de prune, de confiture, le tout largement dominé par une forte présence boisée. La bouche étonne par sa densité. Massif, compact, ce vin est d'une seule pièce. La structure carrée est étayée par des tanins virils, amers et marqués par le bois. Après décantation, aération d'une dizaine d'heures, ce Priorato consent à libérer un peu de charme derrière son austérité initiale. On peut alors apprécier sa sève, son fruit noir intense, ses tanins goudronnés et ses épices vanillées. Il n'en reste pas moins que cette "bête à concours" est imbuvable en l'état et qu'il faudra se donner rendez-vous dans quinze ans pour juger de sa race.

Clos de l'Obac

(Grenache, carignan, cabernet-sauvignon, syrah, merlot.)

Millésime 1993. La robe est sombre à reflets encore jeunes. Le nez est démonstratif. La palette complexe va des arômes d'airelle aux notes de viande fumée, en passant par le goudron, la myrtille, les épices orientales et le chêne torréfié. La bouche est tannique, mais elle offre du gras et de la suavité. La générosité de ce vin est bien intégrée et équilibrée par la grande structure qui encadre et retient un fruit mûr et opulent. La trame est fine, le grain déjà satiné. Fruits confits, épices, poivre et notes de garrigue se disputent une finale longue et expressive. Un vin plus accessible que le précédent, qui réussit à être moderne sans tomber dans le travers de la concentration à tout prix.

Cartoixa de Scala Dei Gran Reserva

(Majorité grenache, carignan.)

Millésime 1987. La robe prend des reflets acajou. Les arômes s'épanouissent en une corbeille de fruits compotés alliés à du cacao, des notes torréfiées, une légère pointe rancio noble, du cuir oriental, des accents de thym et de romarin, des épices. La bouche est d'une rare puissance aromatique. Sa générosité est cependant équilibrée par des tanins fondus et gras. La trame est lisse, soyeuse. On perçoit une forte présence épicée (poivre) et des arômes de fruits compotés, de cerise à l'eau-de-vie dans une longueur superbe de complexité. Le triomphe du couple vieux grenache et sol schisteux.

Comparaison avec un châteauneuf-du-pape

Château Rayas

Millésime 1979. La robe a les mêmes nuances de bois exotique. Le nez, intense et expressif, privilégie le fruit confit, la réglisse, les épices douces. Toutefois, des notes d'herbes de garrigue (thym, sarriette, romarin) et des accents délicatement viandés se manifestent aussi. La bouche révèle une forte personnalité : sève intense, architecture imposante, grande densité qui se fond dans un superbe équilibre. Riche et puissant, ce vin s'appuie sur des tanins structurés mais bien intégrés. Il ne ressemble qu'à lui même. Belle finale aromatique. Dégusté derrière un Petrus 1982, ce Rayas lui tient la dragée haute. C'est le triomphe du couple vieux grenache-sol sablonneux exposé au nord.

Les deux vins de grenache sont à la fois dissemblables et cousins. Ils ont en commun l'extraordinaire fruité mûr et les épices méridionales qui signent la race de ce cépage lorsque les rendements sont faibles. Ils divergent par leur rythme d'évolution : le vin de Priorato, pourtant plus jeune, avance plus vite en âge. La structure du Rayas est plus stricte, celle du Scala Dei plus alanguie. Quoi qu'il en soit, ces deux vins ont beaucoup de personnalité. À ce niveau d'expression, la simple tradition vaut toutes les modernités.

Le sangiovese toscan

LE SANGIOVESE EST UN CÉPAGE CAMÉLÉON. IL PREND DIVERS VISAGES EN FONCTION DES SOLS, DU CLIMAT ET SURTOUT DES RENDEMENTS. DE SON TERROIR HISTORIQUE TOSCAN JUSQU'À LA CORSE, IL DONNE AUSSI BIEN DE PETITS VINS LÉGERS QUE DES BOUTEILLES DE LONGUE GARDE.

La Toscane décline le sangiovese. Dans un certain nombre de *vini da tavola,* ce cépage s'allie avec bonheur à de grandes variétés bordelaises. Quant au nielluccio, il semble bien être apparenté au célèbre plant italien.

Chianti classico, le cœur du sangiovese

Le Chianti est une vaste nébuleuse capable de produire le pire plus souvent que le meilleur. Même à l'intérieur de la zone historique du Chianti Classico, avec ses sols calcaires, d'argiles schisteuses, de tuf et son altitude de 150 à 550 m, on trouve des vins à vocations diverses. Affaire de clones plus ou moins productifs, de microclimats et surtout de volonté du vigneron de concentrer sa matière première.

Agricoltori del Chianti Geografico

(Sols calcaires et marneux, altitude de 350 m.)

Millésime 1995. La robe peu colorée présente déjà une frange évoluée. Les petits fruits rouges, quelques épices et la générosité alcoolique marquent un nez franc mais simple. La bouche exprime un bon fruit,

et le nielluccio corse

avec une matière souple et coulante, des tanins modestes, déjà bien fondus, une vivacité finale qui rafraîchit l'équilibre. Un vin sans grande prétention mais qui donne une bonne image de ce type de Chianti de consommation rapide.

Fontodi

(Sols argileux, altitude de 400 m.)

Millésime 1995. La robe intense est sombre et ourlée de violet. Le nez est riche et complexe : fruit noir, petite cerise, figue, notes de jus de viande et cuir noble. Ample, la bouche exprime à la fois une générosité alcoolique et une richesse de constitution. Axée sur un fruité profond, elle est soutenue par des tanins robustes, encore trop sensibles, mais la promesse d'une longue garde est ici évidente. Un style tout en puissance qui contraste avec la production standard de cette région.

Castello di Querceto Riserva

(Sols argileux, altitude de 450 m.)

Millésime 1991. D'intensité moyenne, la robe possède une frange brique assez marquée. Le nez présente une bonne subtilité. On décèle une forte présence d'arômes de jus de viande rôtie et de cuir, apanages du sangiovese mûr. La bouche très aromatique dévoile une structure fondue, une matière satinée, une densité moyenne. Elle trouve un équilibre entre des tanins poivrés, qui n'ont pas séché, et une vivacité bien marquée. Un vin élégant et complexe qui doit ses qualités à l'altitude élevée du vignoble, gage de maturation lente, et à la présence de cépages autochtones qui apportent une touche personnelle.

Brunello di Montalcino, le sangiovese et les longs élevages

La réputation de longévité du Brunello di Montalcino est due aux célèbres et onéreux vins de Ferruccio Biondi-Santi. Sur les pas de ce producteur, toute

la région s'est orientée vers l'élaboration de vins longuement élevés en foudre, comme le prescrivent les règles de l'appellation. L'altitude élevée du cœur de l'aire DOC (environ 600 m), ainsi que le climat chaud et sec et les sols d'argiles marneuses sont à l'origine de crus solides, dont la rusticité tannique et l'acidité ont besoin de s'affiner sous bois. Certes, les vins risquent de perdre leur fruit et de s'assécher, mais chez les bons producteurs, ils gagnent une complexité et une race qui les distinguent au sein de la production régionale.

Banfi

Millésime 1992. La robe évoluée présente un fond cerise et une frange brune. Le nez est assez complexe : fruits compotés, réglisse, clou de girofle, notes de venaison et herbes sèches. La bouche est de densité moyenne, avec un grain fin et poli, une présence aromatique axée sur les fruits cuits aux épices, des tanins présents mais encore gras. La longueur aromatique allonge bien ce vin en bouche, avec toujours une note d'épices et de réglisse. Un beau vin complexe qui n'a pas fini sa carrière.

Marchesi de Frescobaldi Castel Giocondo

Millésime 1992. D'une robe rubis moyen, à la frange brique, ce vin dévoile un nez intense, marqué par des arômes de venaison, de cuir, d'épices orientales, de fruits secs et de champignons, alliés à des notes de fruits compotés. Charnue, la bouche révèle une trame satinée, une matière mûre et lisse qui finit sur des tanins encore présents, un peu secs, mais très aromatiques. La finale est épicée, longue et complexe. On note une rémanence sur les nuances viandées. Un vin typique du sangiovese élevé en foudre. Cependant, on peut se demander si un élevage plus court n'aurait pas été plus approprié.

La Toscane New Deal

Pour réagir contre les règlements des appellations, une révolution culturelle s'est amorcée en Toscane avec la naissance de vins comme le Sassicaia (revenu depuis dans le giron d'une DOC créée pour les besoins de la cause), le Tigagnello ou le Solaia. Les producteurs ont introduit les cépages bordelais cabernets et merlot, soit en assemblage avec le sangiovese, soit purs et élevés sous chêne français. Une véritable provocation ! Cette "nouvelle vague" a propulsé sur la scène italienne des *vini de tavola* (ils n'avaient droit à aucune appellation) qui ont volé la vedette aux DOC et DOCG et se vendent beaucoup plus cher que les étiquettes Chianti ou Chianti Classico. Faut-il y voir un reniement des traditions, une remise en cause des appellations ou une incitation à mieux cultiver le sangiovese ? L'avenir et le marché trancheront, mais il serait regrettable que les meilleurs vins italiens ne soient que de brillantes copies du modèle bordelais. En voici un exemple type.

Le sangiovese trouve un terroir de prédilection en Toscane (ci-dessus) et dans le cap Corse (à droite), entre mer et montagne.

Ornellaia Vino de Tavola

(Cabernet-sauvignon 80 %, merlot 15 %, cabernet franc 5 %. Barriques françaises neuves pour un tiers. Élevage de dix-huit mois.)

Millésime 1995. La frange violette est encore marquée sur cette robe d'un rubis dense. Le nez est caractéristique du cabernet cultivé dans une région chaude : cassis mûr, réglisse, présence boisée vanillée et torréfiée, notes de sous-bois. La bouche ample affirme une carrure et une structure des plus classiques, qui tranche sur l'équilibre habituel des Chianti. Ici, les tanins sont plus architecturés. Leur force et leur rectitude dominent la composante alcoolique. Charnue, dense, avec un fruité frais et profond, la matière se fait veloutée et subtilement épicée. Le vin finit sur une longueur complexe et élégante. Très réussi, il est séducteur en diable, mais on peut se demander où situer ce vin de style international. *Tragediante o comediante* ?

En Corse, à Patrimonio : une déclinaison insulaire du cépage toscan

Avant de passer sous domination génoise, la Corse était placée sous la tutelle de Pise. Il ne faut donc pas écarter l'hypothèse d'une influence toscane sur sa viticulture. Le cépage niellucio est sûrement le descendant du sangiovese introduit au Moyen Âge, qui s'est adapté aux conditions locales et a évolué, isolé et protégé par l'insularité du vignoble corse. À Patrimonio, dans la zone argilo-calcaire de l'île, il a trouvé un terroir d'élection, coincé entre mer et montagne, où il n'est pas sans présenter un cousinage certain avec son ancêtre du continent.

Domaine Antoine Arena

Millésime 1995. La robe rubis intense se pare d'une frange encore jeune. Le nez développe des fruits noirs à l'eau-de-vie, d'épices orientales, des notes de goudron et d'herbes de maquis, du cuir. Ample, généreuse, très épicée, la bouche possède une bonne structure tannique, bien construite, avec du gras et une trame veloutée. Typée et surtout d'une belle pureté, la finale s'allonge sur le poivre et le cuir.
Il y a ici un fruité plus frais, des tanins mieux construits, une générosité alcoolique plus équilibrée que dans le Chianti. En revanche, les arômes de cuir et d'épices sont similaires. En comparaison du Brunello di Montalcino, la différence se situe au niveau des élevages. Le fruit du patrimonio est resté intact, celui du Brunello est marqué par ses trois ans et demi de foudre. On pourrait faire la même remarque à propos d'un Crianza de Ribera del Duero et d'un Gran Reserva de La Rioja.

Barolo et Barbaresco : l'alliance

Le nebbiolo produit des vins moyennement colorés, très aromatiques, riches et tanniques, qui déroutent parfois par leur forte acidité structurelle. Cette vivacité, qui peut durcir le vin en année de faible maturité, est un extraordinaire facteur de fraîcheur, un révélateur aromatique et un élément décisif du potentiel de garde élevé de ces grands vins italiens.

À Barolo

Comme en Bourgogne, le vignoble est divisé en crus, en fonction des sols et des microclimats, chacun apportant sa contribution à la personnalité du vin.

Sur sols de calcaire tortonien

Ceretto, La Morra, Cru Brunate

(Tufs argilo-calcaires et sables.)

Millésime 1993. D'une bonne intensité colorante, ce vin, marqué au nez par des notes d'évolution précoce, décline des parfums de vanille et de fruits secs, des arômes torréfiés et réglissés. La bouche est souple et généreuse, épicée et modérément tannique, assez vive. La finale aromatique est persistante. Un vin de structure moyenne qui se fera vite, mais dont le caractère est déjà séducteur.

Renato Ratti, Cantina Abbazia dell Annunziata, La Morra

(Calcaire crayeux léger.)

Millésime 1993. La robe est d'intensité moyenne. Le nez développe un fruit très mûr, des arômes de griotte, d'épices douces, de rose fanée, alliés à des notes de sous-bois et de boisé discret. La bouche savoureuse propose une trame satinée, des tanins encore présents mais déjà aimables, rehaussés par une acidité qui tend le vin. La finale est axée sur le fruit et les épices. Une cuvée représentative de ce secteur qui offre des vins souples et aromatiques, pétris d'élégance.

Sur sols de calcaire helvétien ancien

Vietti, Serralunga, Cru Lazzarito

(Marnes blanches et terrain sablo-calcaire.)

Millésime 1993. Vêtu d'une robe d'intensité moyenne, ce vin réunit une belle palette aromatique : depuis les fleurs séchées jusqu'au fruit mûr, en passant par la réglisse, les notes de sous-bois et de truffe. La bouche est puissante : fruit mûr, tanins bien structurés, acidité élevée mais équilibrée par la générosité du vin. Un Barolo d'architecture classique, qui possède un bon potentiel de garde.

LE NEBBIOLO EST, AVEC LE SANGIOVESE, LE GRAND CÉPAGE ROUGE ITALIEN. IL EXPRIME TOUTE SA RACE DANS LES VIGNOBLES PIÉMONTAIS. CÉPAGE TARDIF QUI DEMANDE BEAUCOUP D'ENSOLEILLEMENT POUR SA MATURATION, IL TROUVE DANS CETTE RÉGION DES SOLS CALCAIRES D'UNE BLANCHEUR ÉBLOUISSANTE, REFLÉTANT LES RAYONS DU SOLEIL.

Fontanafredda, Serralunga, Cru La Rosa

(Sols calcaires et sables quartzeux riches en fer.)

Millésime 1993. D'une robe intense, ce cru possède un nez expressif axé sur les notes florales (rose fanée) et réglissées (presque goudron), agrémentées d'arômes de jus de viande et d'épices boisées. La bouche, ample, puissante et généreuse, révèle des tanins architecturés qui ont besoin de temps pour se fondre. La vivacité très marquée signe la noblesse et le caractère du nebbiolo. Un vin de longue garde.

À Barolo : avec un peu de recul

Vietti, Castiglione, Riserva Cru Villero

(Sols calcaires plus lourds et argileux.)

Millésime 1990. La robe, encore sombre, est à peine évoluée. Opulent, le nez est marqué par des fruits confiturés, du cassis, des notes goudronnées, d'étonnants accents de cacao, de truffe et de fleurs séchées, le tout marié dans une palette élégante et complexe. La bouche dévoile une belle concentration, une trame veloutée, un fruité mûr et expressif. L'architecture tannique s'est arrondie, mais est toujours soutenue par une vivacité rafraîchissante.

À Barbaresco

Les sols de Barbaresco se caractérisent par des marnes blanches tufières. L'exposition et l'altitude jouent un rôle capital dans la maturation du nebbiolo. En général, le Barbaresco est plus précoce que le Barolo.

Ceretto, Barbaresco, Cru Brico Asili

Millésime 1994. La robe est encore jeune. La fraise mûre, la violette, des notes doucement épicées et goudronnées caractérisent un nez élégant et racé. La bouche a de la rigueur, une structure tannique bien définie mais au grain souple et lisse. Acidité et tanins sont bien équilibrés par du gras et une présence

nagique du nebbiolo et du calcaire

Le village de Barolo donne son nom à un vin DOC prestigieux, déjà apprécié par les Grands de la maison de Savoie.

aromatique fruitée et épicée qui se prolonge avec charme. Un barbaresco à la fois puissant et séducteur, qui rejoint le style du Barolo.

Moccagata, Barbaresco, Cru Cole

Millésime 1994. La robe d'intensité moyenne se pare de reflets violets. Le fruit noir, la violette, la réglisse, la vanille et le cuir signent un nez qui commence à évoluer. La bouche charme par sa trame veloutée, son fruit mûr et son gras. Ample, elle fait preuve d'un bon équilibre entre l'alcool, les tanins et l'acidité. Un Barbaresco assez structuré qui dément la réputation de légèreté de cette dénomination.

Giacosa Fratelli, Barbaresco, Cru Rio Sordo

Millésime 1993. Revêtu d'une robe d'intensité moyenne encore fraîche, ce vin mêle des arômes de fruits confits, de violette, de fumée, de vanille, de sous-bois, de jus de viande et de cuir. Ample, la bouche présente du gras, des tanins enrobés. Le moelleux gomme la présence acide du cépage. Belle longueur.

Cave des producteurs de Barbaresco

Millésime 1991. D'intensité moyenne, la robe laisse percevoir une frange évoluée. Le nez allie les fruits confiturés, la pâte de fruits, la fraise cuite, les épices douces et la violette cristallisée. La bouche est svelte, avec beaucoup de fruit, des tanins encore vifs, une fraîcheur intacte. À peine épicée et réglissée, la longueur aromatique est pleine de délicatesse.

À Barbaresco : avec un peu de recul

Gaja Barbaresco

(Assemblage de parcelles.)

Millésime 1989. Encore jeune, la robe est intense. Le nez de fruits compotés, d'épices douces, de goudron, de cuir, d'anis et de fruits secs est empreint de caractère, sans lourdeur ni exubérance excessive. La bouche est riche et sapide. Une belle fraîcheur souligne un fruité pur et des tanins bien construits, à peine marqués par un boisé des plus discrets. Ce vin du début de la gamme Gaja est déjà une belle interprétation d'un Barbaresco mûr et concentré.

En conclusion

Le nebbiolo révèle parfaitement les différences de terroir. Plus que les sols, les expositions favorables à sa maturation sont déterminantes. On découvre vite en visitant le vignoble que, sur un même coteau, les expositions plein sud et le milieu de la pente sont réservés à ce cépage, alors que les hauts de pente et les expositions moins ensoleillées portent les cépages barbera ou dolcetto. On peut cependant distinguer deux styles opposés. À Barolo, les sols plus légers du secteur de La Morra donnent naissance à des vins aromatiques et souples, plutôt destinés à être consommés sur leur fruité initial. Dans des secteurs comme Serralunga, les vins, structurés et tanniques, sont destinés à la garde. Plus homogène parce que plus réduit, le terroir de Barbaresco offre des vins que l'on peut parfois confondre avec le style de La Morra.
Tout cela serait d'une simplicité "géologique" si les hommes ne venaient imprimer leur signature. Ainsi, des Barbaresco très concentrés, élevés en barrique plutôt qu'en foudre, voisinent avec des vins légers de style traditionnel. À Barolo, outre les différences de terroir, la querelle des Anciens (cuvaisons longues et élevage en foudre) et des Modernes (cuvaisons courtes et élevage en barrique) aboutit à des résultats très distincts. Les vins choisis pour cette dégustation expriment le caractère né du terroir plutôt que des pratiques vinicoles.

Les vins blancs suisses et savoyards

LES VALLÉES ALPINES OFFRENT DES MICROCLIMATS OÙ SE CONJUGUENT PENTE, ORIENTATION, PRÉSENCE MODÉRATRICE DES GRANDS LACS ET VENTS DE FŒHN POUR PERMETTRE LA CULTURE DE LA VIGNE DANS UN MILIEU *A PRIORI* HOSTILE. LES VERSANTS SUISSES ET FRANÇAIS DIFFÈRENT CEPENDANT PAR LES CÉPAGES VINIFIÉS ET PAR LES TECHNIQUES UTILISÉES. ILS OFFRENT AINSI DES VINS DE STYLES OPPOSÉS.

Le chasselas n'est pas considéré en France comme un cépage de cuve véritablement intéressant. Seules les petites AOC crépy et pouilly-sur-loire reposent sur cette variété précoce. Les vignerons suisses ont mis au point des méthodes de culture et de vinification particulières qui permettent de révéler les qualités du chasselas. Si les rendements sont modérés, ce cépage peut prendre des facettes très diverses selon le terroir. Floral ou minéral, fruité ou épicé, léger ou volumineux, le chasselas suisse est aussi divers que les cantons ou les langues helvétiques. Un seul élément fédérateur : ces vins effectuent leur fermentation malolactique et conservent un taux de gaz carbonique important qui compense leur faible acidité.

Le canton de Vaud

La vigne est ici entre trois soleils : l'astre du jour, les sols réfléchissants et le lac qui renvoie les rayons lumineux et joue le rôle de "tampon" thermique. Sur des coteaux très pentus aménagés en terrasses, cette viticulture de l'extrême n'existerait pas sans la présence de cette grande masse d'eau qui vient induire un microclimat clément dans la rigueur alpine ambiante.

Dézaley - L'Arbalette
J. et P. Testuz

(Chasselas sur poudingues morainiques, pentes de 70 %.)

Millésime 1996. La robe pâle dévoile de légers reflets verts. Les arômes de fleurs blanches, de pierre à fusil et de pêche de vigne sont intenses et harmonieux. La bouche est ronde, avec du gras. Une légère présence gazeuse rafraîchit l'équilibre qui, autrement, pourrait manquer de nerf. La finale est mûre et opulente. La présence florale et les notes de silex sont très marquées.

Louis Bovard
Épesses Terre à Boire

(Chasselas sur argiles lourdes.)

Millésime 1996. La robe paille intense se pare d'une légère frange dorée. Les arômes sont ici plus lourds : fruits blancs très mûrs, notes de terroir et épices. La bouche, volumineuse, a du corps, beaucoup de gras. Une présence gazeuse intense compense la première impression de lourdeur. La finale épicée laisse apparaître une amertume de type pamplemousse et toujours cette note terreuse.

Dans le canton du Valais

Tout au long de la vallée du Rhône, les vignes peuvent être cultivées sur les versants exposés au sud jusqu'à des altitudes très élevées (presque 800 m). Outre le rôle de la pente et de l'orientation des parcelles, c'est à un vent chaud qui traverse la crête des Alpes, le fœhn bienfaiteur, que l'on doit la bonne maturation du chasselas valaisan. Il dissipe les brumes et favorise la concentration du jus des raisins. Il est si sec qu'il faut irriguer les parcelles : un réseau de canaux séculaires capte les "eaux sacrées" des montagnes.

Fendant Vins des Chevaliers

(Chasselas sur calcaire.)

Millésime 1995. Couleur paille, ce vin propose une palette fraîche : notes minérales, arômes de fruits blancs, accents fumés et citronnés. La bouche souple et fruitée dévoile un gaz discret, une structure légère, une finale courte mais harmonieuse.

Gilliard Fendant de Sion
Les Murettes

(Chasselas sur argiles gréseuses.)

Millésime 1996. La robe paille a un petit reflet doré. Le nez, développé, présente des notes florales élégantes, une pointe minérale, fumée, des senteurs de lies et de brioche. En bouche, on décèle une vivacité et une présence gazeuse très marquées mais le gras du vin permet d'arrondir l'ensemble. Minérale, la finale dévoile aussi des notes de fruits blancs légèrement épicées.

Entre Vaud et Valais

Louis Bovard
Aigle Cuvée Noé

(Chasselas sur calcaire caillouteux.)

Millésime 1996. La robe paille au léger reflet vert ravit le regard, tandis qu'un fort joli fruit, rappelant la poire William très mûre, et un côté floral élégant inspirent déjà le dégustateur. Le tout est souligné par des notes de pierre à fusil. Bien équilibrée, la bouche se caractérise par une minéralité intense, un gaz assez discret, une bonne rondeur et surtout un fruité savoureux et épanoui. La finale prolonge l'association fruit-pierre à fusil de ce vin séduisant.

Au bord du lac Léman, sur des coteaux pentus, le chasselas bénéficie de conditions climatiques clémentes, favorables à sa maturation.

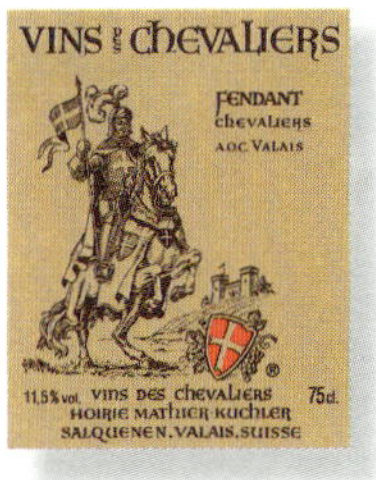

En Savoie, une palette de cépages blancs

Les vignobles savoyards sont composés de cépages locaux comme la jacquère, le chasselas ou l'altesse, parfois de vignes venues d'ailleurs comme la roussanne ou le chardonnay. Les sols morainiques sont ici très variés. Les conditions climatiques extrêmes sont compensées par les expositions sur les fortes pentes, la présence de masses d'eau et le rôle protecteur de massifs qui limitent le caractère continental ou fortement montagnard. Les Savoyards évitent la fermentation malolactique afin d'obtenir des vins plus vifs et nerveux, plus près du fruité originel du raisin.

Vin-de-savoie-Cruet
Domaine de l'Idylle
(Cépage jacquère.)

Millésime 1996. Enveloppé d'une robe paille à reflets verts, ce vin dévoile un nez citronné, avec une forte touche minérale et des notes florales légères. La bouche est vive, tendue. Son joli fruit blanc est mis en relief par une acidité bien équilibrée. La finale n'est pas très longue mais décline des notes minérales et citronnées très fraîches. Un vin bien typé.

Vin-de-savoie-Apremont
Mireille et Michel Cartier Vieilles vignes
(Cépage jacquère.)

Millésime 1996. La robe paille soutenu présente un reflet vert. Les notes de fleurs blanches, de pêche de vigne, de silex, de pamplemousse mûr et de chèvrefeuille, légèrement miellées, se mêlent. La bouche possède un fruité intense, un équilibre à la fois gras et nerveux, une matière ronde et souple. En finale, la vivacité est tempérée par la maturité du fruit. Un léger taux de sucre résiduel renforce cette amabilité.

Roussette-de-savoie
Adrien Vacher
(Cépage altesse.)

Millésime 1995. D'une robe paille assez soutenu, cette roussette-de-savoie propose des arômes d'acacia et de fleurs blanches, des notes d'amande et de miel, des épices douces et une pointe d'iris. La bouche a de la rondeur, du volume. Son équilibre est marqué par la puissance et le gras. La finale expressive reprend la palette du nez, complétée par des fruits exotiques. Un vin riche et épanoui.

Vin-de-savoie-Chignin-Bergeron
Jean Perrier Cuvée Gastronomique
(Cépage roussanne.)

Millésime 1995. La robe paille soutenu est à peine ourlée de vert. Le nez puissant offre des notes de fruits secs (amande et noisette), des accents délicatement épicés, des arômes de miel et de pâte de coings. La bouche ample possède beaucoup de gras, une belle puissance et une acidité faible. La longue finale (notes de noisette et de miel) exprime la race de la roussanne sur ces coteaux savoyards.

Les vins secs allemands de riesling

Le riesling est le grand cépage d'Allemagne. Il représente plus de 20 % de la superficie viticole de ce pays, ses principaux bastions étant la Moselle-Sarre-Ruwer, le Palatinat et le Rheingau. Cette dernière région est considérée comme le berceau du riesling, lequel représente environ 80 % de son encépagement.

Le riesling en début de carrière

Dans le Rheingau,
sur sols de lœss et de schistes érodés

Weingut Johannishof

(Riesling Charta Kabinett.)

Millésime 1996. La robe est pâle à reflets vert intense. Une brillance cristalline. Le nez, ouvert, dévoile des notes minérales prononcées, des arômes de fleurs blanches, de pêche et de poire mûres. La bouche est assez linéaire, avec une vivacité marquée, encore relevée par une pointe de gaz. Le fruit est bien défini, la finale citronnée, sèche et tendue. Un vin droit.

Winkeler Jesuitengarten
Weingut Prinz von Hessen

(Riesling Spätlese trocken.)

Millésime 1996. La robe assez pâle possède un reflet vert élégant. Très fruité dès le premier nez, le vin propose des arômes de fruits exotiques, de poire, des notes minérales de silex, de petites épices discrètes, un soupçon d'abricot. La bouche est ample, parfaitement équilibrée entre une force alcoolique modeste, une vivacité rafraîchissante et une suavité qui amabilise la sensation acide. Très aromatique en finale, ce riesling offre une légère douceur qui souligne un fruité pur et expressif. Un beau vin racé.

Weingut Geheimrat J. Wegeler Erben

(Riesling Spätlese troken.)

Millésime 1995. Paille à reflets verts plus discrets, la robe a aussi plus d'intensité. Le nez est évolué : notes minérales intenses, nuances de pétrole, de fumé, de fruits blancs bien mûrs. La bouche révèle une belle maturité grâce à ses notes de fruits confits et de miel, une matière ample, une suavité mise en valeur par une acidité moins prononcée. Finale mûre et complexe pour ce vin dont l'équilibre se rapproche de celui des vins français et qui passe des arômes primaires au bouquet d'évolution.

ISSUS DU MARIAGE LÉGENDAIRE ENTRE LE RIESLING ET LES SOLS DE SCHISTES, LES VINS SECS ALLEMANDS ONT UNE PERSONNALITÉ ET UN ÉQUILIBRE UNIQUES. GRÂCE AUX DIVERS MICROCLIMATS INDUITS PAR LE RHIN OU SES AFFLUENTS, CE VIGNOBLE NORDISTE OFFRE DES VINS DE GRAND STYLE : UN CORPS D'ACIER HABILLÉ D'UNE FOLLE ÉLÉGANCE.

En Moselle-Sarre-Ruwer,
sur sols pentus schisteux

Maximin Grünhäuser Herrenberg
Weingut Carl von Schubert

(Riesling Spätlese trocken.)

Millésime 1995. La couleur pâle se pare de superbes reflets émeraude. Le nez minéral se complète d'arômes de fruits blancs, de notes florales élégantes, d'épices douces, de poire. La bouche est égayée par une pointe de gaz. Elle se caractérise par un fruité profond, une ligne acide aérienne, une matière cristalline mais concentrée malgré une teneur en alcool faible. Belle finale aromatique qui associe pureté et complexité, ce qui n'est pas antinomique.

Liserer Rosenlay
Weingut Sybille Kuntz

(Riesling Spätlese halbtrocken.)

Millésime 1995. La robe presque incolore est ourlée de vert. Les arômes minéraux et fruités se marient dans une gamme attrayante, expressive, relevée par une pointe épicée. Ce vin est demi-sec et la bouche présente ici un autre équilibre. Vivacité importante et moelleux tendre : le style est plutôt acidulé et peut surprendre un palais français. Caractéristique des vins allemands autrefois les plus répandus, ce vin typé associe une belle maturité et une sveltesse élégante. La finale est orientée sur un fruité pur, où le sucre et les notes citronnées jouent à cache-cache.

Un riesling complexe, plus âgé

En Hesse rhénane, sur sols
de lœss et de calcaire

Niersteiner Pettental Weingut
Freiherr Heyl zu Herrnsheim

(Riesling Spätlese trocken.)

Millésime 1994. La robe a pris de la profondeur. Paille soutenu, avec des reflets verts intacts, elle donne une impression fluorescente. Le nez est éclatant, très minéral : aux notes fumées, il allie des nuances de pétrole (on peut aussi décrire l'arôme bien spécifique du riesling âgé par le mot de naphte, ce qui peut sembler moins péjoratif de prime abord). La bouche est vive sans agressivité, soutenue par une belle matière et surtout un fruité mûr et suave (plutôt fruits blancs à pépins), une force alcoolique non

Un équilibre de cristal

Les vins secs allemands ont-ils la nuque raide ? On pourrait le penser à la simple lecture de leur analyse où l'on note une acidité parfois très élevée et une teneur en alcool faible. La dégustation vient contredire le bulletin de l'œnologue, à condition d'être ouvert et attentif à un autre style d'équilibre. Les vins secs allemands compensent leur vivacité par deux composantes. D'une part, le fruité du cépage parvenu à maturité vient aromatiser et assouplir l'ensemble. D'autre part, les sucres résiduels donnent un petit côté acidulé exotique pour un palais français. Dans leurs vins ordinaires *(Tafelweine)*, les Allemands ont souvent abusé de la pratique de la chaptalisation et de la *Süssreserve* (moût concentré additionné lors de la mise en bouteilles) pour compenser une matière insuffisamment mûre et des rendements élevés. En revanche, les vins de qualité avec *Prädikat* ne peuvent être enrichis et ne doivent compter que sur leurs sucres naturels. Selon leur degré de maturité et leur richesse en sucre, les vins secs ou demi-secs seront dénommés *Kabinett* pour les plus légers ou bien *Spätlese* (vendanges tardives) pour les plus riches et mûrs. L'équilibre de ces vins est extraordinaire. Parce qu'il reste quelques sucres non fermentés, le degré alcoolique est assez modeste. On obtient alors un équilibre entre la vivacité et le moelleux qui tend le vin et lui donne une architecture cristalline, renforçant encore l'impression de fruité.

perceptible. Ce bel équilibre typé se termine dans une longueur à la fois rigide (côté minéral) et aimable (note fruitée). Les sols calcaires apportent ici plus de rondeur.

Un riesling vénérable du Rheingau

Winkeler Dashberg
Weingut Prinz von Hessen

(Riesling Kabinett.)

Millésime 1973. La robe dorée a un bel éclat, souligné par une frange vert soutenu. La palette aromatique se compose de cire d'abeille, de notes fumées, de réglisse, d'une pointe de truffe, de sous-bois et de fruits secs. La bouche a de la légèreté, une matière lisse et suave, une vivacité qui s'est complètement fondue dans un ensemble parfaitement équilibré. Ce vin a digéré sa forte acidité initiale et ses sucres résiduels pour ne présenter qu'une rare complexité aromatique : notes de naphte discrètes, miel, amandes séchées, fruits secs et surtout épices douces qui imprègnent la finale. L'accomplissement du riesling sur un grand terroir.

En comparaison : le riesling alsacien

Alsace-grand cru schlossberg

Domaine Weinbach
Cuvée Sainte-Catherine

Millésime 1996. La robe paille soutenu offre un reflet vert bien marqué. Le nez est fin et complexe : notes florales, chèvrefeuille, églantine, zestes d'agrumes, citron, pamplemousse, épices fines. La bouche est structurée, vive, mais ici le corps du vin est plus intense, renforcé par une force alcoolique plus élevée, ce qui donne du moelleux et du gras dans un équilibre classique (tel que nous l'entendons de ce côté du Rhin). Le millésime 1996 est pourtant un peu particulier, sa vivacité étant plus soutenue que la moyenne. Son côté à la fois mûr et vif pourrait l'apparenter au style des vins allemands. Le millésime 1995 du même cru présente plus d'ampleur, de gras et de matière mûre, de force, avec une belle puissance épicée en finale. Le lien de parenté est beaucoup moins évident et se limite à quelques similitudes aromatiques.

Le célèbre Schloss Johannisberg, propriété du prince Metternich au XIXe siècle, cultive 40 ha de riesling.

Les vins liquoreux allemands

Comme dans les vins secs, l'acidité joue un rôle essentiel dans les vins liquoreux allemands. L'humidité apportée par le Rhin et ses affluents permet de concentrer les baies sur souche sous l'action alternée du *Botrytis cinerea* et du passerillage. C'est ainsi que les vins d'outre-Rhin trouvent un équilibre original. Selon la catégorie – *Spätlese, Auslese, Beerenauslese* ou *Trockenbeerenauslese* –, ils présentent une richesse en sucre croissante mais leur titre alcoométrique est toujours faible et leur acidité élevée. Cette confrontation sucre-acide, à peine arbitrée par l'alcool, leur donne une structure aérienne, une élégance racée, une pureté de fruit, une sveltesse et une longueur aromatique qui peut étonner sur des vins aussi légers. Miracle d'un équilibre délicat, les vins liquoreux tirent profit de microclimats septentrionaux, petits îlots de clémence dans un environnement contraignant, où le raisin ne mûrit que grâce à l'exposition, la pente, la chaleur des sols et la réverbération du fleuve.

Un Spätlese

Hesse Rhénane
Niersteiner Rehbach
Weingut Eugen Wehrheim
(Riesling.)

Millésime 1994. La robe paille offre de petits reflets verts. Le nez, vif et épicé, s'apparente à celui d'un vin sec, en déclinant des arômes de fruits blancs mûrs et des notes minérales marquées. Précise, la bouche renforce le fruité par une suavité assez modeste et une acidité citronnée. Un vin facile, sans grande matière mais équilibré, dont le moelleux reste élégant, tout en dentelle.

Deux Auslesen

Moselle-Sarre-Ruwer
Weingut Egon Müller
(Riesling.)

Millésime 1993. Ourlée d'un vert émeraude, la robe possède un bel éclat doré. Le nez est d'une grande richesse : abricot mûr, miel, tilleul, notes épicées et poivrées, cannelle et muscade. La bouche est pure, équilibrée entre une liqueur contenue – permettant d'amadouer une vivacité qui fouette l'ensemble – et une force alcoolique faible (à peine 8 % vol.). Ce vin élégant et très parfumé est presque aérien.

LES LIQUOREUX ALLEMANDS FIGURENT PARMI LES GRANDS VINS DU MONDE ET SOUVENT PARMI LES PLUS CHERS. TOUT DÉGUSTATEUR DOIT SE FAMILIARISER AVEC L'ÉQUILIBRE QUI LES CARACTÉRISE, AVANT DE SE LAISSER SÉDUIRE PAR LEURS ÉTONNANTS MARIAGES ENTRE LIQUEUR ET VIVACITÉ.

Rheingau
Hochheimer Kirchenstück
Domechant Werner'sches Weingut
(Riesling.)

Millésime 1992. Doré intense avec des reflets verts encore présents, la robe a de l'éclat. Le nez léger propose des arômes de fruits exotiques, des notes minérales (silex et mine de crayon), du miel et des agrumes confits. L'équilibre en bouche s'articule autour d'une acidité et d'un fruit qui se flattent l'un l'autre, autour d'un moelleux léger mais appuyé sur des notes bien mûres. La force alcoolique est presque absente, les 8 % vol. étant dominés par les autres caractères. Le vin se prolonge en bouche sur des nuances d'agrumes et des accents minéraux. Cet équilibre donne beaucoup de sveltesse à ce liquoreux facile à boire.

Deux Beerenauslesen

Moselle-Sarre-Ruwer
Bernkasteler Badstube
Weingut Dr Pauly-Bergweiler
(Riesling.)

Millésime 1994. Sur cette robe dorée, la composante verte a presque disparu. Le nez est axé sur la cire (encaustique), les fruits secs (amande et abricot), des notes fumées et minérales et les épices douces. La bouche est confite, puissante. Son gras et sa liqueur pourraient sembler lourds si l'acidité (13,1 g) ne venait rafraîchir l'équilibre. À l'inverse, une telle acidité serait grinçante si la liqueur ne venait l'émousser. Le titre alcoométrique est particulièrement modeste (9,5 % vol.) et le vin ne compte que sur la seule concentration du fruit et de la liqueur (166 g) pour asseoir sa puissance. Une puissance tendue comme un arc, avec une superbe note minérale en finale, égayée par une cohorte épicée d'une rare complexité.

Moselle-Sarre-Ruwer
Mülheimer Helenenkloster
Weingut Max Ferd. Richter
(Riesling.)

Millésime 1993. Vêtu d'une robe doré intense à reflets verts, ce riesling propose un tout autre registre aromatique : note botrytisée évidente, cire d'abeille, abricot sec, pralin, fruits confits et épices orientales.

Profitant de l'humidité du Rhin et du soleil de l'après-midi, le Botrytis cinerea concentre le sucre du raisin. Il en résulte des vins au délicat équilibre entre acidité et liqueur.

En bouche, il dévoile du gras, une texture crémeuse et une belle concentration sucrée (122 g). La forte acidité (8,8 g) s'harmonise parfaitement avec l'ensemble. L'alcool (11,5 % vol.) est ici un peu plus élevé, contribuant à l'impression de puissance et de gras. Belle finale fraîche, aromatique et persistante pour un liquoreux armé pour une longue garde et dont le style déroutera moins un palais français.

Un Trockenbeerenauslese

Palatinat
Dürkheimer Fronhof
Weingut Kurt Darting
(Scheurebe, croisement du riesling avec le sylvaner.)

Millésime 1994. La robe a pris une teinte vieil or, intense et brillante. Le *Botrytis cinerea* détermine la palette aromatique : abricot, miel alliés à des notes de sous-bois, de confiture de fraises et à d'étonnants accents de cassis, comme dans un vin rouge. La structure riche, opulente et confite présente une viscosité suave et crémeuse. La richesse de ce vin est parvenue à un tel niveau (221 g) que sa forte acidité (13,4 g) est complètement gommée et que son taux alcoolique (8 % vol. à peine) reste enfoui dans l'ensemble. Grande finale en queue de paon, complexe et infinie, avec toujours cette grâce aérienne et minérale.

En vins vieux

Rheingau
Hochheimer Domdechaney
Domdechant Werner'sches Weingut
(Riesling Beerenauslese.)

Millésime 1976. Sous une robe dorée encore jeune, apparaît une palette aromatique ouverte et complexe : cire, épices douces, muscade, miel, réglisse, angélique confite et champignons des bois. D'une grande puissance épicée, la bouche est douce, lisse. L'acidité semble s'être fondue dans la masse. Une longueur étonnante de pureté, sur l'abricot sec et la cire avec une rémanence épicée qui imprègne les papilles.

Rheingau
Hattenheimer Engelmannsberg
Weingut Balthasar Ress
(Riesling Trockenbeerenauslese.)

Millésime 1976. La robe d'un doré profond ne présente aucun signe de fatigue. La riche gamme aromatique est dominée par des accents nobles de rancio, des notes de fruits blettis, de confiture de coings, de pêches au sirop, d'amande et de noix sèche. La bouche possède une richesse inouïe, sans lourdeur. L'acidité s'est fondue avec le temps et s'est presque mariée au sucre. La structure svelte contraste avec l'opulence des arômes. Grande finale évasée et imprégnante, sur de délicieuses notes pralinées et miellées.

En comparaison : un jurançon moelleux

Clos Uroulat 1995

Millésime 1995. Enveloppé d'une robe doré intense aux reflets à peine verdis, ce vin décline toute la cohorte des fruits exotiques apportés par le petit manseng. S'y allient des arômes de nèfle blette, de fruits confits et de miel, un soupçon d'épices orientales et des notes de sous-bois. La bouche présente un tout autre équilibre que celui des liquoreux allemands, mais le jurançon n'est pas si éloigné des vins d'outre-Rhin : il offre la même liqueur élégante (70 g), riche et confite qui sait rester légère, et cette acidité imposante (8,5 g) qui vient tendre et alléger l'équilibre pour le rendre aérien et élégant. Seule la force alcoolique diffère (13,5 % vol.). Elle apporte au jurançon générosité et carrure, et recentre le vin sur un équilibre qui nous semble plus classique. *A contrario,* la comparaison avec un sauternes mettrait en évidence deux philosophies radicalement différentes.

N.B. L'acidité est exprimée en acide tartrique.

Les vins de glace allemands

Les raisins "oubliés" sur les ceps, en plein mois de novembre par le vigneron allemand ne doivent pas surprendre un visiteur et être pris pour une négligence. Ils attendent les premières gelées, en général en décembre et même en janvier, pour être récoltés. Contrairement aux TBA, les grains ne sont pas forcément botrytisés. Du moins ce qu'il en reste et qui aura échappé à la sélection du viticulteur qui écarte les grains altérés par la pourriture, à la chute naturelle et surtout aux oiseaux, grands concurrents des amateurs de vins de glace ! Certaines années, les quelques rares baies restantes (moins de 1 % de la récolte) peuvent entrer dans le gotha des grands vins du monde, les plus rares et les plus chers de ceux qui traversent les lustres sans prendre de ride, qui flattent les sens comme l'esprit, des vins de caresse et de méditation. (Les vins suivants sont issus du riesling.)

Tout juste nés

Rheingau
Geiseinheimer Kläuserweg
Weingut Prinz von Hessen

Millésime 1996. La robe dorée dévoile des reflets verts marqués, presque fluorescents. Le nez est riche et confit : épices douces, miel, notes de cannelle, girofle, vanille, pêche blette, nèfle. La bouche est puissante, sans excès. Elle propose une liqueur suave et caressante (180 g de sucres), une acidité vive et légère, une force alcoolique modeste (7 % vol.), le tout marié dans un équilibre naturel qui se rapproche du fruit non fermenté. Un vin élégant, encore axé sur son côté primaire, mais qui présente déjà beaucoup d'harmonie.

Rheingau
Kiedrich Wasseros
Weingut Robert Weil

Millésime 1996. La robe est pâle, les reflets verts intenses. Le nez n'est pas très développé : notes de lait concentré, de raisin frais et rôti, de fruits blancs confiturés (pêche et abricot). La bouche est d'une extrême richesse (300 g de sucres) avec une sensation de viscosité qui tapisse les muqueuses. L'acidité immense (20 g) vient soutenir l'architecture de ce vin hors norme (à peine 7 % vol. d'alcool) et maintenir un équilibre qui semble ne tenir qu'à un fil. Grand fruit en finale, sur d'étonnantes notes de brugnon, avec une longueur impressionnante mais qui n'a pas encore révélé toute sa complexité. Un monstre dans les limbes.

LES *EISWEINE* ALLEMANDS SONT OBTENUS AVEC DES RAISINS GELÉS SUR SOUCHE, RAMASSÉS PENDANT LA NUIT ET PRESSÉS AU PETIT MATIN. CETTE RARE SPÉCIALITÉ VIGNERONNE EST L'EXPRESSION MÊME DE CES TERROIRS RHÉNANS AU SEPTENTRION DU MONDE VITICOLE, OÙ CHAQUE PRÉCIEUSE GOUTTE EST UNE LORELEI SURGIE DU FLEUVE "HÉROÏQUE", NIMBÉE DES BRUMES ET DES FRIMAS DE LA LÉGENDE GERMANIQUE.

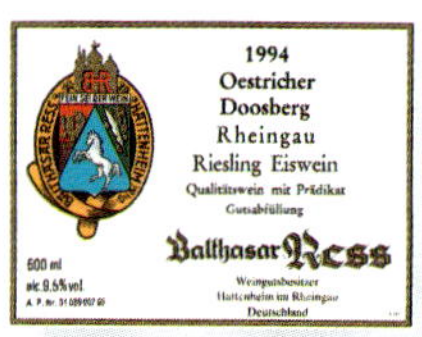

Avec un peu de recul

Rheingau
Öestricher Doosberg
Weingut Balthasar Ress

Millésime 1994. La robe est franchement dorée, les reflets verts sont fondus. Le nez est ouvert : caramel, beurre frais, abricot sec, pralin, figue rôtie, zestes d'agrumes. La bouche est très liquoreuse (212 g de sucres) avec une acidité qui se fait déjà discrète (11 g) et soutient l'équilibre en restant sous-jacente. La force alcoolique est plus intense (9,5 %) et renforce la sensation de puissance, plus perceptible dans ce vin que dans les autres bouteilles. Long et imprégnant, ce riesling finit sur des notes lactées et de raisin de Corinthe.

Rheingau
Erbacher Schlossberg
Schloss Reingartshausen

Millésime 1991. La robe doré intense a conservé ses reflets verts. Le nez complexe décline des arômes minéraux, des notes de fumée, de miel et de cire, de résine de pin, d'abricot sec, de raisin séché. La bouche est partagée entre une richesse marquée (180 g de sucres) et une acidité importante que vient à peine tempérer une force alcoolique basse (7,5 %). Ce point d'équilibre renforce l'éclat de ce vin harmonieux et élégant, et souligne bien la complexité aromatique finale. Jamais pesant, jamais trop vif, jamais entêtant, ce vin avance dans la dégustation en gardant toute son élégance. Il finit long sur des notes de fruits exotiques et de pralin.

Des Eisweine plus âgés

Moselle-Sarre-Ruwer
Mülheimer Helen kloster
Weingut Max Ferd. Richter

Millésime 1988 La robe doré pâle dévoile une certaine turbidité. Le nez superbe et ouvert se pare de notes fumées, de miel, de cèdre, de vanille, de confiture d'abricots et d'amande grillée. La bouche a une

Congélation naturelle ou cryoextraction ?

Pour élaborer des *Eisweine*, les raisins doivent être récoltés encore gelés, à des températures inférieures à -6 °C. Leur pressurages ne laissera s'écouler que la fraction du jus la plus sucrée, celle qui ne gèle qu'à des températures inférieures. Cette méthode de concentration par différence de point de congélation naturelle est la seule autorisée en Allemagne. Ailleurs, il est possible de recourir à des moyens artificiels, en portant les raisins en clayettes dans un grand congélateur. C'est la cryoextraction utilisée à Sauternes lors des millésimes difficiles. Elle permet d'obtenir des jus plus sucrés que par pressurage du raisin à température normale. Il ne faut cependant pas oublier que cette méthode concentre tout, le bon et le mauvais, et qu'elle ne doit pas être prise pour une panacée.

richesse équilibrée (162 g de sucres) maintenue comme en lévitation par une acidité noble (10,7 g) et bien mariée au corps du vin qui se révèle assez généreux (11 % vol.). Dans cet ensemble, le point d'équilibre est presque parfait. Ce qui se confirme dans une finale à la fois riche et fraîche, suave et élégante et follement fragrante. Un parfum de grand couturier.

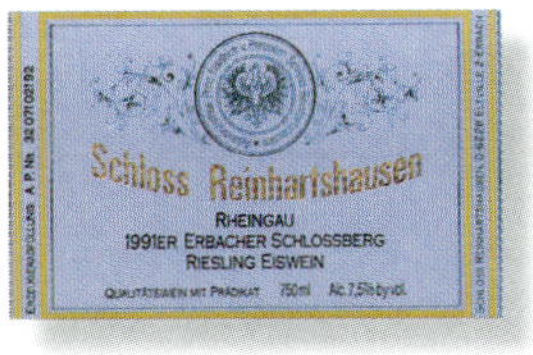

Moselle-Sarre-Ruwer

Bernkasteler Doctor Deinhard AG

Millésime 1983. La robe dorée est très soutenue, avec des reflets vieil or. Cire, fruits confits, pain d'épices, miel et abricot sec se mêlent dans une palette aromatique évolutive dans le temps. La bouche est immense. Le gras tapisse le palais. Cette opulence (195 g de sucres et 7,4 % vol. d'alcool) est tempérée et presque enrobée par l'acidité (12,2 g), ce qui donne à l'ensemble une matière à la fois sucrée et citronnée, élégante. Svelte mais musclé, élancé mais solide, ce vin présente l'archétype de l'équilibre mosellan, gracieux et aérien. Il réussit cette impossible confrontation entre la force et l'esprit. La finale se décline comme un catalogue de confiseur : fruits exotiques rôtis, miel, litchi, fruits rouges à la vanille, etc.

En comparaison : un jurançon

Domaine Cauhapé
Quintessence de petit manseng

Millésime 1988. Les raisins ont attendu sur souche jusqu'à la fin décembre avant de rejoindre le pressoir. Ils ont certes subi de sévères gelées dans les mois qui ont précédé les vendanges, mais au moment de la récolte, la glace ne les recouvrait plus. La robe vieil or est éclatante. Le nez est d'une puissance rare. Sa complexité s'évase lors de l'aération. Melon mûr, abricot sec, ananas bletti, nèfle et miel, épices douces, confiture d'oranges. La bouche est d'une pureté cristalline et possède à la fois une grande richesse, une concentration extrême (105 g de sucres), une puissance épanouie et généreuse (14,5 % vol.), ce qui pourrait paraître lourd et pâteux si l'acidité du petit manseng (9 g) ne venait donner à l'ensemble un équilibre et une nervosité rafraîchissante. Si l'on oublie la force alcoolique, nous ne sommes pas loin des *Eisweine* allemands. Les similitudes aromatiques, en particulier la nèfle blette, viennent renforcer cette lointaine parenté. Très belle finale en queue de paon pour ce vin astral, concentré de soleil automnal en bouteille.

Portos tawnies, vintages et banyuls

Le Douro est un long fleuve qui commence sa carrière en Espagne, en traversant la prestigieuse région de Ribera del Duero. Côté portugais, les coteaux escarpés de la haute vallée sont plantés de cépages locaux – touriga nacional, baroca, roriz, francesca cão, bastardo et quelques autres – qui s'accommodent du patchwork climatique induit par les différentes expositions, les pentes et les sols. C'est cette complexité que l'on retrouve dans les assemblages. Si les *lagares,* cuves de pierre où les vendangeurs foulaient la vendange aux pieds au son des chants traditionnels, ont presque disparu, les vins sont toujours vinifiés selon la tradition, grâce au mutage des moûts en cours de fermentation *(beneficião)* avec une eau-de-vie de vin. Le titre alcoométrique s'élève à 17-18 % vol. ; les sucres non fermentés, les tanins du raisin équilibrent cette générosité après un élevage en foudre et *pipe* (barrique de 550 l).

LONGTEMPS CANTONNÉ EN FRANCE DANS LE RÔLE D'APÉRITIF OU DE TONIQUE GALANT, LE PORTO EST POURTANT UN GRAND VIN MUTÉ AUX MULTIPLES FACETTES. EN FONCTION DE L'ÉLEVAGE – OXYDATIF OU RÉDUCTEUR –, TOUTE UNE GAMME DE VINS SE DÉCLINE : TAWNIES, LATE BOTTLE VINTAGES (LBV) ET VINTAGES.

Tawnies

Les portos tawnies sont élevés pendant longtemps en foudre ou en *pipe,* où ils subissent un élevage oxydatif. Ils y prendront leur couleur ambrée, leurs arômes de cacao, de réglisse, d'écorce d'orange ; ils y fondront leurs tanins et leur force alcoolique. Les vins seront ensuite assemblés, suivant la philosophie du *blending* anglo-saxon qui détermine une qualité constante, somme des qualités complémentaires des divers lots de l'assemblage. L'art du maître de chai est ici déterminant : il doit perpétuer le style de la maison en associant des vins vieux avec des vins plus jeunes, plus frais et plus fruités. Les tawnies peuvent se boire en apéritif mais sont surtout d'incomparables compagnons du fromage et des desserts au chocolat.

Manoel Poças tawny dix ans

La robe ambrée est assez légère. Le nez est axé sur le fruit compoté, accompagné de légères notes de cacao, de figue cuite et de cuir. La bouche est souple, généreuse sans excès, avec des tanins fondus et une belle longueur sur des notes de café et de fruits confits. Une bonne introduction au style tawny.

Graham tawny vingt ans

Derrière une robe ambre soutenu se dévoile un nez complexe : des notes de pruneau à l'eau-de-vie, de cuir, de zestes d'agrumes, de café grillé et de cacao amer. Une belle puissance épicée dynamise la palette aromatique. La bouche a de l'ampleur, une matière élégante et mûre aux tanins satinés et à l'alcool très équilibré. On perçoit cette note rancio qui signe les vieux tawnies. Celle-ci imprègne une finale longue et racée, qui conjugue épices, chocolat et moka.

Burmeister colheita

(Un colheita est un tawny rare issu d'un seul millésime, qui a été jugé assez noble pour se dispenser d'assemblage.)

Millésime 1985. Vêtu d'une robe acajou, ce vin révèle un nez vif, goudronné : pain grillé, fruits confits, notes de tabac blond et d'épices orientales. La bouche associe fruits caramélisés, épices et notes réglissées, encadrés par une matière dense, opulente, avec des tanins très puissants, structurés et torréfiés. La finale allie la réglisse et le cacao. Dans une rémanence intense et longue se déclinent tous les arômes du nez. Un porto viril, généreux et carré. Nous sommes ici très loin des “deux doigts” pour cinq-à-sept languissants.

Late bottle vintages (LBV)

Un LBV (“mis en bouteilles tardivement”) est un porto élevé en fût pendant quatre à six ans, puis mis en bouteilles. Il commence donc sa vie en milieu oxydatif, où il va prendre les prémices des arômes d'évolution. Celle-ci sera interrompue par la mise en bouteilles. Ce vin présente donc un style à mi-chemin entre le tawny et le vintage : il est plus rapidement prêt à boire qu'un vintage et constitue une bonne introduction à la dégustation des portos millésimés.

Burmeister LBV

Millésime 1987. La robe rubis sombre présente une frange brunie. Au nez, explosent des arômes de fruits rouges blettis, de jus de viande, d'épices, de cannelle et de clou de girofle, des notes mentholées et des nuances chocolatées. La bouche est structurée, généreuse et puissante. Les tanins ont des accents poivrés. La présence alcoolique est assez marquée. La belle finale associe fruits confits et cacao, épices et notes viandées. Une synthèse équilibrée entre le style “oxydé” des tawnies et “réduit” des vintages.

Vintages

Un porto vintage est issu d'une vendange exceptionnelle, mutée dans les normes mais élevée deux ans seulement en barrique et mise en bouteilles, à la

façon d'un vin de garde du Bordelais ou de Bourgogne. Le fruité originel est ainsi préservé, tout comme la jeunesse des tanins. Ce vin poursuit son évolution en milieu réducteur, avec lenteur, en gardant sa force et sa couleur profonde. Emprisonné sous verre, il peut vieillir ainsi pendant très longtemps, en acquérant une complexité peu commune. Souvent un dépôt intense tapisse la bouteille : il faut servir le vin avec précaution. Il s'agit d'un porto de gastronomie que l'on peut proposer sur un plat de gibier ou sur des fromages persillés.

Osborne Vintage

Millésime 1991. Enveloppé d'une robe très sombre à reflets noirs, ce vin possède un nez d'une rare puissance : fruits noirs confits, cassis, myrtille et griotte, réglisse – plutôt cachou – notes de cuir, épices douces, notes mentholées. La bouche structurée bénéficie d'une matière dense, de gras et d'un fruité intense et profond, encore sur sa fraîcheur. L'armature tannique, ferme et très présente est délicatement boisée. La finale associe épices et cerise au chocolat. Une invitation à des alliances gastronomiques, mais ce vin peut aller beaucoup plus loin. Patience donc.

Les VDN du Roussillon

Si les vins doux naturels du Roussillon proviennent, tout comme les portos, du mutage d'un moût en fermentation, la similitude s'arrête sur ce simple principe. En effet, les cépages (ici grenache), le climat méditerranéen, les sols schisteux et surtout la nature de l'alcool de mutage sont radicalement différents. Les VDN sont mutés à l'alcool neutre – sans goût – afin de préserver le fruit "naturel" du raisin, d'où la dénomination de ce type de produit. Ils y gagnent en pureté ce qu'ils perdent en complexité.

En haut : vendanges à la Quinta do Noval. En bas : ouillage des fûts dans un chai de Vila Nova de Gaia.

Banyuls
Domaine de la Rectorie Cuvée Léon Parcé

Millésime 1995. La robe d'encre dévoile des reflets encore jeunes. Le nez a de l'ampleur et décline une palette complexe qui va du fumé, réglissé, aux fruits noirs et aux notes blettes de la figue très mûre. La bouche est d'une rare densité : sa structure tannique est certes imposante mais mûre et grasse. La vinosité est bien équilibrée par une force fruitée peu commune. La finale est aromatique en diable, avec des notes mentholées et réglissées, des accents de cassis et d'épices vanillées. Un très beau vin qui entame à peine sa carrière, mais on se prend à rêver au supplément de complexité qu'il aurait acquis avec un mutage à l'eau-de-vie, un armagnac par exemple !

Banyuls
Domaine du Mas Blanc Collita

(Même élaboration qu'un colheita portugais.)

Millésime 1964. Acajou soutenu, ce banyuls présente des notes de vernis, de rancio, de fruits à l'eau-de-vie. S'y allient des notes confiturées, des arômes de réglisse, de zestes d'orange. La bouche est lisse, très équilibrée, sans force dominante. Elle offre un beau fruit compoté et une puissance épicée complexe et racée. La finale privilégie la cerise au chocolat, tout en mêlant des notes de torréfaction, de moka et de pain grillé. Longue et imprégnante rémanence, avec une touche de fruits secs. Nous sommes ici dans la même famille que les portos colheitas de haute lignée, la grande famille des vins mutés, "inventés", dit-on, au XVIIIe siècle à Montpellier par Arnaud de Villeneuve. Ce haut personnage avait retenu les leçons d'Averroes et de l'école de Cordoue, où les savants chrétiens, juifs et arabes faisaient assaut de science et de tolérance.

Madère : l'éternité en bouteille

Le vignoble de Madère produit des vins à partir de plusieurs cépages. Le sercial, adaptation locale du riesling, cultivé en altitude et à maturité tardive, donne des vins secs. Le verdelho, très aromatique et plus sucré, est souvent vinifié en vins demi-secs. Le boal, ou bual, corsé et riche en sucre, produit des vins doux ou demi-doux. Quant à la malvoisie du bassin méditerranéen *(malmsey)*, sa grande richesse et sa faible acidité la prédispose à l'élaboration de vins doux. Pour que le nom du cépage figure sur l'étiquette, le vin doit contenir au moins 85 % dudit cépage. Les vinificateurs cherchent à atteindre un degré de 8 à 11 % vol., tout en conservant une certaine quantité de sucre naturel. Les vins sont alors mutés à l'alcool, puis mis en fût. Jusque-là, la méthode d'élaboration diffère peu de celle des portos, banyuls et autres maury. C'est après un passage en *estufa* (voir encadré) que les madères acquièrent leur personnalité.

NON, LE MADÈRE N'EST PAS RÉSERVÉ À LA CUISINE ! L'ÎLE PORTUGAISE PEUT DÉVOILER DE VÉRITABLES TRÉSORS GÉNÉREUX ET COMPLEXES. GRÂCE À LEUR MADÉRISATION INITIALE, CES SEULS VRAIS "VINS CUITS" DU MONDE SAVENT RÉSISTER AUX OUTRAGES DU TEMPS ET SEMBLENT VOGUER VERS L'ÉTERNITÉ.

Les cinq cépages par ordre croissant de liqueur

Blandy's Sercial dix ans

La robe ambrée a de la profondeur et des reflets bronze. Les notes lactées du nez, alliées à des arômes de caramel et à des accents de rancio élégants, sont relevées par une forte présence épicée. La bouche est vive, bien équilibrée. Le sucre résiduel vient à peine amadouer l'acidité et l'alcool. Des arômes de fruits cuits, une finale axée sur la cannelle et le clou de girofle caractérisent ce vin long et expressif.

Power Drury Verdelho dix ans

Vêtu d'une robe cuivrée vive et brillante, ce madère offre un nez complexe axé sur les bois exotiques, le rancio, les fruits confits et le caramel. La bouche, chaleureuse et épicée, développe également des arômes de noix, de café et de fruits blets. Les tanins participent à l'équilibre de ce vin demi-sec, où la liqueur reste effacée. La finale, vive et sèche, révèle toujours une belle présence épicée.

Power Drury Boal dix ans

La robe cuivrée est vive. Le nez est peu développé de prime abord (touches de figue cuite, de café, de noisette et de rancio), mais s'ouvre ensuite sur des notes maltées qui rappellent les whiskies des Highlands. La bouche attaque en douceur, puis explose sur le fruit confit, les raisins secs. L'alcool est encore dominant et la liqueur reste discrète. Un vin qui manque un peu d'équilibre.

Blandy's Malmsey (malvoisie) dix ans

Enveloppé d'une robe ambrée, sombre et profonde, ce vin présente des notes de rancio et des arômes compotés, fumés et raisinés harmonieux, soulignés par des épices douces et une nuance de miel. Confiturée, la bouche dévoile des accents chauds et généreux, un beau volume et une liqueur imposante. La finale sur les fruits secs, le cacao et les épices orientales est alourdie par une sensation sucrée importante. Ce vin opulent et voluptueux devrait bien accompagner les desserts au chocolat.

Avec le temps, les vins deviennent complexes et s'allongent

Power Drury Sercial

(Embouteillé en 1979.)

Millésime 1950. La robe brune a gardé des reflets cuivrés. Les notes de vernis, de noix verte, de rancio, de café et de fumé se mêlent dans une palette complexe. La bouche est sèche, vive et torréfiée. Elle s'ouvre sur des arômes de fruits secs, d'iode et d'épices rares. L'alcool domine encore, tandis que le sucre a totalement fondu dans une matière où l'acidité maintient bien droite la colonne vertébrale. Très belle longueur épicée.

La légende à portée de verre

Barbeito Malvasia

Millésime 1875. La robe brune a pris des reflets acajou. Complexe, le nez est dominé par les arômes de rancio, auxquels se fondent des notes de bois précieux, de vanille, une touche iodée, des zestes d'orange confits. La bouche est tout aussi harmonieuse : belle matière lisse et suave, équilibre entre le sucre, les épices et les tanins du fût encore présents. Un vin de volupté qui fait la queue de paon.

D'Oliveira Verdelho

(Resté en fût jusqu'en 1987.)

Millésime 1850. La robe est très sombre, mystérieuse, avec des reflets de bois d'ébénisterie. Le nez complexe et expressif propose des notes torréfiées, des arômes de figue confite, un rancio noble, du cacao et du pruneau à l'armagnac. Explosive, la bouche a de la fougue, une nervosité qui tient encore debout ce madère de cent quarante-cinq ans ! Superbe longueur suave qui se prolonge sur un modèle de notes rancio. Un vin de méditation.

Quinta de Serrado Boal

(Resté en fût jusqu'en 1937, mis en bonbonne, embouteillé en 1987.)

Millésime 1827. La robe brun sombre à reflets vieil or a pris une patine d'antiquaire. Le nez a de l'allure et de la fringance. Thé, cannelle, fruits à l'eau-de-vie, fruits secs rancis, figue cuite se mêlent à des notes de vernis, de bois précieux et de vieux rhum. La bouche explose sur les mêmes arômes dans une vigueur insoupçonnable, une nervosité qui n'a d'égale que sa générosité. La finale associe puissance et grâce. Un vin de paradis qui flirte avec l'éternité.

N.B. Tous les madères dégustés ici sont disponibles chez certains grands cavistes et tout particulièrement en Belgique et en Angleterre.

Selon les entreprises, l'étuvage du madère peut durer six mois à 35-42 °C ou bien deux mois à 55-60 °C.

D'Oliveira Verdelho

(Embouteillé en 1993.)

Millésime 1973. La robe présente un fond vieil or ourlé de brun. Le nez reste discret mais déjà complexe : beurre rance, iode, pain grillé, caramel, zestes d'orange, pomme blette. La bouche est sèche, tannique et puissante. L'acidité ressort dans cet équilibre. La longue finale se développe sur les fruits secs.

D'Oliveira Boal

Millésime 1968. D'un beau doré bruni et cuivré, ce madère dévoile des arômes intenses de vernis, de rancio, de noix et de cacao. En bouche, l'équilibre entre le sucre et l'acidité est réussi. Le taux de sucre est important, mais la force tannique et la vivacité gomment toute mollesse. Bonne finale sur les épices et les notes de rancio.

Blandy's Malmsey

Millésime 1972. La teinte de ce vin ne déparerait pas une vieille eau-de-vie. Le nez est opulent : fruit rôti, épices orientales, notes de brûlé, figue sèche. La bouche a de l'ampleur, un équilibre tourné vers la liqueur, une suavité lisse et caressante. Le pain d'épice domine une finale tout en douceur dans laquelle l'alcool et le sucre n'alourdissent aucunement les sensations. Preuve que dans son style, ce vin a trouvé son point d'équilibre.

L'estufa

Comme le porto, le vin de Madère fait partie de la grande tradition du négoce britannique. Falstaff n'a-t-il pas vendu son âme pour un morceau de poulet et un verre de madère ? Le blocus napoléonien vint un temps interrompre la pratique qui consistait à faire voyager les madères jusqu'aux Indes pour accélérer leur vieillissement. Les vignerons insulaires inventèrent donc l'*estufa* (littéralement "étuve") pour remplacer ces voyages au long cours. Après leur mutage, les vins sont entreposés en fût dans un grand cellier dont la température est portée à 45 °C pendant trois à six mois. Le vin se repose ensuite pendant dix-huit mois au minimum. Cette pratique, à l'origine des goûts d'oxydation, de cuit et de caramel qui se développent dans les vins, est encore employée pour les grands madères. Pour la production de vins de bas de gamme, les cuves sont chauffées par des serpentins.

Les vins de voile

L'empire de Charles Quint qui s'étendait de l'Espagne à l'Autriche en passant par la Franche-Comté a-t-il fédéré les vignobles ? Est-ce pour cela que l'on trouve des vins élevés au contact de l'air sur un axe qui va de Jerez à Tokay, en passant par Gaillac et le Jura ? L'histoire n'a pas encore éclairci ce point, mais la dégustation de ce type de vin laisse apparaître une unité culturelle évidente.

À Jerez

Avec ses sols d'*albarizas,* très calcaires, et son cépage palomino, Jerez a tous les atouts pour produire de grands vins. C'est pourtant la technique d'élevage sous voile de levures en milieu oxydatif, la *flor,* qui définit le style très particulier de ces vins andalous.

Fino Feria Duff Gordon

(Un fino est un vin issu du cépage palomino, viné à 15,5 % vol., élevé sous flor et en solera, et mis jeune en bouteilles.)

La robe très pâle se pare de légers reflets verts. Fin, le nez se développe sur l'amande sèche et les notes oxydatives élégantes, avec des nuances fruitées et citronnées bien fondues. La bouche attaque en légèreté dans une gamme aromatique pourtant intense. Elle monte ensuite en puissance et présente un équilibre sec et vif. Elle finit sur une légère amertume caractéristique du cépage palomino. La saveur salée est perceptible et la finale se prolonge sur des notes d'amande grillée.

Manzanilla Pasada San León Herederos de Argüeso

(Le manzanilla est un fino élevé dans les chais de San Lúcar de Barrameda, en bord de mer.)

Vêtu d'une robe pâle, limpide et éclatante, ce vin dévoile un nez intense où s'allie un fruité pur à d'étonnantes senteurs marines (algue, iode et embrun). Les fruits secs (amande, noisette), les notes de pomme blette et de citron viennent compléter la palette. La bouche, vive, possède une belle complexité aromatique, une rigueur de structure qui n'appartient qu'à ce type de vin et qui vient renforcer le style très sec de l'équilibre. Pas une once de moelleux ou de gras dans ce manzanilla qui illustre à merveille le rôle de l'environnement sur l'élevage. Le goût salé qui se dégage de la longue et belle finale est une rareté dans la dégustation des vins et peut servir d'exemple.

XÉRÈS, GAILLAC, ARBOIS, TOKAY, TOUS ONT UN POINT COMMUN. ILS ONT SUBI UN ÉLEVAGE OXYDATIF ET, PARFOIS, SE SONT ENVELOPPÉS DANS UN VOILE DE LEVURES POUR COMPOSER EN SECRET LEUR GAMME AROMATIQUE.

Amontillado Escuadrilla Emilio Lustau

(Un amontillado est un fino qui a subi un vieillissement prolongé.)

La robe ambrée commence à prendre des reflets cuivrés. La palette aromatique est d'une belle complexité et décline toute la gamme des fruits secs (noix, amande, noisette) aux côtés des fruits blettis, des notes de torréfaction et de bois exotiques. Quelques accents iodés et des arômes de rancio apparaissent également. La bouche est d'un équilibre d'école.
À la fois très sec et gras, fruité et salé, moelleux et vif, ce vin n'a pas un gramme de sucre mais sa richesse et sa concentration sont telles qu'il acquiert une impression suave. L'interminable finale développe les fruits secs et le rancio dans une synthèse des arômes de flor et d'élevage.

Oloroso Bailen Osborne

(Un oloroso sec est un vin issu du palomino mais viné à 8 % vol. pour éviter la flor, et élevé en solera.)

D'une robe sombre, ambre et acajou à reflets vieil or, ce vin dévoile un nez généreux alliant fruit confit (pruneau), notes de bois précieux, tabac blond, zestes d'orange dans un univers qui rappelle davantage celui d'un vieil armagnac que celui d'un vin de liqueur. Il n'a pas subi d'élevage sous flor et l'on peut comparer les gammes aromatiques qui opposent les fruits confits aux fruits secs. La bouche puissante offre du volume, du gras, mais toujours cette sécheresse finale

Les meilleurs xérès sont issus des sols riches en calcaire appelés albarizas.

qui lui évite toute lourdeur. La finale persistante et complexe développe un rancio de qualité et des épices rares.

Santa María Cream Duff Gordon

(Un cream est un assemblage d'olorosos et de vins de cépage pedro ximénez doux.)

Revêtu d'une robe ambrée, assez sombre, ce xerès développe des arômes de fruits cuits, d'épices et de fruits à l'eau-de-vie, de cacao et de grillé. La bouche est riche et complexe mais l'équilibre penche ici vers le sucre, ce qui l'alourdit et renforce la sensation alcoolique. La finale est, de ce fait, pâteuse, imprégnante. D'une bonne persistance, elle a cependant perdu l'élégance des vins secs.

Rare Palo Cortado Osborne

(Un palo cortado est un oloroso qui a pris des caractéristiques aromatiques de fino. Création de la solera en 1911. Solera *d'un fût, surmontée de cinq* criaderas *d'un fût, production de 250 l par an.)*

La robe est sombre, ébène à reflets roux. Concentré, le nez dévoile des notes de goudron, d'épices exotiques, de cacao, de café, de bois précieux qui accompagnent tabac et fruits confits et se marient subtilement. La bouche est d'une ampleur exubérante. Dense et concentrée, elle reste élégante et complexe. À la fois fruité (plutôt cerise à l'eau-de-vie) et sec, ce palo cortado s'apparente à un oloroso sec malgré sa richesse en sucre. Une rareté qui se prolonge indéfiniment en bouche dans une queue de paon d'anthologie.

À Gaillac

Gaillac

Robert Plageoles

(Vin de voile.)

Millésime 1987. Enveloppé d'une robe doré intense, ce vin décline des arômes de noix verte, de rancio, d'épices, de zestes d'agrumes, d'abricot sec, de café et de pomme blette. La bouche vive possède une grande puissance aromatique, une finale sèche et droite, une belle rémanence sur les fruits secs grillés et les épices. Par rapport à un xérès, on trouve ici plus de couleur, plus de fruit (pomme), mais les notes de fruits secs et de rancio sont cousines.

Dans le Jura

Arbois

Domaine Rolet

(Vin jaune.)

Millésime 1986. La robe dorée dévoile un léger reflet vert. Le nez est complexe : noix, amande grillée, iode et épices, quelques accents torréfiés. La bouche vive et sèche a une carrure presque tannique. Elle exprime des arômes de noix et de café puis, dans une longue finale (la plus persistante de la dégustation) s'imprègne de notes de fruits secs grillés et d'épices rares. Une belle complexité et une fraîcheur soutenue donnent à ce vin beaucoup de relief. La continuité du style est ici éclatante, avec plus de couleur, de matière et de carrure.

Dans le Tokay

Château Megyer

(Samorodny sec.)

Millésime 1989. Les beaux reflets verts de la robe paille soutenu accrochent la lumière. Le nez est assez intense : noix, pralin, pomme blette, quelques touches minérales. La bouche est légère. Sa suavité vient gommer l'impression de sécheresse. Les arômes de la finale sont essentiellement appuyés sur la noix, le grillé et une touche d'abricot. Ce vin n'a pas vu le voile, il a tout simplement subi un élevage oxydatif. La différence de complexité avec les autres vins est évidente ; le caractère oxydatif ne s'est pas anobli.

L'âme d'une *solera*

Les barriques qui contiennent le xérès sont empilées sur au moins quatre rangées. La rangée du haut *(criadera)* contient le vin jeune et l'on tire le vin à embouteiller de la rangée du bas *(solera)*. Le manque ainsi créé est complété par du vin de la rangée du dessus et ainsi de suite. Le vin du bas est donc un mélange où le vin jeune s'est progressivement éduqué au contact du vin vieux et où le vin vieux s'est rafraîchi au contact du vin jeune. Cette géniale invention permet un assemblage "en continu", année après année. Les maîtres de chais de Jerez remarquent que chaque *solera* évolue avec son style et son caractère, et certaines maisons embouteillent à part les *soleras* les plus prestigieuses.

Le tokay : une œuvre hongroise

Quelque 5 500 ha se répartissent sur des collines qui courent du nord au sud en dominant deux rivières, Bodrog et Tisza. Celles-ci initient un microclimat de brouillards favorable à la pourriture noble en pleine influence continentale. Les meilleurs crus se situent à mi-pente des coteaux, ce qui rappelle la topographie alsacienne.
Les sols se déclinent depuis les roches éruptives, au nord, jusqu'à l'argilo-calcaire, au sud : les vins sont corsés, acides et aptes à une longue garde. Un îlot bien particulier, la colline de lœss qui domine le village de Tokay, offre des vins moins acides et plus souples.

Des cépages locaux

• Le furmint (60 % des surfaces), roi du tokay et résistant à la sécheresse, donne les grains *aszú*.
• Le hárslevelű (28 % des surfaces), vigoureux mais sensible à la sécheresse, produit plutôt des vins secs.
• L'oremus (10 %) et le muscat de Lunel (2 %) complètent l'encépagement.

Le Botrytis de Tokay : un cas original

Les raisins botrytisés *(aszú)* sont récoltés grain par grain, après passerillage sur souche. Le reste de la vendange produit du vin classique – le samorodny ou le furmint – sec ou doux. De ces raisins *aszú* mis en petits cuvons, s'écoule un jus très sucré qui donne le mythique *essencia*. Le reste est réduit en pâte, additionné à du vin sec pour une seconde fermentation. La quantité de pâte ajoutée détermine le nombre de *puttonyos* (1 *puttonyos* = 1 seau de 25 kg de raisin *aszú* ajouté à une barrique de 136 l de vin sec) et donc la richesse du produit final.

Achat et préparation des bouteilles

Les cavistes et bons points de vente vendent désormais des tokays. Les millésimes antérieurs à 1992 ont été élaborés par le Borkombinat (vaste complexe viticole qui a été partiellement privatisé depuis) et proviennent de sélections par des importateurs comme Dionis (69530 Orliénas-le-Bourg), pionnier en la matière et distributeur du château Sárospatak dans divers millésimes. On peut se procurer les premiers millésimes "francais" chez : Axa Millésimes, 33250 Pauillac ; Jean-Michel Arcaute, GMA Audi, 33750 Saint-Germain-du-Puch ; Cana, Les vignerons de la Noëlle, 44150 Ancenis ; Grands Millésimes de France, 33290 Ludon-Médoc.

APRÈS PRESQUE UN DEMI-SIÈCLE DE JOUG TOTALITAIRE, LE VIN DE TOKAJ ASZÚ REVIENT SUR LE DEVANT DE LA SCÈNE VITICOLE INTERNATIONALE. CE CHEF-D'ŒUVRE DU *BOTRYTIS CINEREA*, ANCÊTRE DE TOUS LES VINS LIQUOREUX D'EUROPE, EST À NOUVEAU PRÉSENT SUR LES ÉTAGÈRES DES CAVISTES POUR UNE DÉGUSTATION AUX PARFUMS HISTORIQUES.

Les vins liquoreux de Tokay se goûtent à une température moyenne de 13 °C.

Dégustation par terroir

Au Sud, Disnókő, sur sols argilo-calcaires

Propriété d'Axa Millésimes, le vignoble s'étend sur 130 ha. Le cuvier, d'architecture moderne, est à la pointe de la technologie.

Tokay aszú 4 puttonyos

Millésime 1992. Une belle robe ambre. Le nez est confit (épices et abricot, miel, fruits secs) et présente un fruit pur grâce à des vinifications soignées, à l'abri de l'air. La bouche est svelte ; l'acidité prend le pas sur la richesse sucrée. Un vin équilibré et rafraîchissant, dont la complexité se révèle surtout en finale.

Tokay aszú 6 puttonyos

Millésime 1992. La robe tire vers le vieil or. Les arômes sont d'une richesse inouïe : fruit rôti, pêche au sirop, miel, épices rares… Un véritable pain d'épice plein de fragrances exotiques ! La bouche riche et confite présente un équilibre remarquable entre liqueur et acidité. Ce vin rond, gras et d'une sucrosité importante semble léger et élégant, véritable miracle d'un équilibre d'école.

Tokay aszú 5 puttonyos

Millésime 1952. Un style ancien qui ne manque ni de charme ni de complexité. La robe est ambre foncé. Au nez, les fruits secs, les notes rancio, le tabac, la cire d'abeille forment une belle palette. La bouche

Légendaire vin botrytisé, le tokay fit son entrée à la cour de France au XVIIIe siècle. Aujourd'hui encore, il est l'un des plus glorieux symboles de la Hongrie.

est riche et dévoile encore de la fraîcheur ; sa finale semble tannique. Ce vieux tokay est extraordinairement long : toute la gamme des épices, des notes rassises et des fruits secs se succèdent en une queue de paon. Un vin de mémoire.

<u>*Sur la colline de Tokay, Hetzólő, sur sols de lœss*</u>

Située sur un superbe coteau historique, sur des sols pulvérulents de lœss exposés plein sud, cette ancienne propriété impériale a été acquise par Grands Millésimes de France.

Tokay aszú 4 puttonyos

Millésime 1989. Une robe dorée et des arômes de confiture, de fruits secs, avec des notes d'épices douces. La bouche, aimable, offre une bonne ligne sucrée, une vivacité mesurée. Ce vin ne s'exprime pas trop par ses arômes botrytisés.

Tokay aszú 5 puttonyos

Millésime 1990. La robe est vieil or ; les arômes riches et confits sont marqués par l'oxydation, dans un style traditionnel (fruits secs, noix, noisette, praliné, nuances empyreumatiques et pain d'épice). La bouche est ample, riche, structurée, dominée par la liqueur ; la finale se caractérise par ce style rancio qui est l'apanage des tokays de l'ancien régime.

Tokay aszú 6 puttonyos

Millésime 1991. Ambre, ce vin dévoile un nez complexe, un mélange de notes aimables de cuir, de fumé, de fruits confits, de miel et de pain d'épice. La bouche est ample, sphérique, d'une richesse épicée et d'une longueur remarquables. L'équilibre penche plus du côté du sucre que de l'acidité. L'abricot, signature aromatique du *Botrytis cinerea*, domine la palette finale. Belle bouteille racée représentative de son terroir.

<u>*Au Nord, Megyer et Pajzos, sur sols éruptifs*</u>

Ce vignoble de qualité, bien exposé, a été repris par Jean-Michel Arcaute et ses associés ; on notera surtout de superbes caves historiques sous le château de Sarospatak, ancienne demeure d'un héros national, le prince Rákóczy.

Pajzos Tokay aszú 4 puttonyos

Millésime 1991. Une robe dorée, des arômes miellés, des notes d'abricot sec, de cire d'abeille, d'encaustique. On perçoit la pourriture noble et une très légère oxydation. La bouche est élégante, svelte, avec un bon équilibre sucre-acide et une longueur aromatique qui reprend la palette du nez. Un vin équilibré, sans richesse excessive.

Megyer Tokay aszú 5 puttonyos

Millésime 1993. Une robe vive et dorée ; un nez très confituré alliant abricot cuit, épices douces, miel et une légère note rancio qui lui donne de l'élégance et de la complexité. La bouche est ample et riche mais la finale vive allège cette matière opulente. Belle rémanence sur des notes grillées, des fruits à noyau et de la cannelle. Une harmonieuse synthèse entre les Anciens et les Modernes.

Tokay aszú 6 puttonyos

Millésime 1957. Une robe vieil ambre ; un nez grillé, torréfié (café, cacao), aux notes de goudron et de pâte de fruit. La bouche reste axée sur un fruité profond, avec des notes vanillées ; sa grande richesse est soutenue par un nerf encore jeune. La finale sur la figue sèche, les agrumes confits et les épices rares est longue et imprégnante. Cette antique bouteille, qui peut encore évoluer, démontre que le style traditionnel prétendument oxydé n'est pas une fatalité mais plutôt le reflet de vinifications approximatives.

Pour rêver un peu : un *essencia* 1993

Ce n'est pas du vin mais un concentré de liqueur de raisin *aszú* d'à peine deux ou trois degrés d'alcool. Un dé à coudre suffit.

Les arômes sont riches : prunelle, nèfle, fleur d'oranger et abricot sec alliés à de curieuses notes de houblon et de tilleul. La grande acidité ferait presque oublier que ce liquide est un véritable sirop au goût originel de raisins botrytisés !

La syrah des deux mondes

Si la syrah a fait une belle percée en France hors de son territoire naturel, particulièrement en Languedoc, ce cépage de la vallée du Rhône septentrionale n'a pas colonisé le Nouveau Monde comme le cabernet-sauvignon. Seule l'Australie a su acclimater cette "shiraz" avec des fortunes diverses.

La syrah n'est pas un cépage facile. La qualité des vins produits par cette variété est inversement proportionnelle au rendement des vignes. Cela est vrai pour n'importe quel vin, mais la syrah possède un seuil de qualité. Au-delà de 45 à 50 hl/ha le vin devient des plus communs. La syrah est un cépage généreux, très productif et difficile à juguler : le vigneron doit être attentif. Le cabernet-sauvignon est plus tolérant : il suffit de goûter les vins du Chili, issus de rendements excessivement élevés pour s'en convaincre ! La syrah est aussi difficile à travailler. Très sensible à l'oxydation, elle doit être vinifiée à l'abri de l'air, mais elle peut aussi prendre des goûts de réduit redoutables. L'élevage est donc une étape délicate et essentielle.

Dans l'hémisphère Nord

Nous avons déjà dégusté des vins de syrah de la vallée du Rhône septentrionale : saint-joseph, côte-rôtie, hermitage ou crozes-hermitage. Le lecteur pourra s'y reporter ou bien choisir les deux vins suivants. Le premier privilégie le fruit, le second la puissance, mais tous deux sont bien représentatifs de la syrah dans son domaine originel.

Dans la vallée du Rhône septentrionale

AOC cornas
Domaine de Rochepertuis

Millésime 1995. La robe dense se pare d'une frange violette intacte. Au sein d'une palette florale, les notes de violette sont bien marquées. Viennent ensuite les fruits rouges (framboise) accompagnés de notes épicées et poivrées. La bouche est fruitée, avec une bonne matière mûre, de jolis tanins soyeux, une finale fraîche et enlevée, épicée par un boisé discret. Un cornas bien typé, où la syrah développe une finesse harmonieuse.

AOC cornas
J.-L. Colombo
Les Ruchets

Millésime 1994. La robe profonde et sombre prend une teinte violacée. Le nez, grillé, développe une belle palette où le cassis mûr, les fruits confits, la réglisse, le cachou se mêlent à des notes de cuir, de vanille et d'épices orientales. La bouche est sphérique, très charnue, dans un style moderne où le boisé joue sa partition. Il y a de la sève dans ce vin. Les tanins sont certes puissants mais se sont enrobés lors de l'élevage. Un style un peu accrocheur et fort séduisant qui associe concentration et exubérance aromatique. Une syrah de l'Ancien Monde mise au goût de demain.

En Languedoc-Roussillon

La syrah a conquis la vallée du Rhône méridionale et le Languedoc. Au point que certains vignerons élaborent des cuvées 100 % syrah qui n'osent avouer leur mono-encépagement en raison des contraintes imposées par les appellations d'origine. On pourra en trouver en vins de pays mais aussi en AOC faugères et coteaux-du-languedoc, en Roussillon. En Minervois, La Livinière compte bien asseoir sa personnalité grâce à ce cépage.

Vin de pays de l'Hérault
Moulin de Gassac
Terrasses de Méranée

Millésime 1996. La robe est jeune, rubis sombre à reflets violets. C'est le cassis qui domine au nez, allié à quelques notes de garrigue et d'épices douces dans une chaleur bien intégrée. La bouche, ronde, repose entièrement sur un fruité séducteur et mûr. Elle est soutenue par des tanins discrètement vanillés. Une syrah sudiste de charme, qui garde tout son fruité juvénile.

AOC côtes-du-roussillon-villages
Domaine Gauby
Cuvée Muntada

Millésime 1996. La robe presque noire présente un reflet bleu. Au premier nez, les arômes sauvages de cuir, de garrigue et de jus de viande s'imposent. Après aération, apparaissent de belles notes florales (violette) accompagnées de fruits noirs, d'épices douces et de poivre. La bouche charnue possède une matière dense et concentrée. Elle est orientée sur le fruit noir très mûr et la réglisse. La force tannique est énorme, mais le grain a su garder de la finesse : il est bien serré, à peine torréfié par le bois. Finale explosive, sur le fruit et les épices et une petite touche minérale. Une belle syrah qui réussit la synthèse entre la générosité sudiste et la finesse du cépage.

Dans l'hémisphère Sud

Le vignoble australien accorde une large place à la syrah, appelée ici hermitage ou shiraz. Mais pendant longtemps ce cépage n'y produisait pas de bien grands vins, les rendements pléthoriques ne conduisant qu'à des produits très ordinaires, délayés et insipides. Il a fallu que Max Schubert "invente" son Grange Hermitage – aujourd'hui appelé Grange – en Barossa Valley dans les années cinquante, qu'il combatte les réticences et les moqueries de ses concitoyens et obtienne les félicitations des dégustateurs internationaux, pour que les vignerons australiens commencent à considérer que ce cépage pouvait être qualitatif. Depuis, les réussites sont nombreuses, toujours induites par des baisses de rendement et des vinifications plus soignées. On distinguera plusieurs zones climatiques : la Nouvelle-Galles du Sud et le climat très chaud de la Hunter Valley ; le Coonawara de l'Australie-Méridionale, plus frais et favorable à la finesse aromatique mais qui voisine avec la Barossa Valley, sèche et torride. Les zones chaudes produisent plutôt des vins puissants et très épicés, les zones plus tempérées des vins de style plus classique.

En Nouvelle-Galles du Sud

Wyndam Estate

(Syrah Bin 55.)

Millésime 1995. La robe, peu intense, présente déjà une frange évoluée qui a perdu son reflet violet. Le nez est épicé, chaud, avec de la réglisse et du fruit noir cuit, des notes sauvages et un côté boisé. La bouche souple, fondue, dévoile une certaine suavité et des tanins effacés derrière un boisé chocolaté. Pas très typé syrah hormis la finale épicée et poivrée, ce vin manque de concentration.

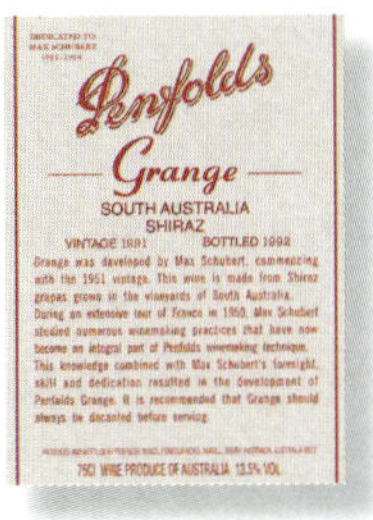

Coutumière des terrasses de la vallée du Rhône (ci-dessus), la syrah produit des vins chaleureux et épicés. En Australie (ci-dessous), elle a fait la réputation internationale du Grange de Penfolds.

En Australie-Méridionale

Penfolds Kalimna

(Bin 28 Syrah.)

Millésime 1994. D'intensité moyenne, la robe s'orne d'une discrète frange violette. Beurre, notes épicées et chaleureuses, boisé vanillé, fruit noir : l'ensemble aromatique est un peu lourd. La bouche possède de la carrure, des tanins corsés et épicés, une matière mûre mais encore brute, avec un grain rustique et une force alcoolique dominante. Un vin plus puissant que fin, très marqué par le bois, qui peut s'harmoniser à la garde.

Penfolds Coonawara

(Bin 128 Syrah.)

Millésime 1994. Une belle robe sombre à reflets violets encore marqués enveloppe ce vin au nez ouvert. Le cassis, les épices, les notes réglissées et un boisé bien marié au fruit s'allient à quelques notes mentholées et chocolatées. La bouche est vive, soutenue par une acidité qui renforce le fruit et souligne les tanins mûrs. La présence boisée est bien maîtrisée. Typée syrah, la finale développe des arômes de poivre. Un vin dont le style se rapproche de celui des vins de la vallée du Rhône septentrionale.

Penfolds Grange

(Syrah 95 %, cabernet-sauvignon 5 %.)

Millésime 1995. La robe semble avoir été trempée dans un encrier : elle est noire à reflets violets et n'a pas commencé à faner. La palette aromatique est exubérante et complexe : elle décline des notes de violette, de Zan et de goudron, des nuances d'olive noire, d'épices orientales et de boîte à cigares, du cassis confituré. Le boisé américain n'est pas étranger à ces arômes exotiques dominants. La bouche est dense, sphérique, profonde. La matière mûre et épicée est soutenue par des tanins gras et fortement épicés. Belle longueur sur les fruits aux épices pour cette bouteille qui fait honneur à la syrah des mers du Sud.

La Californie : des micr

LE CLIMAT CALIFORNIEN PRÉSENTE DANS PLUSIEURS VALLÉES LE PARADOXE DE PLUS GRANDES CHALEURS AU NORD QU'AU SUD. PLUS QUE LA LATITUDE, C'EST L'INFLUENCE DES INCURSIONS DE BRUMES FROIDES OCÉANIQUES QUI EST PRÉPONDÉRANTE. LES CÉPAGES CULTIVÉS SUIVENT CETTE INVERSION, À MOINS QUE LA MODE ET LE MARCHÉ NE VIENNENT BOUSCULER L'ORDRE NATUREL.

Le climat général de la Californie du Nord est marqué par des étés extrêmement secs et par l'influence des eaux froides du Pacifique. Un courant marin glacé qui descend de l'Alaska vient affronter les masses d'air chaud continentales et former des brumes froides qui envahissent les vallées au gré des passages qui entaillent une chaîne côtière protectrice. La baie de San Francisco, prolongée au nord par San Pablo et la Russian River, est un des points de passage de cette brume océanique. C'est pour cela que les deux vallées parallèles à la côte, Sonoma et Napa, sont plus fraîches au sud qu'au nord et que les vignobles d'altitude, donc au-dessus des brumes, échappent à cette inversion climatique. Les différences de température jour-nuit sont importantes et permettent de bonnes maturations. Très codifiée par l'université de Davis, cette distinction climatique a pendant longtemps déterminé l'adéquation région-cépage, sans que la nature des sols ne soit prise en compte.

Originalité climatique, différence de sols ou simple mode ?

Les sols sont pourtant très variés : depuis les graves jusqu'au calcaire, en passant par des alluvions et limons plus ou moins pauvres, des formations volcaniques ou des sables. L'absence quasi totale de pluies pendant la période végétative impose souvent une irrigation des vignes. Une prise de conscience de l'importance du terroir est cependant en train de naître, avec la délimitation de secteurs comme Stag's Leap qui commencent à développer leur personnalité. En outre, la signature du *winemaker* garde tout son prestige et domine bien souvent le style des vins. Ajoutez l'influence de la mode des différents cépages et leur succès commercial, le goût appuyé pour les fortes extractions et les élevages en bois neuf, qu'il soit américain ou français, la volonté de coller à des modèles européens, bordelais pour les rouges, bourguignons pour les blancs, la replantation massive de jeunes vignes après une récente attaque phylloxérique, et toute la complexité de la Californie pourra vous apparaître à travers les brumes du Pacifique.

À Carneros

Ce secteur est situé à l'entrée de la Napa Valley, en bordure de la baie de San Pablo, directement exposée aux froidures du Pacifique. C'est la zone idéale pour les cépages septentrionaux, chardonnay et pinot noir. De grandes firmes de vins effervescents, champenoises ou catalanes, s'y sont d'ailleurs installées.

Saintsbury Pinot noir

Millésime 1995. La robe, assez sombre, dévoile une frange très jeune. De jolis fruits rouges, nets et précis marquent un nez réglissé mais peu complexe. La bouche est entièrement bâtie sur le fruit frais, avec un corps velouté et des tanins bien structurés. De longueur moyenne, la finale est très fruitée et légèrement épicée. Un vin facile et plaisant.

Dans la Russian Valley

La vallée de Sonoma reçoit les influences océaniques par le sud (baie de San Pablo) et par l'ouest (Russian River). Très chaude au nord, vers Mendocino, plus tempérée dans l'Alexander Valley, elle se rafraîchit en son centre, à Sonoma. Sur les flancs des monts Mayacamas et Sonoma, les vignobles surplombent les brumes froides et baignent dans un microclimat plus chaud et sec, à peine tempéré par l'altitude. C'est la zone idéale pour le zinfandel.

climats la tête en bas

Rawenswood Zinfandel Monte Rossa

Millésime 1994. La robe intense se pare d'une frange violette très nette. Les arômes bien particuliers du zinfandel (notes végétales et sauvages, bourgeon de cassis, accents fumés et mentholés) très exotiques et balsamiques sont ici adoucis par une belle maturité qui confère des nuances de fruit noir, par un élevage de qualité qui arrondit les épices naturelles du cépage. La bouche structurée possède beaucoup de fruit et de sève. Les tanins, un peu rustiques, ont besoin d'affiner leur grain. Une belle expression de ce vrai cépage américain (d'origine italienne) qui n'a d'égale que celle produite par Ridge, sur les monts de Santa Cruz.

L'un des derniers comtés de la côte californienne à être plantés de vignes, la Napa Valley (à gauche) est aujourd'hui la plus célèbre aire d'appellation des États-Unis.

Dans la Napa Valley

Ouverte sur la baie de Carneros au sud, la vallée de Napa possède une très ancienne tradition viticole. Elle se réchauffe vers le nord. Le chardonnay se plaira au sud, le cabernet-sauvignon développera sa complexité en son centre, vers Oakville et Rutherford, mais sera soumis à des chaleurs plus intenses vers Santa Helena et Calistoga, où le zinfandel fera merveille. De chaque côté de la vallée, les flancs des monts Mayacamas, de Diamond, Veeder, Stag's Leaps et Howell Mountain portent des vignobles d'altitude capables de produire de grands vins structurés.

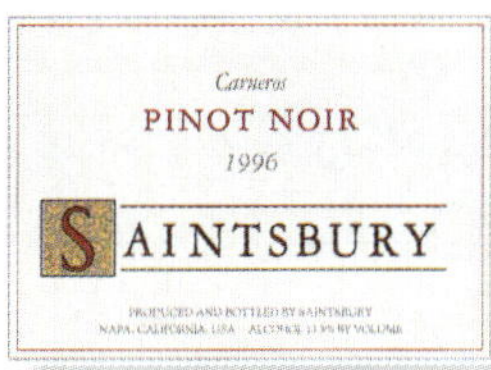

Stag's Leap SLV Cabernet-sauvignon

(Secteur de Youthville sous influence marquée des brumes.)

Millésime 1993. La robe dense a perdu sa frange violette et commence à évoluer. Le nez est complexe : cassis mûr, épices vanillées, notes de sous-bois et tabac. La bouche possède de la structure, un beau fruité intense, des tanins corsés, une générosité apparente mais tempérée par une bonne acidité, une trame affinée, une rémanence sur les fruits aux épices. Un vin de style assez classique qui développe finesse et complexité.

Niebaum Coppola Cabernet-sauvignon Rubicon

(Le vin de Francis Ford-Coppola issu de Rutherford, au centre de la vallée, sous climat de transition.)

Millésime 1992. La robe est sombre, avec une frange brique. Très balsamique au nez (notes de bois exotiques, de pin, de goudron, parfum de duègne espagnole), le vin dévoile aussi un fruité mûr et confit. La bouche est épicée, assez carrée. Elle se caractérise par une matière opulente et grasse, une puissance alcoolique marquée, une structure tannique imposante et épicée. La finale fragrante et entêtante est axée sur les fruits à l'eau-de-vie et les épices. Un vin extraverti et théâtral. Qui en aurait douté ?

Beringer Cabernet-sauvignon Réserve

(Secteur de Santa Helena, chaud et sec.)

Millésime 1994. La robe dense est encore ourlée de violet. Le nez est mûr et opulent : confiture de cassis, notes viandées et épicées, goudron, notes boisées assez marquées. Grasse, la bouche a de la chaleur, une belle maturité de fruit, des tanins amples et gras, avec une forte expression épicée. Un vin long et rémanent, généreux et très expansif, une déclinaison ensoleillée du cabernet-sauvignon.

Cuvaison Cabernet-sauvignon

(Secteur de Calistoga, très chaud et sec.)

Millésime 1993. La robe très dense est encore jeune. Le nez est marqué par les fruits compotés, les notes de viande, de musc, de tabac et de garrigue. La bouche, très tannique, révèle une matière encore brute. Le fruit très mûr se trouve encadré par une sécheresse tannique, renforcée par une présence boisée dominante. Un vin carré, encore austère, un cabernet-sauvignon sudiste qui aura besoin de quelques années supplémentaires pour s'affiner.

Le pinot noir dans

LE PINOT NOIR SERAIT-IL CASANIER, VOIRE RANCUNIER ? HORS DE BOURGOGNE, SON TERRITOIRE ORIGINEL, IL RÉPUGNE À SE LIVRER ET NE DONNE QUE DES VINS PLUTÔT MODESTES, COMME S'IL VOULAIT SE VENGER DE S'ÊTRE LAISSÉ EXPATRIER. IL FAUT TOUT LE TALENT DE QUELQUES VIGNERONS OPINIÂTRES POUR DOMPTER CETTE VIGNE JALOUSE.

Le pinot noir est une diva très exigeante sur le confort de sa loge. Sous un climat trop froid, il ne mûrit pas. Sous un climat trop chaud, il mûrit trop rapidement et en perd toute sa complexité aromatique. Seule la loge bourguignonne présente la climatisation convenable !

En France

Que ce soient les pinots alsaciens, sancerrois, savoyards, jurassiens ou les tentatives en vins de pays, les résultats ont longtemps été assez modestes, avec des vins de couleur pâle, aux arômes simplistes et au corps trop léger ou trop acide. Quant aux coteaux-champenois comme le Bouzy rouge, ils ont souvent découragé les amateurs par leurs prix très éloignés de leurs réelles qualités. Quelques vignerons ont fort heureusement compris que le salut passait par des vendanges mûres et des cuvaisons longues. Ce qui peut réserver des surprises agréables et des vins aux facettes personnelles.

Sancerre
Alphonse Mellot Génération

Millésime 1996. La robe intense et profonde présente une frange très jeune. La palette aromatique est marquée par des notes de griotte mûre accompagnées d'épices vanillées et d'une petite touche minérale. La bouche a de la rondeur et du gras, un fruité profond et précis, des tanins mûrs et arrondis.

tous ses états

On distingue une belle puissance épicée due à un élevage soigné. Le boisé est présent mais sait rester au service du vin, en soulignant sa structure. Un style charnu et très fruité, la maturité en prime.

Alsace-pinot noir
Domaine Marcel Deiss Burlunberg Vieilles Vignes

Millésime 1994. La robe est très sombre, étonnante pour un pinot d'Alsace, ornée d'une frange rubis. Très belle corbeille aromatique : arômes de réglisse bien marqués, fumée, épices douces, vanille et muscade.

Une note de cerise noire domine le tout. La bouche est concentrée, toujours axée sur la cerise noire mûre. Elle dévoile une trame soyeuse et polie, des tanins racés, avec un grain fin, un bel équilibre et une finale sur les fruits rouges aux épices. Un beau vin puissant et très expressif, une belle alliance cépage-terroir.

Vin-de-savoie pinot noir
Jean Perrier

Millésime 1996. La robe est assez pâle, à reflets violets. Joli nez sur la cerise, le kirsch avec des notes réglissées. La bouche souple et légère révèle une bonne puissance aromatique. Elle a certes peu de matière mais bénéficie de tanins arrondis et mûrs. Un vin de charme, sans prétention mais au fruité net et précis.

Vin de pays du Languedoc
Domaine de l'Aigle

Millésime 1994. Une robe d'intensité moyenne, dont la frange commence à évoluer. Complexe, le nez propose une association bien équilibrée entre un fruité intense et une puissance épicée et élégante. Fruits rouges bien mûrs, réglisse, vanille et quelques notes poivrées. La bouche "pinote" à merveille. Doté d'un fruit concentré, d'une sève intense, de tanins soyeux et d'une bonne longueur, voici un vin très réussi dans un style assez exubérant. Il faut préciser qu'il est issu du terroir limouxin, au climat modéré et transitoire entre la Méditerranée et l'Atlantique.

Dans le reste de l'Europe

Le pinot noir est un cépage précoce adapté aux climats septentrionaux, encore faut-il qu'il y mûrisse complètement. Rien d'étonnant donc à ce qu'il produise les quelques rares vins rouges de pays comme l'Allemagne ou la Suisse, ou qu'il ait colonisé l'extrême nord de l'Italie où la viticulture a été longtemps influencée par les Autrichiens. Les pinots noirs de cette "Mitteleuropa" ne sont jamais bien colorés et ressemblent parfois à s'y méprendre aux pinots alsaciens classiques, mais certains développent une bonne finesse aromatique.

Un pinot noir allemand

Franz Keller

(Spätburgunder rotwein Spätlese.)

Millésime 1994. La robe, de faible intensité, se pare d'une frange orangée. Le nez a de l'allure : c'est un joli mariage entre un fruité confit, des épices et des notes fumées. Puissante, la bouche se caractérise par un fond et un fruité intenses. La présence marquée de la barrique vient soutenir l'ensemble, tandis que les quelques sucres résiduels apportent de la suavité. Un vin assez original, loin des canons du classicisme bourguignon.

Cépage précoce, le pinot noir est bien adapté aux aires viticoles de climat frais comme en Suisse (en haut), en Allemagne (en bas) ou en Oregon (à droite).

Une curiosité au pays de Bade

Affentaler Winzergenossenschaft Bühl eG.

(Spätburgunder Weissherbst Eiswein - pinot noir rosé, vin de glace.)

Millésime 1992. Vêtu d'une robe légère et cuivrée, ce vin propose un nez beurré et lacté. On perçoit des arômes de fruits rouges à la crème, de caramel, de framboise, de safran, avec une pointe de rancio. À la fois vive et liquoreuse, la bouche offre une coupe de fruits rouges au sucre et à la vanille. Toutefois, on peut sentir une certaine lourdeur. Cette association cépage rouge et liqueur (237 g/l de sucres résiduels) peut étonner, voire rebuter, mais il faut de tout pour faire un monde viticole ! Ce vin, en tout cas, ne laissera personne indifférent et pourrait fort bien se marier à des fraises Melba.

En Suisse, des rosés ou des rouges

Neuchâtel
Château d'Auvernier

(Rosé "œil-de-perdrix".)

Millésime 1996. La robe légèrement saumonée s'orne de reflets cuivrés assez séduisants. Le nez est frais et enlevé : petits fruits rouges, fumée, réglisse et épices discrètes. La bouche présente un bel équi-

libre entre suavité et vivacité. Elle se distingue par son fruit, sa souplesse et un certain corps, une finale expressive et fine. Cette spécialité de Neuchâtel est une bonne déclinaison du pinot en vin rosé qui semble être ici la vraie vocation de ce cépage.

Valais
Vins des Chevaliers Réserve des Chevaliers

Millésime 1995. Revêtu d'une robe assez dense, à la frange jeune, ce vin dévoile des arômes de cerise noire, des notes de fruits à noyau (prune) et d'épices. La bouche est bien structurée, avec beaucoup de fruit, une matière grasse et fondue, des tanins arrondis, relevés par une pointe épicée. Un vin charmeur, sans aspérité, qui présente une bonne matière mûre.

Au Nouveau Monde

Les rêves secrets des vignerons californiens ont longtemps été peuplés de pastiches bourguignons. Malgré les efforts et la technique, les pinots noirs de Californie n'ont jamais convaincu, handicapés par le climat torride et la sécheresse de cette région, même si certains ont poussé les cuvaisons jusqu'à l'extrême limite. Seuls quelques secteurs plus froids comme Carneros ou la Russian Valley, qui subissent les influences directes de l'Océan ou de la baie de San Francisco, réussissent à exprimer la finesse de ce cépage. En revanche, en Oregon, le climat se révèle très favorable et les résultats sont déjà prometteurs.

En Oregon

North Villamette Valley
Domaine Drouhin

Millésime 1994. La robe d'intensité moyenne révèle une frange violette encore bien marquée. Le fruit explose au nez. S'y allient des épices bien dosées, une note fumée et minérale. Ample et intensément fruité en bouche, ce vin dévoile toute sa maturité à travers des tanins ronds et gras. Ce sont les épices qui imprègnent la finale, nette et prolongée. Un pinot bien réussi… mais qui s'en étonnerait avec une telle signature.

North Villamette Valley
Oak Knoll Reserve

Millésime 1994. Enveloppé d'une robe assez intense, à reflets encore jeunes, ce vin propose un très joli nez épicé, ponctué de fines notes boisées, d'arômes de baies noires (cassis et myrtille) et de nuances fumées. La bouche est bien charpentée : matière dense, gras, tanins épicés, bien bâtis et arrondis par l'élevage. Une bonne finale et de l'expression dans ce pinot qui démontre le réel potentiel de l'Oregon.

En Californie

Russian Valley
Quail Hill Rutz Cellars

Millésime 1995. L'œil est séduit par la belle robe dense à reflets violets. Au nez, on est charmé par un fruité intense, des notes de petite griotte, de cacao, d'épices et un boisé assez présent. La bouche est concentrée, dense et étayée par une structure tannique relativement marquée. Le fruité se marie aux épices du bois. La finale, généreuse et complexe, est axée sur le fruit, le thé et les notes torréfiées. Un style qui ne manque pas de personnalité.

L'eau-de vie, un don du prophète

*L'*aqua vitae *latine, l'*uisgue beatha *gaélique, ces mots magiques qui ont donné eau-de-vie, whisky, vodka, aquavit, sont issus de la plus haute Antiquité. "On peut rendre l'eau potable par distillation", écrivait Aristote. C'est d'ailleurs l'école grecque d'Alexandrie qui codifia l'usage des vases distillatoires, dont le secret avait été livré par quelques hiéroglyphes. Bien plus tard, au* XIX*e siècle, le chimiste Berthelot fera mention des anciens alchimistes grecs et reproduira le manuscrit de saint Marc qui décrit des alambics (du mot arabe* al ambic*) à deux pointes* (dibiscos)*, à trois pointes* (tribiscos) *et même le chrysophée de Cléopâtre. Ce sont les Arabes qui recueilleront l'héritage en conquérant l'Égypte. Leurs savants en tireront deux applications majeures. La parfumerie tout d'abord, par l'extraction d'essences aromatiques jusque-là réalisée par simple macération. Plantes, fleurs et racines seront dès lors distillées, donnant un avantage essentiel aux parfums d'Arabie dont la réputation traversera tout le Moyen Âge. Des applications médicales, ensuite, avec la découverte des propriétés désinfectantes de l'alcool (encore un mot arabe,* al khol*). Chaque armée du Prophète était suivie d'un médecin qui transportait son alambic et distillait sur place pour soigner les plaies par arme blanche. Le bouillonnement scientifique et littéraire qui suivit la conquête de l'Afrique du Nord et de l'Espagne par les musulmans, avec l'extraordinaire creuset culturel de l'Université de Cordoue qui vit défiler tout ce que la chrétienté comptait de savants et d'hommes de lettres, apporta à l'Occident la connaissance de la distillation. On ne tarda pas à détourner cette eau-de-vie de son usage primitif médical, et l'on découvrit les bienfaits gustatifs du "feu ardent". Le théologien Magnus, le philosophe Raymond Lulle, le recteur de l'Université de Montpellier Arnaud de Villeneuve, grâce à son traité* De Vinis, *vont initier une fièvre de brûler qui gagnera toute l'Europe. On distille tout et partout, revanche des pays qui ne peuvent produire de vin. L'armagnac est sans conteste l'eau-de-vie historique ; les Arabes ont occupé la Gascogne pendant plus de cinquante ans et y ont laissé des traces : le premier texte date de 1348. Le whisky apparaît cent ans plus tard, le cognac cent cinquante ans après. Le calvados, le genièvre et autres eaux-de-vie de fruits et, plus tard, le rhum se développeront avec une fulgurance qui n'aura d'égale que l'abus de leur consommation.*

Technique de la dégustatio

Aucune distinction de méthode entre la dégustation d'un vin et celle d'une eau-de-vie. Les trois grandes étapes de l'analyse sont respectées. Toutefois, les critères d'appréciation ne sont pas tout à fait les mêmes.

L'œil

Une eau-de-vie sort de l'alambic incolore et la couleur qu'elle présente ne peut être issue que d'un apport lors de son élevage. On distinguera donc les eaux-de-vie banches qui ne passent pas sous bois (comme les eaux-de-vie de fruit) ou les alcools blancs (vodka, gin, tequila) des eaux-de-vie d'élevage (whiskies, cognac, armagnac ou calvados). Ces dernières vont être progressivement colorées par les tanins du bois ; la teinte peut aller de paille clair à brun, en passant par jaune d'or, topaze, feu, acajou, brun ou ambre. Cette gradation de couleurs pourrait constituer une bonne indication sur le temps passé en fût si la pratique de la caramélisation, hélas légale, ne venait modifier les donnes. On peut donc qualifier la teinte avec précision mais sans en tirer de conclusions. Comme pour l'analyse visuelle d'un vin, le dégustateur notera ensuite la limpidité, la brillance, l'absence de tout trouble, de particules en suspension ou d'irisation à la surface, signe de traces d'huile indésirables. Il examinera enfin la viscosité de l'eau-de-vie en observant les larmes qui coulent sur les parois du verre. On qualifiera l'eau-de-vie de fluide à visqueuse, en passant par grasse et onctueuse.

LA GRANDE DIFFICULTÉ DE LA DÉGUSTATION DES ALCOOLS ET EAUX-DE-VIE RÉSIDE DANS LA PRÉSENCE PARFOIS ENVAHISSANTE DE L'ALCOOL ÉTHYLIQUE QUI ANESTHÉSIE L'ODORAT ET LES PAPILLES. LES TECHNIQUES D'ANALYSE CONSISTENT DONC À FAIRE ABSTRACTION DE CETTE COMPOSANTE ET À DÉBUSQUER LA QUALITÉ DERRIÈRE CET ÉCRAN.

À sa sortie de l'alambic, l'eau-de-vie rejoindra les chais pour acquérir sous bois de la complexité : la robe se dessine, la palette s'enrichit et la structure s'équilibre.

Le nez

L'analyse de la palette aromatique d'une eau-de-vie est un exercice passionnant. Un véritable amateur est capable de "sentir" son verre pendant très longtemps avant de le porter en bouche. Il suivra deux principes.

• Une bonne eau-de-vie de fruit blanche se déguste froide, mais non glacée. On refroidit simplement le verre avec des glaçons que l'on jette avant de servir. La fraîcheur obtenue va tempérer la volatilité de l'alcool qui, sur un liquide plus chaud, pourrait masquer la délicatesse des arômes. Une eau-de-vie glacée et même frappée sera privée de ses arômes les plus légers, et l'alcool ne sera perçu que par son côté moelleux. On réservera donc cette pratique aux vodkas, gin et autres alcools trop violents ou trop rustiques pour nécessiter une analyse plus fine. Pour les eaux-de-vie d'élevage, la bonne température de dégustation se situe autour de 22 °C, facilement obtenue en chauffant le verre dans la paume de sa main.

• Comme pour l'analyse olfactive d'un vin, on procédera à trois coups de nez successifs : liquide immobile, liquide agité d'un mouvement de rotation, liquide vigoureusement cassé. On dégagera ainsi les divers arômes, des plus volatils aux plus lourds. Au fur et à mesure du réchauffement de l'eau-de-vie, d'autres arômes se révéleront. Une grande eau-de-vie a besoin d'aération ; il faut lui laisser le temps de s'exprimer dans toute sa complexité. Il ne sera donc pas inutile de revenir sur son verre après quelques minutes et de reprendre les trois coups de nez.

Toutes les séries rencontrées dans les vins peuvent se retrouver dans les eaux-de-vie, avec des tendances plus ou moins marquées suivant leur type. Dans tous les cas, la qualité de la distillation est déterminante. Elle doit être conduite de façon à éliminer une partie des produits de "têtes" (aldéhydes, esters et alcools supérieurs) entêtants et violents, ainsi que des produits de "queues" (esters ou furfurols) lourds et marquants. Ces produits secondaires doivent être absents d'une eau-de-vie destinée à une commercialisation rapide, mais ils se doivent d'être présents à faible dose pour être dégradés et fondus par un long élevage sous bois et participer à la complexité finale.

• Une eau-de-vie de fruit blanche exhalera en priorité le fruit dont elle est issue. Le dégustateur devra qualifier la franchise, la netteté de ce fruit, le respect de sa qualité originelle. Plus que la complexité, c'est ici la pureté qui fait la qualité.

les eaux-de-vie

• Les alcools blancs seront jugés sur la netteté des épices qui ont présidé à leur aromatisation – le genièvre pour le gin, en particulier –, sur l'absence de composés secondaires et sur le fondu de leur composante alcoolique.
• Les eaux-de-vie de vin présenteront en général les séries florale, fruitée, épicée, boisée, empyreumatique, ainsi que des nuances huileuses ou rancio. On notera donc la présence de tel ou tel arôme, la complexité de la palette et son indépendance par rapport à la force alcoolique. En effet, l'alcool ne doit pas masquer les arômes ; il n'est qu'un vecteur nécessaire à leur épanouissement.

La bouche

La technique est ici primordiale, sous peine de brûler vos papilles. La meilleure façon de procéder est d'ingérer une toute petite quantité d'eau-de-vie – quelques gouttes –, de la laisser en bouche immobile deux ou trois secondes et de recracher. Les traces qui restent sur le palais n'ont pas eu le temps d'anesthésier les sensations ; elles vont s'évaporer grâce à la chaleur de la bouche et dégager ainsi tous leurs arômes. On pourra rincer la bouche à l'eau entre deux échantillons. Certaines eaux-de-vie, le whisky en particulier, se dégustent additionnées d'un volume égal d'eau, mais cette pratique peut modifier la palette aromatique et empêche de juger de la force et de l'équilibre. On la réservera à la dégustation technique des eaux-de-vie sorties d'alambic à 70 % vol.
La première notion à décrire est celle de la présence alcoolique. On jugera de sa force et de son fondu. On qualifiera l'eau-de-vie de brûlante, de feu, agressive, violente, sèche, rude, montante, lourde, puissante, ronde, moelleuse, douce, légère, faible, plate, suivant une sensation alcoolique décroissante.
On notera ensuite la structure et la charpente tannique, s'il y a lieu : plate ou pointue, carrée ou ronde, légère ou lourde, maigre ou grasse, franche ou fuyante, creuse ou pleine, pauvre ou riche. Les termes ne sont pas éloignés de ceux du vin. On jugera la qualité tactile de l'eau-de-vie : âpreté, astringence ou, au contraire, souplesse, velouté, moelleux, viscosité, faculté de tapisser les muqueuses.
On détaillera les arômes de bouche révélés par la chaleur de la cavité buccale, avec les senteurs particulières de chaque eau-de-vie (terroir, rancio, etc.), sans oublier les éventuels défauts (goût de cuit, caramel, fauve, amer, métallique, piqué, moisi, savon, graillon, yaourt, caoutchouc, pharmaceutique).

On qualifiera enfin la longueur de la fin de bouche, en distinguant la longueur aromatique de la longueur due à la chaleur alcoolique. On notera ainsi une finale brève, courte, nette, franche, longue, riche, en queue de paon, comme pour un vin. Il faut cependant ajouter ici la notion de "retour". Lorsque l'eau-de-vie a été avalée, il se produit un retour œsophagique dont la qualité peut être analysée sur le strict plan aromatique.

Le fond de verre

C'est l'une des plus délicieuses pratiques, qui révèle l'âme d'une eau-de-vie. On posera une feuille de papier sur le verre qui a servi à déguster, au fond duquel est restée tapie une dernière goutte. Quelques heures après, voire le lendemain matin, le dégustateur soulèvera le papier et humera son verre. Les arômes retenus prisonniers et qui avaient pu lui échapper la veille, les plus lourds, les plus subtils, les plus précieux et les plus rares, aérés et débarrassés de l'alcool qui a eu le temps de s'évaporer, se révéleront au nez du bienheureux initié à cette coutume.

La dégustation des armagnacs

Comme le grand vin, un armagnac doit sa personnalité à des facteurs multiples. Le terroir d'abord : assis sur des sables fauves (ferrugineux) au relief aplati dans le Bas-Armagnac, surtout dans la partie ouest – celle que l'on appelle officieusement le "Grand Bas" – ; sur des sables, des boulbènes et des terrains argilo-calcaires dans la partie centrale de la Ténarèze, avec des coteaux plus marqués ; sur des sols franchement calcaires et modelés en Haut-Armagnac. Les cépages ensuite : l'ugni blanc et la folle blanche comme en Cognaçais, le colombard en faible proportion et le bacco, cépage hybride adoré par les uns et voué à l'arrachage par les autres. La température de la distillation – en alambic armagnacais continu de préférence – avec gestion judicieuse des têtes et des queues. L'élevage, bien sûr, avec des bois gascons de qualité, fûts neufs au départ et plus âgés ensuite, une alternance judicieuse entre chai sec et chai humide, un brassage à l'air des eaux-de-vie. La réduction enfin, soit artificielle avec de l'eau distillée ou des petites eaux, soit naturelle en prenant son temps et en le donnant aux anges !

IL Y A AUTANT D'ARMAGNACS QUE DE GASCONS ! CETTE BOUTADE POURRAIT ILLUSTRER LE CARACTÈRE FERMIER DE CETTE EAU-DE-VIE PASSIONNANTE, VÉRITABLE TRÉSOR DONT LES FACETTES FONT LE BONHEUR DES DÉNICHEURS ET ALIMENTENT LES QUERELLES D'ÉCOLE.

Dégustation des bas-armagnacs par terroir et par cépage

Secteur nord-ouest

(Labastide-d'Armagnac, Betbézer, Créon, Saint-Julien, Mauvezin, Lagrange, Gabarret.)

Domaine de Peyron 1979

(Bacco, ugni blanc, colombard. 47,5 % NR - non réduit.)

La robe dorée dévoile une frange brune. Le nez présente déjà du rancio. S'y allient des nuances de beurre, des arômes assez lourds – pruneau et zestes confits, marmelade d'orange et cuir – dans une complexité naissante. La bouche, expressive, offre des tanins aromatiques et une force alcoolique bien fondue, une grande longueur racée. Deux heures après, le fond de verre propose des notes de pêche rôtie, de réglisse, d'orange confite et de crème brûlée.

Domaine du Mahu 1945

(Bacco pur. 45 % NR.)

La robe est assez légère pour son âge. Le nez très fin est délicat et délicieusement complexe : notes florales, zeste de citron, cuir noble, rancio élégant et subtil, fruits compotés aux épices. La bouche est très soyeuse. Son feu complètement fondu dans une matière expressive et moelleuse. Une très grande eau-de-vie de bacco, longue et imprégnante.

Secteur centre-ouest

(Villeneuve-de-Marsan, Lacqy, Le Frêche, Arthez, Monclar, Mauléon, Castex, Estang, Lannemaignan, Montégut.)

Domaine Boingnères 1973

(Folle blanche. Vieilles vignes sur sables fauves et argiles. 48 % NR.)

Vêtu d'une robe vieil or à reflets orangés, cet armagnac propose un nez très fruité, fin et précis, égayé par une palette épicée et boisée, délicate et complexe. Zestes d'agrumes, fleur d'oranger, safran : une corbeille très orientale. La bouche est à la fois ample et élégante, avec une belle finale aromatique, tout en sveltesse et en élégance.

Domaine de Jouanchicot 1976

(Ugni blanc. Vieilles vignes sur sables fauves. 46 % NR.)

Une robe ambre moyen. Le nez parfumé dévoile une composante florale très intense : depuis les notes de fruits cuits jusqu'aux épices douces (vanille et cannelle), au miel et au cacao. Fondue, la bouche est marquée par une présence vanillée intense, des arômes d'écorce d'orange et de pain d'épice, une longueur où boisé noble et notes orientales se prolongent avec harmonie. Un style exubérant, plutôt marqué par l'élevage.

Château La Bataille 1949

(Bacco, ugni blanc. Vieilles vignes sur sables fauves. 44,5 % NR.)

La robe ambrée a des reflets vieil or. Le nez est marqué par la torréfaction (café), le moka, la vanille et la cannelle. S'y ajoutent des notes de rancio, de pruneau cuit, de sous-bois et de champignon. La bouche possède du gras, une belle force épicée, un équilibre alcool-tanins proche de la perfection. La longueur fondue, dominée par le chocolat et les épices douces, est encore pleine de vie et de fraîcheur. Une superbe alliance bacco-ugni blanc.

Secteur sud-ouest
(Gaube, Perquie, Le Bourdalat, Monlézun, Saint-Gein, Le Houga.)

Domaine Au Martin 1984

(Bacco en majorité. Vieilles vignes sur sables fauves. 51 % NR.)

Doré, cet armagnac offre des arômes floraux, des notes d'orange confite, de café, de pruneau et un rancio déjà bien développé. La bouche, malgré sa force alcoolique, est bien équilibrée. Les tanins sont précis et boisés. On perçoit la finesse du gras et une matière explosive. Belle finale sur l'orange et le cacao, preuve que le bacco peut déjà être excellent à treize ans s'il provient d'un grand terroir de sables fauves.

Domaine de Saint-Aubin 1973

(Bacco pur. Vieilles vignes sur sables fauves, hélas arrachées. 45 % NR.)

La robe vieil or a pris des reflets ambrés. Les notes aromatiques sont intenses et imprégnantes : noix, notes vernies, café, cerise noire confite, pruneau. Une belle gamme pleine et opulente. La bouche, d'un grand volume, se caractérise par des tanins fondus, mêlés à la force alcoolique dans un mariage qui s'évase en développant une finale qui explose et reprend les arômes du nez. Fond de verre sur les fruits exotiques, la figue et le pruneau sec. Un armagnac qui peut entrer dans la légende.

Domaine Aux Ducs 1955

(Bacco pur. Vieilles vignes sur sables fauves. 41,5 % NR.)

La robe ambrée sombre se pare de reflets acajou. Grand rancio au nez, avec toute la gamme des fruits secs, des notes beurrées et vernies, des nuances réglissées et des fruits à noyau. La bouche, suave, offre des tanins vanillés et parfumés, un moelleux séducteur, une finale très longue, élégante et racée. Mais l'amateur lui reprochera sa relative faiblesse alcoolique due à l'évaporation après plus de quarante ans de fût. Un superbe armagnac crépusculaire.

Le bacco en péril

Hybride voué aux gémonies par les règlements européens, le bacco 22A est victime d'un ostracisme qui conduira à son prochain arrachage si les véritables amoureux des armagnacs du "Grand Bas" ne se mobilisent pas pour sa défense. Planté dans les sables fauves, et seulement là, il donne des eaux-de-vie de propriétés en volumes confidentiels, longues à se faire mais qui, arrivées à maturité, sont incomparables tant leurs caractères et leur personnalité éclatent dans le verre.

À l'est du Bas-Armagnac

Secteur nord-est
(Parleboscq, Campagne, Bretagne, Eauze, Ayzieu, Bourouillon.)

Domaine de Tariquet 1975

(Bacco, ugni blanc à 50 %. Vieilles vignes sur sables et boulbènes. 47 % NR.)

La robe a une teinte ambrée, soutenue. Le nez, fin et complexe, développe l'écorce d'orange confite, les fleurs lourdes (violette et lys), la vanille, les épices douces et le pruneau. La bouche a une belle ampleur, du gras et une longueur expressive, vanillée et cacaotée. Ses tanins aromatiques et boisés encadrent le feu. Beau caractère non dénué de finesse.

Secteur sud-est
(Saint-Christie-d'Armagnac, Manciet, Nogaro, Cravancères, Sorbets, Avéron-Bergelle.)

Domaine de Touja 1954

(Bacco, colombard. Vieilles vignes sur sables et boulbènes. 42 % NR.)

La robe ambrée, soutenue, a pris des reflets orangés. Au nez, on retrouve des fruits blettis, de la figue, du tabac, du bois exotique. La bouche a une grande carrure, des tanins puissants, un volume imposant et gras, encadré par une structure encore virile et austère malgré le grand âge de cet armagnac. La finale développe une belle gamme épicée, avec une force alcoolique fondue et une complexité qui ne se révèle qu'après une longue aération. Le bacco est sûrement planté ici à sa limite qualitative.

La dégustation des cognacs

Du simple trois étoiles au vénérable XO, de la prestigieuse Grande Champagne aux Bois et Borderies, les cognacs de grandes marques présentent des visages constants, issus d'assemblages savants entre divers terroirs et diverses années. Le véritable amateur recherchera des eaux-de-vie issues d'une même propriété et suivra leurs qualités au cours du temps.

Emporté à près de 95 %, le cognac est avant tout une eau-de-vie de terroir. Les cercles concentriques qui s'organisent autour d'un cœur constitué des sols calcaires des Grande et Petite Champagne, portent les noms de Borderies, Fins Bois et Bons Bois. Chaque terroir induit des caractéristiques gustatives spécifiques, encore modelées par les modes de culture de la vigne, de distillation et d'élevage dans le chêne. Mais c'est au cours du vieillissement plus ou moins prolongé en fût que le cognac acquiert toute sa personnalité, au gré de l'oxydation de ses divers composés et de l'apport tannique et aromatique du bois. Tout l'art d'un maître de chai consiste à marier les différentes origines et les années pour obtenir le goût et le style qui caractérise la marque, dans la catégorie désirée. C'est la force des grandes maisons dont les stocks et les capacités d'achat permettent cette constance de goût qui fait qu'un cognac acheté à Paris ne différera pas de celui acheté à Tokyo quelques années plus tard. Avantage commercial certain pour vendre de gros volumes mais qui n'excite que très modérément l'intérêt d'un amateur, celui qui trouve son plaisir dans la diversité et la découverte. Il existe de petites maisons ou des propriétaires-éleveurs qui embouteillent à part des eaux-de-vie personnalisées, soit par terroir, soit par âge et qui permettent des dégustations aussi didactiques que passionnantes. Des cognacs pour véritables dénicheurs. Si la différenciation gustative des terroirs peut être enrichissante, la dégustation des eaux-de-vie par âge croissant est la plus belle machine à remonter le temps que l'homme ait jamais inventé.

Dans leur très jeune âge

Léopold Gourmel
Premières Saveurs

(Fins Bois, cinq ans, 40 %,
distillé sous Mitterrand, deuxième septennat.)

Pâle, la robe est jaune d'or. Le nez, franc et montant, dévoile une bonne note fruitée, une petite touche épicée et des nuances encore lourdes. La bouche, souple, facile et fruitée, a du feu et une finale nette. Une eau-de-vie peu complexe mais d'une belle franchise.

Autour de dix ans

Léopold Gourmel
Âge du Fruit

(Fins Bois, huit ans, 41 %,
distillé sous Mitterrand, premier septennat.)

La robe dorée est peu soutenue. Le nez a pris de l'ampleur : fruit bletti, pêche, pomme, petite vanille élégante, notes boisées. La bouche vive dévoile une certaine carrure, un fruit confit qui domine les arômes, une finale vanillée et légèrement épicée, une chaleur qui commence à se fondre dans un corps suave. Le début de la complexité.

Léopold Gourmel
Âge des Fleurs

(Fins Bois, douze ans, 42 %,
distillé sous Mitterrand, premier septennat.)

La robe dorée est à peine plus soutenue. Les arômes floraux sont ici évidents : tilleul et violette. La présence boisée et épicée est montée d'un cran, avec apparition de notes d'écorce d'orange. La bouche a pris de l'onctuosité. La chaleur est bien fondue et la structure tannique équilibre le tout. Finale poivrée et réglissée, pomme au four et fleurs séchées dans une palette racée.

Autour de vingt ans

Léopold Gourmel
Âge des Epices

(Fins Bois, vingt ans, 43 %,
distillé sous Giscard d'Estaing.)

La robe topaze a des reflets ambrés. Le nez puissant et complexe laisse apparaître une note rancio, des fruits confits, des épices orientales, de la vanille et de la cannelle, des clous de girofle, du cacao. La bouche a un beau volume fondu. On perçoit une harmonie entre chaleur et structure tannique, enrobée par un moelleux très onctueux. La finale est ample et persistante : une gamme épicée et boisée vient pimenter un délicieux fruit confit. Un cognac très séduisant.

la machine à remonter le temps

AE DOR
XO

(Fine Champagne, vingt-cinq ans, 40 %, distillé sous Pompidou.)

Derrière une robe ambrée à reflets acajou, ce cognac est d'une belle complexité aromatique : fleurs lourdes, agrumes confits, bouquet d'épices rares, réglisse, notes torréfiées et chocolatées, pointe de rancio. La bouche est longue et racée. C'est un splendide équilibre entre force et moelleux, un ensemble fondu et harmonieux qui finit sur une belle architecture tannique. Retour très aromatique pour ce cognac accompli.

Des cognacs non réduits

Il est assez rare de trouver des cognacs dont le degré n'ait pas été réduit par adjonction d'eau distillée ou de "faibles" (mélange vieilli d'eau progressivement alcoolisée avec du cognac) dans le meilleur des cas. La réduction naturelle impose un très long vieillissement avec une perte importante de la "part des anges" : si le chai est humide, c'est l'alcool qui s'évapore plus que l'eau et le cognac perdra en force, si le chai est sec c'est l'eau qui s'évapore davantage, le cognac gardera son degré et perdra du volume.

Cognac (à gauche) vit au rythme des bouilleurs de cru depuis le XVIe siècle ; les vignerons distillaient leurs vins avant de les vendre aux négociants hollandais.

AE DOR
Vieille Réserve

(Grande Champagne, trente-cinq ans, 42 %, chai humide, distillé sous de Gaulle, premier septennat.)

Enveloppé d'une robe ambrée à reflets vieil or, ce cognac révèle des arômes de pomme blette, de réglisse, de zeste d'orange, de fleurs séchées et de cacao. Un nez complexe et fondu. La bouche a du velouté, une matière dense et longue très profonde, un feu complètement fondu dans une architecture pleine d'harmonie. Superbe finale, épicée et boisée, avec des notes torréfiées, de moka et de rancio noble. Un grand cognac pétri et naturel.

AE DOR
Vieille Réserve

(Grande Champagne, trente-cinq ans, 47 %, chai sec, distillé sous de Gaulle, premier septennat.)

La robe ambrée a des reflets cuivrés. Le nez se compose de pruneau, de goudron, d'épices rares et boisées, de fruits confits, de notes de violette, de rancio fin et délicat. La bouche a plus de feu, mais la matière dévoile un beau corps structuré et gras. Puissante et rémanente, elle finit dans un feu d'artifice épicé, une véritable échoppe orientale : cannelle, girofle et coriandre, le tout ponctué par un coup de feu final. Un cognac à la fois subtil et viril.

Une relique

Ragnaud Sabourin
Héritage

(Vieux cognac de Grande Champagne du début du siècle, distillé sous Poincaré.)

La robe a pris une teinte ambré soutenu, à reflets bruns. La nez est d'une rare subtilité, avec toute une gamme de fruits confits, d'épices douces, un bouquet floral qui associe violette et fleurs séchées, un rancio remarquable. La bouche est satinée. Sa force s'est complètement fondue dans une matière dense et fruitée. Son gras, sa rondeur et son moelleux amènent une suavité qui emplit la bouche et ne la quitte pas. Superbe finale qui frise la perfection et occupe le palais plusieurs minutes. La notion de caudalies doit être révisée pour ce cognac d'anthologie.

Avant le phylloxéra

Il reste encore, tapies au fond de certains paradis, quelques eaux-de-vie distillées avant l'invasion phylloxérique. Ces véritables reliques sont les témoins d'un passé viticole révolu. Elles sont à déguster avec la tête et le cœur autant qu'avec le nez et la bouche pour une sorte de voyage initiatique dans le siècle passé.

AE DOR
Grande Champagne
d'avant 1858

(43 %, distillé sous Napoléon III.)

La robe acajou soutenu a des reflets cuivrés. Le premier nez est subtil et racé. La palette est si complexe qu'il est bien difficile d'en extraire les composants. Épices douces, réglisse, rancio très élégant, pruneau et clou de girofle se dégagent à l'agitation. La bouche est incroyablement fruitée, avec une trame veloutée et moelleuse, une force et un boisé fondus dans une rondeur suave et grasse. La finale, tout en délicatesse, fait preuve d'une longueur impressionnante.

La dégustation des

UN WHISKY SINGLE MALT EST UN PRODUIT ISSU D'UNE SEULE DISTILLERIE DU NORD DE L'ÉCOSSE. IL ÉCHAPPE AU MÉLANGE AVEC DU VULGAIRE ALCOOL DE GRAIN QUI DONNE LES BLEND WHISKIES DES GRANDES MARQUES, CEUX QUE L'ON TROUVE DANS TOUS LES BARS DE LA PLANÈTE ET QUE NOUS OUBLIERONS ICI.

Ces alcools de céréales sont issus d'une bière d'orge maltée, séchée avec un feu plus ou moins chargé en tourbe (elle-même marquée par les conditions locales : certaines tourbes des îles peuvent être très iodées), mouillée avec une eau du cru (qui va apporter son caractère selon qu'elle est passée sur des sols de tourbe ou de granite), puis fermentée. La bière est distillée par la méthode des *pot still* – distillation à repasse de type charentais. L'alcool est ensuite vieilli dans des fûts de bourbon, en chêne américain recyclé ou, plus rarement aujourd'hui, dans les fûts qui ont servi à l'élevage des xérès.
On le voit, les facteurs sont nombreux et justifient que les malt whiskies puissent prétendre à l'anoblissement de la notion de terroir. Ils sont appréciés de ceux qui privilégient le plaisir de la découverte sur la morne uniformité de la religion du *blending*. On les boit purs ou à peine mouillés d'eau plate, sans glaçons ou autres artifices. De plus en plus de distilleries embouteillent leur malt à part, et le choix de single malts sur le marché est important. Des embouteilleurs indépendants achètent des fûts particuliers, choisis pour leur rareté, leurs caractères bien marqués ou leur millésime, et proposent des produits originaux, parfois non réduits, véritables petits trésors dans l'univers du malt.

Les malts des Lowlands

Ces malts se distinguent par leur légèreté. Peu marqués par la tourbe, assez rectifiés, ils constituent une bonne introduction à un univers par ailleurs plus viril.

whiskies pur malt

Auchentoschan

(Triple distillation, dix ans, 40 %. Auxil.)

Derrière une robe dorée se dévoilent des arômes fruités et floraux, avec une très légère touche fumée. La bouche est axée sur des notes fruitées, des accents de céréales fraîches et un boisé discret, à peine épicé. Un malt tout en fraîcheur, idéal à l'apéritif.

Les malts des Highlands

Cette vaste région peut se diviser en plusieurs secteurs : au centre, c'est la vallée historique de la Spey river et ses affluents, le Livret, le Fiddich, la Lossie. Les malts peuvent présenter des visages différents suivant le climat local et, surtout, les pratiques d'élaboration, mais ce sont toujours des malts de style classique, équilibrés entre tourbe et fruit, souvent élégants, parfois corsés.

Oban, quatorze ans

(43 %. Highlands Ouest, au bord de la mer. CSA.)

La robe est dorée soutenue. Sous des arômes puissants, on note une présence discrète de tourbe et un côté fumé, des notes d'iode, d'épices et de fruit mûr. Le nez est marqué par le passage en fût de xérès. Gras et ample en bouche, avec du fruit, de belles notes de bruyère, ce whisky offre une finale assez douce, longue, sur la céréale fumée. Un malt d'avant repas.

Glenury Royal 1971

(61,3 %. Highlands Est. CSA.)

Très coloré, ce wisky très rare révèle une teinte acajou. Le nez a une belle complexité : vanille, notes de xérès oloroso, miel, épices douces, noisette.

La bouche possède du moelleux malgré son grand feu. Très aromatique, elle fait preuve d'un bel équilibre alcool-tanins. Grande longueur sur le fruit épicé. Un malt marqué par son fût, très proche d'une eau-de-vie de vin, à siroter en fin de soirée.

Le cœur des Highlands, le Speyside

Mortlach 1987

(43 %. Speyside, vallée du Fiddich. Auxil.)

Très ambrée, la robe laisse apparaître une nuance acajou. Le nez est ouvert, épicé : notes rancio et quinquina, clou de girofle, vanille et huile. La bouche ample, structurée et tannique se caractérise par une grande force aromatique, qui peut s'exprimer grâce à un équilibre alcool-moelleux parfait. Un malt *sherry wood* élégant, un grand digestif.

Benrinnes 1974

(60,4 % NR. Basse vallée de la Spey. CSA.)

La robe dorée prend des reflets orangés. Le nez, complexe, se compose de tourbe légère, de vanille et de cannelle, de pruneau, de cacao, de malt grillé. La bouche a du moelleux, une force alcoolique présente mais bien équilibrée par la rondeur et les tanins. Un style assez étonnant qui réunit des accents de confiserie et de malt fumé. Alliance du whisky et du fût plutôt explosive pour accompagner une soirée d'hiver.

Linkwood 1983

(Sherry Wood Once Used, 43 %. Speyside vallée du Loissie. CSA.)

Enveloppé d'une robe acajou soutenu, ce whisky propose de superbes arômes de xérès, de vanille, de pruneau, d'épices orientales, de rancio noble, d'amande grillée et de goudron. La bouche puissante et concentrée révèle une grande présence tannique, un feu complètement fondu dans une matière marquée par un fût de grande qualité. Difficile de reconnaître un malt au fond de son verre, mais quelle belle eau-de-vie de caractère !

Les malts de Campbelton

Cette presqu'île était autrefois un grand centre de distillation. Elle a perdu sa suprématie mais on y produit encore quelques malts de haute lignée, issus de distillations sophistiquées. Ces whiskies conservent tout l'équilibre qui a fait leur réputation.

Springbanks 1965

(Triple distillation, 46 %. Auxil.)

La robe ambrée a des reflets dorés. Le nez malté ne manque ni d'élégance ni de complexité : épices douces, rancio, fruits secs, amande grillée, très légère tourbe. La bouche est ronde, suave, bien équilibrée entre son feu et sa structure. En finale, le malt grillé, les notes rancio et les épices se fondent dans une palette racée, un peu orientale. Un très beau malt qui cultive l'élégance et la finesse plutôt que la force brutale.

Les malts des îles

Les distilleries établies sur les îles qui bordent la côte écossaise produisent des malts fortement marqués par leur environnement marin. La tourbe et les algues leur impriment un caractère violent, qui se reconnaît au premier coup de nez. Malts pour amateurs de sensations fortes, ces whiskies des îles ne manquent pas de virilité ! Longuement vieillis et amabilisés par un passage en fût de xérès, ils font partie du club très fermé des grands alcools de caractère.

Highland Park 1977

(43 %. Îles Orcades. Auxil.)

Vêtu d'une robe dorée soutenue, ce whisky a des accents de céréale grillée, de fruit mûr, de vanille, de crème anglaise. La bouche présente de la rondeur, un beau moelleux, un boisé fin et délicat, une force fondue qui souligne la finale douce et légèrement épicée. La distillerie la plus septentrionale de l'Écosse pour un malt des îles plutôt aimable.

Talisker dix ans

(45,8 %. Île de Skye. CSA.)

La robe ambrée est d'intensité moyenne. Le nez, puissant, se distingue par une forte présence de tourbe grillée, des notes de sous-bois et d'embruns marins. Cependant, un beau fruit mûr vient arrondir le tout. Virile, la bouche révèle une force rustique, une structure corpulente, une finale très fumée, iodée et torréfiée, avec des notes café, de vanille et de goudron. Un malt de caractère, à boire les volets clos quand au dehors souffle la tempête !

Caol Ila 1982

(43 %. Île d'Islay. Auxil.)

La robe paille est peu intense. Le nez associe tourbe, épices exotiques, notes d'amande grillée, fruits blettis, naphte, cuir et une discrète mais délicieuse note iodée. La bouche, puissante sans excès, présente un bon équilibre entre le feu et la structure arrondie par le côté moelleux. La finale expressive, tourbée et fumée, met en valeur les accents du xérès. Une version civilisée du style îlien, à boire sur un saumon fumé.

Lagavulin seize ans

(43 %. Île d'Islay. CSA.)

Sous une robe ambre soutenu apparaissent des arômes violents, tourbés, fumés, marqués par les notes d'eau de mer, d'algue, de terre mouillée et de bois brûlé. La bouche s'impose avec beaucoup de caractère. La gamme aromatique reprend celle du nez, le fruit en prime. Grande carrure, alcool bien équilibré par des tanins grillés et fumés, finale tourbée et iodée font de ce malt l'archétype du goût viril de ces îles battues par les vents marins. À boire en plein hiver, dans un affût de chasse.

La dégustation des rhums

LE RHUM EST ENFERMÉ DANS LE RÔLE RÉDUCTEUR DE FLAMBEUR DE CRÊPES OU DE BANANES. POURTANT, L'ALCOOL LE PLUS VENDU AU MONDE PEUT PRÉSENTER DE MULTIPLES FACETTES : SIMPLE BASE NEUTRE DE COCKTAIL, RUSTIQUE CORDIAL POUR BAR À MATELOT OU EAU-DE-VIE DE GRAND CARACTÈRE. QUESTION CULTURELLE, QUESTION INDUSTRIELLE.

Il existe deux types de rhums résultant de procédés d'élaboration distincts : les rhums dits agricoles issus de la distillation du jus de canne à sucre frais, le vesou directement fermenté, et les rhums issus de la distillation des résidus de la fabrication du sucre de canne, les mélasses, qui contiennent encore du sucre non cristallisé. Cette distinction s'apparente à celle qui existe dans les eaux-de-vie de vin entre fine (distillation du vin – cognac, armagnac) et marc (distillation des résidus solides de la fermentation – marc de Bourgogne, de Champagne).
Les rhums agricoles ne se trouvent que dans les Antilles françaises et à Haïti. Les rhums de mélasse, appelés rhums de sucrerie ou rhums industriels, sont produits en énormes quantités dans toutes les Antilles, en Amérique du Sud et dans l'océan Indien. Presque tous connaissent une distillation de type continu et des rectifications plus ou moins poussées en fonction du style de rhum désiré. On distinguera les rhums blancs non vieillis des rhums paille, à peine boisés, et des rhums ambrés ou vieux, vieillis plus ou moins longtemps en fût de chêne, en général des fûts de Bourbon réemployés.

Les rhums de tradition française

Les rhums agricoles de Martinique

Les rhums agricoles de Martinique sont les plus racés de cette catégorie. On peut distinguer plusieurs styles, selon les méthodes d'élaboration, le mode de vieillissement et même la nature du sol.

La Maury rhum blanc

(55 %.)

Les arômes très fruités rappellent ceux du jus de canne frais. Notes de fruits blancs, accents exotiques (litchi et goyave) à peine poivrés : le nez a de la fraîcheur et du montant. La bouche expressive présente du feu et du caractère. À boire seul et frappé ou bien en “ti-punch”, mélange de rhum, sirop de canne et citron vert.

Dépaz rhum vieux

(Sols volcaniques de la montagne Pelée. 45 %, vieilli en foudre et fût de bourbon once used.)

Belle robe ambrée. Les arômes puissants associent épices et zestes d'agrumes confits, des accents de cannelle, des notes beurrées et torréfiées. La bouche est grasse, d'une belle plénitude. La force alcoolique se fond derrière un boisé de qualité. On retrouve les épices et l'orange confite en finale.

Trois Rivières 1976

(Sols argileux. 45 %, vieilli en fût de bourbon once used.)

La robe dorée présente une teinte très naturelle, avec une frange ambrée. Le nez est remarquablement complexe et suave : mandarine confite, crème anglaise, vanille, banane, épices rares, clou de girofle et cacao. La bouche douce, arrondie et fondue séduit par son moelleux et une belle présence fruitée. La finale, longue et imprégnante, est digne d'une grande eau-de-vie. Si vous pouvez encore dénicher le millésime 1953, vous serez en présence d'une eau-de-vie qui n'a rien à envier à un grand cognac ou à un superbe armagnac.

JM 1975

(Nord de l'île. 50 %, vieilli en chêne américain et français.)

La robe est soutenue, ambre sombre. Les arômes puissants et montants sont marqués par un boisé intense, épicé et poivré, avec des notes de gingembre, de marmelade d'orange, de vanille et de crème brûlée. Puissante, structurée et fortement tannique, la bouche a du volume et offre une grande présence aromatique marquée par le chêne. Finale suave, avec des épices douces et boisées. Un beau rhum artisanal.

Les rhums de Guadeloupe et de Marie-Galante

Moins connus que ceux de la Martinique, les rhums de la Guadeloupe peuvent réserver de belles surprises. Les rhums blancs de Marie-Galante sont commercialisés à 59 %.

Montebello rhum vieux.

(Guadeloupe. 45 %, vieilli en fût de chêne français.)

La robe ambrée est assez soutenue. Le nez, puissant et généreux, offre de beaux arômes épicés (vanille et cannelle, clou de girofle), caramélisés, des notes de cassonade et de fruits exotiques cuits. Corsée, la bouche a de la chaleur. Les épices se prolongent en finale. Un rhum qui ne manque pas de caractère.

Bielle rhum vieux

(Marie-Galante. 50 %, vieilli en fût américain.)

Sous une robe ambre moyen, apparaît un nez particulièrement épicé (cannelle, poivre) qui propose en outre des notes de fruits exotiques caramélisés. Puissante, la bouche a du feu et du corps. Elle finit sur une longueur très épicée. Un rhum viril et généreux.

Les rhums d'Haïti

Les rhums d'Haïti sont la survivance des rhums fabriqués au XVIIIe siècle par les premiers colons, avec du vesou et des alambics de type charentais.

Barbancourt Réserve spéciale

(Quinze ans d'âge.)

Doré à l'œil, délicat et élégant au nez (épices orientales douces et légères, notes d'agrumes et de chocolat), ce rhum est racé, bien bâti, d'une générosité contenue. Il offre une belle complexité finale, fondue et suave. Voilà peut-être la démonstration de la supériorité de la distillation à repasse.

Les rhums de tradition espagnole

Cuba, Puerto Rico, Saint-Domingue et le Venezuela produisent des rhums de sucrerie qui vont des produits les plus neutres aux rhums vieillis sous bois. Le géant mondial Bacardi, originaire de Cuba et replié sur Puerto Rico, possède des unités de production dans tous les centres de culture de la canne à sucre et produit un rhum très épuré, destiné aux bases de cocktails.

Havana Club Anejo extra dry

(Cuba. Cinq ans, 40 %.)

La robe est assez pâle. Les arômes caramélisés, peu complexes, associent des notes de fruits exotiques (banane et mandarine) et de légères épices. La bouche est nette mais assez neutre, légère et épurée. Un rhum plaisant mais sans grand caractère.

Les rhums de tradition britannique

Boisson traditionnelle de la Navy qui l'appelait *Nelson's blood,* le rhum britannique est issu des mélasses de la Jamaïque, de la Barbade, de la Guyana, de Trinidad ou des Bahamas. Il s'agissait autrefois d'un rhum corsé, obtenu par le *dunder process,* ajout des vinasses dans la mélasse, et par distillation en *pot stills,* tout comme le malt écossais. L'eau-de-vie ainsi obtenue était un véritable single rhum, à l'instar des vieux Demerara ou des vieux Jamaïque. Il reste très peu de rhums de ce style. Les produits se sont hélas orientés vers une légèreté plus commerciale.

Myers's Planters'Punch

(Jamaïque. 40 %.)

Vieil or, ce rhum dévoile un nez puissant où se distinguent des notes rancio, des arômes de cuir, d'épices fortes et de poivre, de tabac. On remarque la présence d'esters lourds et entêtants. La bouche révèle la même puissance : carrure, force épicée et poivrée, notes brûlées en finale. Grand caractère, à défaut de finesse.

Guyana-El Dorado-Demerara

(Guyana. Quatorze ans, Réserve spéciale, 43 %.)

La teinte ambrée a pris des reflets orangés. Les fruits exotiques rôtis, la vanille, la fleur d'oranger, la réglisse, la cannelle et la banane séchée composent une palette aromatique exotique et exubérante. La bouche suave, ronde et moelleuse possède un beau volume, des tanins adoucis, un boisé fin et un feu bien intégré. Grande longueur sur les fruits exotiques et les épices douces pour cette eau-de-vie de belle tenue.

Une fiche de dégustation

Chaque type de dégustation a donné naissance à des fiches de notation, plus ou moins compliquées et qui répondent à des besoins précis. Il faut d'abord que le dégustateur soit informé du but de l'exercice. Doit-il juger les vins sur tel ou tel aspect ? Doit-il simplement rechercher les défauts ? Doit-il dire si un vin correspond aux normes minimales ? Doit-il décrire le plus possible ou se contenter de noter ? Tous les cas de figure peuvent se présenter. Ce qui explique qu'il n'existe pas un type de fiche mais plusieurs, chacun étant créé en fonction d'un objectif précis. Certains critères doivent cependant être respectés.

- La fiche doit jouer un rôle de canevas pour que le dégustateur organise ses observations.
- Il ne faut pas que l'écriture prenne plus de temps au dégustateur que l'analyse sensorielle elle-même.
- Il ne faut pas que des calculs trop compliqués viennent distraire le dégustateur.
- La fiche doit être adaptée à son utilisateur : elle ne sera pas rédigée de la même façon pour un œnologue et pour un simple amateur.
- Elle doit être adaptée à la saisie informatique qui permettra un traitement statistique rapide.

UNE FICHE DE DÉGUSTATION AIDE LE DÉGUSTATEUR À DÉCRIRE ET NOTER SES SENSATIONS. ELLE LAISSE UNE TRACE EXPLOITABLE DE LA DÉGUSTATION, FACILE À COMPARER AVEC LES OBSERVATIONS DES AUTRES PARTICIPANTS.

Les fiches axées sur le vocabulaire

Elles sont très utiles pour les dégustateurs débutants qui seront guidés pas à pas. Ces fiches comportent des listes de termes s'appliquant à chaque étape de la dégustation : analyse visuelle, olfactive, gustative. Par exemple, une fiche destinée à la dégustation des vins blancs pourra comporter une ligne telle que "teinte : incolore, jaune-vert, jaune citron, paille, bouton d'or, or, vieil or, ambré, caramel". Le dégustateur soulignera le terme correspondant à sa sensation. Pour l'analyse olfactive, toutes les séries aromatiques, chacune avec ses composants, pourront figurer sur la fiche. Ce type de fiche peut être très compliqué et demander un temps de lecture prohibitif. Il présente deux écueils : le dégustateur est tenté de souligner à tout prix un terme, même si la sensation est absente ; le vin possède une caractéristique non mentionnée dans la liste.

Les fiches axées sur les notes

Ce sont les plus répandues. Seul change le nombre des critères notables et les coefficients. Ces fiches comportent une notation analytique du vin. Les qualités que l'on peut demander de noter sont : la vue (coefficient 4) ; l'analyse olfactive (coefficient 6) ; la bouche (coefficient 8) ; l'harmonie, l'équilibre ou la typicité (coefficient 2). La note globale est sur 20. Chaque analyse est divisée en sous-catégories. Par exemple, on peut demander d'attribuer une note de bouche qui se subdivise en : attaque, évolution, fin de bouche, arômes de bouche, équilibre, force tannique, persistance aromatique. En face de chaque case, un espace est en général prévu pour écrire son commentaire et justifier la note.

Il suffira de faire le total des notes intermédiaires affectées de leur coefficient pour obtenir la note globale du vin mais on peut également attribuer une note finale indépendante des notes intermédiaires, ce qui semble plus synthétique. En effet, la qualité d'un vin ne s'exprime pas par la somme des notes attribuées à sa couleur, à ses arômes, à sa force alcoolique ou tannique, mais par une impression d'ensemble.

Les fiches globales

Ce sont les plus simples et les plus libres. Seul figure le numéro de l'échantillon. Un large espace est réservé à la description de ses impressions, que l'on pourra détailler à loisir ou résumer dans une phrase de synthèse. Une case est prévue pour une note d'ensemble. La dégustation rejoint ici la littérature.

pour vous tenir la main

Exemple d'une fiche de dégustation de la faculté d'œnologie de Bordeaux. (La note globale est indépendante des notes intermédiaires.)

FICHE DE DÉGUSTATION VINS BLANCS

DÉGUSTATEUR : **Date** **N°**

EXAMEN	**CARACTÈRES**	**1 nul ou très faible**	**2 faible**	**3 moyen**	**4 fort**	**5 très fort**
VISUEL	1 Limpidité					
	2 Qualité de la couleur					
OLFACTIF AU REPOS	3 Intensité globale					
OLFACTIF AGITATION	4 Intensité globale et franche					
VOIE DIRECTE	5 Intensité globale des défauts					
OLFACTIF PAR VOIE RÉTRONASALE	6 Arômes de végétaux					
	7 Arômes de fleurs					
	8 Arômes de fruits secs					
	9 Arômes de bois					
	10 Arômes d'épices					
	11 Arômes empyreumatiques					
	12 Arômes animaux					
	13 Arômes chimiques et fermentaires					
	14 Intensité globale et franche					
	15 Qualité aromatique globale					
GUSTATIF SIMPLE	16 Moelleux					
	17 Acidité					
	18 Chaleur					
	19 Amertume					
GUSTATIF COMPLEXE	20 Structure					
	21 Harmonie					
	22 Longueur en bouche					
QUALITATIF GLOBAL	23 Jugement en l'état (note sur 20)					
DESCRIPTIF COMPLÉMENTAIRE						
OBSERVATIONS						

Jean-Pierre Rosier, 1992. Doctorat de l'université de Bordeaux II. Faculté d'œnologie.

Index

Index géographique

Index des cépages

Index des châteaux, domaines et producteurs

Crédits photographiques

L'emplacement des photographies est indiqué par les abréviations suivantes : d (droite), g (gauche), h (en haut), b (en bas), c (au centre), f (fond de page).

Couverture : Charlus. Scope • J.-L. Barde • M. Gotin • J. Guillard.

Charlus : 22, 23, 25, 28, 29, 30, 33, 36, 37, 39 (h), 41, 42, 43, 50, 52 (bouteille), 53 (bouteille), 55, 58, 62, 64 (bouteille), 65 (bouteille), 68, 72, 73, 76, 78 (bouteille), 79 (bouteille), 83, 84, 85, 87 (bouteilles), 89 (hd), 94 (hd), 99 (b), 233 (c). **I. Mészaros :** 244. P. Galet : 122, 124 (b). **C. Sarramon :** 11 (ch), 15 (c), 38, 87 (b), 89 (b), 109 (b), 121 (d), 125 (b), 172, 173, 182, 184 (d), 190 (g). **Scope -** • Balzer : 263 (cg). • J.-L. Barde : 13 (hd), 14 (bd), 15 (b), 18, 32, 34 (g 2), 35 (bg), 44, 45, 47 (h), 52 (g), 56, 64 (d), 70, 72 (2), 78 (g), 83 (h, c), 89 (hg), 102, 103, 112, 113 (h), 114-115 (c), 116 (h), 117 (h), 123 (h), 124 (h), 125 (h), 132, 133, 147 (h), 151, 153, 158 (c), 159 (c), 164 (hg), 179, 180, 181 (h et b), 194-195, 196, 197, 199, 201, 203, 205, 206-207, 208, 209, 224 (f), 226, 254, 257 (b), 259, 261 (h). • P. Beuzen : 227, 266, 267 (c). • C. Bowman : 262 (c), 264 (c), 265 (hd). • E. Busonero : 225 (c). • C. Cheadle : 224 (c). • D. Czap : 25 (figues). • P. Desclos : 223, 262-263 (f), 264 (h), 265 (b), 267 (hg). • I. Esrhaghi : 7, 25 (h). • M. Gotin : 47 (b), 220. • P. Gould : 248, 249, 253 (b), 263 (cd). • J. Guillard : 8, 10 (h), 11 (hg, hd, bd), 12 (b, cb), 13 (bd), 17 (hd2 ; b3), 27 (hd), 34 (d 2), 35 (hg), 37 (2), 39 (b), 53 (g), 54, 55 (4), 59, 69, 71, 74-75, 79 (g), 83 (b), 87 (h), 90, 91, 94 (bg), 95, 96, 98, 99 (h), 101 (b), 104-105, 106-107, 108, 109 (cd), 110, 111, 113 (cb), 116-117 (c), 118, 119 (d), 120, 121 (hg, bg), 123 (b), 126 (hd), 127, 128, 130, 131, 136, 137, 156, 157, 158-159 (f), 160, 161, 162, 163, 164-165 (f), 166, 167, 168, 169, 170-171, 174, 177, 178, 181 (c), 183, 184 (g), 186-187, 188, 189, 190 (d), 192, 193, 212, 213, 215, 217, 218, 232, 233 (f), 235, 237, 239, 242, 243, 250-251 (f), 251 (c), 252, 256. • M. Guillard : 11 (cb), 12 (ch), 13 (ch), 15 (h), 17 (hg 2), 31, 35 (hd), 60-61, 65 (g), 67, 80, 81, 92, 93, 115 (ch), 116 (cb), 119 (b), 126 (c), 135, 138, 139, 140, 141, 142, 143, 144, 145, 146, 147 (cb), 148, 149, 152, 154, 223, 221, 231, 241, 245, 250 (c). • P. Hausherr : 240. • N. Hautemanière : 57 (h). • E. Hugues : 114 (d). • F. Jalain : 66, 257 (h), 260. • S. Matthews : 175, 211 (h), 228, 229. • M. Plassart : 100, 101 (h), 155, 211 (b). • J.-L. Sayegh : 23 (hd), 261 (b). • D. Taulin-Hommell : 57 (b). D.R. : 10 (b), 16, 20-21, 24, 27 (c), 72 (cb).

L'Éditeur tient à remercier tous ceux qui, trop nombreux pour être mentionnés ici, ont contribué à la réalisation et à l'illustration de cet ouvrage.

Imprimé à Baume-les-Dames par IME
Dépôt légal : 8366-04-1998
ISBN : 2-01-23-6205-2
N° d'édition : 44874
23-51-6205-1/01